经典传家

经典回到生活　阅读从心开始

经典传家

『经典传家』丛书遴选了清代《四库全书》的精华，而且每一种书在注释、译文、解读等方面做了大量的、扎实的工作。

——傅璇琮

国学就是中国人的学问。『经典传家』是一套非常适合大众阅读的国学经典丛书。国学的传承和发展迫切需要好的大众读本。

——毛佩琦

《四库全书》浩如烟海，真正的必读经典就这百余部。

——任德山

国学是相互通融的，切忌断章或是割裂。今人只有从《周易》等原始经典入手，才能真正找到进入国学的门径。

——刘君祖

经典传家系列丛书

图解大唐西域记

玄奘 著

崇贤书院 释译

黄山书社

《大唐西域记》阅读指南

精编缩略版，精华的呈现

本书选取了原著中最重要、经典的部分，将最有价值、有意义的部分提供给读者。

图文并茂，延伸内容

书中配有二十几幅关于佛教故事的精美古版画，并配以雅致精到的图说，延伸原文内容，增加知识量。

精美古版画

- 精心配置的古版画，增加读者的阅读兴趣。
- 版画有历代高僧的成佛故事，菩萨教化世人的故事等，增加知识、见闻。

图说

- 每一幅版画都配有情节详尽的图说，帮助您更好的理解版画内容。
- 图说配合版画，生动详细地讲述了图中的故事。

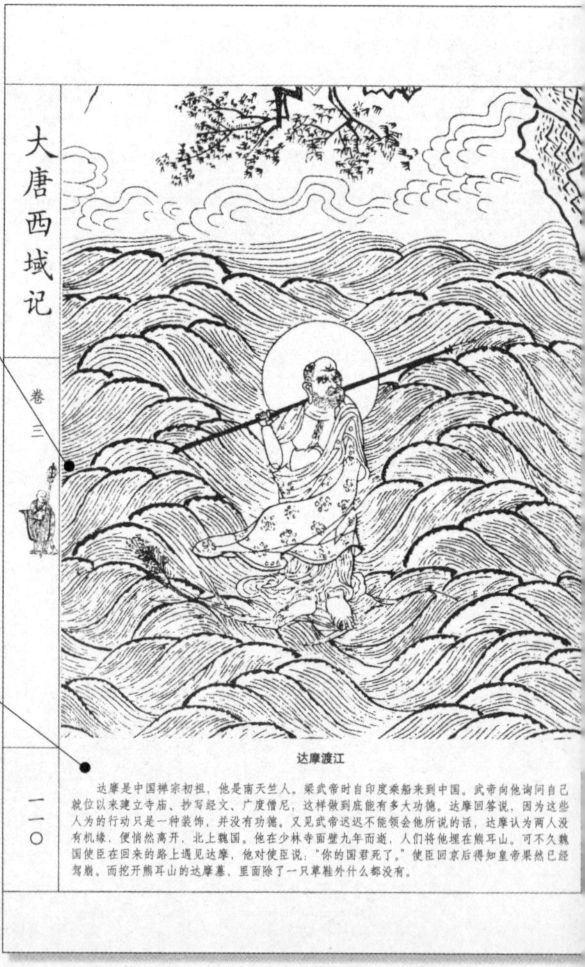

《大唐西域记》阅读指南

生僻字注音，阅读更轻松

对文中的生僻字词标注读音，方便阅读，令读者能够享受流畅阅读的乐趣。

注释全面，便于理解

文中的生僻典故、地名、字词大多辅以详尽细致的注释，弥补了古今差异，使读者更好地理解文意。

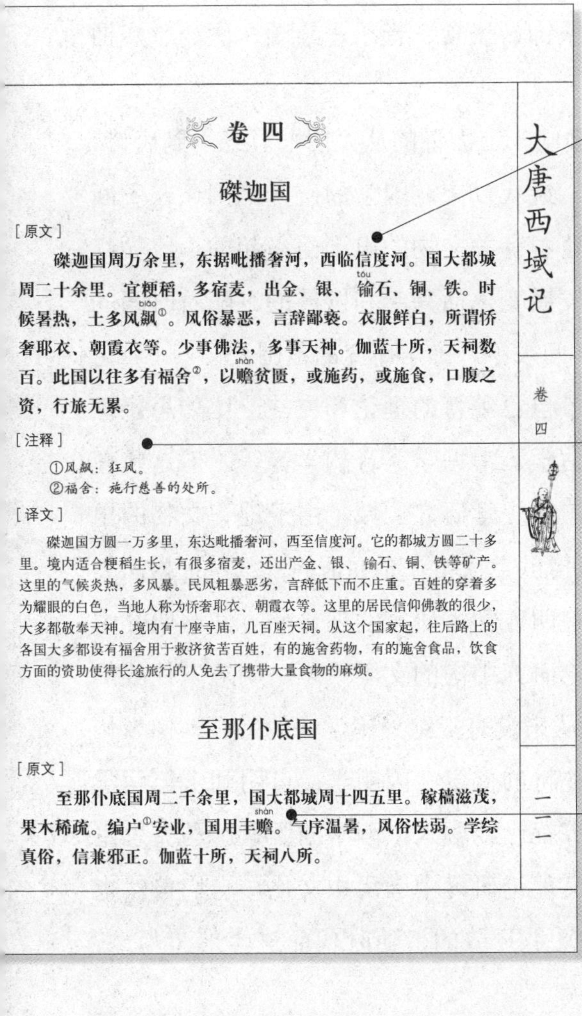

卷四

磔迦国

[原文]

磔迦国周万余里，东据毗播奢河，西临信度河。国大都城周二十余里。宜粳稻，多宿麦，出金、银、鍮(tōu)石、铜、铁。时候暑热，土多风飙(biāo)①。风俗暴恶，言辞鄙亵。衣服鲜白，所谓憍奢耶衣、朝霞衣等。少事佛法，多事天神。伽蓝十所，天祠数百。此国以往多有福舍②，以赡(shàn)贫匮，或施药，或施食，口腹之资，行旅无累。

[注释]

①风飙：狂风。
②福舍：施行慈善的处所。

[译文]

磔迦国方圆一万多里，东达毗播奢河，西至信度河。它的都城方圆二十多里。境内适合粳稻生长，有很多宿麦，还出产金、银、鍮石、铜、铁等矿产。这里的气候炎热，多风暴。民风粗暴恶劣，言辞低下而不庄重。百姓的穿着多为耀眼的白色，当地人称为憍奢耶衣、朝霞衣等。这里的居民信仰佛教的很少，大多都敬奉天神。境内有十座寺庙，几百座天祠。从这个国家起，往后路上的各国大多都设有福舍用于救济贫苦百姓，有的施舍药物，有的施舍食品，饮食方面的资助使得长途旅行的人免去了携带大量食物的麻烦。

至那仆底国

[原文]

至那仆底国周二千余里，国大都城周十四五里。稼穑滋茂，果木稀疏。编户①安业，国用丰赡(shàn)。气序温暑，风俗怯弱。学综真俗，信兼邪正。伽蓝十所，天祠八所。

大唐西域记　卷四　一二

原文、译文

- 原文精选原书精华，为您引领一条清晰阅读的捷径。
- 译文以权威版本作为依据，语言通俗生动，叙事条理清晰。

注释

- 对文中生僻字词进行解释。
- 综合各家观点，参考权威之说，尽量做到准确翔实。

注音

- 对文中的生僻字词加注读音，解除麻烦的查找、翻阅。
- 对于重复出现的字词反复标注，以加深印象。

总序

国学是什么？简单说，就是中国人之所以成为中国人的学问。因此，国学不仅包括数千年积累流传下来的经典，比如“四书五经”、《老子》《庄子》《孙子》《史记》《汉书》、唐诗、宋词，也包含研究中国人思维方式、生活方式、行为方式乃至娱乐方式的各种学问。广言之，国学研究的对象不仅包括文献，也包括实物；不仅包括物质文化遗产，也包括非物质文化遗产，如我国各民族的建筑、服饰、饮食、音乐、绘画、医药、戏曲等等。

国学是不断丰富、不断发展的学问。上面说的从“四书五经”到唐诗、宋词就是一个不断丰富发展的过程。近代以来，国学的研究范围还在不断地扩大，比如敦煌学、甲骨学，是随着有关文物的出土而兴起的；比如红学，是随着文学理论和学术风气的发展变化而兴起和发展的。随着时间的推移和学术的进步，必将有更多的学问被纳入国学研究的范围。

数千年来，中国人做学问形成了自己独特的理论和方法，比如思想理论、史学理论、文学理论，以及训诂学、考据学、音韵学等等。但这些理论和方法并不是一成不变的。比如，在史学研究领域，由于地下文物的出土，王国维等人提出了以地下文物与传世文献相补充互证的“二重证据法”。近代以来，西风劲吹。国人主动借鉴西方学术研究的理论和方法，研究中国学问。王国维借鉴尼采的哲学理论研究中国的文学戏剧，胡适以杜威的实验主义研究中国的“国故”。国学从来没有拒绝外国学问的融合，佛教传入中国后，经过改造，形成了中国独特的佛学、因明学；自明朝末年西学传入中国后，中国的天文学、数学等就已经融入了西学的因素。马克思主义传入中国后，不少人用马克思主义理论研究中国历史文化，它们自然也成为了国学的一部分。因此，国学又是开放的、随时代而进步的。那么，当今我们研究、振兴国学，不允许也不应该倒退，不允许也不应该僵化。

然而，国学又是与西学明显区分的。国学是西学的对应物，是与西学完全不同的学术体系。在近代，西学挟坚船利炮强势进入中国之后，中国人还视自我，对于中国固有之学问的称呼出现了中学、国故学、国粹、国学这样的名称。面对“帝国主义”的强大，中国人自愧不如，一方面拼命地学习、引进西学，另一方面拼命地贬低、抛弃国学。虽然也有一些人，如张之洞为保护中华文化之根本，提出“中学为体，西学为用”，如胡适，提出“整理国故”，以“再造文明”“建立民族自信心”，但其声音终被时代所淹没。国学一再被严重曲解和轻视，造成了中国历史文化的大断裂。也许，这一历史过程是必然的。但回顾过去，中国在走向独立富强的过程中，国学所付出的代价实在太大、太惨重了。

新中国成立后，饱受屈辱的中国人从此站立了起来，民族自信心大大加强，但没有能够及时认识到国学在新时代的重要性，甚至仅存的一点点国学遗产也进一步成为被抛弃的对象。改革开放三十年之后，走向富强的国人终于幡然醒悟，保护和振兴国学逐渐成为全民的共识。一个强大的自立于世界民族之林的国家，必然要有与之相匹配的伟大的民族文化。中国人，从领导者、学术界到普通百姓，都在重新发现国学的现代价值。同时，在走向全球化的进程中，东西方各国也把目光投向了中国。中国学问，中国的一切都在被重新评价。中国不仅为了自身的建设和发展需要从传统文化中汲取智慧，而且也面临着以优秀的中华文化向全人类贡献智慧的责任和挑战。

那么，这套经典传家丛书的编纂就是可喜的，编纂者的初衷和努力就是可敬的。希望这套丛书能发挥点滴作用，如同涓涓细水与千百万有志者的努力一道汇成大潮，去迎接中华民族的伟大复兴！

是为序。

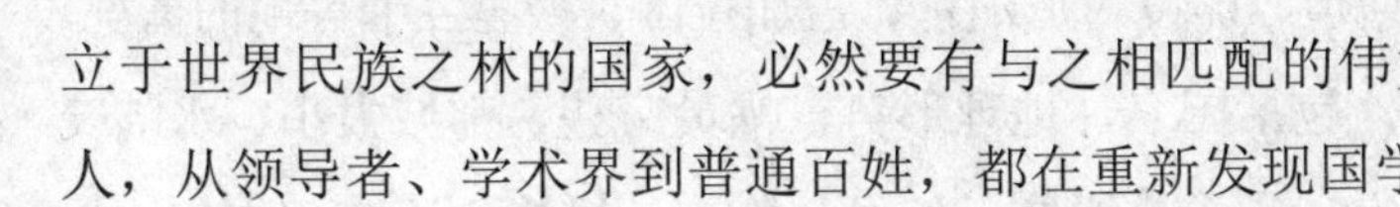

毛佩琦

二〇一五年五月

前言

东汉末年佛教传入中国，为瞻仰佛迹，寻求佛理，自三国起直到明代的一千多年间，西行求法者不计其数，他们也留下了不朽的篇章，其中最有代表性的当属东晋法显的《佛国记》、唐代玄奘的《大唐西域记》、唐代义静的《南海寄归内法传》。而三部书中又以玄奘的《大唐西域记》最为翔实。

《大唐西域记》成书于唐贞观二十年（646年），为唐玄奘口述，门人辩机奉唐太宗之敕令笔受编集而成。《大唐西域记》全书共十二卷，是玄奘游历印度、西域旅途的见闻录。该书记载了玄奘亲身经历的一百一十国和传闻得知的二十八个国家和地区、城邦，包括今中国新疆维吾尔自治区和中亚地区、阿富汗、伊朗、巴基斯坦、印度、尼泊尔、孟加拉国、斯里兰卡等地的情况。该书的内容十分丰富，包括国名、地理形势、幅员广狭、都城大小、水陆交通、国王、种姓、宫室、货币、服饰、气候、物产、民族、语言、文字、历史、政治、经济生活、宗教、文化、风俗习惯等方面的内容。尤其是对各个地区宗教寺院的情况以及佛教故事传说都做了详尽的记录。

玄奘，俗姓陈，名祎，洛州缑氏（今河南偃师县南缑氏镇）人，隋文帝仁寿二年（602年）出生在一个世代儒学之家，为东汉名臣陈寔的后人。出家后法名玄奘，敬称三藏法师。玄奘在13岁时在洛阳度僧，后赴首都长安，游历成都、荆州（今湖北江陵）、扬州、苏州、相州（今河南安阳）、赵州（今河北赵县）等地，遍访名师，后复至长安。唐太宗贞观元年（627年），玄奘从长安出发，孤身踏上万里征途，开始了他的西行，历经艰难，抵达天竺。游学于天竺各地，贞观十九年（645年）回到长安，在大慈恩寺等寺院进行研究和翻译佛经直到圆寂。玄奘所译佛经，多用直译，笔法谨严，其《大唐西域记》为研究印度以及中亚等地古代历史地理之重要资料。

《大唐西域记》面世已经一千三百多年，目前能够看到的较早传本为新疆吐峪沟石窟出土唐写本《大唐西域记》残卷。此外还有敦煌写本残卷，刊刻本有北宋崇宁藏本残卷、金赵城藏本残卷（以上三种见向达辑《大唐西域记古本三种》，1981 年中华书局出版）。另有南宋资福藏本、碛砂藏、元普宁藏、明洪武南藏、卍字藏、大正藏等刊本。点校本最为精审的当属 1977 年上海人民出版社出版的章巽点校本《大唐西域记》、1985 年中华书局出版的季羡林等校注的《大唐西域记校注》。

此次出版的《大唐西域记》，以保存各卷主体思想和各个故事的完整性为原则，对《大唐西域记》进行了精选，删去了相对于普通读者来说阅读价值并不大的内容，留存了各卷最精彩的内容，并对原文进行了白话文翻译。通过直译的方式辅助读者阅读，使读者能够更好地理解《大唐西域记》。

崇贤书院

目录

卷一

序论

［原文］

历选皇猷(yóu)，遐观帝录，庖羲出震之初，轩辕垂衣之始，所以司牧黎元，所以疆画分野。暨(jì)乎唐尧之受天运，光格四表；虞舜之纳地图，德流九土。自兹已降，空传书事之册；逖听前修，徒闻记言之史。岂若时逢有道，运属无为者欤？我大唐御极则天，乘时握纪，一六合而光宅，四三皇而照临。玄化滂流，祥风遐扇，同乾坤之覆载，齐风雨之鼓润。与夫东夷入贡，西戎即叙，创业垂统，拨乱反正，固以跨越前王，囊括先代。同文共轨，至治神功，非载记无以赞大猷，非昭宣何以光盛业？玄奘辄随游至，举其风土，虽未考方辨俗，信已越五逾三。含生之俦，咸被凯泽；能言之类，莫不称功。越自天府，暨诸天竺，幽荒异俗，绝域殊邦，咸承正朔，俱沾声教。赞武功之绩，讽成口实；美文德之盛，郁为称首。详观载籍，所未尝闻；缅惟图牒(dié)，诚无与二。不有所叙，何记化洽？今据闻见，于是载述。

［译文］

历数三皇的远大谋略，综观五帝的丰功伟绩，庖羲氏开创人类文明之初，轩辕氏无为而治天下之时，分司管理民众，划分疆土封界。继而唐尧依天命而行，使德行享誉四方；虞舜受纳地图，使德行泽及九州。从此以后，流传在世的只有记载着这些事情的典籍；追慕前代贤人，也只能通过记载他们言行的史书。哪里还有天下太平、无为而治的局面呢？我大唐依照天道的法则建国，顺应时代掌握纲纪，统一天下、恩德远播、功比三皇、光耀八方。仁德遍布四方，和风远扬，如同天地养育生灵，仿佛风雨滋润万物。东夷入朝进献贡品，西戎称臣听命，创造王业永传后世，消除混乱局面，恢复正常秩序，本已超越了前王，胜过了先代。书同文、车同轨，大治的神功，不记载就不能赞美伟大的谋

略，不宣扬怎么能显耀盛大的业绩？玄奘我按照游历的顺序，列举所到之处的风土人情，虽然没有经过仔细地考察和分析，但也足以使我相信大唐所建立的伟业已超越了三皇五帝。世间的一切生灵都享受到大唐所施的恩泽；天下所有的人无不赞美大唐的功劳。从大唐疆域直到天竺各国，偏僻蛮荒的他乡，遥远辽阔的异国，都使用大唐的历法，受到大唐文化的熏陶。赞美大唐武功的伟绩，已被人们传为美谈；颂扬大唐文德的昌盛，已被公认为天下第一。仔细查找典籍中的记载，从未见到过这样的成就；翻阅所有图谱资料，也实在找不到能够与之相媲美的。如果不对此进行记载，何以展现大唐教化之功？所以我将自己的所见所闻记述在这里。

[原文]

然则索诃世界，旧曰娑婆世界，又曰娑诃世界，皆讹也。**三千大千国土，为一佛之化摄也。今一日月所照临四天下者，据三千大千世界之中，诸佛世尊，皆此垂化，现生现灭，导圣导凡。苏迷卢山**唐言妙高山。旧曰须弥，又曰须弥娄，皆讹略也。**四宝合成，在大海中，据金轮上，日月之所照回，诸天之所游舍。七山七海，环峙环列；山间海水，具八功德。七金山外，乃咸海也。海中可居者，大略有四洲焉。东毗(pí)提诃洲，**旧曰弗婆提，又曰弗于逮，讹也。**南赡(shàn)部洲，**旧曰阎浮提洲，又曰剡浮洲，讹也。**西瞿陁尼洲，**旧曰瞿耶尼，又曰劬伽尼，讹也。**北拘卢洲。**旧曰郁单越，又曰鸠楼，讹也。**金轮王乃化被四天下，银轮王则政隔北拘卢，铜轮王除北拘卢及西瞿陁尼，铁轮王则唯赡部洲。夫轮王者，将即大位，随福所感，有大轮宝，浮空来应。感有金、银、铜、铁之异，境乃四、三、二、一之差，因其先瑞，即以为号。**

[译文]

索诃世界（以前称为娑婆世界，又称娑诃世界，这都是讹传），三千大千国土，都是由一位佛陀所教化的。现在同一日月照耀四个天下，在这三千大千世界之中，诸位佛陀世尊都化身在这里，展示生死轮回，以开导圣者与凡人。苏迷卢山（大唐称为妙高山。以前称为须弥，又称须弥娄，都是讹传）是由四种宝物所合成，在大海的中间，坐落在金刚轮之上，是日月回转、诸神居住的地方。七座高山和七个海洋环列在它四周；山与山之间的海水，具备八种功德。七座金山之外是咸海。在海中可以供人居住生活的地方，大约有四个洲。东面

的是毗提诃洲（以前称为弗婆提，又称弗于逮，是讹传），南面是赡部洲（以前称为阎浮提洲，又称剡浮洲，是讹传），西面的是瞿陁尼洲（以前称为瞿耶尼，又称劬伽尼，是讹传），北面的为拘卢洲（以前称为郁单越，又称鸠楼，是讹传）。金轮王的教化遍及这四方天下，银轮王则统治着除北方拘卢洲之外的其他三洲，铜轮王统治着除了北方拘卢洲和西方瞿陁尼洲之外的其他二洲，铁轮王则只统领赡部洲。所说的轮王，在将要登基时，会按照自身福德的高低产生感应，使有大轮宝从天空飘浮而来响应。感应有金、银、铜、铁的区别，所以统治的地域也有四、三、二、一洲的差别，先前出现的祥瑞，就作为各王的称号。

[原文]

其赡部洲之中地者，阿那婆答多池也。唐言无热恼。旧曰阿耨达池，讹也。**在香山之南，大雪山之北，周八百里矣。金、银、琉璃、颇胝(zhī)，饰其岸焉。金沙弥漫，清波皎镜。八地菩萨以愿力故，化为龙王，于中潜宅。出清泠水，给赡部洲。是以池东面银牛口，流出殑(qíng)**巨胜反。**伽河，**旧曰恒河，又曰恒伽，讹也。**绕池一匝，入东南海；池南面金象口，流出信度河，**旧曰辛头河，讹也。**绕池一匝，入西南海；池西面琉璃马口，流出缚刍河，**旧曰博叉河，讹也。**绕池一匝，入西北海；池北面颇胝师子口，流出徙多河，**旧曰私陀河，讹也。**绕池一匝，入东北海，或曰潜流地下，出积石山，即徙多河之流，为中国之河源云。**

[译文]

在赡部洲的中央，是阿那婆答多池（唐朝语言是无热恼。以前称为阿耨达池，是讹传）。位于香山之南，大雪山之北，方圆有八百里。金、银、琉璃、水晶装饰在岸边。池边金沙遍布，池水清澈如同镜子一般。八地菩萨因愿力化作龙王，在池中潜居。放出清凉的水，提供给赡部洲。所以池东的银牛口，流出殑伽河（以前称为恒河，又称恒伽，是讹误），绕池流淌一圈后，注入东南方的海中；池南的金象口，流出信度河（以前称为辛头河，是错误的），绕池流淌一圈，注入西南方的海中；池西的琉璃马口，流出缚刍河（以前称为博叉河，是错误的），绕池流淌一周，注入西北方的海中；池北的水晶狮子口，流出徙多河（以前称为私陀河，是错误的），绕池流淌一圈，注入东北方的海中，也有人说它在地下流淌，至积石山而出，就是徙多河的水，也是中国黄河的源头。

佛先现瑞

周昭王二十四年（前 1026 年）四月，天地间突发异象，河湖水涨，西方又出现五色霞光。朝中太史苏由认为西方定有圣人诞生。昭王问其影响，苏由说：目前不会有影响，但是一千年后，他的教义会传到这里。这便是佛祖诞生之时。周穆王五十三年（前 949 年）二月十五日，天地再次出现异动，西方出现了十道白虹。当朝太史认为是西方圣人过世的征兆。其实这种现象是佛祖涅槃所造成的。而到了春秋时期鲁庄公七年（前 687 年）四月，夜晚不见星辰，黑夜如同白昼，这是因为文殊菩萨自雪山点化五百仙人归来，所以天光明亮。

[原文]

时无轮王应运，赡(shàn)部洲地有四主焉。南象主则暑湿宜象，西宝主乃临海盈宝，北马主寒劲宜马，东人主和畅多人。故象主之国躁烈笃学，特闲异术，服则横巾右袒，首则中髻四垂，族类邑(yì)居，室宇重阁。宝主之乡，无礼义，重财贿，短制左衽，断发长髭，有城郭之居，务殖货之利。马主之俗，天资犷暴，情忍杀戮，毳(cuì)帐穹庐，鸟居逐牧。人主之地，风俗机慧，仁义昭明，冠带右衽，车服有序，安土重迁，务资有类。三主之俗，东方为上。其居室则东辟其户，旦日则东向以拜。人主之地，南面为尊。方俗殊风，斯其大概。至于君臣上下之礼，宪章文规之仪，人主之地无以加也。清心释累之训，出离生死之教，象主之国其理优矣。斯皆著之经诰，问诸土俗，博关今古，详考见闻。然则佛兴西方，法流东国，通译音讹，方言语谬，音讹则义失，语谬则理乖。故曰“必也正名乎”，贵无乖谬也。

[译文]

没有轮王响应时运出现的时候，赡部洲的大地上有四位君王。南方象王统治的地方炎热潮湿，适宜大象生活；西方宝王统治的地方濒临大海，有丰富的财宝；北方马王统治的地方寒冷多风，适宜马的生长；东方人王统治的地方，气候暖和舒适，人口众多。所以象王统治的国家中，人们性情急躁好学，精通异术，他们将布巾横披在身上，袒露出右臂，头发在头顶扎成一个髻，其余的从四面垂下，同族一起居住在房屋楼阁中。宝王的国度中，轻礼义，重钱财，衣服短小，前襟左衽，百姓剪短头发，却留长胡须，居住在城郭中，专门经商以获利。马王国度中的风俗，百姓粗犷暴躁，残忍好杀，百姓居住在毛毡帐篷之中，如同候鸟般追逐水草过着游牧的生活。人王的国家里，人民机灵聪明，崇尚仁义道德，服饰有帽子腰带，衣襟右衽，车辆马匹服饰都按照等级次序配备，安于本土不轻易迁移，习惯于相互帮助。东方的习俗优于其他三王统治的地方。东方的房屋门朝向东面，人们每日清晨都向东跪拜。人王统治的地区里，以面向南为尊贵。各地不同的风俗，在这里只是大概说明。至于君臣尊卑的礼节，典章制度的仪式，没有比人王统治的地方更好的了。要说清心寡欲的训导，脱离生死的教化，要属象王的国度中的理论为最佳。这些都记录在经文典籍之中，于各地风土民俗中访求得到，并可从许多过去和现在的记载中搜求、从所见所闻中详细考证的。但是佛教发源于西方，流传到东土，在翻译时出现错误，各地不同的方言又造成讹传，语言上出现了错误，理论上也就出现了偏差，方言造成了讹传就会不合道理。所以孔子说“首先必须要正名分”，贵在用词没有不合理和错误的地方。

［原文］

夫人有刚柔异性，言音不同，斯则系风土之气，亦习俗之致也。若其山川物产之异，风俗性类之差，则人主之地，国史详焉。马主之俗、宝主之乡，史诰备载，可略言矣。至于象主之国，前古未详，或书地多暑湿，或载俗好仁慈，颇存方志，莫能详举。岂道有行藏之致，固世有推移之运矣。是故候律以归化，饮泽而来宾，越重险而款玉门，贡方奇而拜绛阙(què)者，盖难得而言焉。由是之故，访道远游，请益之隙，存记风土。黑岭以来，莫非胡俗。虽戎人同贯，而族类群分，画界封疆，大率土著。建城郭，务殖田畜，性重财贿，俗轻仁义。嫁娶无礼，尊卑无次，妇言是用，男位居下。死则焚骸，丧期无数。 剺面截耳，断发裂裳，屠杀群畜，祀祭幽魂。吉乃素服，凶则皂衣。同风类俗，略举条贯。异政殊制，随地别叙。印度风俗，语在后记。

［译文］

人的性情有刚强和柔顺的区别，说话声音也有不同，这是因为气候水土不同而产生的，也是风俗习惯所导致的。至于各地物产的差异，风俗的区别，人王统治的地区里，在史书上记载得非常详细。马王统治地区的风俗、宝王统治地区的风土，史书上也都有记载，简单说一下就可以了。至于象王统治的国家，远古时的史书上记录不详，有的书上说那里气候炎热潮湿，有的书上记载那里的百姓崇尚仁慈，在方志中保留了不少资料，但都不是很详细。难道是因为那里的天道变化，因而使得世间的气运有所转移了吗？所以他们倾慕中国圣主的声誉前来归化，沐浴华夏德泽而来宾服，克服了重重艰难险阻来到玉门关，进贡地方特产而在朝廷之下跪拜行礼，实在是难得的啊！因为这个原因，我远赴他乡寻求正道，在请教学习的空闲里，将各地的风土人情记载下来。从黑岭以来，都是胡人的风俗习惯。虽然那里的人都属同一个种族，但都依亲族群居，划分疆界国家，国中居民大多是土著。他们修建城池，耕田放牧，重视财物，轻视仁义。嫁娶没有一定的礼仪，尊卑没有一定的次序，以女子的意见为重，男人的地位很低。人死后的尸体被火化，服丧时间也没有一定的期限。划伤面孔、割掉耳朵、剪短头发、扯破衣裳，屠宰大量牲畜，用来祭祀亡灵。遇到好事就穿着白色的衣服，遇到坏事则穿着黑色衣服。这里只是简单说明了一下当地总体的风尚和习俗。不同的政体和制度，则按地区来分别叙述。印度的风俗，记述在后面。

阿耆尼国

［原文］

出高昌故地，自近者始，曰阿耆尼国①。旧曰焉耆。

阿耆尼国，东西六百余里，南北四百余里。国大都城周六七里，四面据山，道险易守。泉流交带，引水为田。土宜糜(mí)②、黍(shǔ)、宿麦、香枣、蒲萄③、梨、柰(nài)诸果。气序和畅④，风俗质直。文字取则印度，微有增损。服饰毡毼(hé)⑤，断发无巾。货用金钱、银钱、小铜钱。王，其国人也，勇而寡略，好自称伐。国无纲纪，法不整肃。伽蓝⑥十余所，僧徒二千余人，习学小乘教⑦说一切有部⑧。经教律仪⑨，既遵印度，诸习学者，即其文而翫(wán)⑩之。戒行律仪⑪，洁清勤励⑫。然食杂三净⑬，滞于渐教⑭矣。

从此西南行二百余里，逾一小山，越二大河，西得平川⑮，行七百余里，至屈支国⑯。旧曰龟兹。

［注释］

①阿耆尼国：又作焉耆、乌耆、乌夷、焉祇、月氏。今新疆维吾尔自治区焉耆回族自治县。

②糜：不黏的黍类作物，即糜子。

③蒲萄：葡萄。

④气序和畅：四季气候温和、爽朗。

⑤毡毼：毡，用毛揉轧而成，可作褥垫，也可裁制靴帽等御寒物。毼，毯类毛织品。

⑥伽蓝：指佛寺。

⑦小乘教：乘，车乘，有运载的意思，比喻佛的教义可载众生脱离轮

回之苦。佛教分为大乘、小乘两派。小乘是早期佛教的主要流派，重自利、修自身，认为无“人我”，而有“法我”。大乘形成于公元1、2世纪，是针对小乘而得名，重利他，普济众生，以为人都能成佛，并认为无“人我”，也无“法我”。

⑧说一切有部：小乘十八部之一，释迦牟尼逝世三百年后从“上座部”分出。该部认为世界的一切事物、现象和超时空的一切都有实体，过去世、现在世和未来世都是实有的，所以称为“说一切有部”。

⑨经教律仪：佛经、教义、戒律、法度。

⑩翫：“玩”的异体字，玩味、研究之义，《周易·系辞上》：是故君子居则观其象而玩其辞，动则观其变而玩其占。是以自天佑之，吉无不利。

⑪戒行律仪：行动举止遵守戒律、法度。

⑫洁清勤励：遵守寺院的清规戒律，洁身守道，勤奋磨练。

⑬食杂三净：吃的东西包括三净肉。三净，即佛教说的三净肉：一、眼不见杀生；二、耳不闻为我杀生；三、没有为我杀生的可疑处。小乘不禁止出家人吃肉，但必须是三净肉。后来又有“五净肉”的说法，即在原来三种之外又加上了“诸鸟兽命尽自死者”和“鹰鹫食其他鸟兽后所剩下的肉”两种。

⑭滞于渐教：指受小乘教的影响。佛教修行有渐悟与顿悟之分，此处所说渐教是指佛教中的小乘教派，被认为不能证得佛果。滞，影响。

⑮西得平川：向西越过平旷的原野。得，又作“渡”及“度”。

⑯屈支国：又作龟兹、鸠兹、屈茨、拘夷、俱支囊、归兹、丘兹、屈兹、苦先、曲先、苦义。唐移安西都护府于此，所以也称安西。在今新疆库车县。

［译文］

离开高昌国的故地，从距离最近的国家开始叙述，是阿耆尼国（以前称之为焉耆）。

阿耆尼国的疆域东西长六百多里，南北长四百多里。国中的大都城方圆有六七里，四周被群山环绕，道路崎岖险峻，易于防守。泉水溪流错综交织，交汇后被引来浇灌农田。土地适合种植很多农作物，如穈、黍、宿麦、香枣、葡萄、梨、柰等。气候温暖宜人，民风爽朗质朴。文字虽然效仿印度，但有所改变。制作服装用的材料是毛毡，人民剪短头发，不佩戴用来束发的头巾。交易用的货币有金钱、银钱和小铜钱。作为当地人中的一员，国王虽然勇猛，但缺乏谋略，常以炫耀自己为乐。在国家方面，国中没有纲纪，政令松弛而不严明。境内有十多座寺庙，僧众共有两千多人，修习小乘佛教中的说一切有部。因为佛经的教义、戒律礼仪都遵照印度，所以大多研究者都依照印度原文进行深入探索。信徒们遵守佛教戒律礼仪，清净修身，刻苦努力。但是他们还食用三净肉，受小乘佛教的影响。

从这里朝西南方向走二百多里，然后翻过一座小山，再跨过两条大河，最后向西穿过一片平原，再走完七百多里的路程后，就抵达屈支国（以前称为龟兹）。

屈支国

［原文］

屈支国，东西千余里，南北六百余里，国大都城周十七八里。宜糜、麦，有粳稻，出蒲萄、石榴，多梨、柰(nài)、桃、杏。土产黄金、铜、铁、铅、锡。气序和，风俗质。文字取则印度，粗有改变。管弦伎乐[1]，特善诸国。服饰锦褐[2]，断发巾帽[3]。货用金钱、银钱、小铜钱。王，屈支种也，智谋寡昧，迫于强臣[4]。其俗生子以木押头，欲其匾匾[5]也。伽蓝百余所，僧徒五千余人，习学小乘教说一切有部。经教律仪，取则印度，其习读者，即本文矣。尚拘渐教，食杂三净。洁清耽翫(wán)[6]，人以功竞[7]。

［注释］

①管弦伎乐：管乐（如箫、笛）、弦乐（如胡琴、琵琶）和歌舞。

②锦褐：泛指丝织品和毛麻织品。锦，丝质品，也用以指鲜艳华丽的衣服。褐，兽毛或麻织品所制成的短衣，也指兽毛或麻织品。

③断发巾帽：剪短头发，以巾裹头代替帽子。

④迫于强臣：受权臣的挟制。

⑤匾匾：扁薄。

⑥耽翫：深切地爱好和深入地体会、玩味。

⑦人以功竞：人们在学习、修行的成果方面互相竞争。

［译文］

屈支国的疆域东西长一千多里，南北长六百多里，国中的大都城方圆十七八里。土地广泛种植糜、麦、粳稻等粮食作物，并出产葡萄、石榴、梨子、柰子、桃子、杏等水果。黄金、铜、铁、铅、锡等矿产也储量丰富。气候温和舒适，民风爽朗质朴。文字仿照印度而来，但稍有改变。在管弦乐调与歌舞技艺上，周围的国家无一匹及。服装用彩绸或粗布制成，人们剪短头发裹着头巾。交易用的货币为金钱、银钱和小铜钱。国王是屈支种族人，缺乏谋略，因此受到权臣的牵制。当地有种风俗是用木板箍扎初生婴儿的头部，使其变得扁薄。

境内有一百多座寺庙，僧众五千多人，修习小乘佛教中的说一切有部。佛经教义和戒律礼仪都是仿效印度，所以学习的人就依照印度原文来进行研究。他们还停留在小乘教义的渐悟阶段，吃三净肉。但是，他们清净修身，潜心研究佛典，并在学习、修行的成果方面进行竞争。

大龙池及金玉花王

［原文］

国东境城北天祠①前，有大龙池。诸龙易形，交合牝(pìn)马，遂生龙驹，忧戾难驭。龙驹之子，方乃驯驾，所以此国多出善马。闻之耆旧曰：近代有王，号曰金花，政教明察，感龙驭乘。王欲终没，鞭触其耳，因即潜隐，以至于今。城中无井，取汲(jí)池水。龙变为人，与诸妇会，生子骁(xiāo)勇，走及奔马。如是渐染，人皆龙种，恃力作威，不恭王命。王乃引构②突阙，杀此城人，少长俱戮，略无噍(jiào)类③。城今荒芜，人烟断绝。

［注释］

①天祠：在本书中泛指祭祀天神的“外道”的寺庙。
②引构：导致结怨，即故意制造仇恨。
③略无噍类：一个也不剩地都死了。噍类，活着的人。

［译文］

屈支国东部有座城池，城北天祠前，有个巨大的龙池。池中的龙常化作马形，和母马交配，生下暴戾凶悍、难以驾驭的龙驹。龙驹所产马匹，才能够被驯养，并可以用来驾车，这也是该国盛产良马的原因。听老人说：以前有位名叫金花的国王，治理国家公正严明，池中之龙大为感动，便甘愿为国王驾驭车马。国王临终前用鞭子触碰龙耳，龙立即隐没于池水中，从此再也没有出现过。因为城中没有水井，所以人们就饮用龙池中的水。龙幻化成人形，与许多妇人交合后生下后代，这些人勇猛强悍，奔跑之快如同骏马。日子久了，当地人均成龙种，开始自恃神力为非作歹，拒绝服从国王的命令。于是国王便引来突厥，进行血腥屠杀，不论老幼，全部赶尽杀绝。如今，城中已经荒无人烟，成了名副其实的废墟。

昭怙厘二伽蓝

[原文]

荒城北四十余里，接山阿，隔一河水，有二伽蓝，同名昭怙(hù)厘，而东西相称。佛[①]像庄饰[②]，殆(dài)越人工。僧徒清肃，甚为勤励。东昭怙厘佛堂中有玉石，面广二尺余，色带黄白，状如海蛤。其上有佛足履之迹，长尺有八寸，广余六寸矣。或有斋日，照烛光明。

[注释]

①佛：释迦牟尼。“佛”字在本书中，多指释迦牟尼，个别地方指弥勒佛。

②庄饰：装饰。佛经中常用的“庄严”“妆严”“严妆”，都是装饰的意思。

[译文]

距离荒芜城北部四十多里，与山腰相接处，隔着一条河，有两座佛寺，均名昭怙厘，东西相对。寺中佛像装饰精美，巧夺天工。僧侣们潜心修佛，勤奋上进。东昭怙厘的佛堂中有一块玉石，面宽二尺多，色泽黄白，形状好像海蛤。石上有佛陀踏过的足迹，长达一尺八寸，宽为六寸多。每逢斋戒之日，玉石上的足印便会发出奇特的光亮。

大会场

[原文]

大城西门外，路左右各有立佛像，高九十余尺。于此像前，建五年一大会处。每岁秋分数十日间，举国僧徒皆来会集。上自君王，下至士庶(shù)，捐废俗务[①]，奉持斋戒[②]，受经听法，渴日[③]忘疲。诸僧伽蓝庄严佛像，莹[④]以珍宝，饰之锦绮(qǐ)，载之辇舆(yú)[⑤]，谓之行像[⑥]。动以千数，云集会所。常以月十五日晦日，国王大臣谋议国事，访及高僧，然后宣布。

[注释]

①捐废俗务：抛开世俗的一切事务。捐废，舍弃。俗务，世俗的事务，和佛事相对而言。

②奉持斋戒：奉行清心洁身等有关斋戒的规定以表示虔诚恭敬。如在进行佛事活动期间，沐浴更衣，不饮酒，不听乐，不胡思，不乱动，以表示专心致志，恭敬虔诚。

③渴日：愒日。意思是过了一整天。愒，耗费的意思。

④莹：本意是珠玉的光彩，这里用作动词，意思是使之光洁。

⑤载之辇舆：把它装载在车上。辇舆，车。辇，用人推挽的车。舆，本意是指车厢，一般借指车。

⑥行像：这里即指奉佛像游行，这是一种佛教盛典。《法显传·于阗国》："以四月一日，城里便扫洒道路，庄严巷陌。……瞿摩帝僧是大乘学，王所敬重，最先行象。"所以"行象"是佛教游行活动。

[译文]

大都城西门外的道路两旁各有立佛像，高九十多尺。每五年举行一次的大会，场地就设立在这些佛像前。每逢秋分前后的数十天内，全国的僧徒都聚会于此。上至君王，下到平民，无不摒弃世俗烦事，沐浴更衣、奉行斋戒，聆听高僧讲解佛理，整日如此并乐而不疲。每个寺庙中装饰的佛像，都缀以珍贵宝物，披上绫罗绸缎，然后载在车上供人瞻仰，这种仪式称为行像。每到行像仪式开始时，数以千计的车载佛像，全部汇集在大会场。通常在每月的月中及月末，国王和大臣经过商讨后，再询问得道高僧的见解，最后才向大众公布。

跋禄迦国

[原文]

跋禄迦国[①]东西六百余里，南北三百余里。国大都城周五六里。土宜、气序、人性风俗、文字法则同屈支国，语言少异。细毡细褐，邻国所重。伽蓝数十所，僧徒千余人，习学小乘教说一切有部。

[注释]

①跋禄迦国：一作婆楼迦，都是梵语的音译。又作拨换，是大食语的音译。亦作姑墨、亟墨，有人认为是突厥语"沙"的音译。相当于汉代的姑墨国。在今新疆温宿县。

[译文]

跋禄迦国的疆域东西长六百多里，南北长三百多里。国中的大都城方圆有五六里。当地土产、气候状况、风土人情、文字语法，都同于屈支国，只在语言上略有差异。该国所盛产的细毡和细麻布，深受邻国喜爱。境内有几十座寺庙，僧众一千多人，修习小乘佛教中的说一切有部。

凌山及大清池

[原文]

国西北行三百余里，度石碛(qì)[1]，至凌山。此则葱岭[2]北原，水多东流矣。山谷积雪，春夏合冻，虽时消泮(pàn)[3]，寻复结冰。经途险阻，寒风惨烈，多暴龙难[4]，凌犯行人。由此路者，不得赭(zhě)衣持瓠大声叫唤。微有违犯，灾祸目睹。暴风奋发，飞沙雨石，遇者丧没，难以全生。

山行四百余里，至大清池[5]或名热海，又谓咸海。**周千余里，东西长，南北狭。四面负山，众流交凑[6]，色带青黑，味兼咸苦，洪涛浩瀚，惊波汩淴(gǔ hū)[7]。龙鱼杂处，灵怪间起，所以往来行旅，祷以祈福，水族虽多，莫敢渔捕。**

[注释]

①石碛：泥石流造成的乱石滩，这里指沙漠。
②葱岭：古时对帕米尔高原和昆仑山、喀喇昆仑山脉西部的山的总称。
③消泮：融解。
④多暴龙难：凶暴的龙经常制造灾难。文中所说的应是泥石流造成的灾害。
⑤大清池：按玄奘行经路线估计，池似指今中亚地区的伊塞克湖。
⑥交凑：交错，汇合。
⑦汩淴：水流很急的样子。

[译文]

从跋禄迦国朝西北方向走三百多里的路程后，再穿过戈壁，就抵达凌山。这里位于葱岭的北部，大部分河水都由此向东流去。山谷中的积雪在春夏季节里都还是冻在一起，虽然偶尔会消融，但不久后又会结冰。这一带道路崎岖，寒风料峭，凶暴的龙经常在这里制造灾难，危害过往行人。经过这里的行人，不能穿着红褐色的衣服、拿着葫芦，也不能大声叫喊。稍有违犯，灾祸就会立即降临在眼前。狂风骤起，飞沙走石，遭遇者往往因此丧命，很难生还。

在凌山中走完四百多里的路程，便抵达大清池（有人称这里为热海，又称咸海）。它方圆一千多里，东西长，南北窄。四面群山环绕，众多河流汇合于此，水色青黑色，味道又咸又苦，池水波涛汹涌，浪大水急。池中龙鱼混杂，不时还有灵怪出没，往来的旅客到了这里，都诚心祈祷以求庇佑，尽管池里的鱼虾很多，但没有人敢在这里打鱼。

素叶水城

[原文]

清池西北行五百余里，至素叶水城[①]。城周六七里，诸国商胡杂居也。土宜糜(mí)、麦、蒲萄，林树稀疏。气序风寒，人衣毡(zhān)褐。

素叶以西数十孤城，城皆立长，虽不相禀命[②]，然皆役属突厥[③]。

[注释]

①素叶水城：亦称碎叶城、素叶城。今中亚地区托克马克地方。

②不相禀命：互相之间，谁也不向谁报告，谁也不接受谁的命令。

③突厥：我国古民族名。6 世纪时游牧于金山（阿尔泰山）一带。金山形似战盔，俗称为突厥，其部落由此得名。后在鄂尔浑河（在今蒙古国境内）建立政权。疆域最广时东至辽海，西达西海（一说即今里海，一说即今咸海），南到阿姆河南，北过贝加尔湖。隋文帝开皇二年（582 年）分裂为东突厥和西突厥。这里应指西突厥。

[译文]

从大清池朝西北方向走五百多里后，就抵达素叶水城。该城方圆六七里，各国商旅都在这里杂居生活。土地广泛种植糜子、麦子和葡萄，森林树木不多。此地气候寒冷，人们穿着毛毡和粗布做的服装。

素叶城西边有几十座独立的城池，城中分别设立酋长，虽然互相之间没有从属关系，但都受突厥人管辖。

窣利地区总述

[原文]

自素叶水城，至羯(jié)霜那国[①]，地名窣利，人亦谓焉。文字语言[②]，即随称矣。字源简略，本二十余言，转而相生[③]，其流浸广，

粗有书记。竖读其文，递相传授，师资无替[4]。服毡褐，衣皮氎（dié）[5]，裳服褊（biǎn）急[6]。齐发露顶，或总剪剃，缯彩络额[7]。形容[8]伟大，志性恇（kuāng）怯[9]。风俗浇讹（é）[10]，多行诡诈，大抵贪求，父子计利。财多为贵，良贱[11]无差。虽富巨万，服食粗弊。力田逐利者[12]杂半矣。

[注释]

①羯霜那国：又作史国、来威国、碣石、渴石。

②言：这里指的是拼音文字的字母。

③转而相生：辗转组合而产生许多词。

④替：衰替、废替。这里是缺乏、中断的意思。

⑤“服毡褐”二句：穿毡褐皮氎做的衣服。氎，细毛布，也指细棉布，用古贝草纤维制成，粗的叫贝，细的叫氎。

⑥裳服褊急：下衣窄小。裳，下衣。

⑦“齐发露顶”三句：将四周头发剪齐，头顶剃光，或是把头发完全剃掉，(无论采取哪种发型）用彩色丝带缠住额头。

⑧形容：身体容貌。

⑨志性恇怯：心性怯懦。

⑩浇讹：浇薄虚伪，不厚道的意思。

⑪良贱：良民与贱民。印度把四种姓中的第四种姓首陀罗看作贱民。

⑫力田逐利者：务农、经商的人。力田，务农的意思。逐利，追逐利润，指经商。

[译文]

从素叶水城到羯霜那国之间的地区，叫作窣利，居民因此被称为窣利人。文字和语言，也采用同样的方式命名。起初，文字中的字母较少，仅有二十多个，后来不断衍化派生，词汇日渐广泛，有一些粗糙简单的文字和记录。文字由上至下读写，师徒相继传授，从不间断。当地居民的服装用兽毛、粗麻布或毛皮、细棉布制成，下身衣服短小。头发剪齐，袒露头顶，或全部剃掉，在额头上缠上彩色丝带作为装饰。窣利人身材魁梧，但性格十分怯懦。性格虚伪狡诈，常常用诡计欺骗他人。多数人都贪财好利，就连父子之间也要斤斤计较。财产多者地位尊贵，而不计出身好坏。即使是拥有巨额财富的大富豪，衣食起居也很粗糙简单。居民中种田与经商的人，大约各一半。

千泉

[原文]

素叶城西行四百余里，至千泉。千泉者，地方二百余里，

南面雪山，三陲平陆[①]。水土沃润，林树扶疏[②]。暮春之月，杂花若绮(qǐ)，泉池千所，故以名焉。突厥可汗每来避暑。中有群鹿，多饰铃环，驯狎(xiá)[③]于人，不甚惊走。可汗爱赏，下命群属：“敢加杀害，有诛无赦。”故此，群鹿得终其寿。

[注释]

①三陲平陆：三面是平坦的陆地。陲，边疆。
②扶疏：繁茂。
③驯狎：驯顺、亲近。

[译文]

从素叶水城向西走四百多里后，就抵达千泉。千泉方圆二百多里，南面与雪山相对，其他三面均为平地。这里水源充沛、土壤肥沃、树木繁茂。晚春的时节，遍地花开似锦，泉水和池沼数以千计，因此名为千泉。突厥可汗常常会来此避暑乘凉。这里栖息着大群麋鹿，许多鹿身上都饰以铃铛、环佩，非常驯顺，不太怕人。可汗十分宠爱这些鹿，昭告臣民：“如果有人敢伤害这些鹿，一定严惩不贷。”因此，这里的鹿都能够得以终老。

呾逻私城

[原文]

千泉西行百四十五里，至呾逻私城。城周八九里，诸国商胡杂居也。土宜气序，大同素叶。

[译文]

从千泉向西走一百四十五里后，就抵达呾逻私城。该城方圆八九里，各地商人都在这里杂居生活。水土和气候大致与素叶水城相同。

小孤城

[原文]

南行十余里有小孤城。三百余户，本中国人也，昔为突厥所掠，后遂鸠集[①]同国，共保此城，于中宅居。衣裳去就[②]，遂同突厥；言辞仪范[③]，犹存本国。

[注释]

①鸠集：聚集。

②去就：取舍，选择。

③仪范：取法的准则。仪，取法。范，榜样、标准的意思。

[译文]

呾逻私城南十多里，有一座小小的独立城池。这里住着三百多户人家，本来都是中国人，曾经被突厥掳掠，于是他们联合本国同胞，共同守卫这座城池，并在这里建房居住。在穿着与举止方面，他们与突厥人相同，但在语言和行为规范上，还保留着本国的传统。

白水城

[原文]

从此西南行二百余里，至白水城，城周六七里。土地所产，风气所宜，逾胜呾逻私。

[译文]

从这里朝西南方向走二百多里后，就抵达白水城，该城方圆六七里。物产、风俗和气候都超过呾逻私城。

恭御城

[原文]

西南行二百余里，至恭御城，城周五六里。原隰（xí）[1]膏腴，树林蓊郁。

从此南行四五十里，至笯赤建国。

[注释]

①原隰：广平与低洼之地。

[译文]

从白水城朝西南方向走二百多里后，到达恭御城，该城方圆有五六里。这里无论平原还是洼地，土壤都很肥沃，树木也十分葱郁。

从这里向南走四五十里后，就抵达笯赤建国。

笯赤建国

[原文]

笯赤建国周千余里。地沃壤，备稼穑(sè)。草木郁茂，花果繁盛，多蒲萄，亦所贵也。城邑(yì)百数，各别君长，进止往来，不相禀命。虽则画野区分①，总称笯赤建国。

从此西行二百余里，至赭(zhě)时国。唐言石国。

[注释]

①画野区分：定疆界，分区域。野，郊野，疆界。

[译文]

笯赤建国方圆一千多里。该国土地肥沃，利于农业。这里草木葱郁，花木繁多，同时盛产葡萄，这也是当地人十分重视的一种水果。境内有城池一百多座，分别有不同的君主，在政策和外交方面，均有自主决定权，相互之间没有隶属关系。虽然各城池之间有疆域的划分，但都称为笯赤建国。

从这里向西走二百多里后，就抵达赭时国（唐代语言称为石国）。

赭时国

[原文]

赭(zhě)时国周千余里，西临叶河，东西狭，南北长。土宜气序，同笯赤建国。城邑(yì)数十，名别君长。既无总主，役属突厥。

从此东南千余里，至怖捍国。

[译文]

赭时国方圆一千多里，西面濒临叶河，东西狭窄，南北宽阔。这里的水土和气候与笯赤建国近似。境内有城池几十座，分别设有君主。没有共同的君主，全部都隶属于突厥。

从这里朝东南方向走一千多里后，就抵达怖捍国。

怖捍国

[原文]

怖捍国周四千余里，山周四境。土地膏腴(yú)，稼穑(sè)滋盛，

多花果，宜羊马。气序风寒，人性刚勇，语异诸国，形貌丑弊。自数十年，无大君长，酋豪①力竞，不相宾服②。依川据险，画野分都③。

从此西行千余里，至窣(sū)堵利瑟那国。

[注释]

①酋豪：有权势的部落首领。

②宾服：服从。

③画野分都：即“画野区分”之意，定疆界，分区域。都，这里是区域的意思。原来是指某些特定的城市和区域。

[译文]

怖捍国方圆四千多里，国土被群山环绕。境内土地肥沃，庄稼茂密，花果繁多，利于羊马的繁殖。这里气候严寒多风，居民性格顽强勇敢，所说语言与别国不同，人的相貌很丑。最近数十年来，该国没有一个统治全国的君主，因此各地有权势的部落首领互相争斗，都不肯屈服他人。他们凭借地理位置，在险要之处据守，并以此来划分疆界，确定统治区域。

从这里向西走一千多里后，就抵达窣堵利瑟那国。

窣堵利瑟那国

[原文]

窣(sū)堵利瑟那国周千四五百里，东临叶河。叶河出葱岭北原，西北而流，浩瀚浑浊，汩(gǔ)淴漂急①。土宜风俗，同赭(zhě)时国。自有王，附突厥。

[注释]

①漂急：水流很急。

[译文]

窣堵利瑟那国方圆一千四五百里，国境东部到叶河岸边。叶河发源于葱岭北部，流向西北，河水汹涌、水色浑浊，流速很快。该国的风土人情，与赭时国相似。该国有君王统治，是突厥的附属国。

安清度蟒

汉朝僧人安清本是安息国的太子，他让位于叔父后出家为僧。安清聪敏好学，精通各种典籍。于汉桓帝建和年间来到洛阳，随后又游学至庐山。听说附近有庙神颇为灵验，安清就前往探寻。在庙中，庙神对安清讲述了他的经历。庙神以前也是一个出家学道、乐善好施的人，但是脾气暴躁。他现任庙神而且即将死去堕入地狱，但是因为自己形容丑陋不敢现身求救。安清答应帮他用常年积攒下的宝物建造寺塔，以助超生后，庙神才露出真容，原来是一条大蟒。安清念经超度他，晚上便有少年跪告，感谢安清帮助自己脱离大蟒的恶形，可以转世投胎了。

同飒(sà)秣建国。从此国西二百余里，至喝捍国。唐言东安国。

[译文]

屈霜你迦国方圆一千四五百里，东西较窄，而南北较长。风土人情近似于飒秣建国。从这个国家向西走二百多里，就抵达喝捍国（唐朝语言称为东安国）。

喝捍国

[原文]

喝捍国周千余里。土宜风俗，同飒秣建国。从此国西四百余里，至捕喝国。唐言中安国。

[译文]

喝捍国方圆一千多里。风土人情接近飒秣建国。从这个国家向西走四百多里后，就抵达捕喝国（唐朝语言称为中安国）。

捕喝国

[原文]

捕喝国周千六七百里，东西长，南北狭。土宜风俗，同飒秣建国。从此国西四百余里，至伐地国。唐言西安国。

[译文]

捕喝国方圆一千六七百里，东西长，南北狭窄。风土人情接近飒秣建国。从这个国家向西走四百多里后，就抵达伐地国（唐朝语言称为西安国）。

伐地国

[原文]

伐地国周四百余里，土宜风俗，同飒秣建国。从此西南五百余里，至货利习弥(mí)伽国。

[译文]

伐地国方圆四百多里，风土人情接近飒秣建国。从这里向西南走五百多里后，就抵达货利习弥伽国。

货利习弥伽国

[原文]

货利习弥伽国顺缚（fù）刍河两岸，东西二三十里，南北五百余里。土宜风俗，同伐地国，语言少异。

从飒（sà）秣建国西南行三百余里，至羯（jié）霜那国。唐言史国。

[译文]

货利习弥伽国的国土位于缚刍河两岸，东西约二三十里，南北五百多里。风土人情接近伐地国，只是在语言上稍有差别。

从飒秣建国朝西南方向走三百多里后，就抵达羯霜那国（唐朝语言称为史国）。

羯霜那国

[原文]

羯（jié）霜那国周千四五百里，土宜风俗，同飒秣建国。

从此西南行二百余里入山，山路崎岖，溪径危险，既绝人里，又少水草。东南山行三百余里，入铁门。

[译文]

羯霜那国方圆一千四五百里，风土人情接近飒秣建国。

从这里向西南走二百多里进入山中，山路坎坷崎岖，狭窄危险，沿途荒无人烟，水源草木也很稀少。由这座山沿着东南方向走三百多里后，就抵达铁门。

铁门

[原文]

铁门者，左右带山，山极峭峻，虽有狭径，加之险阻，两

傍石壁，其色如铁。既设门扉，又以铁锢，多有铁铃，悬诸户扇。因其险固，遂以为名。

［译文］

铁门这里，两侧连着山壁，山势非常陡峭险峻，虽然有一条狭窄的小径可以通行，但是十分险峻，两旁的石壁，颜色漆黑如铁。小径上装设了大门，并用铁进行加固，还有很多铁铃悬挂在大门上。因为这里如此险峻坚固，所以就称之为铁门。

睹货逻国故地

［原文］

出铁门，至睹货逻国[1]旧曰吐火罗国，讹也。**故地。南北千余里，东西三千余里。东厄葱岭**[2]**，西接波剌斯**[3]**，南大雪山**[4]**，北据铁门，缚(fù)刍大河中境西流**[5]**。自数百年王族绝嗣(sì)，酋豪力竞，各擅君长，依川据险，分为二十七国。虽画野区分，总役属突厥。气序既温，疾疫亦众。冬末春初，霖雨**[6]**相继。故此境已南，滥波**[7]**已北，其国风土，并多温疾**[8]**。而诸僧徒以十二月十六日入安居**[9]**，三月十五日解安居。斯乃据其多雨，亦是设教随时也。其俗则志性恇怯，容貌鄙陋，粗知信义，不甚欺诈。语言去就，稍异诸国。字源二十五言，转而相生，用之备物。书以横读，自左向右，文记渐多，逾广窣利。多衣氎(dié)，少服褐。货用金、银等钱，模样异于诸国。**

顺缚刍河北，下流至呾蜜国。

［注释］

①睹货逻国：《隋书》《北史》《唐书》皆作吐火罗，在兴都库什山与阿姆河上游之间（今阿富汗北部）。

②东厄葱岭：东边有葱岭挡着。

③波剌斯：即波斯，今之伊朗。

④大雪山：即兴都库什山，在阿富汗境内，靠近印度边境。

⑤中境西流：经过这一地带的中部向西流去。

⑥霖雨：连绵不断的大雨。这里说的是雨季的气候特点。

⑦滥波：今阿富汗东境之拉格曼。

⑧温疾：中医病名，病症为发热而渴。

⑨安居：印度僧每年有三个月打坐、修学，禁止外出，叫作安居（或坐夏、坐腊）。安居开始叫入安居（或结夏、结腊），安居结束叫解安居（或解夏、解腊）。

［译文］

穿过铁门，就抵达睹货逻国（以前称为吐火罗国，是讹误）的故地，这块区域南北一千多里，东西三千多里。东边有葱岭挡着，西部与波剌斯相邻，南部靠近大雪山，北部倚仗铁门的屏障，缚刍大河经过这一地区的中部向西流去。数百年前，王族的血脉就已经断绝，各路豪强互相争斗，自称为王，他们占据山川河流的险要之处，一共分成了二十七个小国。虽然各国之间划分了疆域界限，但全部都隶属突厥。这里气候温暖，疾病和瘟疫极为常见。冬末春初时分，阴雨连绵。所以从这里向南直到滥波以北，都是温病的多发区。于是每年从十二月十六日起，僧徒们便入室安居，直到三月十五日才结束这种生活。这是由于该地多雨，也是规矩因时因地而设的一种。这里的居民性格怯懦、容貌丑陋，略懂信义，不太懂得欺瞒诈骗。在语言和行为举止方面，该国与其他各国稍有不同。起初，文字的字母只有二十五个，后来不断繁衍派生，最终能够用来描述一切事物。文字是横着读写，从左向右，文字记载也逐渐增多，远远超过了窣利地区。居民服装多为棉布，麻布较少。买卖交易使用金银铸成的货币，但形状大小与别的国家不同。

沿着缚刍河的北岸，朝下游方向前行就抵达呾蜜国。

呾蜜国

［原文］

呾蜜国东西六百余里，南北四百余里。国大都城周二十余里，东西长，南北狭。伽蓝十余所，僧徒千余人。诸窣堵波即旧所谓浮图也，又曰鍮(tōu)婆，又曰塔婆，又曰私鍮簸，又曰薮斗波，皆讹也。**及佛尊像，多神异，有灵鉴。**

东至赤鄂衍那国。

［译文］

呾蜜国的疆域东西六百多里，南北四百多里。都城方圆二十多里，东西较长，而南北较窄。境内寺庙有十多座，僧众一千多人。各佛塔（就是旧日所说的浮图，又称输婆，又称塔婆，又称私输簸，又称薮斗波，都是错误的）和佛祖像，大多有神异和显灵之事发生。

从呾蜜国往东前行，就抵达赤鄂衍那国。

赤鄂衍那国

［原文］

赤鄂衍那国东西四百余里，南北五百余里，国大都城周十余里。伽蓝五所，僧徒鲜少。

东至忽露摩国。

［译文］

赤鄂衍那国的疆域东西方向长四百多里，南北宽五百多里，都城方圆十多里。境内寺庙五座，僧徒很少。

从赤鄂衍那国朝东方向前行，就抵达忽露摩国。

忽露摩国

［原文］

忽露摩国东西百余里，南北三百余里，国大都城周十余里。其王奚素突厥也。伽蓝二所，僧徒百余人。

东至愉漫国。

［译文］

忽露摩国的疆域东西方向宽一百多里，南北方向长三百多里，国中都城方圆十多里。国王为奚素突厥人。境内寺庙有两座，僧众一百多人。

从忽露摩国朝东方向前行，就抵达愉慢国。

愉慢国

［原文］

愉慢国东西四百余里，南北百余里，国大都城周十六七里。

其王奚素突厥也。伽蓝二所，僧徒寡少。

西南临缚(fù)刍河，至鞠和衍(yǎn)那国。

[译文]

愉慢国的疆域东西长四百多里，南北宽一百多里，都城方圆十六七里。国王为奚素突厥人。境内寺庙有两座，僧徒较少。

愉慢国西南方向，濒临缚刍河的地方，就是鞠和衍那国。

鞠和衍那国

[原文]

鞠和衍那国东西二百余里，南北三百余里，国大都城周十余里。伽蓝三所，僧徒百余人。

东至镬(huò)沙国。

[译文]

鞠和衍那国东西长二百多里，南北宽三百多里，都城方圆十多里。境内寺庙有三座，僧众一百多人。

鞠和衍那国东面是镬沙国。

镬沙国

[原文]

镬沙国东西三百余里，南北五百余里，国大都城周十六七里。

东至珂咄罗国。

[译文]

镬沙国东西长三百多里，南北宽五百多里，都城方圆十六七里。

镬沙国东面是珂咄罗国。

珂咄罗国

[原文]

珂咄罗国东西千余里，南北千余里，国大都城周二十余里。

东接葱岭，至拘谜陀国。

［译文］

珂咄罗国的疆域东西长一千多里，南北宽一千多里，都城方圆二十多里。翻越紧靠珂咄罗国东部的葱岭，就抵达拘谜陀国。

拘谜陀国

［原文］

拘谜陀国东西二千余里，南北二百余里，据大葱岭中。国大都城周二十余里。西南临缚刍河，南接尸弃尼国。

南渡缚刍河，至达摩悉铁帝国、钵铎创那国、淫薄健国、屈浪拿国、呬摩呾罗国、钵利曷国、讫栗瑟摩国、曷逻胡国、阿利尼国、瞢健国。自活国东南至阔悉多国、安呾逻缚国。事在回记。

活国西南至缚伽浪国。

［译文］

拘谜陀国的疆域东西长两千多里，南北宽二百多里，坐落在大葱岭之中。国中的大都城方圆二十多里。西南濒临缚刍河，南部与尸弃尼国相邻。

向南渡过缚刍河后，就依次经过达摩悉铁帝国、钵铎创那国、淫薄健国、屈浪拿国、呬摩呾罗国、钵利曷国、讫栗瑟摩国、曷逻胡国、阿利尼国、瞢健国。从活国向东南方向前进，依次经过阔悉多国、安呾逻缚国。关于这些国家的具体情况将在归途部分进行叙述。

从活国朝西南前行，就抵达缚伽浪国。

缚伽浪国

［原文］

缚伽浪国东西五十余里，南北二百余里，国大都城周十余里。

南至纥露悉泯健国。

［译文］

缚伽浪国的疆域东西方向宽五十多里，南北方向长二百多里，国中的大都城方圆十多里。

从缚伽浪国朝南方向前行，就抵达纥露悉泯健国。

纥露悉泯健国

［原文］

纥露悉泯健国周千余里，国大都城周十四五里。

西北至忽懔(lǐn)国。

［译文］

纥露悉泯健国方圆一千多里，都城方圆十四五里。

纥露悉泯健国西北是忽懔国。

忽懔国

［原文］

忽懔国周八百余里，国大都城周五六里。伽蓝十余所，僧徒五百余人。

西至缚喝国。

［译文］

忽懔国方圆八百多里，都城方圆五六里。境内寺庙有十多座，僧人五百多人。

忽懔国西方是缚喝国。

缚喝国

［原文］

缚喝国[1]东西八百余里，南北四百余里，北临缚刍河。国大都城周二十余里，人皆谓之小王舍城也。其城虽固，居人甚少。

土地所产，物类尤多，水陆诸花，难以备举。伽蓝百有余所，僧徒三千余人，并皆习学小乘法教。

[注释]

①缚喝国：又译为薄罗国、缚渴罗国、班里国、班勒纥国、巴里黑国、心里罕国等等，即是古代中国所称的大夏，其国都遗址在今阿富汗北部马扎里沙里夫西北的巴里赫古城。

[译文]

缚喝国东西长八百多里，南北宽四百多里，北部直到缚刍河。都城方圆二十多里，人们都称它小王舍城。虽然城池非常坚固，但居住的人并不多。当地的土产，种类繁多，各种水生和陆生的花卉，无法一一详述。境内寺庙有一百多座，其中的僧人有三千多人，全都修习小乘佛教。

锐秣陀国

[原文]

锐秣陀国东西五六十里，南北百余里，国大都城周十余里。西南至胡寔健国。

[译文]

锐秣陀国东西长五六十里，南北宽一百多里，都城方圆十多里。

锐秣陀国的西南方向是胡寔健国。

胡实健国

[原文]

胡实健国东西五百余里，南北千余里，国大都城周二十余里。多山川，出善马。

西北至呾剌健国。

[译文]

胡实健国东西长五百多里，南北宽一千多里，都城方圆二十多里，境内多

山，出产好马。

胡实健国西北方向是呾剌健国。

呾剌健国

［原文］

呾剌健国东西五百余里，南北五六十里，国大都城周十余里。西接波剌斯国界。

从缚喝国南行百余里，至揭职国。

［译文］

呾剌健国东西长五百多里，南北宽五六十里，都城方圆十多里。西面与波剌斯国接壤。

从缚喝国向南行一百多里是揭职国。

揭职国

［原文］

揭职国东西五百余里，南北三百余里，国大都城周四五里。土地硗(qiāo)确[1]，陵阜连属，少花果，多菽(shū)麦。气序寒烈，风俗刚猛。伽蓝十余所，僧徒三百余人，并学小乘教说一切有部。

［注释］

①硗确：土地坚硬贫瘠。

［译文］

揭职国东西长五百多里，南北宽三百多里，都城方圆四五里。土地坚硬贫瘠，高山丘陵相连，花草果木少，豆子和麦子多。这里气候非常寒冷，民风勇敢刚强。境内有十多座寺庙，僧人三百多，都修习小乘佛教中的说一切有部。

大雪山

［原文］

东南入大雪山[1]，山谷高深，峰岩危险，风雪相继，盛夏

合冻，积雪弥谷，蹊(qī)径难涉。山神鬼魅，暴纵妖祟[2]，群盗横行，杀害为务。

行六百余里，出睹货逻国境，至梵衍那国[3]。

［注释］

①大雪山：即“提谓城及波利城”所说的“雪山”，与“纳缚僧伽蓝”里的“大雪山”不同。

②暴纵妖祟：肆无忌惮地制造灾祸。妖祟，灾祸。祟，鬼怪或鬼怪出而害人。

③梵衍那国：《隋书》作帆延，《旧唐书》作失苑延，《新唐书》亦作望衍，今阿富汗喀布尔西北之巳米安。

［译文］

从揭职国东南方进入大雪山，山峰高耸，峡谷幽深，路途险恶，风雪不断，即使是在盛夏的时候这里也是一片冰封，积雪盖满山谷，道路难以通行。山神鬼怪在这里肆无忌惮地制造灾祸，盗匪横行，杀人无数。

在雪山中走过六百多里，就离开了睹货逻国，抵达梵衍那国。

梵衍那国

［原文］

梵衍那国东西二千余里，南北三百余里，在雪山之中也。人依山谷，逐势邑(yì)居[1]。国大都城据崖跨谷，长六七里，北背高岩。有宿麦，少花果。宜畜牧，多羊马。气序寒烈，风俗刚犷。多衣皮褐，亦其所宜。文字风教，货币之用，同睹货逻国，语言少异，仪貌大同。淳(chún)信之心，特甚邻国。上自三宝，下至百神，莫不输诚[2]，竭心宗敬。商估往来者，天神现征祥，示祟变，求福德。伽蓝数十所，僧徒数千人，宗学小乘说出世部。

［注释］

①逐势邑居：随着地势高低而建城定居。

②输诚：献奉虔诚的心意。

[译文]

梵衍那国东西长两千多里，南北宽三百多里，疆域在雪山之内。居民依山临谷，建城而居。都城建在山崖之上，蜿蜒六七里，北部背靠悬崖峭壁。土地适宜种植冬小麦，花草果木较少。畜牧业发达，盛产羊和马。气候异常寒冷，民风刚勇豪放。居民常穿着皮衣或粗麻布衣服，也适合当地的气候。文字、风俗以及货币，均同于睹货逻国，只是在语言上稍有差别，但外貌仪表趋于相同。居民信奉宗教的虔诚之心，远远超过邻国。上自佛教三宝，下至诸位神祇，没有一个不尽心供养的。商旅来往此地时，天神便向他们显现吉兆或者灾难的征兆，使他们都诚心祈求福德。境内有寺庙几十座，僧众几千人，修习小乘佛教中的说出世部。

大立佛及卧佛像

[原文]

王城东北山阿，有石佛立像，高百四五十尺，金色晃耀，宝饰焕烂。东有伽蓝，此国先王之所建也。伽蓝东有鍮石①释迦佛立像，高百余尺，分身别铸，总合成立。

城东二三里伽蓝中有佛入涅槃卧像，长千余尺。其王每此设无遮大会②，上自妻子，下至国珍。府库既倾，复以身施，群官僚佐，就僧酬(chóu)赎，若此者以为所务矣。

[注释]

①鍮石：黄铜。

②无遮大会：佛教把不分僧俗、贵贱、智愚、善恶，一律予以布施的大斋会，叫作无遮大会。无遮，无所遮拦的意思。

[译文]

梵衍那国都城东北的山上，有一座石佛立像，高达一百四五十尺，佛身金光闪烁，所饰珠宝明亮璀璨。佛像东面有座寺庙，是这个国家前代君王所建。寺庙东面是一座由黄铜铸成的释迦牟尼佛立像，高一百多尺，是分体铸造后组装而成的。

在都城东面二三里处的寺庙中，有一座佛陀涅槃时的卧像，长一千多尺。每当国王在此开设无遮大会时，上自国王的妻子和儿女，下至国家的奇珍异宝，都被施舍出来奉养僧众。国库中的财宝都施舍光了，国王又把自己的身体施舍给寺庙，然后文武百官再从僧人那里花重金将国王赎回，这样的事十分平常。

小川泽僧伽蓝

［原文］

卧像伽蓝东南行二百余里，度大雪山，东至小川泽。泉池澄镜，林树青葱。有僧伽蓝，中有佛齿及劫初时[1]独觉[2]齿，长余五寸，广减四寸。复有金轮王[3]齿，长三寸，广二寸。商诺迦缚娑旧曰商那和修，讹也。**大阿罗汉所持铁钵，量可八九升。凡三贤圣遗物，并以黄金缄（jiān）封[4]。又有商诺迦缚娑九条僧伽胝衣，绛赤色，设诺迦[5]草皮之所绩成也。商诺迦缚娑者，阿难[6]弟子也，在先身[7]中，以设诺迦草衣，于解安居日持施众僧。承兹福力，于五百身中阴[8]、生阴恒服此衣。以最后身[9]，从胎俱出，身既渐长，衣亦随广。及阿难之度出家也，其衣变为法服[10]；及受具戒，更变为九条僧伽胝（zhī）[11]。将证寂灭[12]，入边际定[13]，发智愿力[14]，留此袈裟，尽释迦遗法[15]，法尽之后，方乃变坏。今已少损，信有征矣。**

从此东行入雪山，逾越黑岭，至迦毕试国。

［注释］

①劫初时：世界开始形成的时候。劫，梵文“劫波”的略称，意译为长远的时节。古印度传说世界经历若干万年毁灭一次，再重新开始。

②独觉：佛教小乘中有声闻和独觉两种修行者。声闻，由听闻他人讲说而得到觉悟。独觉，不靠他人讲说而独自从观察现象中得到觉悟。

③金轮王：印度古代神话把最有权势的国王叫作“转轮王”，或“转轮圣王”，佛教也采用这种传说，在本书的“序”中，对此有所叙述。

④缄封：装好以后加以封闭。缄，把器物扎束、封闭。

⑤设诺迦：草名，梵文音译。

⑥阿难：梵文阿难陀的略称，意为“无染”或“庆喜”，是释迦牟尼叔叔的儿子，也是释迦牟尼十大弟子之一。出家后，随侍释迦二十余年，长于记忆，称“多闻第一”。当时佛教教义，全凭口诵记忆。释迦涅槃后，第一次以大迦叶为中心的“三藏”结集（会诵）时，他是主诵人。汉译佛经开头第一句“如是我闻”，就是阿难等主诵人所说。

⑦先身：前世、前身。

⑧中阴：又名“中有”，佛家认为一切有情的生灵都是生死轮回而不停息的。死在这里便会转生在那里。死称作“死有”或“死阴”，转世投胎而没有出世叫作“生有”或“生阴”。俱舍宗为了说明因果报应的教义，认为死生之间，还有“中阴”身，即“中有”身。

⑨最后身：指第五百次转世。

⑩法服：僧衣，亦名法衣，即下文所谓之“袈裟”，意译为“坏色”，因为僧衣不用“正色”。按照佛教定制，法衣有三种，称为三衣：大衣，用九至二十五条布片缝成；上衣，用七条布片缝成；内衣，用五条布片缝成。

⑪“及受具戒”二句：等到受了具足戒后，就变化成为几条布片制成的大衣了。及，到的意思。具戒，即具足戒，别称“大戒”，僧尼出家要接受完全的戒律，所以叫具足戒，僧戒共二百五十条，尼戒共三百四十八条。受了具足戒就成为真正的僧人了。

⑫寂灭：涅槃。

⑬入边际定：入定而即将达到涅槃的境界。僧人静坐敛心，不起杂念，使心定于一处，叫入定。入定有许多种。入边际定就是指入定已经到了即将进入涅槃的边缘时刻，也就是所谓的解脱凡体之前。

⑭发智愿力：指修行正果者发下心愿，并产生使之实现的力。发愿力，使心愿实现的力，也叫本愿力。智，指修行已达很高境界者。

⑮遗法：佛遗留于世的佛法。

［译文］

从有卧像的寺庙朝东南方向走二百多里后，再越过大雪山，向东前行抵达小川泽。此处泉水清澈明亮，树木浓郁繁茂。这里坐落着一所佛寺，里面供奉着佛齿和世界之初独觉佛的牙齿，长五寸多，宽不足四寸。还有金轮王的牙齿，长为三寸，宽为二寸。以及商诺迦缚娑（以前称为商那和修，是讹误）大罗汉用过的铁钵，大约八九升的容量。凡是三贤菩萨之遗物，大多都用黄金缄封。寺庙里还珍藏着一件商诺迦缚娑的九条僧衣，色泽深红，是用设诺迦草的纤维制成的。商诺迦缚娑是阿难的弟子，前世曾在解安居之日将设诺迦草衣布施给僧人。倚仗这一福德，在五百世的轮回转世中，他一直穿着这件衣服。在最后一次转世时，这件衣服不但与生俱来，而且随着身体的不断长大衣服也渐渐变大。到阿难度化他出家时，这衣服又变成了法服；等到他受具足戒的时候，法服又变成了九条僧衣。当他即将涅槃，进入禅定的时候，他发愿留下了这件袈裟，希望袈裟像佛法一样世代流传，直到末法时期，袈裟才会毁坏。现在这件袈裟已略有一点残破，看来这种说法确实有其根据。

从这里向东翻越雪山，再越过黑岭，就抵达了迦毕试国。

迦毕试国

[原文]

迦毕试国周四千余里，北背雪山，三陲黑岭。国大都城周十余里。宜谷麦，多果木，出善马、郁金香。异方奇货，多聚此国。气序风寒，人性暴犷，言辞鄙亵(xiè)，婚姻杂乱。文字大同睹货逻国，习俗、语言、风教颇异。服用毛氎，衣兼皮褐。货用金钱、银钱及小铜钱，规矩模样，异于诸国。王，刹利种也①，有智略，性勇烈，威慑邻境，统十余国。爱育百姓，敬崇三宝，岁造丈八尺银佛像，兼设无遮大会，周给贫窭(jù)②，惠施鳏寡。伽蓝百余所，僧徒六千余人，并多习学大乘法教。窣堵波、僧伽蓝崇高弘敞，广博严净。天祠数十所，异道③千余人，或露形，或涂灰，连络髑髅，以为冠鬘(mán)④。

[注释]

①王，刹利种也：国王是属于刹帝利种姓。

②贫窭：贫寒穷苦的人们。

③异道：不同于佛教的其他宗教。

④“连络髑髅”二句：把死人头骨串连起来，作为戴在头上的饰物。髑髅，死人头骨。冠鬘，冠是帽子，鬘是梵文的音译，亦称“华鬘”，即连贯穿串佩戴在头上或身上的饰物，或用花朵，或用雕刻成花朵的东西。

[译文]

迦毕试国方圆四千多里，北面背靠雪山，其他三面被黑岭所环绕。都城方圆有十多里。境内适宜稻谷和麦子生长，花果树木繁多，盛产好马和郁金香。各地的珍稀物品都集中在这个国家里。这里的气候寒冷多风，当地人性情直率豪爽，言语粗鲁，婚姻混乱。文字和睹货逻国接近，习俗、语言和文化教育方面却有很大的差异。这里的衣服多用细毛布，也有用毛皮和粗麻布制作的。买卖交易时用金钱、银钱和小铜钱，大小样式不同于其他国家。国王是刹利种姓，有智慧谋略，性格勇敢刚强，他的威望震慑邻国，周围十多个国家都接受他的统治。这个国王爱护百姓、恭敬佛法，每年都用银子打造一尊高达一丈八尺的佛像，还召开无遮大会，接济贫苦百姓，施舍鳏夫寡妇。境内有一百多所寺庙，其中的僧徒有六千多人，他们大多数修习的是大乘佛教。佛塔、佛寺高大宽敞、庄严洁净。另外境内还有几十所天祠，混杂居住着一千多个外教信徒，他们有的是露形派教徒，有的是涂灰派教徒，这些人把死人头骨串连起来，作为戴在头上的饰物。

曷逻怙罗僧伽蓝

[原文]

大城东南三十余里，至曷逻怙(hù)罗僧伽蓝。傍有窣堵波，高百余尺，或至斋日，时烛光明。覆钵势上石隙间流出黑香油，静夜中时闻音乐之声。闻诸耆旧曰：昔此国大臣曷逻怙罗之所建也。功既成已，于夜梦中有人告曰："汝所建立窣堵波未有舍利。明旦有献上者，宜从王请。"旦入朝进请曰："不量庸昧，敢有愿求①。"王曰："夫何所欲？"对曰："今日有先献者，愿垂恩赐。"王曰："然。"曷逻怙罗伫立宫门，瞻望所至。俄有一人持舍利瓶，大臣问曰："欲何献上？"曰："佛舍利。"大臣曰："吾为尔守，宜先白王。"曷逻怙罗恐王珍贵舍利，追悔前恩，疾往伽蓝，登窣堵波，至诚所感，其石覆钵自开，安置舍利，已而疾出，尚拘衣襟。王使逐之，石已掩矣。故其隙间，流黑香油。

[注释]

①"不量庸昧"二句：不考虑自己愚昧无知，而冒昧地有所请求。不量庸昧，有如"不自量力""不自量"，是一种表示谦虚的说法。

[译文]

从都城向东南走三十多里后，就抵达曷逻怙罗寺。它的旁边有座佛塔，高达一百尺，每到斋戒之日，就会放射出耀眼的光芒。塔顶呈覆钵状，其中有石缝流出黑色的香油，而且在夜深寂静之时，还能听到美妙的音乐声。听老人讲：这座佛塔是先前该国的大臣曷逻怙罗所建造的。佛塔建成后，晚上他梦见有个人对他说："你修筑的佛塔中没有舍利。明天早上，会有人向国王敬献舍利，可以向国王请求把它赐给你。"早晨他进宫朝见国王说："我自知平庸，但请宽恕臣之冒昧，斗胆向您提出一个愿望。"国王说："你想要什么？"曷逻怙罗回答道："今天有人向您进贡，请您将贡品赐给我。"国王答道："好的。"曷逻怙罗站在宫门外，看着走过来的人。不一会儿有一个拿着舍利瓶的人走来，大臣问：“你想献给国王什么东西？”那人答道：“佛的舍利。”大臣说：“我帮你看守舍利，你最好先去告诉国王。”曷逻怙罗害怕国王看中舍利，后悔先前的赏赐，当即前往寺庙，登上佛塔，他的虔诚之心感动上天，塔上的石覆钵自动打开，大臣安放好舍利后，就立即退出来，而他的衣襟却被夹在石缝之中。国王派来追赶他的使者到达时，塔石早已合拢了。因此，石覆钵的缝隙中开始流出黑色的香油。

霫蔽多伐剌祠城及阿路猱山

[原文]

城南四十余里，至霫(xí)蔽多伐剌祠城。凡地大震，山崖崩坠，周此城界，无所动摇。 霫蔽多伐剌祠城南三十余里，至阿路猱山，崖岭峭峻，岩谷杳(yǎo)冥。其峰每岁增高数百尺，与漕矩吒国稆那呬(xì)罗山仿佛相望，便即崩坠。闻诸土俗曰：“初， 稆那天神自远而至，欲止此山。山神震恐，摇荡溪谷。”天神曰：“不欲相舍，故此倾动。少垂宾主①，当盈财宝。吾今往漕矩吒国稆那呬罗山，每岁至我受国王、大臣祀献之时，宜相属望。”故阿路猱山增高既已，寻即崩坠。

[注释]

①少垂宾主：（只要）稍稍有一点宾主的情谊。垂，一般表示敬意。这里还包含“有”的意思。

[译文]

从都城出发向南四十多里，就是霫蔽多伐剌祠城。每次发生大地震，山崖崩溃时，这座城池的范围内从没有出现过震动。从霫蔽多伐剌祠城往南三十多里就到达了阿路猱山，这里山岩陡峭，山谷幽深。这座山峰每年都增高几百尺，与漕矩吒国的稆那呬罗山的高度差不多的时候，就会崩塌。听当地的老百姓讲：“当初稆那天神从远方来到这里，想停留在这座山上。山神非常害怕，于是就震动山谷。”天神说：“你舍不得这座山，所以才这样摇动山谷。稍稍有一点宾主的情谊，你就会得到很多的财宝。我现在去漕矩吒国的稆那呬罗山，每年我接受国王和大臣的祭祀、供奉时，你只能远远地看着了。”因此，当阿路猱山长到一定高度时，就会很快崩塌。

大雪山龙池及其传说

[原文]

王城西北二百余里，至大雪山。山顶有池，请雨祈晴，随求果愿。闻之耆旧曰：昔健驮逻国有阿罗汉，常受此池龙王供养，每至中食[1]，以神通力[2]，并坐绳床[3]，凌虚而往。侍者沙弥[4]密于绳床之下攀缘潜隐，而阿罗汉时至便往，至龙宫乃见沙弥，龙王因请留食。龙王以天甘露饭[5]阿罗汉，以人间味而馔(zhuàn)沙弥。阿罗汉饭食已讫，便为龙王说诸法要[6]。沙弥如常为师涤器，器有余粒，骇其香味，即起恶愿，恨师忿龙："愿诸福力，于今悉现，断此龙命，我自为王。"沙弥发是愿时，龙王已觉头痛矣。罗汉说法诲谕，龙王谢咎责躬。沙弥怀忿，未从悔谢。既还伽蓝，至诚发愿，福力所致，是夜命终，为大龙王，威猛奋战。遂来入池，杀龙王，居龙宫，有其部属，总其统命。以宿愿故，兴暴风雨，摧拔树林，欲坏伽蓝。时迦腻色迦王怪而发问，其阿罗汉具以白王。王即为龙于雪山下立僧伽蓝，建窣堵波，高百余尺。龙怀宿忿，遂发风雨。王以弘济为心[7]，龙乘瞋毒作暴[8]，僧伽蓝、窣堵波六坏七成。迦腻色迦王耻功不成，欲填龙池，毁其居室，即兴兵众，至雪山下。时彼龙王深怀震惧，变作老婆罗门[9]，叩王象而谏曰："大王宿植善本[10]，多种胜因，得为人王，无思不服[11]。今日何故与龙交争？夫龙者畜也，卑下恶类，然有大威，不可力竞。乘云驭风，蹈虚履水，非人力所制，岂王必所怒哉？王今举国兴兵，与一龙斗，胜则王无服远之威，败则王有非敌之耻。为王计者，宜可归兵。"迦腻色迦王未之从也。龙即还池，声震雷动，暴风拔木，沙石如雨。云雾晦冥，军马惊骇。王乃归命三宝，请求加护，曰："宿殖多福，得为人王，威慑强敌，统赡(shàn)部洲[12]。今为龙畜所屈，诚乃我之薄福也。

愿诸福力，于今现前。”即于两肩起大烟焰，龙退风静，雾卷云开。王令军众人担一石，用填龙池。龙王还作婆罗门，重请王曰：“我是彼池龙王，惧威归命[13]。惟王悲愍（mǐn），赦其前过。王以含育[14]，覆焘生灵[15]，如何于我独加恶害？王若杀我，我之与王俱堕恶道[16]，王有断命之罪，我怀怨仇之心。业报皎然[17]，善恶明矣。”王遂与龙明设要契（qì）[18]，后更有犯，必不相赦。龙曰：“我以恶业，受身为龙，龙性猛恶，不能自持，瞋心或起，当忘所制。王今更立伽蓝，不敢摧毁。每遣一人候望山岭，黑云若起，急击犍椎，我闻其声，恶心当息。”其王于是更修伽蓝，建窣堵波，候望云气，于今不绝。

闻诸土俗曰：窣堵波中有如来骨肉舍利，可一升余。神变之事，难以详述。一时中窣堵波内忽有烟起，少间便出猛焰，时人谓窣堵波已从火烬。瞻仰良久，火灭烟消，乃见舍利，如白珠璠，循环表柱，宛转而上，升高云际，萦旋而下。

[注释]

①中食：佛教斋日，日中进食，过午则不进食，所以叫中食。

②神通力：古印度宗教认为修行而有成就的人，就会具有种种神奇莫测的能力，即神通力。佛经也采用了这一说法。

③绳床：也叫“胡床”、交椅，类似今日的折叠椅。

④沙弥：梵文音译，意译是“息恶”“行慈”等，指男子七岁到二十岁受过十戒而没有受过具足戒的出家人，即小和尚。女子则称为“沙弥尼”。

⑤饭：在这里作动词用，即“供……吃”的意思。

⑥诸法要：佛法的各种要领。

⑦以弘济为心：以救济广大众生为怀。弘，广大。

⑧乘瞋毒作暴：因狂怒而行凶作恶。瞋毒，狂怒。瞋，这里同“嗔”，怒。作暴，行凶作恶。

⑨婆罗门：梵文音译，是印度古代精神生活的统治者，居四种姓之首。

⑩宿植善本：前世行好事，培植了善的根性。

⑪无思不服：没有不降服的。思，在这里是语助词。

⑫赡部洲：佛教把人间世分作四洲，即：东毗提诃（胜身）洲、南赡

部洲、西瞿陀尼（牛贷）洲、北拘（俱）卢洲。

⑬归命：本意为归顺，这里是礼拜祈求的意思。

⑭含育：即“涵育”，宽宏大量的意思。

⑮覆焘生灵：养育爱护有生命的万物。覆、焘，都是遮盖、保护的意思，引申为养育。焘，这里同“帱”。

⑯恶道：佛家用语。指生前作恶，死后的三个去处：地狱、畜类、饿鬼。

⑰业报皎然：佛家用语。善恶报应不爽，因果昭昭。业报，业因与果报。业，造成果报的原因，有善业与恶业的区别。报，果报。皎然，明明白白的。

⑱要契：约契、盟约的意思。

［译文］

从都城向西北方向走二百多里后，就抵达大雪山。这座山的山顶上有一个池塘，在这里祈祷晴雨，非常灵验。听老人讲：以前健驮逻国有位阿罗汉，常受到池塘里的龙王的供养，每到斋日中食的时候，他就凭借神力，坐于绳床之上，凌空前去。一次侍奉他的沙弥悄悄攀附着床的边缘，躲在绳床下，阿罗汉到了吃饭时间就去了，直到龙宫才发现沙弥，于是龙王就请阿罗汉留下沙弥一起吃饭。龙王请阿罗汉食用天上的甘露，请沙弥吃人间的佳肴。阿罗汉吃完后，为龙王阐述佛学要旨。沙弥则像平常一样为师父洗刷食具，食具上有吃剩的饭粒，他惊讶于饭粒的香味，起了邪恶的想法，埋怨师父、恼恨龙王：“希望我的所有福力，都在此刻显现，了断这个龙王的生命，让我成为龙王。”沙弥发下这个愿望的时候，龙王已经觉得头痛了。阿罗汉说法教诲龙王，龙王谢罪自责。而沙弥却心怀怨怼，并没有悔改之心。回到寺庙后，沙弥诚心诚意发愿，他的福力发挥了作用，当天夜里沙弥死了，转生为大龙王，相貌威严凶猛。他来到龙池，杀死龙王，入住龙宫，掌控了龙王的部属，掌握了所有的统治权。因为他先前发下誓愿，于是开始掀起狂风暴雨，拔起树木，企图毁坏寺庙。迦腻色迦王感到疑惑不解便向阿罗汉发问，阿罗汉就把事情始末告知国王。于是国王就在雪山下为大龙王建造了寺庙，并修建了高达百尺的佛塔。大龙王怀着往日的怨恨，又开始掀起狂风暴雨。国王以救济广大众生为怀，而大龙王因狂怒而行凶作恶，致使寺庙、佛塔六次被毁，第七次才建成。迦腻色迦王因此深感耻辱，准备填平龙池，毁掉龙宫，于是调集军队，前往雪山之下。大龙王非常害怕，于是变成一个老婆罗门，勒住迦腻色迦王骑乘的大象进谏道：“大王前世行好事，培植了善的根性，才得以成为人王，无人敢反抗您的意志。今天为什么要与龙开战呢？龙只不过是个畜生罢了，卑劣丑陋，但却有很大威力，不可与它较量力气。它可以乘风驾云，凌空涉水，非人力所能降服，大王何必对它发怒呢？大王如今调动全国的兵马，和一条龙战斗，如果胜了，大王也不能获得令远方降服的威望；如果失败了，大王就有了失败的耻辱。为大王着想，最好立即罢兵返回。”迦腻色迦王没有答应。大龙王于是返回池中，天空雷声大作，暴风将树木连根拔起，沙石如暴雨般地落下。阴云密布、天昏地暗，士兵和马匹都惊恐不安。于是国王诚心祈求庇护：“前世广集福德，我才能够成为人王，威风震慑强敌，统领着赡部洲。现在，我竟为畜生所屈服，实在是因我的福力浅薄。愿各种福力能立即实现。”祈求完毕，他的双肩顿时燃起火焰，龙王逃走，而风也随之停止，云雾开始退散。国王命令士兵搬运石头，用来填平龙池。龙王又变回婆罗门，再次请求国王说：“我就是那个池里的龙王，害怕大王的威武而归顺。希望大王慈悲怜悯，赦免我先前犯下的过错。大王教化众生，庇护了天下生灵，可为何却单单对我痛下杀手呢？您如果杀了我，我和您都会堕入恶道，因为大王您有杀生之罪，而我有怨恨之心。善恶报应不爽，因果昭昭。”于是国王与大龙王立下誓约，如果此后再有冒犯，绝不赦免。龙王说：“因前世的果报，我转世为龙，而龙性情凶猛，无法自我控制，时有嗔恶之念，那时就会忘记制约。大王现在重新建立寺庙，我绝不敢再进行破坏。请大王命人每日观察山岭，如果升起黑云，就立即敲击犍槌，我听到犍槌的声音，作恶之心就会平息。”于是国王开始重修寺庙，并建造了佛塔，派人守候，观望云气，至今都未曾间断。

听当地人讲：这座佛塔中供奉着如来的骨肉舍利，有一升多。神异奇妙之事，多得难以详细叙述。有时，佛塔中会突然升起烟雾，顷刻之间便冒出大火，当时人们以为佛塔已经烧毁了。可许久之后，火灭烟消，便看见舍利犹如洁白的玉珠，环绕在塔的表面，宛转上升，升至云端，之后又慢慢地旋转而下。

比罗娑洛山及龙泉

[原文]

城西南有比罗娑洛山。唐言象坚。**山神作象形，故曰象坚也。昔如来在世，象坚神奉请世尊及千二百大阿罗汉。山颠有大磐石，如来即之，受神供养。其后无忧王即磐石上起窣堵波，高百余尺，今人谓之象坚窣堵波也。亦云中有如来舍利，可一升余。**

象坚窣堵波北山岩下有一龙泉，是如来受神饭已，及阿罗汉于中漱口嚼杨枝，因即植根，今为茂林。后人于此建立伽蓝，

名鞞铎佉（qū）。唐言嚼杨枝也。

自此东行六百余里，山谷接连，峰岩峭峻，越黑岭，入北印度境，至滥波国[①]。北印度境。

［注释］

①滥波国：又名滥健、岚婆。即今阿富汗东境的拉格曼，在喀布尔河以北。

［译文］

都城的西南部有座比罗娑洛山（唐朝语言称为象坚山）。此山的山神常常以象的形貌出现，所以人们称之为象坚神。在如来在世时，象坚神曾邀请如来和一千二百位大阿罗汉来此。山顶上有一块很大的石头，如来盘膝而坐，接受山神的供养。后来无忧王在磐石上建造了一座佛塔，高达一百多尺，现在的人叫它象坚佛塔。也说佛塔中供奉着如来的舍利，有一升多。

象坚佛塔北面的山岩下有一处龙泉，如来吃完山神供奉的食品后，和阿罗汉在这里漱口、咀嚼杨树枝，这些杨树枝因此生根发芽，如今已经成为一片茂密的树林了。后人在这里建造了一座寺庙，并称之为鞞铎佉（唐朝语言称为嚼杨枝）。

从这里向东走六百多里后，高山深谷接连不断，山峰高耸、悬崖陡峭，翻越黑岭，进入北印度境内，便抵达滥波国（在北印度境内）。

卷二

印度总述

释名

[原文]

详夫[1]天竺之称，异议纠纷。旧云身毒，或曰贤豆，今从正音，宜云印度。印度之人，随地称国，殊方异俗，遥举总名，语其所美，谓之印度。印度者，唐言“月”。月有多名，斯其一称。言诸群生轮回不息[2]，无明长夜，莫有司晨[3]，其犹白日既隐，宵烛斯继[4]，虽有星光之照，岂如朗月之明！苟缘斯致[5]，因而譬月。良以[6]其土圣贤继轨[7]，导凡御物[8]，如月照临。由是义故，谓之印度。印度种姓，族类群分，而婆罗门特为清贵。从其雅称，传以成俗。无云经界之别[9]，总谓婆罗门国焉。

[注释]

①详夫：细说起这个。夫，这个，这里指下面的“天竺之称”。

②轮回不息：这是佛家的认识，即世间众生都是辗转生死于六道（天上、人间、阿修罗、饿鬼、畜生、地狱）之中，如车轮旋转，永不停息。只有信佛成道的人，才能够逃脱这种轮回。

③莫有司晨：没有天亮的时候，亦即没有摆脱轮回之时。司晨，报晓。

④宵烛斯继：就继之以夜晚。宵烛，萤火虫，借喻微弱的光，此光只有在暗中才能见其亮，因此借喻夜晚。

⑤苟缘斯致：只因为想得到这（朗月之明）。苟，但，只。

⑥良以：实在是因为。

⑦继轨：相继诞生，继承前人的事业。

⑧导凡御物：教导凡人，统治众生。凡、物，均指众人。

⑨无云经界之别：（凡属印度境内）无论哪个区，哪块地，都没有什么不同。无云，无论，不管。经界，原指古代井田的丈量划界，这里借指区域。经，划界丈量。界，田的界限。

道进忠直

西晋佛图澄的弟子法师道进学识渊博，深受石虎器重。石虎曾经想要一名叫杨轲的隐士出仕为官，无奈十年中多次邀请都无功而返。他亲身去游说，杨轲却傲慢地躺在床上，不行君臣之礼。一怒之下，石虎将他抓了起来，想像姜太公治理齐国时杀死华士那样处决杨轲。道进劝慰石虎说："希望陛下学习舜、禹的宽厚仁德，因为陛下的言行都将被史官一一记录下来，同时又怎么能让史书中缺少隐士的传记呢。"石虎听后不但放了杨轲，还赏给他大量的财物。

[译文]

细数天竺的称谓，众说纷纭。旧时曾称为身毒，还有人称为贤豆，现在依据正确发音，称为印度比较合适。印度人习惯按照他们的居住地称呼他们的国家，而各地风俗又有很大的差别，因此大致列举一个总称，来代表他们喜欢的地方，最后称为印度。印度翻译成唐朝语言就是“月亮”。月亮的称谓有多种，印度是其中的一种。它的意思是轮回果报，永不停息，就好像缺少光明的夜晚，没有天亮的时候；又好似太阳落山后，就继之以夜晚，虽然有星光璀璨，却赶不上明月的光亮！所以月亮才被人们用来比喻印度。在这片土地上，无数圣者贤士接连出现，引领世人，统御万物，好比月光照亮大地。印度之称，由此而来。印度按照种姓，根据族类将人分类，其中以婆罗门的地位最为显赫尊贵。人们遵从他们的称谓，代代传承下来而成一种习俗。无论哪个区，哪块地，都没有什么不同，总称为婆罗门国。

疆　域

[原文]

若其封疆之域，可得而言。五印度之境，周九万余里。三垂大海，北背雪山。北广南狭，形如半月。画野区分，七十余国。时特暑热，地多泉湿。北乃山阜(fù)隐轸①，丘陵舄(xì)卤②；东则川野沃润，畴陇膏腴(yú)；南方草木荣茂；西方土地硗(qiāo)确③。斯大概也，可略言焉。

[注释]

①山阜隐轸：很多高山。阜，高山。隐轸，众多的意思，亦作“隐赈”。

②丘陵舄卤：丘陵地带是盐碱地。舄卤，盐碱地。

③硗确：指土地十分贫瘠。“硗确”即瘠薄的意思，多形容沙石之地不适宜耕种。

[译文]

关于印度的疆域，可以大概说一说。五印度的疆域面积，方圆有九万多里。三面临海，北面背靠雪山。北部宽阔南部狭窄，形状如同弯月。按照疆域划分，有七十多个国家。这里气候非常炎热，泉水众多、土地潮湿。北部有很多高山，丘陵地带则是盐碱地；东部平原河流较多，土地十分肥沃，庄稼产量很高；南部草木茂密；西部则土壤贫瘠。这些只是大体状况，简单叙述一下。

数量

[原文]

夫数量之称，谓逾缮(shàn)那。旧曰由旬，又曰逾阇那，又曰由延，皆讹略也。**逾缮那者，自古圣王一日军行也。旧传一逾缮那四十里矣，印度国俗乃三十里，圣教所载唯十六里。穷微之数，分一逾缮那为八拘卢舍。拘卢舍者，谓大牛鸣声所极闻，称拘卢舍。分一拘卢舍为五百弓，分一弓为四肘，分一肘为二十四指，分一指节为七宿麦，乃至虱、虮(jǐ)、隙尘、牛毛、羊毛、兔毫、铜水，次第七分，以至细尘。细尘七分，为极细尘。极细尘者，不可复析，析即归空，故曰极微也。**

[译文]

数量的单位，是逾缮那（以前称为由旬，又称逾阇那，又称由延，都是错误的）。所谓逾缮那，来自于古时圣明的君王一天之内行军的路程。以前传闻说一逾缮那等于四十里，但按照印度的习惯其实是三十里，而在佛典中的记载则只有十六里。细分这个长度，一逾缮那可分为八拘卢舍。拘卢舍，是指牛的鸣叫声所能达到的最远距离。一拘卢舍又可分为五百弓，一弓分为四肘，一肘分为二十四指，一指分为七宿麦，一直到虱、虮、隙尘、牛毛、羊毛、兔毫、铜水，依次一分为七，直到最后的细尘。细尘再分为七，称为极细尘。极细尘，无法再分，再分就会化为乌有，所以称为极微。

岁时

[原文]

若乃[1]阴阳历运[2]，日月次舍[3]，称谓虽殊，时候无异，随其星建，以标月名[4]。时极短者，谓刹那也。百二十刹那为一呾刹那，六十呾刹那为一腊缚，三十腊缚为一牟呼栗多，五牟呼栗多为一时，六时合成一日一夜。昼三夜三。**居俗日夜分为八时。**昼四夜四，于时各有四分。**月盈至满[5]，谓之白分；月亏至晦，谓之黑分。黑分或十四日、十五日，月有小大故也。黑前白后，合**

为一月。六月合为一行。日游在内，北行也；日游在外，南行也。总此二行，合为一岁。又分一岁，以为六时。正月十六日至三月十五日，渐热也；三月十六日至五月十五日，盛热也；五月十六日至七月十五日，雨时也；七月十六日至九月十五日，茂时也；九月十六日至十一月十五日，渐寒也；十一月十六日至正月十五日，盛寒也。如来圣教，岁为三时。正月十六日至五月十五日，热时也；五月十六日至九月十五日，雨时也；九月十六日至正月十五日，寒时也。或为四时，春、夏、秋、冬也。春三月谓制呾逻月、吠舍佉(qū)月、逝瑟吒月，当此从正月十六日至四月十五日。夏三月谓頞(è)沙荼月、室罗伐拿月、婆达罗钵陀月，当此从四月十六日至七月十五日。秋三月谓頞湿缚庾(yǔ)阇月、迦剌底迦月、末伽始罗月，当此从七月十六日至十月十五日。冬三月谓报沙月、磨袪月、颇勒窭拏月，当此从十月十六日至正月十五日。故印度僧徒，依佛圣教，坐雨安居，或前三月，或后三月。前三月当此从五月十六日至八月十五日，后三月当此从六月十六日至九月十五日。前代译经律者，或云坐夏，或云坐腊，斯皆边裔(yì)殊俗⑥，不达中国正音，或方言未融⑦，而传译有谬。又推如来入胎、初生、出家、成佛、涅槃日月，皆有参差，语在后记。

[注释]

①若乃：至于。

②阴阳历运：四季及节气的运转。阴阳，借指气候的冷热，这里指四季。阴，背阴。阳，向阳。历运，推算节气的运转。

③日月次舍：昼夜的往返。次舍，原指守卫宫中的值宿者休息的地方，也可解为依次休息，这里借指日月的升落，也就是昼夜的往返。

④“随其星建”二句：印度“时轮历”是以月圆时，月亮所在位置属二十八宿中哪一宿而来标定每个月的名称。我国农历是以北斗星斗柄所指之十二辰定月，叫作月建。

⑤月盈至满：约相当于我国农历初一至十五日（满月）。下句的“月亏至晦”约相当于我国农历十六日（月亮开始缺损）到月终。

⑥边裔殊俗：边远荒僻地方的不同风俗。

⑦未融：没有融会贯通，没有弄懂。

［译文］

有关阴阳变化、历法计算以及日月的出没，虽在称谓上有所不同，但在时令上差别却不大，它们都按照星宿来标记月名。时间极为短暂的，称为刹那。一百二十刹那是一呾刹那，六十呾刹那为一腊缚，三十腊缚为一牟呼栗多，而五牟呼栗多为一时，六时合在一起就是一日一夜（白天三时夜晚三时），当地居民则把一日一夜分为八时（白天四时夜晚四时，每一时各有四分）。月亮由盈到满的这段时间，叫作白分；月亮由亏到晦，则叫作黑分。黑分有时是十四天，有时是十五天，因为一个月的天数有多有少。黑分在月前，白分在月末，合起来是一个月。六个月称为一行。太阳运行在内，称为北行（冬至到夏至）；太阳运行在外，称为南行（夏至到冬至）。南北两行为一年。一年又分为六时。从正月十六日到三月十五日期间，是渐热时节；从三月十六日到五月十五日期间，是盛热时节；从五月十六日到七月十五日期间，是降雨时节；从七月十六日到九月十五日期间，是草木茂密时节；从九月十六日到十一月十五日期间，是渐寒时节；从十一月十六日到正月十五日期间，是盛寒时节。按照佛教教义，一年则分为三时。从正月十六日到五月十五日期间，是酷热时节；从五月十六日到九月十五日期间，是多雨时节；从九月十六日到正月十五日，是酷寒时节。也有分为四时的，就是春、夏、秋、冬。春季的三个月称为制呾逻月、吠舍佉月、逝瑟吒月，和我国的正月十六日到四月十五日相当。夏季三个月称频沙荼月、室罗伐拿月、婆达罗钵陀月，和我国的四月十六日到七月十五日相当。秋季三个月称频湿缚庾阇月、迦剌底迦月、末伽始罗月，和我国的七月十六日到十月十五日相当。冬季三个月称报沙月、磨祛月、颇勒窭拏月，和我国的十月十六日到正月十五日相当。印度的僧徒依据佛祖的教谕，在雨季时在家中不外出活动，有的是在前三月，有的是在后三月。前三月是我国的五月十六日到八月十五日，后三月约是我国的六月十六日到九月十五日。以前翻译佛教典籍的人，有人将此称为坐夏，有人则称为坐腊，都是边远荒僻地方的不同风俗所导致的，他们不懂得中国语言的正确发音，或者不明白当地的方言，因而导致了翻译上的错误。此外，在推算如来投胎、诞生、出家、成佛以及涅槃确切日期上，也都存在着出入，这些将记载在后面。

宫 室

［原文］

若夫邑（yì）里闾阎[1]，方城广峙，街衢（qú）巷陌，曲径盘迂。阛阓（huán huì）[2]

当涂，旗亭[3]夹路。屠、钓、倡、优、魁脍[4]、除粪[5]，旌厥宅居[6]，斥之邑外，行里往来，僻[7]于路左。至于宅居之制，垣郭之作，地热卑湿，城多垒砖，暨诸墙壁，或编竹木。室宇台观，板屋平头，泥以石灰，覆以砖墼(jī)[8]。诸异崇构，制同中夏。苫茅苫草，或砖或板，壁以石灰为饰，地涂牛粪为净，时花散布，斯其异也。诸僧伽蓝，颇极奇制：隅楼四起，重阁三层。榱(cuī)梠[9]栋梁，奇形雕镂，户牖(yǒu)垣墙，图画众彩。黎庶之居，内侈外俭。隩室中堂[10]，高广有异，层台重阁，形制不拘。门辟东户，朝座东面。至于坐止[11]，咸用绳床，王族、大人、士庶、豪右，庄饰有殊，规矩无异。君王朝座，弥复高广，珠玑间错，谓师子床[12]，敷以细氎(dié)，蹈以宝几。凡百庶僚，随其所好，刻雕异类，莹饰奇珍。

[注释]

①若夫邑里闾阎：至于说到这个城镇街道里巷。若夫，句首语气词，有“至于说到这个”的意思。闾阎，本意是里巷的门，亦借指里巷和居住在那里的平民。

②阛阓：市区的店铺、街道。阛，市区的墙，也指市区。阓，市区的门。

③旗亭：酒楼（也指市楼，即用来指挥集市的建筑）。

④魁脍：这里指厨师之类的人。魁，食匙。脍，细切肉，或切细了的肉。

⑤除粪：与“粪除”同，打扫、清除的意思。这里指清道夫之类的人。上面所举的几种人都被视为贱民，属第四种姓。

⑥旌厥宅居：在他们住的房子上面挂上标记。旌，旗帜，这里作动词用，即以旗帜做标记。厥，其，他们的。

⑦僻：这里通“避”。

⑧墼：未烧的砖坯。

⑨榱梠：屋椽屋檐。榱，屋椽、屋桷（方椽）。梠，屋檐。

⑩隩室中堂：内室和大厅。隩，通“燠”，室的东南角，古代用作祭祀之用；这里借指内室。中堂，大厅的正中，这里借指大厅。

⑪坐止：坐。止，语气词。

⑫师子床：即“狮子床”，原指佛菩萨的宝座，后也指国王的宝座。

[译文]

谈到印度的城市、街道、里巷，方形的城墙宽阔坚固，街巷相连，曲折盘旋。路口遍布大小集市，街道两旁酒店林立。屠户、渔夫、倡伎、乐工、厨子，还有清道夫，住的房子上面都有标记，并被排斥在城墙之外，这些人行走在街道上，只能走在道路的左侧。在住房的结构、城墙的建造方面，由于地势低洼潮湿的原因，城墙多为砖砌，住宅的墙壁则是用竹、木等材料编扎而成。房屋楼台的屋顶用木板平铺，再涂上石灰，盖上未经烧制的砖坯。各种大型的建筑，外形上与中国近似。屋顶上铺上茅草，然后铺上砖瓦或者木板，墙壁涂上石灰作为修饰，地上用牛粪涂抹以示洁净，上面还撒满各种花朵，这是不同于中国的地方。寺庙的结构十分奇特：四角高楼拔地而起，一共有三层。屋椽和屋梁雕刻成各种奇妙的形状，大门、窗户和墙壁上，都画着各式各样的彩图。普通民众的居所，都是内部华美而外表简朴。内室和中堂也在高矮宽窄上有所差异，亭台楼阁各式各样。大门朝东开，君王的座位也面向东方。所用的坐具，都是绳床，皇室、大臣、士人、庶民以及豪门大族的绳床，装饰各有不同，但样式都一样。君王上朝时的座位，比一般的更为高大宽阔，上面镶嵌着各种宝石，称为师子床，上面铺着细棉布，前面还摆着一个装饰着珠宝的脚凳。文武百官都可以按自己的喜好，在座位上雕刻各式各样的图案，或镶嵌珠宝。

衣饰

[原文]

衣裳服玩，无所裁制，贵鲜白，轻杂彩。男则绕腰络腋，横巾右袒。女乃襜(chān)衣[①]下垂，通肩总覆。顶为小髻，余发垂下。或有剪髭，别为诡俗。首冠花鬘(mán)，身佩璎珞[②]。其所服者，谓㤭奢耶衣及氎(dié)布等。㤭奢耶者，野蚕丝也；菆摩衣，麻之类也；頜钵罗衣，织细羊毛也；褐剌缡衣，织野兽毛也。兽毛细软，可得缉绩，故以见珍而充服用。其北印度风土寒烈，短制褊(biǎn)衣，颇同胡服。外道服饰，纷杂异制。或衣孔雀羽尾，或饰髑髅璎珞，或无服露形，或草板掩体，或拔发断髭(zī)，或蓬鬓椎髻。裳衣无定，赤白不恒。沙门[③]法服，唯有三衣及僧却崎、泥嚩些那。三衣裁制，部执[④]不同，或缘有宽狭，或叶有小大。僧却崎唐言掩腋。旧曰僧祇支，讹也。**覆左肩，掩两腋，左开右合，长裁过腰。泥嚩些那**唐言裙。旧曰涅槃僧，讹也。**既无带襻(pàn)[⑤]，其将服也，集衣为褶[⑥]，束带以绦[⑦]。褶则诸部各异，色乃黄赤不同。刹帝利、婆罗门清素居简，洁白俭约。国王、大臣服玩良异，花鬘宝冠以为首饰，环钏[⑧]璎珞而作身佩。其有富商大贾，唯钏而已。人多徒跣[⑨]，少有所履。染其牙齿，或赤或黑，齐发穿耳，修鼻大眼，斯其貌也。**

［注释］

①襜衣：系在身前的围裙。

②璎珞：把珠子连缀起来的装饰品，一般套在颈上。

③沙门：梵文音译，意译为“勤劳”“净忘”“息心”“勤息”“修道”等，原为古印度反婆罗门教思潮的各派出家者的通称。佛教盛行后专指佛教僧侣。

④部执：各部相沿形成的法规。部，释迦牟尼死后，佛教分成许多派系，称为部。

⑤襻：系衣服的，如纽襻。

⑥集衣为褶：把裙腰收拢，折上活褶。

⑦绦：编成的丝绳。

⑧环钏：耳环、指环和镯子。环，圈形的装饰品，如耳环、指环。钏，镯子。

⑨徒跣：赤脚走路。

［译文］

印度的衣裳服饰都不用裁缝，居民喜欢纯白色，不喜欢其他的颜色。男人将布环绕腰间，上达腋下，然后横披在两肩之上，并袒露右臂。女子围裙下垂，两肩全部遮掩起来。头顶的头发盘成小髻，周围其余的头发则垂下来。有的人不留胡须，还有其他一些怪异的风俗。人们头上戴着花环，身上佩戴着用珠子连缀起来的装饰品。所穿衣服被称作憍奢耶衣和细棉布衣等等。所谓憍奢耶，指的是野蚕丝；菆摩衣则是类似麻布织成的衣服；颔钵罗衣，是由细羊毛织成的衣服；褐剌缡衣，是由野兽毛织成的衣服。兽毛质地细软，可以用来纺线织布，所以人们对其十分珍视并用于制作服装。北印度地区的气候十分寒冷，居民多穿着短式的紧身衣，非常类似胡人的衣服。外道人士的服饰各种各样，有的穿着孔雀尾羽制作的衣服，有的则挂着骷髅串成的项链，有的没有衣服裸露着身体，有的用茅草和木板遮掩身体，有的拔光头发，剪掉胡须，还有

的鬓发散乱，只在头上编髻。服装的样式并不统一，颜色也不固定。僧衣的样式只有三衣和僧却崎、泥嚩些那。在三衣的制作规格上，各部派各有不同，有的镶边宽窄不同，有的衣褶大小不同。僧却崎（唐朝语言称为掩腋。以前称为僧祇支，是错误的）覆盖左肩，遮掩两腋，左边敞开，右边合拢，长度刚过腰部。泥嚩些那（唐朝称为裙。以前称为涅槃僧，是错误的）没有纽襻，穿的时候，把裙腰收拢折上活褶，再用丝带扎紧。活褶的形状大小，各部派存在着不同。在颜色上，也有黄与红的差别。刹帝利、婆罗门的生活朴素，住所简朴。国王与大臣在服饰方面差异很大，如头上装饰着花环宝冠，身上佩戴镯子项链。而有的富商大户，则仅仅佩戴镯子。居民大多赤脚，穿鞋子的很少。他们在牙齿上染色，有的是红色，有的则为黑色，将头发剪齐，耳朵穿洞，鼻高眼大，这些就是他们的相貌特征。

馔食

[原文]

夫其洁清自守，非矫其志。凡有馔食①，必先盥(guàn)洗，残宿不再②，食器不传。瓦木之器，经用必弃。金、银、铜、铁，每加摩莹。馔食既讫，嚼杨枝而为净。澡漱未终，无相执触。每有溲溺(sōu nì)，必事澡灌。身涂诸香，所谓栴檀③、郁金④也。君王将浴，鼓奏弦歌。祭祀拜祠，沐浴盥洗。

[注释]

①馔食：食物。

②残宿不再：上一顿吃剩下的，下一顿就不再吃了。残宿，指上一顿没吃完的残羹剩饭一类的东西。残，残剩。宿，留。

③栴檀：梵文的音译，就是我国普遍所说的檀香木，据说因产自形似牛头的南印度摩罗耶山，所以又叫作牛头栴檀。

④郁金：即郁金香，梵文的意译。《周礼·春官》："'郁人采以鬯酒'《说文》云：'郁金，草之华，远方所贡芳物。郁人合而酿之，以降神也，宗庙用之。'"

[译文]

印度人整洁清新的习俗，并不是由于外力的强迫。凡是吃饭前，一定会先洗漱；吃剩的饭菜，下一顿就不再食用；饮食的器皿也不交互使用。陶质、木质的器皿，使用一次就扔掉。而金、银、铜、铁制造的器具则经常擦拭出亮光。

进餐后，便咀嚼杨树枝来洁净口腔。没有洗澡漱口，相互之间的肢体不接触。每次大小便后，必定清洗身体。身上涂抹着各种香料，诸如檀香、郁金香等等。君王在洗澡之前，会有乐队奏乐。祭祀和进入神庙之前，一定要事先沐浴。

文 字

[原文]

详其文字，梵天[①]所制，原始垂则，四十七言。遇物合成[②]，随事转用，流演枝派，其源浸广。因地随人，微有改变，语其大较，未异本源。而中印度特为详正，辞调和雅，与天同音，气韵清亮，为人轨则。邻境异国，习谬(miù)成训[③]，竞趋浇俗，莫守淳风。

至于记言书事，各有司存。史诰[④]总称，谓尼罗蔽荼(tú)[⑤]，唐言青藏。**善恶具举，灾祥备著。**

[注释]

①梵天：梵文的音译之一，为印度原有宗教婆罗门教的三位主神之一，是最高的神，即创造神（其他二神：一为毗瑟拿，即保护神；一为湿婆，又名大自在天。这三位主神也被视为三位一体）。佛教产生以后，以梵天为护法神，是释迦牟尼的右胁侍。

②遇物合成：把字母组成不同的词，来表达事物的名称。

③习谬成训：对谬误习惯了，也就当成正确的解释了。训，对文字词语的解释。

④史诰：史书和训诫勉励的文告。

⑤尼罗蔽荼：梵文的音译，即“青色文藏”之意。

[译文]

印度的文字，据说是梵天所创造的，最初的文字有四十七个字母。后来又将字母组成不同的词来表达事物的名称，后来随着辗转变化、组合运用，变得越来越多。又随着地区和人的差异，有了略微的改变，但大体相似，没有脱离本源。其中中印度的语言最为纯正规范，语言和谐顺畅，与天神使用的语言一样，声音清澈洪亮，是人们效仿的典范。相邻地区的国家却对谬误习以为常，竞相崇尚庸俗刻薄，悖逆淳朴的风尚。

在记录言行、事件方面，有各自的机构专门负责。史书和训诫勉励的文告，总称为尼罗蔽荼（唐朝语言称为青藏）。善行恶事全部记载，灾祸和祥瑞也都全部记录在册。

教育

［原文］

而开蒙诱进，先导十二章。七岁之后，渐授五明[1]大论：一曰声明[2]，释诂(gǔ)训字[3]，诠目疏别；二工巧明[4]，伎(jì)术机关，阴阳历数；三医方明[5]，禁咒闲邪[6]，药石针艾；四曰因明[7]，考定正邪，研核真伪；五曰内明[8]，究畅五乘[9]，因果妙理。

其婆罗门学《四吠陀[10]论》：旧曰毗陀，讹也。**一曰寿，谓养生缮性[11]；二曰祠，谓享祭祈祷；三曰平，谓礼仪、占卜、兵法、军阵；四曰术，谓异能、伎数[12]、禁咒、医方。**

师必博究精微[13]，贯穷玄奥，示之大义，异以微言，提撕(sī)[14]善诱，雕朽励薄[15]。若乃识量通敏，志怀逋逸[16]，则拘絷反关[17]，业成后已。

年方三十，志立学成，既居禄位，先酬师德。其有博古好雅，肥遁居贞[18]，沉浮物外，逍遥事表[19]，宠辱不惊，声闻已远，君王雅尚，莫能屈迹。然而国重聪睿，俗贵高明，褒赞既隆，礼命亦重。故能强志笃学，忘疲游艺，访道依仁，不远千里。家虽豪富，志均羁(jī)旅[20]，口腹之资，巡匄以济[21]。有贵知道，无耻匮财。娱游惰业，媮食[22]靡衣，既无令德，又非时习，耻辱俱至，丑声载扬。

［注释］

①五明：梵文意译。古代印度把学术分为五类，叫作五明。

②声明：五明之一，属语言文字学。

③释诂训字：解释古书中的词句和字义。释诂，解释古书文意，也叫训诂，或诂训。训，本意是解释，但专指一个字、一个字分开地讲。

④工巧明：工艺、技术、历算之学。

⑤医方明：药石、针灸、禁咒等治疗之学。

⑥禁咒闲邪：即所谓以咒语（一种口诀）和本身的气禁御对方，以制止妖邪灾祸的发生。禁咒，禁御的咒语。闲，这里是限制、约束的意思。

⑦因明：思辨规则之学，近似逻辑学。

⑧内明：古印度科学的名称，包括哲学、宗教。

⑨五乘：佛教中人乘、天乘、声闻乘、缘觉乘和菩萨乘的总称，修行道路和修行结果都不同。

⑩吠陀：梵文音译，意译为“明论”“知识”。为印度婆罗门教最古的宗教文献和文学巨著。婆罗门教规定，第四种姓无权阅读。《吠陀本集》共四部，即这里所说的“四吠陀论”。

⑪养生缮性：保养身体、修养性情。

⑫伎数：包括技术、道术、方术（天文、医学、神仙术、占卜、相术、堪舆等）。

⑬精微：精细微妙的道理。

⑭提撕：提醒、指教。原意是向上提扯着。常说提撕其耳，形容尊长教诲子弟，既严格又亲切。

⑮雕杇励薄：比喻精心培育，化无用之木为有用之材，变消极因素为积极因素。雕杇，把杇木雕成有用之器，比喻把不成才的人教育成才。

⑯“若乃识量通敏”二句：头脑清楚、灵活，却一心贪图安乐，玩忽学业。识，这里指认识事物的能力。量，表示容量，相当于“力量”“胆量”的“量”。逋逸，逃学求安逸。

⑰拘絷反关：拘禁在屋里。絷，拘囚。反关，把门反锁上。

⑱肥遁居贞：隐居守正。肥遁，隐居的意思。贞，通“正”。

⑲“沉浮物外”二句：立身行事不受世俗盛衰、荣辱的牵累，悠然自得于世俗事务之外。

⑳羁旅：旅居在外。

㉑巡匄以济：各处求艺为生。济，济助。

㉒媮食：苟且偷生，贪图吃好东西。也可解作白受俸禄。媮，通“偷”。

[译文]

儿童的启蒙方面先教授悉昙十二章。七岁以后，便教授五明大论：一是声明，内容是解释字义，了解文字的源流；二是工巧明，内容是工程方面的技巧，了解天文历法；三是医方明，内容是用咒语抵制妖邪以及医药针灸等方面的技艺；四是因明，内容是考证学说的正误，鉴别理论的真伪；五是内明，内容是研究五乘教法，理解因果轮回之理。

婆罗门还要掌握四吠陀论（以前称为毗陀，是错误的）：一是寿，内容是养生修性之道；二是祠，内容是祭祀和祈祷；三是平，内容是礼仪、占卜、兵法和布阵；四是术，内容是奇法异能、驱邪念咒以及医药处方等等。

教师必须精通精细微妙的道理，完全领悟深奥的理论，向学生揭示要义，用巧妙的言语指引他们，好比把杇木雕成器皿，把金属薄片磨制成利刃。对于头脑清楚、灵活，却一心贪图安乐，玩忽学业的学生，老师就会将他关在屋子里，直到学有所成为止。

学生到了三十岁，志向已经确立，学业也有所成，做官有了俸禄之后，首先要报答老师的教授之恩。他们中有些人崇尚古韵，爱好淡雅，志在隐遁，立身行事不受世俗盛衰、荣辱的牵累，悠然自得于世俗事务之外，宠辱不惊，闻名天下，君王对他们十分欣赏，却不能使其效命于己。但国家非常重视聪明博学之士，百姓也尊敬道德高尚之人，对于他们大为褒奖，礼敬有加。因此人们就能坚定志向，发愤求学，淡忘疲劳，拜访有道之人，跟随仁爱之士，即便千里之外也不嫌遥远。虽然家中十分富足，很多人却志在远游，沿途靠乞讨来获取日常的饮食。他们将知事明理视为高贵，而不把财产匮乏当作耻辱。如果有人贪图享乐，以致荒废学业，贪图美食华裳，缺乏良好的德行，又无一技之长，就会招致耻辱，丑名远播。

佛教

[原文]

如来理教，随类得解[1]。去圣悠远，正法醇醨[2]，任其见解之心，俱获闻知之悟。部执峰峙，诤论波涛。异学专门，殊途同致。十有八部[3]，各擅锋锐；大小二乘，居止区别。其有宴默思惟[4]，经行[5]住立。定慧悠隔[6]，喧静良殊，随其众居，各制科防。无云律论[7]，絓[8]是佛经。讲宣一部[9]，乃免僧知事[10]；二部，加上房资具[11]；三部，差侍者祗承[12]；四部，给净人[13]役使；五部，则行乘象舆(yú)；六部，又导从周卫。道德既高，旌命亦异。时集讲论，考其优劣，彰别善恶，黜陟幽明[14]。其有商榷微言，抑扬妙理，雅辞赡(shàn)美，妙辩敏捷，于是驭乘宝象，导从如林。乃至义门虚辟[15]，辞锋挫锐，理寡而辞繁，义乖而言顺，遂即面涂赭垩，身坌[16]尘土，斥于旷野，弃之沟壑。既旌(jīng)淑慝(tè)[17]，亦表贤愚，人知乐道，家勤志学。出家归俗，从其所好。罹咎[18]犯律，僧中科罚，轻则众命诃责，次又众不与语，重乃众不共住。不共住者，斥摈不齿[19]。出一住处，措身无所，羁(jī)旅艰辛，或返初服[20]。

[注释]

①随类得解：（如来）依据各类人的不同情况而施以不同的教诲，使各类人均能有所悟。

②正法醇醨：对佛法体会的深浅。正法，佛法。醇醨，酒味厚叫醇，薄叫醨，常连用以比喻风俗民情淳朴浇薄，这里比喻对佛法体会的深浅。

③十有八部：释迦牟尼逝世后，佛教逐渐分为许多派系，统称之为十八部，实际上不止十八部。这期间的佛学称为部派学说。（其后逐渐归为四个系统，即：上座部、正量部、大众部及说一切有部，以后又发展为大乘、小乘两大阵营。）

④宴默思惟：沉默静思。宴默，安然沉默。

⑤经行：修行的一种方式，即在一地旋绕往来行走。这样可以防止打坐困倦欲睡。

⑥定慧悠隔：禅定与智慧各有侧重，两种主张相距很远。定慧，佛教名词，即禅定与智慧。佛家非常重视定、慧之法，以为这是佛门修行之本，但是有的部特别强调“定”，有的部又特别强调“慧”，各不相同，所以说定慧悠隔。定，就是以佛法收杂念，使思想定于一处。慧，就是以佛法观察洞照事理，摆脱世间一切诱惑、烦恼。悠隔，相距很远的意思，这里引申为各不相同。

⑦无云律论：不管是三藏中第二藏戒律，还是第三藏阐述佛经的论。三藏，佛教典籍的总称，梵文的意译，即：素怛缆藏，也就是经藏；毗奈耶藏，也就是律藏；阿毗达磨藏，也就是论藏，即对佛经的整理综述。

⑧絓：絓结，牵挂；这里引申为联系到。

⑨讲宣一部：宣讲佛教经典中的一部。这里的“部”，指佛教经典著作；下文的二部、三部等同此。与上文的“十有八部”指派系的“部”不同。

⑩僧知事：即僧执事。这里指僧人在寺庙中除修行以外所从事的杂务。

⑪加上房资具：加奉上等僧房及衣食用具。

⑫祗承：接受差遣。

⑬净人：侍奉僧人并懂得其净语（即出家人的专用语）的俗人。

⑭黜陟幽明：贬黜差的，提升好的。黜，罢黜，贬谪。陟，提升。

⑮义门虚辟：徒然分立不同派系门户，空立虚名，而无其实。义门，这里指佛教不同派系的门户，而不是指封建社会六世以上同居的所谓世代孝佛忠信之家。

⑯坌：涂抹或扬撒（尘土）。

⑰淑慝：善恶。淑，善良。慝，邪恶，谗人。

⑱罹咎：犯罪。

⑲斥摈不齿：受到排斥，被人轻视。斥摈，排斥。不齿，不能像牙齿那样排列在一起，表示蔑视的意思。

⑳或返初服：有的就恢复原来的装束，即还俗。

［译文］

如来的佛法教义，依据各类人的不同情况而施以不同的教诲。现在离圣人的时代已十分遥远，对佛法体会的深浅，取决于人们不同的心境，但都需要通过悟性来理解。如今，佛教各派林立，争论如波涛一般翻涌不息。各种学说自成一派，却最终殊途同归。十八个部派，各抒己见，辩辞犀利；大小二乘，教义也有所不同。修行之时，有人静默静思，有人采用经行。禅定与智慧各有侧重，两种主张相距很远，喧闹与安静之间，差别也很大，众多僧团各自制立条规戒律。但不管是律还是论，都属于佛经的范畴。能讲解一部佛经，便可以免除杂条；能讲解两部，就会被赐予上等僧房及衣食用具；能讲解三部，就有侍者接受差遣；能讲解四部，就有专门侍奉僧人的人供其役使；能讲解五部，就可以乘坐象载的车舆出入；能讲解六部，就可以在象载车舆周边安排侍卫。道德高尚之士，获得的表彰也不同寻常。于是僧人时常集会讨论，评定优劣，区分善恶，贬黜差的，提升好的。如果有人能够探讨精微的言语，评判玄妙的道理，言辞高雅，辩论巧妙，语言敏捷通达，大家就会让他坐在用珍宝装饰的大象身上，侍者如林，为其开道并跟随左右。如果有人空有虚名，论辩中屡屡受挫，言语冗长而道理浅薄，甚至背弃义理来取悦他人，那么人们就会在他的脸上身上涂抹尘土，然后把他驱赶到荒野中，或者扔到河沟之中。既分辨善恶又表彰贤明，揭露愚昧，因此人们便乐于修行，在家中认真学习，坚持不懈。无论是出家修行，还是在家修行，由各人的喜好决定。僧众如果有人违反戒律，就会在寺庙中接受处罚，轻者当众训斥，其次是不允许别人和他说话，重者不能与大家同住，也会被排斥于众人之外，并为人所不齿。一旦被逐出寺庙，这些人便没有地方可以居住，只能到处流浪，尝尽艰难困苦，有的人也因此脱去僧衣，重做俗人。

性族（族姓）

［原文］

若夫族姓殊者，有四流焉：一曰婆罗门，净行[1]也，守道居正，洁白其操。二曰刹帝利，王种也，旧曰刹利，略也。**奕世[2]君临，仁恕为志。三曰吠奢，**旧曰毗舍，讹也。**商贾也，贸迁有无[3]，逐利远近。四曰戍陀罗，**旧曰首陀，讹也。**农人也，肆力畴垄，勤身稼穑(sè)。凡兹四姓，清浊殊流，婚娶通亲，飞伏异路[4]，内外宗枝，姻媾(gòu)[5]不杂。妇人一嫁，终无再醮(jiào)[6]。自余杂姓，实繁种族，**

各随类聚，难以详裁。

[注释]

①净行：是梵文婆罗门的意译。

②奕世：一代接一代。

③贸迁有无：做生意，把东西从“有”的地方运到“无”的地方去卖。

④飞伏异路：天上飞的和地上爬的，走不到一条路上。比喻不同族姓不能通婚。

⑤姻媾：婚姻关系。

⑥再醮：再嫁。

[译文]

印度的种姓，有四大类：第一类是婆罗门，意思是净行，他们坚守正道，行为坚定，操守高洁。第二类是刹帝利，属于王室贵族（以前称刹利，是略称），他们世世代代统治天下，崇尚仁慈宽恕。第三类是吠奢（以前称毗舍，是错误的），是商人，他们贩卖货物，利通有无，追求利润，而不管远近。第四类是戍陀罗（以前称首陀，是错误的），是农民，他们忙于耕田种地，勤于播种收获。这四类种姓，贵贱有别，不同种姓之间不得嫁娶，犹如飞鸟和走兽一样，走的不是一条路；父系与母系的亲属之间，也不能有婚姻关系。女人一旦出嫁，终身不可再婚。还有一些其他种姓，名目过于繁杂，而且各自聚居，难以详细记录。

兵术

[原文]

君王奕世，惟刹帝利。弑(shì)篡时起，异姓称尊。国之战士，骁(xiāo)雄毕选，子父传业，遂穷兵术。居则宫庐周卫，征则奋旅前锋。凡有四兵，步、马、车、象。象则被以坚甲，牙施利距①，一将安乘，授其节度，两卒左右，为之驾驭。车乃驾以驷马，兵帅居乘，列卒周卫，扶轮挟毂(gǔ)。兵军散御，逐北奔命②。步军轻捍，敢勇充选，负大橹③，执长戟，或持刀剑，前奋行阵。凡诸戎器，莫不锋锐，所谓矛、楯、弓、矢、刀、剑、钺、斧、戈、殳、长矟(shuò)④、轮索⑤之属，皆世习矣。

慧永伏虎

晋代高僧慧永住在庐山的西林寺，另外他还在山顶建造了专供念经的茅屋。人们到了他的屋子里不但能闻到一种特殊的香气，还能看见一只老虎匍匐在地。客人害怕老虎伤人，慧永便把老虎赶到山上去，等客人走后再让它回来。一日，慧永外出晚归，被喝醉的兵营营主纠缠，慧永再三劝告，营主反而骑在马上挡住了他的去路。慧永用手杖向马一指，马儿立刻飞奔起来，将营主掀翻在地。营主因为阻拦慧永而生病，直到他去向慧永道歉后方才治愈。僧人们听说了这件事后，都纷纷来拜慧永为师。

[注释]

[1]利距：同“利钜”，即金属制成的锋利的钩子。

[2]逐北奔命：奋力追击败兵。逐北，追击败兵。北，败兵。奔命，接到命令奔走不息。

[3]大橹：大盾牌。

[4]长矟：即“长槊”，长矛。

[5]轮索：大索。

[译文]

历代统治国家的君王，只有刹帝利这一种姓。但篡位弑君之事时有发生，因此其他种姓也有自立为王的。国家的战士，是在骁勇善战者中精选出来的，此后父子依次接任，因此他们精通兵法。战士们平时居住并守卫在国王的宫殿周围，征战时则奋勇向前。部队共有四个军种，即步兵、马兵、车兵和象兵。大象身披着坚固的铠甲，牙齿被安上金属制成的锋利钩子，将领稳坐在上面，指挥战斗，两名战士各居左右，为他驾驭大象。战车则以四匹马拉动，是将领乘坐的，兵卒护卫在四周，紧靠着车子保卫军官的安全。马军阵型分散，奋力追赶溃败逃散的敌兵。步军轻装上阵，都是由最勇敢的兵士担任，他们身背大盾牌，手握长戟，或者拿着刀剑，奋力冲杀。各种兵器，没有不锋利的，如矛、盾、弓、箭、刀、剑、钺、斧、戈、殳、长槊、绳索等等，都是世代操练传习的。

刑法

[原文]

夫其俗也，性虽狷（juàn）急[1]，志甚贞质[2]，于财无苟得，于义有余让[3]。惧冥运[4]之罪，轻生事之业，诡谲不行，盟誓为信，政教尚质，风俗犹和。凶悖群小，时亏国宪，谋危君上，事迹彰明，则常幽囹圄，无所刑戮，任其生死，不齿人伦。犯伤礼义，悖逆忠孝，则劓鼻，截耳，断手，刖足，或驱出国，或放荒裔[5]。自余咎（jiù）犯，输财赎罪。理狱占辞[6]，不加荆朴[7]，随问款对[8]，据事平科[9]。拒违所犯，耻过饰非，欲究情实，事须案者[10]，凡有四条：水、火、称、毒。水则罪人与石，盛以连囊，沉之深流，校其真伪，人沉石浮则有犯，人浮石沉则无隐。火乃烧铁，罪

人踞上，复使足蹈，既遣掌案，又令舌舐（shì），虚无所损，实有所伤。懦弱之人不堪炎炽，捧未开花，散之向焰，虚则花发，实则花焦。称则人石平衡，轻重取验，虚则人低石举，实则石重人轻。毒则以一羖羊⑪，剖其右髀（bì），随被讼人所食之分，杂诸毒药置右髀中，实则毒发而死，虚则毒歇而苏。举四条之例，防百非之路⑫。

［注释］

①狷急：性情刚直，也可解作性情急躁。

②贞质：公正、朴实。

③余让：即礼让有余，非常谦让。

④冥运：死后鬼魂在阴间的遭遇。

⑤荒裔：荒僻边远的地方。裔，边远的地方。

⑥理狱占辞：审理诉讼案件，听取本人供词。狱，诉讼案件。占辞，本人供词。占，口授。

⑦荆朴：用荆条鞭打，即“杖刑”。朴，通“扑”。

⑧款对：缓缓对答。

⑨平科：公正地断罪。

⑩事须案者：需要查究核实的案件。事，这里指案件。案，这里是观察、验证的意思。

⑪羖羊：黑色公羊。

⑫百非之路：各种为非作歹的途径。

［译文］

印度人的习惯和风俗是这样的，他们性情虽然急躁，但心志却非常公正朴实，从不用不正当的手段获取财产，并且非常的谦让。因惧怕死后在地狱中受苦，所以他们不在乎活着时候的业绩，从不狡诈行事，结盟发誓后很讲信用，政治教化崇尚质朴，风俗平和柔顺。但也有凶残悖逆的小人，有时会触犯国家的法律，设计谋害君王，事迹败露之后，就会被长期关押，但并不加以刑罚杀戮，而是任其自生自灭，但他的一切为人所不齿。如果有人背离礼义，悖弃忠孝之道，就会被割鼻、截耳、断手、砍脚，或者被驱逐出国，或者流放到荒僻边远的地方。其他的罪犯行为，可以通过缴纳金钱来赎罪。在审理案件、听取本人供词时，官方认真听取罪犯的供词，不会妄加刑罚，通过提问以及罪犯的回答，再依据事实真相公正地判罚。如果有罪犯拒绝认罪，企图瞒天过海，需要查究核实的案件，有四种验证方法：水判、火判、称判和毒判。水判是把罪犯和石头分别装进袋中，两袋连在一起，然后投入水中，来判别事情的真伪，如果人沉下去，而石头浮起来，就代表他犯了罪；人浮起来而石头下沉，就说明他没有隐瞒。火判是烧红铁块，让罪犯站在上面，又让他用脚踩、用手摸、又用舌头舔，如果没有被烫伤，就代表没有罪过；反之，就是有罪。身体孱弱之人难以忍受炎热，就把未开放的花蕾撒到火焰上，如果花朵开放，就代表没有罪过；反之，就是有罪。称判是将人和石头放在一起称，以轻重来验证是否有罪，如果人比石头轻，就代表无罪，反之，就是有罪。毒判是割下一只黑色公羊的右腿，取被告人吃的分量，在其中放入各种毒药，如果吃过后毒发而死，就代表有罪；如果毒性消散而苏醒过来，就代表无罪。这四种判罪方式的应用能够防止发生种种为非作歹之事。

敬 仪

[原文]

致敬之式，其仪九等：一发言慰问，二俯首致敬，三举手高揖，四合掌平拱，五屈膝，六长跪，七手膝踞地，八五轮俱屈[①]，九五体投地[②]。凡斯九等，极唯一拜[③]。跪而赞德，谓之尽敬。远则稽颡（qǐ sǎng）[④]拜手[⑤]，近则舐足摩踵。凡其致辞受命，褰裳长跪。尊贤受拜，必有慰辞，或摩其顶，或拊其背，善言诲导，以示亲厚。出家沙门，既受礼敬，唯加善愿，不止跪拜[⑥]。随所宗事，多有旋绕[⑦]，或唯一周，或复三匝[⑧]，宿心别请[⑨]，数则从欲。

[注释]

①五轮俱屈：行礼的一种方式，俯首，屈双膝，屈两肘。

②五体投地：双膝、双肘及头顶着地，是最尊敬的礼节。即先立正，再合掌，然后右手撩衣，屈双膝，屈两肘，以手托对方的脚，顶礼。

③极唯一拜：行一次礼也就到头了。

④稽颡：屈膝下拜，以额触地。颡，额头。

⑤拜手：拜时两手拱合，头低到手，而不到地。也叫空首。

⑥不止跪拜：不跪拜。止，语助词。

⑦“随所宗事”二句：（出家人）多有围着自己所信奉的旋绕而表示尊敬的。

⑧匝：圈。

⑨宿心别请：过去许下心愿，特别侍奉、供养某位佛、菩萨或高僧。

别请，即特别请某位佛、菩萨或高僧来受供养。

［译文］

致敬行礼的方式，共分为九等：一是用语言慰问，二是低头致敬，三是高举双手作揖，四是双掌合于胸前鞠躬，五是单膝跪拜，六是双膝跪拜，七是双手双膝触地，八是双肘、双膝及头触地，九是全身匍匐在地。这九等不同的仪式，都只拜一次，不再过多行礼。下跪并称赞对方的德行，是最高的礼敬方式。如果距离较远，就以头着地，双手作揖；如果距离较近，就用舌头舔对方的脚，用手摸对方的脚跟。如果是传达消息或接受命令，就撩起衣服跪在地上。高贵圣明之人，在接受别人的拜见时，一定会说些慰问的话，或者抚摸对方的头顶，或者拍拍对方的后背，用合适的语言教诲指导他，来表示对他的亲密。出家的僧人，接受了他人的礼敬后，只是给对方以美好的祝福，并不阻止别人跪拜。多有围着自己所信奉的神像旋绕而表示尊敬的，或一圈，或三圈，如果有所祈求，就随自己的意愿决定绕行的圈数。

病死

［原文］

凡遭疾病，绝粒七日，期限之中，多有痊愈。必未瘳(chōu)差①，方乃饵药。药之性类，名种不同。医之工伎，占候有异。

终没临丧，哀号相泣，裂裳拔发，拍额椎胸。服制无闻，丧期无数。送终殡葬，其仪有三：一曰火葬，积薪焚燎；二曰水葬，沉流漂散；三曰野葬，弃林饲兽。国王殂(cú)落②，先立嗣(sì)君，以主丧祭，以定上下。生立德号，死无议谥。丧祸之家，人莫就食。殡葬之后，复常无讳。诸有送死，以为不洁，咸于郭外浴而后入。至于年耆(qí)寿耄(mào)③，死期将至，婴累沉疴(kē)④，生涯恐极，厌离尘俗，愿弃人间，轻鄙生死，希远世路，于是亲故知友，奏乐饯会，泛舟鼓棹，济殑(qíng)伽河⑤，中流自溺，谓得升天。十有其一，未尽鄙见。出家僧众，制无号哭，父母亡丧，诵今酬恩，追远慎终⑥，实资冥福。

［注释］

①瘳差：病愈。差，同“瘥”，病愈的意思。

②殂落：死亡。

③年耆寿耄：年老。六十岁叫耆。耄，有的书指七十岁，有的书指八十岁、九十岁。

④婴累沉疴：久病缠身。婴累，缠绕，羁绕。疴，病的意思。

⑤殑伽河：即恒河。

⑥追远慎终：这是古代所提倡的一种表示孝道的方式，即以祭祀表示追念，并在居丧期间遵守丧礼。

[译文]

凡是生病的人，都要先绝食七天，在此期间，很多人的病就好了。如果没有好，再用药物来医治。药物的性质和种类，与中国不同。医生的治疗方法和手段，也与中国不同。

人死后举办丧礼之时，亲人们号啕大哭，撕破衣裳，拔掉头发，拍着额头，捶打胸口。没有特定的丧服制度，也没有固定的天数。送葬的形式，分为三种：第一种是火葬，堆积柴火焚烧尸体；第二种是水葬，把尸体放进水中，任其漂走；第三种是野葬，将尸体放在树林中，任凭野兽吃掉。国王死后，继承人先登基，然后主持丧祭仪式，以确定尊卑。生前已有歌功颂德的名号的，死后就不再设谥号。有丧事的人家，其他人都不去吃饭。葬礼结束之后，就和平常一样，没有任何讳忌了。凡是送葬的人，都被认为是不洁净的，必须在郊外沐浴后才能进城。年事已高的人，快要死的时候，如果久病缠身，生命垂危，并且厌倦了尘世，对生死毫不在意，愿意远离尘世，那么亲戚朋友们就会为他奏乐饯行，然后将他放在船上，载到恒河中间，投入水中，据说这样做能够升往天界。但十个人里只有一个会这样做，多数人都无法抛开世俗的看法。僧人按制度不能为死人啼哭，其父母亡故后，会诵念佛经来报答养育之恩，以祭祀表示追念，并在居丧期间遵守丧礼，为亲人在阴间增添福德。

赋税

[原文]

政教既宽，机务[1]亦简，户不籍书，人无徭课。王田之内，大分为四：一充国用，祭祀粢(zī)盛[2]；二以封建辅佐宰臣；三赏聪睿硕学高才；四树福田[3]，给诸异道。所以赋敛轻薄，徭税俭省，各安世业，俱佃口分[4]。假种[5]王田，六税其一。商贾逐利，来往贸迁，津路关防，轻税后过。国家营建，不虚劳役，据其

成功，酬之价直。镇戍征行，宫庐营卫，量事招募，悬赏待人。宰牧、辅臣、庶官、僚佐，各有分地，自食封邑（yì）。

[注释]

①机务：国家机要事务。机，机要，枢机。

②粢盛：盛在祭器内以供祭祀的谷物。

③树福田：佛教提倡今生种福田、植善因，为来世享福。佛家以敬三宝（佛、法、僧）为敬田，以报君、父母为恩田，以怜贫者为悲田，三者合称福田。这里主要指的是施财行善。

④俱佃口分：全都按口分田耕种。佃，治田。口分，计口分田。

⑤假种：租种。

[译文]

印度施政十分宽松，因此国家机构的事务也比较简单，没有户口，也无徭役。国王的田地可以分为四类：一是用于国家开支，以及祭祀用的祭品；二是分封给重要的大臣；三是奖励聪慧博学的人才；四是用于行善，施舍给不同宗教的信徒。因此，人们的赋税较轻，劳役也不多，各自从事祖传的职业，全都按人口分田耕种。如果租种国王的田地，只要缴纳收获粮食的六分之一就可以了。商人追求利润，往返贩卖货物，经过渡口关卡时候，只是缴纳很少一点税款后，就能通过。国家兴建大型的工程，不会无偿地征用劳动力，而是根据每个人的工作量，发给合适的报酬。镇守各地、在外征战和守卫宫廷的士兵，都是根据需要的人数招募，标明薪金后等人来应征。宰相、辅臣、官员、僚属，都分给一定的土地，依靠封地生活。

物产

[原文]

风壤既别，地利亦殊。花草果木，杂种异名，所谓庵没罗果、庵弭罗果、末杜迦果、跋达罗果、劫比他果、阿末罗果、镇杜迦果、乌昙跋罗果、茂遮果、那利蓟罗果、般橠（nuó）娑果。凡厥此类，难以备载，见珍人世者，略举言焉。至于枣、栗、椑、柿，印度无闻；梨、柰（nài）、桃、杏、蒲萄等果，迦湿弥罗国已来，往往间植；石榴、甘橘，诸国皆树。

垦田农务，稼穑耕耘，播植随时，各从劳逸。土宜所出，

稻、麦尤多。

蔬菜则有姜、芥、瓜、瓠(hù)、荤陀菜等。葱蒜虽少，啖食亦希，家有食者，驱令出郭。

至于乳酪、膏酥、沙糖、石蜜、芥子油、诸饼麨，常所膳也。鱼、羊、獐、鹿，时荐肴胾(zì)①。牛、驴、象、马、豕、犬、狐、狼、师子、猴、猿，凡此毛群，例无味啖②，啖者鄙耻，众所秽恶，屏居郭外，希迹人间。

若其酒醴(lǐ)③之差，滋味流别。蒲萄、甘蔗，刹帝利饮也；曲糵(niè)醇醪④，吠奢等饮也；沙门、婆罗门饮蒲萄、甘蔗浆，非酒醴之谓也。杂姓卑族，无所流别。

然其资用之器，功质有殊，什物之具，随时无阙。虽釜镬斯用，而炊甑⑤莫知。多器坯土，少用赤铜。食以一器，众味相调，手指斟酌，略无匕箸，至于病患，乃用铜匙。

若其金、银、鍮(tōu)石、白玉、火珠，风土所产，弥复盈积。奇珍杂宝，异类殊名，出自海隅，易以求贸。然其货用，交迁有无，金钱、银钱、贝珠、小珠。

印度之境，疆界具举，风壤之差，大略斯在，同条共贯，粗陈梗概。异政殊俗，据国而叙。

[注释]

①胾：切成大块的肉。

②例无味啖：向来不作为菜肴来吃。

③酒醴：酒。醴，甜酒。

④曲糵醇醪：各种清浊优劣的酒。曲糵，即酒曲，也叫酒母，酿酒的发酵剂。也指酒。醇，质厚的美酒。醪，汁滓混合的酒。

⑤炊甑：古代蒸东西的炊具。

[译文]

各地的环境和土壤有所不同，土地所产也存在着差异。花草果木种类繁多，名称各异，如庵没罗果、庵弭罗果、末杜迦果、跋达罗果、劫比他果、阿末罗果、镇杜迦果、乌昙跋罗果、茂遮果、那利蓟罗果、般橠娑果等等。类似这样的品种难以一一列举，只能把比较珍贵的品种，稍作说明。至于枣、栗、椑、柿等水果，在印度不为人知；而梨、柰、桃、杏、葡萄等水果，迦湿弥罗国以南的地区，偶尔有人种植；石榴和柑橘则各国都有种植。

开垦田地，播种庄稼，根据时令进行，各自安排劳动和休息的时间。田地里多种植稻子和麦子。

蔬菜则有姜、芥、瓜、葫芦和荤陀菜等等。葱和蒜很少，吃的人也不多，如果有人吃的话，会被驱赶出城。

乳酪、膏酥、沙糖、石蜜、芥子油以及各种饼和面粉，是常见的食品。鱼、羊、獐、鹿，是比较常见的肉食。牛、驴、象、马、猪、狗、狐、狼、狮子、猴、猿，这些动物，从来不作为菜肴来吃，吃过的人会受到众人的鄙视，大家都会认为他肮脏恶心，将他赶出城外居住，很少有人与他交往。

在饮酒方面的差异，不同种姓饮用不同的酒。刹帝利饮用的是葡萄酒和甘蔗酒；各种清浊优劣不同的酒，是吠奢等种姓饮用的；沙门、婆罗门饮用的是葡萄汁和甘蔗汁，不是发酵过的酒。其他地位较低的种姓，则没有固定的饮品。

这里的人用的器物，在工艺和材质上有所不同，但各种常用的器具都有。虽然有釜镬一类炖煮用的器皿，但没有炊甑之类蒸东西的炊具。器具多是土坯做成，很少有铜的。吃饭时只用一个容器，把各种调味料都调和在一起，然后用手指取食，很少使用勺子和筷子，只有到年老多病时，才用铜匙吃饭。

金、银、鍮石、白玉和火珠，都是这里的特产，而且储量很大。各种奇珍异宝种类繁多，大多产自海边，当地人用来交换商品。在交易时，不同地区互通有无，货币有金钱、银钱、珍珠和小珠子。

印度地区的疆域都已介绍了，在气候和土壤方面的差别，大致就是如此，对于相同的地方，只是粗略地说了个大概。至于政治的差异、习俗的区别，将按照国家进行叙述。

滥波国

［原文］

滥波国周千余里，北背雪山，三垂黑岭。国大都城周十余里。自数百年，王族绝嗣(sì)，豪杰力竞，无大君长，近始附属迦毕试国。宜粳稻，多甘蔗，林树虽众，果实乃少。气序渐温，微霜无雪。国俗丰乐，人尚歌咏，志性怯弱，情怀诡诈，更相欺诮①，未有推先。体貌卑小，动止轻躁。多衣白氎(dié)，所服鲜饰。

伽蓝十余所，僧徒寡少，并多习学大乘法教。天祠数十，异道甚多。

从此东南行百余里，逾大岭，济大河，至那揭罗曷国[2]。北印度境。

［注释］

①欺诮：欺诈讥嘲。

②那揭罗曷国：意译作“灯光城”，在阿富汗北境，今贾拉勒阿巴德附近。

［译文］

滥波国方圆一千多里，北部背靠雪山，其他三面皆临黑岭。都城方圆十多里。数百年以来，王族的血脉断绝，因此豪门大族竞相争夺统治权，但一直没有最高的君主，直到最近才依附于迦毕试国。境内适宜种植粳米稻谷，盛产甘蔗，树木虽然繁多，但果树却很少。气候温暖，偶尔降霜从未下雪。该国人民富足快乐，喜好歌咏，性情上却胆小怕事，心怀狡诈，还彼此欺骗，从不推举比自己强的人。居民身材矮小、容貌猥琐，举止轻浮急躁。服装面料主要是白色细棉布，所佩戴的饰物光鲜美丽。境内有寺庙十多座，僧徒较少，大都修习大乘佛教。另外还有天祠几十所，外道教徒很多。

从滥波国向东南方向走一百多里后，越过一座高山，再渡过一条大河，就抵达那揭罗曷国（在北印度境内）。

那揭罗曷国

［原文］

那揭罗曷国东西六百余里，南北二百五六十里。山周四境，县隔[1]**危险。国大都城周二十余里。无大君长至今，役属迦毕试国。丰谷稼，多花果，气序温暑，风俗淳质。猛锐骁(xiāo)雄，轻财好学，崇敬佛法，少信异道。伽蓝虽多，僧徒寡少，诸窣堵波荒芜圮(pǐ)坏**[2]**。天祠五所，异道百余人。**

［注释］

①县隔：即悬隔，隔绝的意思。县，同“悬”。

②圮坏：塌毁。

[译文]

那揭罗曷国的疆域东西长六百多里，南北宽二百五六十里。群山围绕，与世隔绝，地势险峻。都城方圆二十多里。该国没有最高君主统治，至今隶属迦毕试国。庄稼茂盛，花果繁多，气候温暖适宜，民风质朴敦厚。居民勇猛刚强，轻财而好学，对佛法崇敬有加，很少信仰外道。境内寺庙众多，僧徒却较少，很多佛塔都荒废倒塌了。另外还存有五所天祠，外道信徒有一百多人。

城附近诸遗迹

[原文]

城东二里有窣堵波，高三百余尺，无忧王①之所建也。编石特起，刻雕奇制，释迦菩萨值然灯佛②敷(fū)鹿皮衣布发掩泥③得受记④处。时经劫坏，斯迹无泯(mǐn)。或有斋日，天雨众花，群黎心竞，式修供养。其西伽蓝，少有僧徒。次南小窣堵波，是昔掩泥之地。无忧王避大路，遂僻建焉。

城内有大窣堵波故基。闻诸土俗曰：昔有佛齿，高广严丽。今既无齿，唯余故基。其侧有窣堵波，高三十余尺。彼俗相传，不知源起，云从空下，峙(zhì)基于此。既非人工，实为灵瑞⑤。

城西南十余里有窣堵波。是如来自中印度凌虚游化，降迹于此。国人感慕，建此灵基。其东不远有窣堵波，是释迦菩萨昔值然灯佛，于是买花⑥。

[注释]

①无忧王：即阿育王，一作阿输迦王，生年不详，卒于公元前232年，古代印度创立孔雀王朝的旃陀罗笈多（约公元前321—前297年在位）的孙子。在位期间，征伐杀戮，执法严酷，统一印度全境，是古代印度最强盛的时期。后皈依佛教，在领地内修寺、建塔，并立柱纪念佛迹。

②值然灯佛：遇见燃灯佛。值，遇见。燃灯佛，梵文意译，旧名锭光佛，传说中的过去佛之一。《大智度论》说他生时身边一切光明如灯，故名。

③敷鹿皮衣布发掩泥：佛教故事，释迦牟尼过去世做仙人时，名善意，曾因道路浊湿而脱下鹿皮衣铺地，并解开头发，覆盖在地上，供燃灯

佛行过。

④受记：佛家语。佛预告某发善心者将来必然成佛的决定，就叫受记，也叫受决、受别。这里指释迦牟尼得燃灯佛受记，将来要成佛，普度众生。

⑤灵瑞：天降的吉祥征兆。

⑥“释迦菩萨”二句：佛教故事，传释迦牟尼在过去世，曾是仙人善慧。一天，正要到燃灯佛那里去供奉，看到王宫里的宫女正拿着七茎莲花去王宫供佛，他就用五百钱买下五茎莲花，宫女又将另外两茎交他一并献给佛。因为有此“善举”，燃灯佛就告诉他将来可以成佛，号释迦牟尼。佛教传说释迦牟尼出家前曾结婚，其妃子耶输陀罗，便是这个宫女。

[译文]

距离都城以东二里有一座佛塔，高三百多尺，是无忧王建造的。塔身由石头砌成，上面的雕刻十分奇妙，这里是释迦牟尼遇见燃灯佛，为其铺好鹿皮衣，并用自己的头发遮盖地上的泥泞，而得到成佛预言之处。虽然经历了漫长的岁月，但这个圣迹依然没有泯灭。每逢斋戒之日，天上就会有鲜花散落，百姓们满怀诚意，竞相跪拜供奉。西面的寺庙里，僧徒很少。再往南还有座小佛塔，这里就是释迦牟尼遮盖泥泞的地方。无忧王刻意避开大路，选择在偏僻处建造。

都城之内有一座大佛塔的残基。听当地人讲：塔内曾经供奉着佛牙，佛塔高大庄严。现在佛牙已经没有了，只残留下塔的旧基。塔基旁边还有一座佛塔，高三十多尺。当地民众不知道这座塔的来历，据说是从天而降，最后于此定基。它不是人力所为的，所以显示出许多吉祥征兆。

距离都城西南十多里处，还有一座佛塔。如来佛从中印度凌空遨游后，曾在这里降临。人们为了表达对佛的敬慕之心，建立了这座塔。此地以东不远处，还有一座塔，是释迦牟尼遇见燃灯佛时，购买莲花的地方。

小石岭佛影窟

[原文]

城西南二十余里至小石岭。有伽蓝，高堂重阁，积石所成。庭宇寂寥（liáo），绝无僧侣。中有窣堵波，高二百余尺，无忧王之所建也。

伽蓝西南，深涧峭绝，瀑布飞流，县崖壁立。东岸石壁有大洞穴，瞿波罗龙之所居也。门径狭小，窟穴冥暗，崖石津滴，蹊（qī）径余流①。昔有佛影，焕若真容，相好具足②，俨然如在。近

代已来，人不遍睹，纵有所见，仿佛而已。至诚祈请，有冥感者③，乃暂明视，尚不能久。昔如来在世之时，此龙为牧牛之士，供王乳酪，进奉失宜，既获谴责，心怀恚(huì)恨，即以金钱买花，供养受记窣堵波，愿为恶龙，破国害王。即趣④石壁，投身而死。遂居此窟，为大龙王，便欲出穴，成本恶愿。适起此心，如来已鉴，愍此国人为龙所害，运神通力，自中印度至龙所。龙见如来，毒心遂止，受不杀戒⑤，愿护正法。因请如来："常居此窟，诸圣弟子，恒受我供。"如来告曰："吾将寂灭，为汝留影，遣五罗汉常受汝供。正法隐没，其事无替。汝若毒心奋怒，当观吾留影，以慈善故，毒心当止。此贤劫⑥中，当来世尊，亦悲愍(mǐn)汝，皆留影像。"影窟门外有二方石，其一石上有如来足蹈之迹，轮相⑦微现，光明时烛。影窟左右多诸石室，皆是如来诸圣弟子入定之处。影窟西北隅有窣堵波，是如来经行之处。其侧窣堵波，有如来发、爪。邻此不远有窣堵波，是如来显畅真宗⑧，说蕴界⑨处之所也。影窟西有大盘石，如来尝于其上濯浣袈裟，文影微现。

[注释]

①余流：指崖石上的滴水形成的小水流。

②相好具足：佛家语，佛影的形态佳妙已极。相好，佛家以为佛可以现出三十二"相"，每一种"相"又可以表现出不同的情状，共有八十种情状，称为八十种"好"，合称相好。具足，具备。

③有冥感者：佛家语，有虔诚之心足以暗中感动神佛的人。佛家把信佛的人的虔诚叫作"能感"。

④趣：通"趋"，走向的意思。

⑤受不杀戒：佛家语，接受不杀害生命的禁制。受……戒，受……禁制。

⑥贤劫：现在住劫。佛家把世界分为成劫（形成）、住劫（发展）、坏劫（毁坏）、空劫（消亡）四个时期；住劫又分过去住劫、现在住劫和将来住劫。贤劫就是现在住劫。

⑦轮相：佛足掌纹。据说佛举足时，足下有千幅轮相。

⑧真宗：佛教的真正宗旨。

⑨蕴界：佛教名词，即五蕴。“蕴”是梵文的意译，旧译作“阴”，是“集聚”“覆蔽”的意思。佛教认为人身并无一个自我实体，不过是由下列五种东西集聚而成，即：色蕴，指形体及组成身体的物质；受蕴，指随感官而感受的苦、乐、忧、喜等；想蕴，指意念作用；行蕴，指行动以及在身、口、意三“业”中起决定作用的相当于思虑、筹划、判断、意向、动机等思维活动；识蕴，指一切精神作用的根本，即小乘的“六识”（眼识、耳识、鼻识、舌识、身识、意识）或大乘的“八识”（小乘“六识”加上末那识，即意，和阿赖耶识，即心）。

[译文]

从都城向西南方向走二十多里后，就抵达小石岭。此地有座寺庙，殿堂高耸，楼阁相连，均由石头建造而成。庭院寂静无声，已无僧人居住。寺庙中的佛塔，高达二百多尺，是无忧王所建的。

寺庙的西南部，有一条深涧，瀑布飞快地流下，悬崖像墙壁一样巍然耸立。东岸石壁上有个大洞，瞿波罗龙曾居住于此。洞口十分狭窄，洞内漆黑一片，岩缝中有水滴落，在石径上缓缓流淌。洞中曾显现过佛影，容光焕发，宛如真身，状貌神态一一具备。近代以来，不是人人都可见到，即便看见，也不过是隐隐约约罢了。但是如果虔诚祈求，就能感动神佛，可以暂时看清佛影，但也不会显现很长时间。先前如来在世的时候，瞿波罗龙是个放牛人，为国王供应乳酪，由于进奉时违反了礼仪而遭到责骂，他怀恨在心，于是用大价钱购买鲜花诚心供养受记的佛塔，发愿变成恶龙毁灭这个国家，杀死国王。发完誓后，他立即奔向石壁，跳崖自杀。于是他转生为大龙王，住在这个洞穴中，他想离开窟穴去完成自己的誓言。刚刚有了这个念头，如来就已经知道了，他怜悯这个国家的百姓，担心他们会被龙所害，就运用神通从中印度来到这里。龙王见到如来后恶毒的想法就立即消失了，并接受了不杀生的戒律，甘愿守护佛法。因而请求如来：“希望您能常住在这里，各位圣贤弟子也永受供奉。”如来对他说：“我即将涅槃，为你在穴中留下身影，并派遣五位罗汉接受你的供养。即使佛法消亡，此事也不会改变。如果你心中又出现了邪恶的念头，就观看我的身影，以慈悲的力量制止恶念。在这次贤劫中，将有佛出世，也会怜悯于你，而留下影像。”佛影窟的门外有两块方石，其中一块的石面上有如来的足迹，脚底的纹路隐约可见，有时还会发出光亮。佛影窟左右有很多石室，都是如来各位弟子的禅定之所。佛影窟的西北角有一座佛塔，是如来经行的地方。它的旁边还有座佛塔，里面供奉着如来的头发和指甲。离此不远处的佛塔是如来讲解佛教的真正宗旨，阐述五蕴、十八界、十二处的地方。佛影窟西面有块巨石，如来曾经在上面清洗袈裟，在石上还隐隐可见袈裟的印痕。

醯罗城

[原文]

城东南三十余里，至醯（xī）罗城①。周四五里，竖峻险固。花林池沼，光鲜澄镜。城中居人，淳质正信。复有重阁，画栋丹楹。第二阁中有七宝小窣堵波，置如来顶骨。骨周一尺二寸，发孔分明，其色黄白，盛以宝函，置窣堵波中。欲知善恶相者，香末和泥，以印顶骨，随其福感，其文涣然。又有七宝小窣堵波，以贮如来髑髅骨，状若荷叶，色同顶骨，亦以宝函缄络②而置。又有七宝小窣堵波，贮如来眼睛，睛大如柰，光明清彻，曒映③中外，又以七宝函缄封而置。如来僧伽胝袈裟，细氎所作，其色黄赤，置宝函中，岁月既远，微有损坏。如来锡杖，白铁作环，栴檀为笴④，宝筒盛之。近有国王闻此诸物并是如来昔亲服用，恃其盛力，追胁而归。既至本国，置所居宫，曾未浃（jiā）辰⑤，求之已失。爰更寻访，已还本处。斯五圣迹，多有灵异。迦毕试王令五净行给侍香花，观礼之徒，相继不绝。诸净行等欲从虚寂，以为财用人之所重，权立科条，以止喧杂。其大略曰："诸欲见如来顶骨者，税一金钱；若取印者，税五金钱。"自余节级，以次科条。科条虽重，观礼弥众。

重阁西北有窣堵波，不甚高大，而多灵异。人以指触，便即摇震，连基倾动，铃铎和鸣。

从此东南山谷中行五百余里，至健驮逻国。旧曰乾陀卫，讹也。北印度境。

[注释]

①醯罗城：梵语是"骨"的意思，意译就是佛顶骨城。在今阿富汗贾拉拉巴德东南。

②缄络：封好再加捆扎。

③曒映：亮晶晶的映射着。曒，清晰。

④笴：箭杆。这里指锡杖的杖身。

⑤浃辰：十二天。古代以干支纪日，自子至亥一周十二日称为“浃辰”。

［译文］

从都城向东南方向走三十多里后，就抵达醯罗城。该城方圆四五里，险要坚固。城内花果繁多，林木茂密；池塘湖泊，清澈明亮。居民质朴敦厚，坦诚直率。城中有一栋楼阁，梁上有彩色图画，柱子漆成红色。第二层楼上有一座七宝装饰的小佛塔，用来供奉如来的头盖骨。头盖骨周长一尺二寸，上面的发孔清晰可见，色泽黄白，用宝盒盛放，供奉在佛塔。如果有人想预知自己的吉凶，就用香末和泥，覆在顶骨上，根据本人的福德，就会清楚显示出不同的纹路。还有一座七宝装饰的小佛塔，其中供奉着如来的髑髅骨，形状像荷叶，颜色和头盖骨一样，也装在宝盒中，供奉在佛塔内。第三座七宝小佛塔中供奉着如来的眼睛，有柰子般大小，明亮晶莹，内外交辉，也是装在宝盒中，供奉在佛塔内。如来的僧伽胝袈裟，是由细棉布做成，色泽黄红，装在宝盒中，经过漫长岁月，已经略微有些损坏了。如来的锡杖，用白铁做环，檀木做杆，盛放在宝筒中。最近有位国王听说佛塔中的宝物都是先前如来使用过的，就倚仗他的权势，将这些宝物掠夺回国。返回本国后，将宝物放置在自己的宫殿中，结果不到十二天，宝物就不翼而飞。派人寻找，却发现宝物已回归原处。这五件圣物，还流传着很多神奇灵异之事。迦毕试国王命令五个净行者负责为佛塔供奉香花，观看礼拜的人，络绎不绝。净行者想保持安静，认为人们过于看重财产，就订下条规来制止在此喧闹。条规的大意为：“如果谁想观看如来顶骨，就必须交纳一个金币；想要获取顶骨泥印的，必须交纳五个金币。”其他各个宝物，以此类推，都依例交纳金币。虽然条规订得十分严格，但观礼的人却越来越多。

在楼阁的西北方向，有一座佛塔，虽不够高大，却灵验异常。只要人们用手指碰触，塔身就会随即震动，连地基都左右摇晃，塔上的铃铛也随之鸣响。

从此处向东南山谷中走五百多里后，就抵达健驮逻国（以前称为乾陀卫，是错误的。在北印度境内）。

健驮逻国

［原文］

健驮逻国东西千余里，南北八百余里，东临信度河[①]。国大都城号布路沙布逻[②]，周四十余里。王族绝嗣，役属迦毕试国。邑里空荒，居人稀少，宫城一隅有千余户。谷稼殷盛，花果繁茂，多甘蔗，出石蜜。气序温暑，略无霜雪。人性恇怯，好习典艺[③]，多敬异道，少信正法。自古已来，印度之境作论诸师，

跋陀易首

佛陀跋陀罗本是天竺人，他为了传扬佛教随旅船东渡中国。开始旅船顺风而行，不料中途风停了，船行得非常缓慢，淡水和粮食也愈发紧张，大家都陷入一片恐慌之中。跋陀告诉大家，默念观世音菩萨，一定能感动菩萨前来相救。大家照做后果然风雨降临，船只顺风成功驶到中国。到达京城后，皇帝请他为众僧宣讲《华严经》。但是跋陀并不熟悉当地语言，日夜向菩萨祷告。一日，他梦中见有人提着人头进来，将跋陀的人头割下来与手中的人头交换。第二天醒来后，跋陀惊喜地发现自己已经通晓了当地的语言。于是登台开讲，弘扬佛法。

则有那罗延天[④]、无著菩萨、世亲菩萨[⑤]、法救[⑥]、如意、胁尊者[⑦]等本生处也。僧伽蓝千余所，摧残荒废，芜漫萧条，诸窣堵波颇多颓圮（pǐ）。天祠百数，异道杂居。

王城内东北有一故基。昔佛钵之宝台也。如来涅槃之后，钵流此国[⑧]。经数百年，式遵供养，流转诸国，在波剌斯。

［注释］

①信度河：即今之印度河。

②布路沙布逻：今巴基斯坦北境白沙瓦之西北地方。

③典艺：典籍和技艺，即“四吠陀论”。

④那罗延天：此处为论师名。原为天上力士名，又为大自在天的异名。

⑤无著菩萨、世亲菩萨：无著与世亲是兄弟，印度历史上著名的哲学家，同为法相宗之祖。无著与世亲的学说对佛教大小乘的影响都很大。

⑥法救：小乘论师，传有七部著作。

⑦胁尊者：即下文《迦腻色迦王伽蓝》中的波栗湿缚尊者。尊者，佛家称出家修行的僧人为尊者，为梵文意译，即具备智慧的可尊敬的人。

⑧钵流此国：迦腻色迦王时佛钵流传到健驮逻国供奉。1世纪印度西北部在贵霜王朝统治之下。贵霜王朝第三代为迦腻色迦王（小月氏族），国势极为强盛。印度无法对抗，与之媾和，并满足迦腻色迦王的三项要求，送去佛钵、辩才比丘马鸣和金钱一亿。

［译文］

健驮逻国的疆域东西方向长一千多里，南北方向宽八百多里，东部与信度河相邻。都城叫布路沙布逻，方圆四十多里。该国王族的血脉早已断绝，因此隶属迦毕试国。城内颇为萧条，居民十分稀少，宫城一角有一千多户人家。境内庄稼长势良好，花果繁多，盛产甘蔗和石蜜。气候温暖适宜，从未下过霜雪。人们的性格十分怯懦，喜欢学习典籍和技艺，多信奉外道法门，信奉佛法的人很少。自古至今，印度境内讲法的大师，如那罗延天、无著菩萨、世亲菩萨、法救、如意和胁尊者等人，都出生在这里。此地有一千多座佛寺，但都已荒废或毁坏甚至倒塌。另外，天祠有一百多所，其中杂居着外道信徒。

王城内的东北角处，有个故基。先前，这里曾是供奉佛钵的宝地。如来涅槃后，佛钵就辗转流落到健驮逻国。数百年后，人们依然虔心供奉，但又流传到其他各国，现在被供奉在波剌斯。

迦腻色迦王伽蓝与胁尊者、世亲、如意遗迹

［原文］

大窣堵波西有故伽蓝，迦腻色迦王之所建也。重阁累榭(xiè)[1]，层台洞户，旌召[2]高僧，式昭景福[3]。虽则圮(pǐ)毁，尚曰奇工。僧徒减少，并学小乘。自建伽蓝，异人间出，诸作论师及证圣果[4]，清风尚扇[5]，至德无泯。

第三重阁有波栗湿缚(fù)唐言胁。**尊者室，久已倾顿，尚立旌表。初，尊者之为梵志师[6]也，年垂八十，舍家染衣。城中少年便诮之曰："愚夫朽老，一何浅智！夫出家者，有二业焉，一则习定，二乃诵经。而今衰耄(mào)，无所进取，滥迹清流[7]，徒知饱食。"时胁尊者闻诸讥议，因谢时人而自誓曰："我若不通三藏理，不断三界欲[8]，得六神通[9]，具八解脱[10]，终不以胁而至于席[11]！"自尔之后，唯日不足，经行宴坐，住立思惟，昼则研习理教，夜乃静虑凝神。绵历三岁，学通三藏，断三界欲，得三明智[12]，时人敬仰，因号胁尊者焉。**

胁尊者室东有故房，世亲菩萨于此制《阿毗达摩俱舍论》[13]，人而敬之，封以记焉。

世亲室南五十余步，第二重阁，末笯曷剌他唐言如意。**论师于此制《毗婆沙论》。论师以佛涅槃之后一千年中利见也[14]。少好学，有才辩，声问遐被，法俗归心。时室罗伐悉底国毗讫罗摩阿迭多王**唐言超日。**威风远洽，臣诸印度，日以五亿金钱周给贫窭(jù)孤独。主藏臣惧国用之匮也，乃讽谏曰："大王威被殊俗，泽及昆虫，请增五亿金钱，以赈四方匮乏。府库既空，更税有土，重敛不已，怨声载扬。则君上有周给之恩，臣下被不恭之责。"王曰："聚有余，给不足，非苟为身侈靡国用。"遂加五亿，惠诸贫乏。其后畋游，逐豕失踪，有寻知迹者，赏一亿金**

钱。如意论师一使人剃发，辄赐一亿金钱。其国史臣依即书记。王耻见高，心常怏怏（yàng yàng），欲众辱如意论师。乃招集异学德业高深者百人，而下令曰：“欲收视听[15]，游诸真境[16]，异道纷杂，归心靡措，今考优劣，专精遵奉。”洎（jì）乎[17]集论，重下令曰：“外道论师并英俊也，沙门法众宜善宗义，胜则崇敬佛法，负则诛戮僧徒。”于是如意诘诸外道，九十九人已退飞[18]矣。下席一人，视之蔑如也，因而剧谈，语及火烟。王与外道咸喧言曰：“如意论师辞义有失！夫先烟而后及火，此事理之常也。”如意虽欲释难，无听鉴者。耻见众辱，齰[19]断其舌，乃书诫门人世亲曰：“党援之众，无竞大义；群迷之中，无辩正论。”言毕而死。居未久，超日王失国，兴王膺（yīng）运，表式英贤。世亲菩萨欲雪前耻，来白王曰：“大王以圣德君临，为含识[20]主命。先师如意学穷玄奥，前王宿憾，众挫高名。我承导诱，欲复前怨。”其王知如意哲人也，美世亲雅操焉，乃召诸外道与如意论者。世亲重述先旨，外道谢屈而退。

［注释］

①累榭：层层台榭。榭，台上木屋。

②旌召：以国王的命令召集。旌，旗子。古时国王有事派人外出，表示郑重，就赐以旌节，作为凭证。

③式昭景福：显扬修建伽蓝这一积福的大善事。式，语助词。景福，大福。

④证圣果：证佛果。

⑤清风尚扇：清高的风尚，还在影响、传播后世。扇，扇扬。

⑥梵志师：修婆罗门教的大师。梵志，本指婆罗门，后也指佛教以外的一切外道。

⑦滥迹清流：混在佛门弟子中充数。清流，原指名士，这里借指佛门弟子。佛家以清静为主，因此前在佛教的事物上冠一“清”字，如佛教的教规称清规、佛家诵佛经的声音称清梵。

⑧断三界欲：佛家所说断绝三界中所有的贪欲。

⑨六神通：佛教名词，又名六通。通，妙慧，不同于一般的意思。六通包括：一、天眼通，一切世间无所不见；二、天耳通，一切世间无所不

听；三、他心通，虽他心所想，亦能尽知；四、宿命通，能知前世事；五、如意通，又名神境通，能随意变化，随意而行，上天入地，出入三界；六、漏尽通，能断尽烦恼而得良在妙慧，具有种种威德。漏，是梵文的意译，烦恼的意思。

⑩八解脱：能消除对一切物质和非物质的贪欲，从而脱离烦恼业报束缚的八种解脱，亦即八种禅定。佛家认为静坐敛心，专注一境，久之达到身心“轻安”、观照“明净”的状态，就是禅定。因其可以解脱烦恼，所以也叫解脱。

⑪终不以胁而至于席：绝不让自己在佛门上座占一席位。这里的“胁”即胁尊者。

⑫得三明智：得了三明的智慧。三明，又名三通，指“天眼通”“宿命通”“漏尽通”。

⑬《阿毗达摩俱舍论》：简称俱舍论。意译阿毗为对，达摩为法，俱舍为藏，即“对法藏论”。是世亲早年向经量部学习，而用其理论来修订的“说一切有部”的理论，是由小乘向大乘过渡的名著，有“聪明论”之号。

⑭利见也：可读作利现，佛家认为论师的诞生，有利于众生，现，显示。

⑮欲收视听：想整顿宗教的宣传工作。收，整顿。

⑯真境：出家修行的人以修行正果、脱离生死轮回为“真境”。

⑰洎乎：相当于及乎，等到。洎，及。

⑱退飞：迅速退出。

⑲龉：咬。

⑳含识：佛教用语。指有思想意识的生物，也称有情众生，包括一切动物，但多指人。

[译文]

大佛塔的西南方，有一座旧寺庙，是迦腻色迦王命人建造的。寺内的楼阁重重，台榭层层，台榭上的房屋十分幽静，是国王用来召请高僧，显扬福德的地方。如今这些屋宇已经倒塌，但仍可看出建造时精湛的工艺。寺内的僧徒很少，都修习小乘佛教。自从寺庙建立以后，杰出人才不时出现，众多大师以及证得果位的高僧，清雅的风韵至今尚存，高尚的操行也没有泯灭。

第三层楼阁上，有波栗湿缚（唐朝语言称为胁）尊者的房间，虽然毁坏已久，但仍设有旌表。当初，胁尊者是修婆罗门教的大师，年近八十才出家为僧。城中青年人嘲讽他说：“愚昧无知的老头，多么愚蠢啊！出家之人，有两件工作，一是禅定，二是诵经。现在他这么老，没有丝毫进步，却要混在佛门弟子中充数，只知道一天吃饱三顿饭而已。”胁尊者听到这些议论后，就闭门谢客，发誓说：“如果我不能通晓三藏佛理，不能断绝三界中所有的贪欲，获取六大神通，得到八种解脱，就绝不让我的胁碰到睡席。”从此，他每日争分夺秒，无论走路、静坐、站立，都在静心思索，白天研习教义理论，晚上静思凝神。

三年过后，他的学问贯通三藏，三界欲念完全断绝，获得了三明智慧。当时的人们对他十分敬仰，因之称之为胁尊者。

胁尊者房间的东侧有间旧房，世亲菩萨曾在此处写成《阿毗达摩俱舍论》。因为人们尊敬他，便将这个房间封起来，并在上面做了标记。

距离世亲菩萨房间南面五十多步的第二层楼上，末笯曷剌他（唐朝语言称为如意）。论师曾在此写成《毗婆沙论》。论师诞生于如来佛涅槃一千年以后。年轻时就爱好学习，善于辩论，远近闻名，僧俗人士都对他非常敬仰。当时，室罗伐悉底国的毗讫罗摩阿迭多王（唐朝语言称为超日）威严震慑邻邦，统治着印度各国，他每天都用五亿金钱来救济困苦孤寡。主管财政的官员担心国库里的钱被花光，就进谏道："大王的威仪远播邻邦，连昆虫都受到了您的恩德，您每天拿出五亿金钱，来赈济四方穷困之人。可是一旦国库空虚，就只能增加赋税，这样一来必将怨声载道。陛下有救济穷人的恩德，而臣子我则会受到失职的责备。"国王说："聚敛富人多余的财富，弥补穷人的不足，并非是因为我自己追求奢侈而浪费国家收入。"于是又增加了五亿金钱，救济贫困之人。后来他打猎时，追赶一头野猪却没有追到，于是便下令，如果有能找到野猪踪迹的，就赏赐他一亿金钱。而如意论师理一次发，付给理发匠的钱也是一亿。史官把这些记录在册。国王因别人出手阔绰胜于自己，常常感到不快，便想当众侮辱如意论师。于是他召集了一百位学问高深的各派学者，并下令说："现在，我要统一百姓的认识，寻求真理，但各种学说纷繁复杂，不知应当皈依哪种宗教，所以现在要考查各派的优劣，然后虔诚信奉。"到集中讨论之时，国王又下令说："外道论师都是杰出的人才，佛教僧徒也应该了解其他宗教的教义，如果佛教僧人获胜，我便尊崇佛法，失败了我就诛杀僧人。"于是，如意论师就开始同外道人士论辩，结果九十九个人都很快败退了。只剩下一个坐在末位的人，如意论师没有把他放在眼里，和他激烈地辩论中，说到了"火烟"这个词。国王和外道一起喧嚷说："如意论师的论词中有谬误！应是先有烟后有火，这才是事物的寻常之理。"如意虽然想要辩解，却没人听。他耻于当众受辱，于是咬断自己的舌头。后来，他写信告诫学生和世亲菩萨说："在结党的人中，不要争辩大义；在愚昧无知的人群中，无法探讨真正的学说。"写完后就死去了。不久以后，超日王就失去王位，继立之君奉天承运，表彰英贤之士。世亲菩萨想要一雪前耻，便前来禀报国王说："陛下以贤明的福德统领天下，为天下苍生恪守正义。先师如意学问高深，义理玄妙，前王因往日怨恨而当众败坏他的声誉。我蒙先师教诲，想要一报前仇旧恨。"继位之君知道如意是一位贤士，对世亲良好操守又十分赞赏，于是重新召集那些曾与如意论辩过的外道论师。世亲重新阐述先师昔日的辩论要旨，外道只好认输作罢。

布色羯逻伐底城及诸遗迹

［原文］

迦腻色迦王伽蓝东北行五十余里，渡大河，至布色羯逻伐底城，周十四五里。居人殷盛，闾阎洞连。城西门外有一天祠，天像威严，灵异相继。

城东有窣堵波，无忧王之所建也，即过去四佛说法之处。古先圣贤自中印度降神导物，斯地实多。即伐苏蜜呾罗唐言世友。旧曰和须蜜多，讹也。**论师于此制《众事分阿毗达摩论》。**

城北四五里有故伽蓝。庭宇荒凉，僧徒寡少，然皆遵习小乘法教。即达摩呾逻多唐言法救。旧曰达摩多罗，讹也。**论师于此制《杂阿毗达摩论》。**

伽蓝侧有窣堵波，高数百尺，无忧王之所建也。雕木文石，颇异人工。是释迦佛昔为国王，修菩萨行，从众生欲，惠施不倦，丧身若遗[①]。于此国土千生为王，即斯胜地千生舍眼。

舍眼东不远有二石窣堵波，各高百余尺。右则梵王所立，左乃天帝所建，以妙珍宝而莹饰之。如来寂灭，宝变为石。基虽倾陷，尚曰崇高。

梵、释窣堵波西北行五十余里，有窣堵波，是释迦如来于此化鬼子母[②]，令不害人。故此国俗祭以求嗣。

化鬼子母北行五十余里，有窣堵波。是商莫迦菩萨旧曰睒摩菩萨，讹也。**恭行鞠养[③]，侍盲父母。于此采果，遇王游猎，毒矢误中。至诚感灵，天帝注药，德动明圣，寻即复苏。**

［注释］

①丧身若遗：把“死”看得像是丢了个东西一样，即视死如归。

②释迦如来于此化鬼子母：佛教故事传释迦牟尼曾在这里将鬼母的幼子傧伽罗覆于钵下，借以劝导鬼母皈依佛门。

③鞠养：抚养，供养。这里指供养父母。

［译文］

从迦腻色迦王寺向东北方向走五十多里后，渡过一条大河，就抵达布色羯逻伐底城，该城方圆十四五里。城内人口稠密，街巷交错相连。城西门外有一所天祠，里面供奉的天神塑像威严肃穆，常有灵异显现。

城东有一座佛塔，是无忧王所建，过去曾有四佛在此说法。古代佛教圣贤从中印度来到此地，引导众人，这种事例很多。伐苏蜜呾罗（唐朝语言称世友，以前称为和须蜜多，是错误的），论师的著作《众事分阿毗达摩论》，就在此完成。

距离城北四五里处，有一座旧寺庙。这座寺庙十分荒凉，僧徒较少，都遵奉和修习小乘法教。达摩呾逻多（唐朝语言称法救。以前称为达摩多罗，是错误的），论师的著作《杂阿毗达摩论》，就在此完成。

寺庙的旁边还有一座佛塔，高达几百尺，是无忧王所建。这座寺庙用木头雕刻，给石头绘上彩图，与普通人工差异很大。先前释迦佛曾在这里做国王，进而修菩萨行，顺应众生所愿，不断地施舍，把损伤身体视为丢失东西一般。他在这个国家为王一千世，也在此舍弃眼睛一千次。

距离舍眼佛塔东面不远处，有两座石塔，分别高达一百多尺。右塔是梵王所建，左塔是天帝所立，均由奇珍异宝装饰而成。如来涅槃后，塔上的珍宝就变作石头。如今，虽然塔基已经倾陷，但石塔看上去仍然很高大。

两座石塔的西北方向五十多里处，有一座佛塔，释迦如来曾在此处教化鬼子母，使其不再危害人间。后来，到这里祭祀以求赐予子嗣成了这个国家的风俗。

释迦如来教化鬼子母处再向北行走五十多里，还有一座佛塔。先前，商莫迦菩萨（以前称为睒摩菩萨，是错误的）恪守孝道，侍奉瞎眼父母。当在此处采药时，他遇到国王狩猎，被毒箭误伤。他的真心触动神灵，所以天帝亲自为他灌药，而他的德行也感动圣者，因此不久就死而复生。

跋虏沙城

［原文］

商莫迦菩萨被害东南行二百余里，至跋虏沙城[①]**。城北有窣堵波，是苏达拿太子**[②]唐言善牙。**以父王大象施婆罗门，蒙谴被摈(bìn)，顾谢国人，既出郭门，于此告别。其侧伽蓝，五十余僧，并小乘学也。昔伊湿伐逻**唐言自在。**论师在此制《阿毗达摩明灯论》。**

跋虏沙城东门外有一伽蓝，僧徒五十余人，并大乘学也。有窣堵波，无忧王之所建立。昔苏达拿太子摈在弹多落迦山，旧曰檀特山，讹也。**婆罗门乞其男女**[③]**，于此鬻(yù)卖。**

[注释]

①跋虏沙城：《伽蓝记》中译作佛沙伏。“伏”为梵文“城”字的第一音。

②苏达拿太子：传说太子乐善好施，因将战象须檀延施与敌国而被放逐到弹多落伽山十二年。

③婆罗门乞其男女：佛教故事传苏达拿太子在弹多落伽山曾将亲生儿女施给一婆罗门做仆人。

[译文]

从商莫迦菩萨遇害处向东南方向走二百多里后，就抵达跋虏沙城。城北有一座佛塔，先前，苏达拿太子（唐朝语言称善牙）因将父王乘坐的大象施舍给婆罗门，而遭到谴责，被驱逐出城。国人为他送行，他十分感谢，出了城门之后，在这里与他们告别。佛塔旁有一座寺庙，其中有五十多位僧人，都修习小乘佛教。先前，伊湿伐逻（唐朝语言称自在）论师曾在此写成《阿毗达摩明灯论》。

跋虏沙城的东门外有一座寺庙，其中有五十多位僧人，都修习大乘佛教。这里还有一座佛塔，是无忧王所建。先前，苏达拿太子被流放到弹多落迦山（以前称为檀特山，是错误的），婆罗门向他讨取其子女，并在此处卖掉。

弹多落迦山及其他诸遗迹

[原文]

跋(bá)虏沙城东北二十余里，至弹多落迦山。岭上有窣堵波，无忧王所建。苏达拿太子于此栖隐。其侧不远有窣堵波，太子于此以男女施婆罗门，婆罗门捶其男女，流血染地，今诸草木犹带绛色。岩间石室，太子及妃习定之处。谷中林树垂条若帷，并是太子昔所游止。其侧不远有一石庐，即古仙人之所居也。

仙庐西北行百余里，越一小山，至大山。山南有伽蓝，僧徒鲜少，并学大乘。其侧窣堵波，无忧王之所建也，昔独角仙人所居之处。仙人为淫女诱乱，退失神通，淫女乃驾其肩而还城邑(yì)。

跋虏沙城东北五十余里，至崇山。山有青石大自在天[1]妇像，毗摩天女也。闻诸土俗曰：此天像者，自然有也。灵异既多，祈祷亦众。印度诸国求福请愿，贵贱毕萃，远近咸会。其有愿见天神形者，至诚无贰，绝食七日，或有得见，求愿多遂。

山下有大自在天祠，涂灰外道式修祠祀。

［注释］

①大自在天：梵文意译，即婆罗门教和印度教的三大主神之一的湿婆，传说他终年在喜马拉雅山上修苦行，其形象被描绘为有五个头、三只眼、四只手；手中分别拿着三股叉、神螺、水罐、鼓等，穿着兽皮衣，浑身涂灰，头上有一弯新月作装饰，苦行者的发辫盘在头上，颈上绕着一条大蛇，坐骑是一头大白牛。婆罗门教和印度教还传说，世界从梵天生，而梵天又为其脐中所生大莲花所化。“大自在天”是佛教对他的称呼。

［译文］

从跋虏沙城向东北方向走二十多里后，就抵达弹多落迦山。此山上有一座佛塔，是无忧王所建。苏达拿太子曾隐居于此。此塔旁边不远处，又有一座佛塔，太子在此处将自己的子女施舍给婆罗门，而婆罗门却殴打其子女，流下的鲜血染红了大地，致使草木至今仍带红色。山岩之间有一所石屋，太子及其妃子曾在此修习禅定。山谷之中，树木枝条下垂如同帷帐，是先前太子游玩和休息之处。旁边不远还有一所石屋，乃是古代仙人居住之地。

从仙人的石屋向西北方向走一百多里后，越过小山，就抵达大山。山南有一座寺庙，其中僧徒较少，都修习大乘佛教。寺庙旁边有一座佛塔，是无忧王所建，先前独角仙人曾居住于此。仙人受到淫女引诱以致性情迷乱，丧失了神通力，淫女就骑在他肩上回到城里。

从跋虏沙城向东北方向走五十多里后，就来到深山中。山上有块青石，上面刻着大自在天妻子的雕像，也就是毗摩天女。听当地居民讲：这个神像，是天然形成的。显现的灵异之事颇多，前来祈祷之人也不在少数。印度各国祈求福德的，无论身份贵贱，还是距离远近，都相继而来。如果有人想一睹天神形貌，只要虔诚恭敬，绝食七天，就有可能看见，也会达成所愿。山下有一所大自在天祠，外道的大自在天派在此从事祭祀活动。

乌铎迦汉荼城

［原文］

毗摩天祠东南行百五十里，至乌铎迦汉荼城。周二十余里，南临信度河。居人富乐，宝货盈积，诸方珍异，多集于此。

［译文］

从毗摩天祠向东南方向走一百五十里后，就抵达乌铎迦汉荼城。此城方圆二十多里，南部与信度河相邻。城内居民富足安乐，大量珍宝充盈堆积。各地的奇珍异物，大多汇集于此。

卷三

乌仗那国

[原文]

乌仗那国周五千余里，山谷相属，川泽连原。谷稼虽播，地利不滋。多蒲萄，少甘蔗，地产金、铁。宜郁金香，林树蓊郁，花果茂盛。寒暑和畅，风雨顺序。人性怯懦，俗情谲（jué）诡。好学而不功[①]，禁咒为艺业。多衣白氎，少有余服。语言虽异，大同印度。文字礼仪，颇相参预。崇重佛法，敬信大乘。夹苏婆伐窣堵河[②]，旧有一千四百伽蓝，多已荒芜。昔僧徒一万八千，今渐减少。并学大乘，习定[③]为业；喜诵其文，未究深义；戒行清洁，特闲[④]禁咒。律仪传训，有五部焉：一法密部，二化地部，三饮光部，四说一切有部，五大众部[⑤]。天祠十有余所，异道杂居。坚城四五，其王多治瞢（méng）揭厘城[⑥]。城周十六七里，居人殷盛。

[注释]

①不功：没有收效，意思是不能刻苦钻研。功，功效。

②苏婆伐窣堵河：今巴基斯坦北境，喀布尔河支流斯瓦特河。

③习定：修习禅定。

④闲：通“娴”，熟悉。

⑤大众部：梵文意译。公元前4世纪从古印度佛教僧团内最早分裂出来的一个重要的部派。因主张戒律可以方便开禁，取得大多数僧众的支持，遂名为大众部。

⑥瞢揭厘城：在今巴基斯坦北部。

[译文]

乌仗那国方圆五千多里，山谷相连，河流与湖泊相通。土地上虽然也种植庄稼，但并不肥沃。境内盛产葡萄，甘蔗较少，矿产有金和铁。适宜种郁金香，树林葱郁茂密，花果种类繁多。气候冷热适中，风调雨顺。居民性格怯懦，民风诡诈。好学却不专心，以念咒为职业。多数人都穿棉布白衣，其他的衣服不多。语言虽然有特异之处，但与印度大体相同。文字和礼仪之间，互有关联。人们信奉佛法，修行大乘佛教。苏婆伐窣堵河两岸，曾有一千四百多所寺庙，现在多数已经荒废。先前这里有僧徒一万八千人，现在已经渐渐减少。他们都修习大乘佛教，修炼禅定之功；喜欢诵经读文，却未能深究其中的含义；严守戒规，尤其擅长禁咒。自古以来，戒律共有五部：第一，法密部；第二，化地部；第三，饮光部；第四，说一切有部；第五，大众部。境内有十多所天祠，其中杂居着外道信徒。该国有四五座坚固的城池，国王大部分时间住在瞢揭厘城。此城方圆十六七里，居民众多，生活富足。

忍辱仙遗迹

[原文]

瞢(méng)揭厘城东四五里有大窣堵波，极多灵瑞。是佛在昔作忍辱仙，于此为羯(jié)利王唐言斗诤，旧云哥利，讹也。**割截肢体。**

[译文]

距离瞢揭厘城以东四五里处有一座大佛塔，颇为灵验。先前，佛陀还是忍辱仙时，曾在这里被羯利王（唐朝语言称斗诤，以前称为哥利，是错误的）砍断了肢体。

摩诃伐那伽蓝

[原文]

瞢揭厘城南二百余里，大山侧，至摩诃伐那唐言大林。**伽蓝。是如来昔修菩萨行，号萨缚达多王，**唐言一切施。**避敌弃国，潜行至此，遇贫婆罗门，方来乞丐。既失国位，无以为施，遂令羁(jī)缚(fù)，擒往敌王，冀以赏财，回为惠施。**

[译文]

瞢揭厘城南二百多里的大山一侧，就是摩诃伐那（唐朝语言称大林）寺。如来修菩萨行的时候，被称为萨缚达多王（唐朝语言称一切施），为了躲避敌人，放弃了政权，悄悄地来到此处，遇到了一个贫穷的婆罗门，向他乞讨。如来放弃了王位，因此没有用来布施的东西，于是让婆罗门将自己绑起来，送到敌国国王那里，希望换取赏金，用来作为布施。

摩愉伽蓝

［原文］

摩诃伐那伽蓝西北，下山三四十里，至摩愉唐言豆**伽蓝。有窣堵波，高百余尺。其侧大方石上，有如来足蹈之迹。是佛昔蹈此石，放拘胝(zhī)[1]光明，照摩诃伐那伽蓝，为诸人、天说本生事。其窣堵波基下有石，色带黄白，常有津腻。是如来在昔修菩萨行，为闻正法，于此析骨书写经典。**

［注释］

①拘胝：亦作俱致，俱胝，梵语数名，或言千万，或言亿，都表示极多、无限的意思。

［译文］

从摩诃伐那寺西北方向下山后，再走完三四十里，就抵达摩愉（唐朝语言称为豆）寺。寺内有一座佛塔，高一百多尺。佛塔旁边一块方形的大石头上，有如来的脚印。佛陀脚踏这块大石，石头发出万丈光芒，照亮了整个摩诃伐那寺，佛在此为凡人和天神讲述自己前生的故事。佛塔的地基之下有一块石头，色泽黄白，常有油腻的津液流出。当年如来修菩萨行的时候，为了能够听闻正法，曾在这里用自己的骨头做笔书写佛经。

尸毗迦王本生故事

［原文］

摩愉伽蓝西六七十里，至窣堵波，无忧王之所建也。是如来昔修菩萨行，号尸毗迦王，唐言与。旧曰尸毗王，略也。**为求佛果，于此割身，从鹰代鸽[1]。**

［注释］

①“于此割身”二句：（尸毗迦王）曾在这里代替老鹰追逐的鸽子而割下自己身上的肉给鹰吃。这是佛教传说的释迦牟尼本生的故事。

［译文］

从摩愉寺向西走六七十里后，就来到一座佛塔前，是无忧王所建。当年如来修菩萨行时，被称为尸毗迦王（唐朝语言称与。以前称为尸毗王，是简略的称呼），为了证得佛果，在此将自己的肉割下，喂给老鹰，用来换取鸽子的性命。

赤塔、奇特塔及观自在菩萨精舍

［原文］

瞢（méng）揭厘城西五十余里，渡大河，至卢醯（xī）呾迦唐言赤。**窣堵波，高五十余尺，无忧王之所建也。昔如来修菩萨行，为大国王，号曰慈力，于此刺身血以饲五药叉。**旧曰夜叉，讹也。

瞢揭厘城东北三十余里，至遏部多唐言奇特。**石窣堵波，高四十余尺。在昔如来为诸人、天说法开导。如来去后，从地踊出，黎庶崇敬，香花不替。**

石窣堵波西渡大河三四十里，至一精舍，中有阿缚卢枳低湿伐罗菩萨像。唐言观自在。合字连声，梵语如上；分文散音，即阿缚卢枳多，译曰观，伊湿伐罗，译曰自在。旧译为光世音，或观世音，或观世自在，皆讹谬也。**威灵潜被，神迹昭明，法俗相趋，供养无替。**

［译文］

从瞢揭厘城向西走五十多里后，渡过一条大河，就抵达卢醯呾迦（唐朝语言称为赤）佛塔，此塔高达五十尺，是无忧王所建。当年如来修菩萨行时，曾经是一位大国王，王号是慈力，他在此处将自己的身体刺出鲜血，用来喂食五个药叉（以前称为夜叉，是错误的）。

从瞢揭厘城向东北行走三十多里，是遏部多（唐朝语言称为奇特）石塔，此塔高四十多尺。当年如来曾在此为凡人和天神讲经说法，引领他们走入正途。如来离去之后，石塔从地下升起，黎民百姓十分恭敬崇拜，在这里供奉香火鲜花，从未间断。

从石塔向西渡过大河后再走三四十里，就抵达一座精舍，里面供奉着阿缚卢枳低湿伐罗菩萨像（唐朝语言称为观自在。音节合在一起，连声诵读，所称的梵语如上；音节分开来诵读，就是阿缚卢枳多，译成观，伊湿伐罗，译成自在。旧译为光世音，或者观世音，也译为观世自在，均为错误的）。其中潜藏无穷威力，出现的神迹明明白白，因此僧俗人等争相前来，虔诚供养，从未中断过。

经轮缘起

《佛祖统记》中说，梁朝东阳的傅弘大士，认为世人终日奔波无暇诵经，还有的人不识字，无法诵经，于是他设立了双林道场，并在此建造了一个转经轮。且发下誓愿：凡是诚心诚意转经轮一圈者，其功效等同于诵经。这是因为傅弘大士认为求佛的过程重在内心的虔诚，而不在于以何种途径求佛。后来梁武帝敬仰他，安排他住在定林寺。一日，梁武帝在华林园重云殿举行法会。当皇帝升殿时，官员全部起立施利，只有傅弘一人纹丝不动。有官员指责他，他回答说："我这是效法大地，大地不会动，一旦动了就会有灾难发生。"

达丽罗川

[原文]

瞢(méng)揭厘城东北逾山越谷，逆上信度河，途路危险，山谷杳冥。或履絙索[1]，或牵铁锁，栈道虚临，飞梁危构，椽(chuán)杙躡蹬[2]，行千余里，至达丽罗川，即乌仗那国旧都也。多出黄金及郁金香。达丽罗川中大伽蓝侧，有刻木慈氏菩萨[3]像，金色晃煜[4]，灵鉴潜通[5]，高百余尺，末田底迦旧曰末田地，讹略也。**阿罗汉之所造也。罗汉以神通力，携引匠人升睹史多天[6]，**旧曰兜率陀，又曰兜术陀，讹也。**亲观妙相，三返之后，功乃毕焉。自有此像，法流东派[7]。**

从此东行，逾岭越谷，逆上信度河，飞梁栈道，履危涉险，经五百余里，至钵露罗国[8]。北印度境。

[注释]

①絙索：粗大的绳索，本文指的是索桥。

②椽杙躡蹬：小心翼翼地在栈道的木条上行走。

③慈氏菩萨：即弥勒佛。弥勒是梵文的音译，意译即“慈氏”。为佛教大乘菩萨之一。《弥勒下生经》说他从兜举天下生此世界，在龙华树下继承释迦牟尼而成佛。亦称慈氏尊者。

④晃煜：闪闪发光。

⑤灵鉴潜通：（菩萨）暗暗地（和菩萨像）神灵相通，能鉴察一切。

⑥睹史多天：梵文音译，也译作“兜率陀天”，即佛教所说的欲界六天中的第四天，意译为知足、喜足，意思是受乐知足而生欢喜之心。

⑦法流东派：佛法向东方流传过去。

⑧钵露罗国：《新唐书》有钵露，又有大小勃律，大勃律又名布露，即今克什米尔西北部之巴尔提斯坦。小勃律在今巴基斯坦东部吉尔吉特，钵露罗国当在这一带地方。

[译文]

从瞢揭厘城东北方向翻过山谷，沿着信度河逆流而上，道路危险难行，一路都是高山幽谷。时而经过索桥，时而攀附铁链前行，栈道高在半空，凌空架起的梁柱非常惊险，小心翼翼地在栈道上行走，经过一千多里，就抵达了达丽罗川，也就是乌仗那国以前的都城所在地。此地盛产黄金和郁金香。达丽罗川

中的一座大寺庙旁，有一尊用木头雕刻而成的慈氏菩萨像，佛像金光闪耀，暗藏神力，高有一百多尺，是末田底迦（以前称为末田地，是讹传及疏忽所致）阿罗汉建。罗汉凭借自己的神力，带着工匠们前往睹史多天（以前称为兜率陀，又称兜术陀，是错误的），让工匠亲眼看到菩萨的相貌，如此三次往返后，菩萨像才雕刻成功。自从有了这座塑像，佛法就开始向东方流传过去。

从达丽罗川向东前行，翻山越岭，沿着信度河逆流而行，沿途经过架设在空中的栈道，屡经艰难险阻，走过五百多里，就抵达了钵露罗国（在北印度境内）。

钵露罗国

［原文］

钵露罗国周四千余里，在大雪山间，东西长，南北狭。多麦、豆，出金、银，资金之利，国用富饶。时唯寒烈，人性犷暴，薄于仁义，无闻礼节。形貌粗弊，衣服毛褐。文字大同印度，言语异于诸国。伽蓝数百所，僧徒数千人，学无专习，戒行多滥。

从此复还乌铎迦汉荼城，南渡信度河，河广三四里，西南流，澄清皎镜，汩淴漂流。毒龙、恶兽窟穴其中，若持贵宝、奇花果种及佛舍利渡者，船多飘没。渡河至呾叉始罗国①**。**北印度境。

［注释］

①呾叉始罗国：音译又作奢叉尸罗、竺刹尸罗等，在今巴基斯坦沙德里西北之哈桑阿卜杜勒。

［译文］

钵露罗国方圆四千多里，坐落于大雪山之中，东西长，南北窄。该国盛产小麦、大豆，盛产金、银，因为这些物产，国家十分富有。这里气候极为寒冷，居民性格粗犷暴躁，没有什么仁义的观念，也没听说有什么礼节。他们相貌丑鄙粗俗，所穿衣服用毛、麻布制成。文字与印度地区基本相同，语言方面则不同于他国。境内有几百座寺庙，僧人有数千人，没有专门学习的佛教学派，对戒条的遵守也不甚严格。

从该国返回乌铎迦汉荼城，南渡信度河，此河宽三四里，流向西南，水面清澈如镜，水流湍急。毒龙和凶恶的水怪在这里筑巢，如果有人带着珍宝、珍奇的花果或是种子以及佛舍利过河，乘坐的船只大多会沉没。渡过信度河后，就抵达呾叉始罗国（在北印度境内）。

呾叉始罗国

［原文］

呾叉始罗国周二千余里，国大都城周十余里。酋豪力竞，王族绝嗣。往者役属迦毕试国，近又附庸迦湿弥罗国[①]。地称沃壤，稼穑殷盛，泉流多，花果茂。气序和畅，风俗轻勇，崇敬三宝。伽蓝虽多，荒芜已甚，僧徒寡少，并学大乘。

［注释］

①迦湿弥罗国：汉时名罽宾，即今之克什米尔。

［译文］

呾叉始罗国方圆两千多里，都城方圆十多里。这里的部落首领和豪强相互争斗，王族已经没有子嗣存在了。该国曾经隶属迦毕试国，近来成为迦湿弥罗国的附属国。这里土壤十分肥沃，庄稼茂盛繁多，水源多，花草树木茂盛。气候温暖舒适，居民轻视勇敢好斗的人，信奉佛教。境内虽然有很多寺庙，但都已经荒芜，寺内的僧人很少，都修习大乘佛教。

医罗钵呾逻龙王池

［原文］

大城西北七十余里，有医罗钵呾逻龙王池，周百余步。其水澄清，杂色莲花同荣异彩。此龙者，即昔迦叶波佛时坏医罗钵呾逻树苾刍[①]也。故今彼土请雨祈晴，必与沙门共至池所，弹指[②]慰问，随愿必果。

［注释］

①坏医罗钵呾逻树苾刍：（曾经）损坏医罗钵呾逻树的那个和尚。苾刍，即比丘，梵文音译，意为“乞士”“薰士”，也称“沙门”，指受过具足戒的

出家男人，我国俗称和尚。女人则称比丘尼，我国俗称尼姑。

②弹指：表示慰问的动作。佛家常用“弹指”的动作表示许诺、欢喜或告诫。另外，佛经以二十念为一瞬，二十瞬为一弹指，以比喻时间短暂。

［译文］

距离都城西北七十多里处，坐落着医罗钵呾逻龙王池，该池方圆一百多步。池水清澈透明，各色莲花争奇斗艳。池中之龙，即是先前迦叶波佛时代，毁坏医罗钵呾逻树的那个和尚。所以现在当地祈求降雨或放晴时，都会和僧人一起到池边来，弹指向龙王表示慰问，所祈求的愿望一定会实现。

舍头窣堵波

［原文］

城北十二三里有窣堵波，无忧王之所建也。或至斋日，时放光明，神花天乐，颇有见闻。闻诸土俗曰：近有妇人，身婴恶癞(lài)，窃至窣堵波，责躬礼忏。见其庭宇有诸粪秽，掬除洒扫，涂香散花，更采青莲，重布其地。恶疾除愈，形貌增妍(yán)，身出名香，青莲同馥(fù)。斯胜地也，是如来在昔修菩萨行，为大国王，号战达罗钵刺婆，唐言月光。**志求菩提[①]，断头惠施[②]。若此之舍，凡历千生。**

［注释］

①志求菩提：心想求得佛家真谛、达到觉悟的境界。

②断头惠施：这是释迦牟尼本生故事。战达罗钵刺婆国王（即月光王）乐善好施，毗摩斯那国非常嫉妒，就收买了一个婆罗门，向月光王要求施舍头颅。月光王同意把头颅施舍给这个婆罗门。毗摩斯那国王听到这个消息，竟高兴过度而死。这个婆罗门也因无法获得奖赏，失望而死。

［译文］

城北十二三里有一座佛塔，是无忧王所建。每逢斋戒的日子，塔中就时有光芒闪烁，天空中飘散下鲜花，奏响音乐的奇景，也时常可以见到。听当地人讲：近年来有个妇女，身上长满恶疮，于是她偷偷地来到佛塔之前，忏悔自己的罪行并诚心礼拜。当看到院中有粪便或者垃圾时，她就用双手将它们捧走，再洒水清扫，然后在院中涂抹香料，撒上鲜花，又采来青色莲花，铺在地上。她的恶疮很快便痊愈了，而且相貌变得更加美丽，身上还散发出名贵香料的气味，如同青莲花的香气一样。这里是一个著名的地点，当年如来修菩萨行时，曾为大国王，被人们叫作战达罗钵剌婆（唐朝语言称月光），他一心想求得佛家真谛、达到觉悟的境界，就是在这里将自己的头颅割下来施舍给别人。像这样慷慨地施舍，一共有一千世。

童受论师制论处

［原文］

舍头窣堵波侧有僧伽蓝，庭宇荒凉，僧徒减少。昔经部拘摩罗逻多唐言童受。**论师于此制述诸论。**

［译文］

在舍头佛塔旁边，有一座寺庙，里面十分荒凉，僧人也很少。当年经量部的拘摩罗逻多（唐朝语言称童受）论师就是在这座寺庙里撰写了诸多论著。

僧诃补罗国

［原文］

僧诃补罗国周三千五六百里，西临信度河。国大都城周十四五里，依山据岭，坚峻险固。农务少功，地利多获。气序寒，人性猛，俗尚骁(xiāo)勇，又多谲(jué)诈。国无君长主位，役属迦湿弥罗国。

［译文］

僧诃补罗国方圆三千五六百里，西边濒临信度河。都城方圆十四五里，依山靠岭，坚固险峻。农产品产量不高，只有多种才能有些收获。境内气候寒冷，居民性格勇猛，崇尚勇敢的人，又大多心怀诡诈。该国没有君主统御，是迦湿弥罗国的附属国。

城附近寺塔及白衣外道本师初说法处

［原文］

城南不远有窣堵波，无忧王之所建也，庄饰有亏，灵异相继。傍有伽蓝，空无僧侣。

城东南四五十里至石窣堵波，无忧王建也，高二百余尺。

池沼十数，映带左右，雕石为岸，殊形异类。激水清流，汩淴(hū)漂注，龙鱼水族，窟穴潜泳。四色莲花，弥漫清潭。百果具繁，同荣异色，林沼交映，诚可游玩。傍有伽蓝，久绝僧侣。

窣堵波侧不远，有白衣外道本师悟所求理初说法处，今有封记，傍建天祠。其徒苦行，昼夜精勤，不遑(huáng)宁息[①]。本师所说之法，多窃佛经之义，随类设法，拟则轨仪。大者为苾刍，小者称沙弥。威仪律行，颇同僧法。唯留少发，加之露形，或有所服，白色为异，据斯流别，稍用区分。其天师像，窃类如来，衣服为差，相好无异。

[注释]

①不遑宁息：没有空闲时间安安稳稳地休息。不遑，没有空闲，顾不上。

[译文]

都城南部不远有一座佛塔，是无忧王所建，虽然装饰已经有些损坏了，但灵异之事却时有发生。佛塔旁有一座寺庙，里面空无一人。

从都城向东南方向走四五十里后，就抵达石佛塔，此塔是无忧王所建，高二百多尺。左右有十多个水池，相互映衬，池岸用石雕砌成，形状各不相同。池水透明清澈，水流湍急，龙鱼之类水族在其中穴居潜藏。四色莲花，长满水池。花果繁多，争奇斗艳，树木与池水彼此映照，实为游玩的人间佳境。旁边有一座寺庙，早已没有僧侣居住于此了。

距离佛塔旁不远处，就是白衣外道本师领悟本教真理所在，最初说法之地，如今仍有标记显示，旁边还有一所天祠。居住在此的信徒皆修苦行，日夜专心修行，毫无空余时间。本师所说之法，大多剽窃佛经中的理论，根据修行不同的对象而制定法规，设立戒律。年长僧人称为苾刍，年幼僧人称为沙弥。各项礼仪和律条，都与佛教大体相同。这些信徒只留较少头发，并袒露身体，也有的身着白色衣服，依据这些不同之处，就可以稍加区分。他们的创教大师之像，也是仿照如来所作，虽在穿着上有所差别，但相貌却没什么不同。

大石门及王子舍身饲虎处

[原文]

从此复还呾叉始罗国北界，渡信度河，东南行二百余里，

度大石门。昔摩诃萨埵于此投身饲饿乌䝙[1]。其南百四五十步有石窣堵波。摩诃萨埵愍(mǐn)饿兽之无力也，行至此地，干竹自刺，以血啖之，于是乎兽乃啖焉。其中地土洎诸草木，微带绛色，犹血染也。人履其地，若负芒刺，无云疑信，莫不悲怆。

舍身北有石窣堵波，高二百余尺，无忧王之所建也。雕刻奇制，时烛神光。小窣堵波及诸石龛动以百数，周此茔(yíng)域。其有疾病，旋绕多愈。

[注释]

①摩诃萨埵于此投身饲饿乌䝙：这是释迦牟尼本生故事。摩诃萨埵是国王大东的幼子。他在山林中，见到七只初生的小虎围着一只瘦弱母虎求食，母虎则因饥饿无乳，也没有力气觅食。他大发慈悲之心，舍身饲虎，虎不敢伤他，他就用干竹刺颈出血，虎这才舐血，并且把他吃掉。“乌䝙”，就是“虎”。

[译文]

从这里返回呾叉始罗国的北部，再跨越信度河，然后朝东南方向走二百多里后，就抵达大石门。先前，摩诃萨埵王子曾在此地以身喂饿虎。距离大石门以南一百四五十步的地方有一座佛塔。摩诃萨埵怜悯老虎饿得失去力气，走到这里后，就用干竹片刺伤自己，用鲜血喂虎，于是饿虎将他吃掉。因此，这里的土地草木，微微带有红色，如同被鲜血浸染了一样。如果有人站在那里，就会感到背上似乎有刺，无论是抱有疑问还是相信的人，都为之悲哀感叹。

在摩诃萨埵王子舍身喂虎处北边有一座石塔，高达二百多尺，是无忧王所建。石塔上的雕刻神奇，时而闪耀着神光。这里有一百多个小塔和石龛，围绕在这片墓地的周围。患病之人，只要环绕着它行走，大都能康复。

孤山中伽蓝

[原文]

石窣堵波东有伽蓝，僧徒百余人，并学大乘教。

从此东行五十余里，至孤山。中有伽蓝，僧徒二百余人，并学大乘法教。花果繁茂，泉池澄镜。傍有窣堵波，高二百余尺，是如来在昔于此化恶药叉，令不食肉。

从此东南山行五百余里，至乌剌尸国[1]。北印度境。

[注释]

①乌剌尸国：在今巴基斯坦北境之哈查拉一带。

[译文]

在石塔东面有一座寺庙，其中有僧人一百多位，都修习大乘佛教。

从此处向东走五十多里，到达一座孤山。山中有一座寺庙，其中有僧人二百多位，都修习大乘佛教。寺中花果繁多，泉水池沼清澈如镜。旁边有一座佛塔，高达二百尺，当年如来在这里度化邪恶的药叉，使它不再以肉为食。

从这里向东南方走过五百多里山路后，就抵达乌剌尸国（在北印度境内）。

乌剌尸国

[原文]

乌剌尸国周二千余里，山阜连接，田畴隘狭。国大都城周七八里。无大君长，役属迦湿弥罗国。宜稼穑，少花果。气序温和，微有霜雪。俗无礼义，人性刚猛，多行诡诈，不信佛法。

大城西南四五里有窣堵波，高二百余尺，无忧王所建也。傍有迦蓝，僧徒寡少，并皆学大乘法教。

从此东南登山履险，度铁桥，行千余里，至迦湿弥罗国。 旧曰罽宾，讹也。北印度境。

[译文]

乌剌尸国方圆两千多里，山岭绵延相接，农田面积狭小。国都方圆七八里。该国没有最高的统领，是迦湿弥罗国的附属国。境内土地适宜种植庄稼，花果种类较少。气候温暖适宜，偶尔有一点霜雪。当地人不讲礼义，性格刚强勇敢，欺骗讹诈的事很多，不信奉佛法。

距离都城西南四五里处有一座佛塔，高二百多尺，是无忧王所建。佛塔旁边有一座寺庙，其中的僧徒较少，都修习大乘佛教。

从都城向东南方向前行，经过险要的山道，经过一条铁索桥，走一千多里后，就抵达迦湿弥罗国（以前称为罽宾，是错误的。在北印度境内）。

迦湿弥罗国

[原文]

迦湿弥罗国周七千余里，四境负山。山极峭峻，虽有门

径，而复隘狭，自古邻敌无能攻伐。国大都城西临大河，南北十二三里，东西四五里。宜稼穑，多花果，出龙种马及郁金香、火珠、药草。气序寒劲，多雪少风。服毛褐，衣白氎。土俗轻僄，人性怯懦。国为龙护，遂雄邻境。容貌妍(yán)美，情性诡诈，好学多闻，邪正兼信。伽蓝百余所，僧徒五千余人。有四窣堵波，并无忧王建也，各有如来舍利升余。

[译文]

迦湿弥罗国方圆七千多里，四面群山环绕。山势极为险要，虽有通道相连，但十分狭窄，自古以来邻国敌军从未攻打成功。国都西面濒临大河，南北宽十二三里，东西方向长四五里。境内土地适宜种植庄稼，花果种类繁多。该国盛产骏马、郁金香、火珠和药草。气候十分寒冷，风少雪多。人们的衣服由毛皮、麻布以及白细棉布制成。风俗轻佻浮躁，人们性格怯懦。国家有龙的庇佑，因而威慑邻国。居民容貌姣好，性情却十分狡诈，爱好学问，见闻广达，正教和邪教都有人信奉。境内有寺庙一百多座，其中的僧徒有五千多人。存有佛塔四座，都是无忧王所建，每座塔中皆供奉着一升多的如来舍利。

开国传说

[原文]

《国志》曰：国地本龙池也。昔佛世尊自乌仗那国降恶神已，欲还中国。乘空当此国土，告阿难曰：“我涅槃之后，有末田底迦阿罗汉，当于此国建国安人，弘扬佛法。”如来寂灭之后第五十年，阿难弟子末田底迦罗汉者，得六神通，具八解脱。闻佛悬记，心自庆悦，便来至此，于大山岭，宴坐林中，现大神变。龙见深信，请资所欲①。阿罗汉曰：“愿于池内，惠以容膝。”龙王于是缩水奉施。罗汉神通广身，龙王纵力缩水，池空水尽，龙翻请地②。阿罗汉于此西北为留一池，周百余里。自余枝属，别居小池。龙王曰：“池地总施，愿恒受供。”末田底迦曰：“我今不久无余涅槃，虽欲受请，其可得乎？”龙王重请：“五百罗汉常受我供，乃至法尽；法尽之后，还取此国，以为居池。”末

田底迦从其所请。时阿罗汉既得其地，运大神通力，立五百伽蓝，于诸异国买鬻(yù)贱人，以充役使，以供僧众。末田底迦入寂灭后，彼诸贱人自立君长。邻境诸国鄙其贱种，莫与交亲，谓之讫(qì)利多。唐言买得。**今时泉水已多流滥。**

[注释]

①请资所欲：要求帮助阿罗汉满足需要。

②龙翻请地：龙反过来还请阿罗汉让出一些地盘给它。

[译文]

根据《国志》记载：迦湿弥罗国原本是一个龙池。当年世尊在乌仗那国降服了恶神以后，便返回中印度。腾空飞行途中经过该国上空时，世尊告诉阿难说："我涅槃之后，这片土地上会出现一个叫作末田底迦的阿罗汉，他会在此创立国家，安抚人民，宣扬佛法。"世尊圆寂后五十年，阿难的徒弟末田底迦得到六神通，并获取了八解脱的定力。他听说佛陀的预言以后，心中感到十分喜悦和庆幸，于是就来到此地，然后静坐在一座山岭的树林中，显示出广大的神通。龙王见后，对佛法深信不疑，希望能够满足阿罗汉的任何要求。阿罗汉说："希望在你的龙池中能有容我双膝之地。"龙王于是缩减部分池水，以给罗汉腾出干地。可罗汉却显现神通，使身躯增大，龙王只好竭尽全力缩减池水，最后池水全部干涸，龙王反要请求罗汉赐予栖息之地。阿罗汉就在该国的西北留下一池，方圆一百多里。龙王的其他族群，另外居住在小池之中。龙王说："我的池子都已经施舍给您了，但愿您能永远受我的供养。"末田底迦说："不久之后，我就会进入涅槃，我虽然愿意接受你的请求，可怎样才能实现呢？"龙王再一次请求说："但愿我能永远供奉五百罗汉，直到大法灭尽之后，我再占领这个国家，作为龙池而居住。"末田底迦答应了它的要求。后来阿罗汉得到此地后，就运用巨大的神力，建立了五百座佛寺，又买来其他各国的贱民当作奴役，用来侍奉僧人。末田底迦涅槃之后，那些贱民便自立为王。邻近各国鄙视他们身份低贱，不与他们亲近交往，还把他们称为讫利多（唐朝语言称买得）。如今，迦湿弥罗国的泉水已在境内多处泛滥。

五百罗汉僧传说

[原文]

摩揭陀国无忧王以如来涅槃后第一百年，命世君临，威被殊俗。深信三宝，爱育四生。时有五百罗汉僧、五百凡夫僧，

王所敬仰，供养无差。有凡夫僧摩诃提婆，唐言大天。**阔达多智，幽求名实，潭思作论，理违圣教，凡有闻知，群从异议。无忧王不识凡、圣，因情所好，党援所亲，召集僧徒赴殑伽河，欲沉深流，总从诛戮（zhū lù）。时诸罗汉既逼命难，咸运神通，凌虚履（lǚ）空，来至此国，山栖谷隐。时无忧王闻而悔惧，躬来谢过，请还本国，彼诸罗汉确不从命。无忧王为罗汉建五百僧伽蓝，总以此国持施众僧。**

[译文]

在如来涅槃后第一百年，摩揭陀国的无忧王统治天下，威仪泽及外邦。他尊崇佛法，对一切生灵都爱护有加。当时有五百位罗汉僧和五百个凡僧，都被无忧王所敬仰，虔诚供养，一视同仁。有位叫摩诃提婆（唐朝语言称大天）的凡僧，开明豁达，智慧高深，对名实问题进行深入的探讨，深思熟虑而作论著，虽然他的理论违背佛法，但是所有认识他的人，仍然追随这种邪说。无忧王不能分辨圣僧和凡僧，只是凭着自身喜好，凭着感情上的偏爱，而袒护帮助亲近的僧人，于是他便召集罗汉僧，命令他们前往殑伽河，准备将他们沉入水中，全部杀死。当时遇到危险的众位罗汉，都运用神通，凌空飞走，隐居到这个国家的山谷中。无忧王知道后十分后悔害怕，亲自来到罗汉隐居的地方忏悔认罪，恳请众僧返回本国。罗汉僧们拒绝了无忧王的请求。于是无忧王就为罗汉们建造了五百座寺庙，并将这个国家施舍给他们。

佛牙伽蓝及传说

[原文]

新城东南十余里，故城北大山阳，有僧伽蓝，僧徒三百余人。其窣堵波中有佛牙，长可寸半，其色黄白，或至斋日，时放光明。昔讫（qì）利多种之灭佛法也，僧徒解散，各随利居。有一沙门，游诸印度，观礼圣迹，申其至诚。后闻本国平定，即事归途。遇诸群象横行草泽，奔驰震吼。沙门见已，升树以避。是时群象相趋奔赴，竞吸池水，浸渍（jìn zì）树根，互共排掘，树遂蹎仆。既得沙门，负载而行，至大林中，有病象疮痛而卧，引此僧手，至所苦处，乃枯竹所刺也。沙门于是拔竹傅药[1]，裂其裳，

裹其足。别有大象，持金函授与病象，象既得已，转授沙门。沙门开函，乃佛牙也。诸象环绕，僧出无由。明日斋时，各持异果，以为中馔（zhuàn）。食已，载僧出林，数百里外，方乃下之，各跪拜而去。沙门至国西界，渡一驶河②，济乎中流③，船将覆没。同舟之人互相谓曰：“今此船覆，祸是沙门。沙门必有如来舍利，诸龙利之。”船主检验，果得佛牙。时沙门举佛牙俯谓龙曰：“吾今寄汝，不久来取。”遂不渡河，回船而去，顾河叹曰：“吾无禁术，龙畜所欺！”重往印度，学禁龙法。三岁之后，复还本国，至河之滨，方设坛场，其龙于是捧佛牙函以授沙门。沙门持归，于此伽蓝而修供养。

［注释］

①傅药：涂抹药物。傅，通“敷”。

②驶河：急流。

③济乎中流：渡到河中央。济，渡河。

［译文］

距离新城东南十多里处，也就是故城以北的大山南麓，有一座佛寺，其中有僧徒三百多人。寺内的佛塔中供奉着佛牙，长达一寸半，色泽黄白，每逢斋戒之日，往往放射光芒。先前，讫利多种族毁灭佛法时，僧人四处流散，各自寻找居住之所。其中有一位僧人，游历到印度之后，礼拜佛迹，虔诚之至。后来听说本国已经平定，就启程返回故土。途中，他看到许多大象在草泽中，奔跑号叫。见此情形，僧人赶紧爬上树躲避。这时，一群大象狂奔而至，竞相汲取池中之水，用水浸湿树根，然后一起推撞、挖掘，于是树被推到。群象得到僧人之后，将他驮在背上行走，来到一片大树林中，有一头大象因生疮卧倒在地。病象用僧人的手指示它的伤痛之处，原来是被枯竹刺伤的。于是僧人帮它拔出枯竹，并在伤处敷上药，然后撕开自己的衣服，将大象的脚裹起来。另一头大象带给病象一个金子做的盒子，病象接到此盒后，又转赠给僧人。僧人开启金盒后，发现里面竟然是一颗佛的牙齿。他被群象围绕，没法离开。第二天吃饭时，群象都找来奇异的果子，给他作为食物。吃完后，僧人被大象们载到距离树林几百里处，才将他放下，然后各自跪拜而去。僧人抵达本国西部边界，渡过一条湍急的河流，行至河流中间，船几乎要沉没。同船的人说：“现在这条船即将沉没，一定是僧人惹的祸。他身上一定有如来的舍利，河中的龙想要夺取它。”船主检查僧人的行囊，果然发现了佛牙。这时，僧人举起佛牙，俯身对龙说：“我现在把佛牙暂存在这里，不久就会取。”于是僧人不再过河，让船主调转船头回到岸上，对着河水感叹道：“我不懂禁咒之术，致使自己受到畜生的欺侮！”说完便重返印度，学习御龙之法。三年之后，他重返本国，到了河边，正准备开坛设法时，当年的那条龙就将盛放佛牙的金盒还给了僧人。僧人带着佛牙回到故乡，将它供奉在这所寺庙之中。

小伽蓝及众贤论师遗迹

[原文]

伽蓝南十四五里，有小伽蓝，中有观自在菩萨立像。其有断食誓死为期愿见菩萨者，即从像中出妙色身。

小伽蓝东南三十余里，至大山，有故伽蓝，形制宏壮，芜(wú)漫良甚，今惟一隅起小重阁。僧徒三十余人，并学大乘法教。昔僧伽跋陀罗唐言众贤。**论师于此制《顺正理论》。伽蓝左右诸窣堵波，大阿罗汉舍利并在。野兽、山猿采花供养，岁时无替，如承指命。然此山中多诸灵迹，或石壁横分，峰留马迹。凡厥此类，其状谲(jué)诡，皆是罗汉、沙弥，群从游戏，手指摩画、乘马往来。遗迹若斯，难以详述。**

[译文]

距离佛牙寺南部十四五里处，有一座小佛寺，里面供奉着观自在菩萨的立像。如果有人宁愿绝食而死也要见到菩萨，菩萨就会在像中显现出美妙身形。

从小寺庙朝东南方向走三十多里后，进入大山中，就抵达一座旧寺庙，建筑雄伟壮观，但荒芜颓坏得十分厉害，只有在一个角落上的小楼仍然完好。寺中有僧徒三十多人，都修习大乘佛教。当年僧伽跋陀罗（唐朝语言称众贤）论师曾在此写成《顺正理论》。寺庙周围的佛塔中供奉着阿罗汉的舍利。此山中的猛兽、猿猴采来鲜花供奉在塔前，从不间断，就好像有人命令似的。这样的灵异之事在这座山中还有很多，有时石壁会自动分开，有时山峰上有马留下的蹄印。这些事情，非常奇怪，都是罗汉、沙弥在这里嬉戏时，用手指在石头上刻画、骑马来去而留下的痕迹。像这样的遗迹，很难全部详细地叙述。

索建地罗论师及象食罗汉遗迹

[原文]

佛牙伽蓝东十余里，北山崖间有小伽蓝，是昔索建地罗大论师于此作《众事分毗婆沙论》。

小伽蓝中有石窣堵波，高五十余尺，是阿罗汉遗身舍利也。先有罗汉，形量伟大，凡所饮食，与象同等。时人讥曰：“徒知饱食，安识是非？”罗汉将入寂灭也，告诸人曰：“吾今不久当取无余①，欲说自身所证妙法。”众人闻知，更相讥笑，咸来集会，共观得失。时阿罗汉告诸人曰：“吾今为汝说本因缘②。此身之前，报受象身，在东印度，居王内厩（jiù）。是时此国有一沙门，远游印度，寻访圣教诸经典论。时王持我施与沙门，载负佛经，而至于此。是后不久，寻即命终。乘其载经福力所致③，遂得为人，复钟余庆④，早服染衣⑤，勤求出离⑥，不遑宁居，得六神通，断三界欲。然其所食，余习尚然⑦，每自节身，三分食一。”虽有此说，人犹未信。即升虚空，入火光定⑧，身出烟焰，而入寂灭。余骸（hái）坠下，起窣堵波。

[注释]

①当取无余：就要进入无余涅槃的境界。无余涅槃，佛教名词，与“有余涅槃”相对，指“生死”的因果都已断尽，不再受生于世间三界。

②本因缘：本身的因缘，即本身的果报。

③乘其载经福力所致：凭着那载负佛经的善行所积下的福德而达到的善果。

④复钟余庆：还积有余福。钟，汇聚。余庆，原指祖先遗留的余德，这里指的是尚未受到果报的余善。

⑤早服染衣：早早出家为僧。染衣，僧人所穿的缁衣，因为是由所谓坏色染成，故称染衣，也叫染服。

⑥勤求出离：勤奋修行，以求超越脱离轮回。

⑦余习尚然：过去积留下来的习性，现在依然没有改掉。尚然，还是这样。

⑧入火光定：入定之后自焚。

[译文]

距离佛牙寺庙以东十多里处的北山崖间，有一座小佛寺。索建地罗大论师曾在此写成《众事分毗婆沙论》。

小寺庙中有一座石塔，高达五十多尺，阿罗汉曾在此处遗留下舍利。曾有一位罗汉，身材魁梧，食量极大，和一头大象吃的一样多。当时，有人嘲讽他说："你就知道吃饱喝足，怎么懂得辨别是非？"罗汉快要涅槃之时，对大众说道："不久之后，我将进入涅槃，现在想对你们说说我所证得的妙法。"众人听后，对他大加嘲笑，全都来聚集到此，看他出现什么结果。这时，阿罗汉说："现在，我为你们讲述我的因缘果报。前世，我因业报所致，而生象身，住在东印度王宫的马厩之中。那时，此国有位僧人，到印度远游，找寻有关佛教的经典论著。而当时国王已经把我布施给僧人，所以我便载运佛经，来到此地。不久，我就去世了。倚仗载运佛经的福力，我转世为人，又因为其他福德，很早出家为僧，努力寻找摆脱轮回的方法，从未贪图安逸，因此得到六神通之力，消除了三界之内的欲念。但是我的食量，仍然和前世一样，所以总是不断克制，吃到三分之一饱就停止进食。"可是，虽然他诚心讲解，人们还是难以相信。于是他就升到高空，入定之后自焚，身上冒出火焰，然后进入涅槃。剩余骨骸化为舍利落到地面，人们便建立佛塔将这些舍利供奉起来。

圆满与觉取论师遗迹

[原文]

王城西北行二百余里，至商林伽蓝。布刺拏唐言圆满。**论师于此作《释毗婆沙论》。**

城西行百四五十里，大河北接山南，至大众部伽蓝。僧徒百余人，昔佛地罗唐言觉取。**论师在此作《大众部集真论》。**

从此西南，逾山涉险，行七百余里，至半笯蹉国。北印度境。

[译文]

从都城向西北方向行走二百多里后，就抵达商林寺。先前布刺拏（唐朝语言称圆满）论师曾在此写成《释毗婆沙论》。

从都城向西走一百四五十里后，经过大河北面与大山南面连接处，就抵达大众部寺。寺中有僧徒一百多人，是先前佛地罗（唐朝语言称觉取）论师撰写《大众部集真论》的地方。

从都城向西南方向前行，翻山越岭，历经险阻之后，再走七百多里后，就抵达半笯蹉国（在北印度境内）。

半笯蹉国

[原文]

半笯蹉国周二千余里，山川多，畴垄①狭。谷稼时播，花果繁茂，多甘蔗，无蒲萄。庵没罗果、乌淡跋罗、茂遮等果，家植成林，珍其味也。气序温暑，风俗勇烈。裳服所制，多衣氎(dié)布。人性质直，淳信三宝。伽蓝五所，并多荒圮。无大君长，役属迦湿弥罗国。城北伽蓝，少有僧徒，伽蓝北有石窣堵波，实多灵异。

从此东南行四百余里，至曷逻阇补罗国②。北印度境。

[注释]

①畴垄：田埂。

②曷逻阇补罗国：在今克什米尔西南端之拉乔里一带。

[译文]

半笯蹉国方圆两千多里，山川广布，田埂狭小。土地适宜栽种庄稼，花果种类繁多，境内盛产甘蔗，不出产葡萄。家家种植庵没罗果、乌淡跋罗、茂遮等果类，以至于茂密成林，这是因为该国人民喜欢这些果类的味道。此地气候温暖湿热，民风骁勇猛烈。人们的衣服大多用细棉布制成，性格淳朴正直，深信佛法。全国有五座佛寺，但全都已经荒废了。该国没有最高统领，是迦湿弥罗国的附属国。都城北面的一座寺庙中没有多少僧人，寺庙北面的一座石塔，灵异之事时有发生。

从此地朝东南方向走四百多里后，就抵达曷逻阇补罗国（在北印度境内）。

曷逻阇补罗国

[原文]

曷逻阇补罗国周四千余里，国大都城周十余里。极险固，

多山阜，川原隘狭，地利不丰。土宜气序，同半笯蹉国。风俗猛烈，人性骁勇(xiāoyǒng)**。国无君长，役属迦湿弥罗国。伽蓝十所，僧徒寡少。天祠一所，外道甚多。自滥波国至于此土，形貌粗弊，情性犷暴，语言庸鄙，礼义轻薄，非印度之正境，乃边裔之曲俗**①**。**

从此东南，下山渡水，行七百余里，至磔(zhé)**迦国**②**。**北印度境。

［注释］

①曲俗：穷乡僻壤的陋俗。曲，乡曲，穷乡僻壤。

②磔迦国：今巴基斯坦旁遮普一带。

［译文］

曷逻阇补罗国方圆四千多里，国都方圆十多里。该国地势险阻而坚固，山岭丘陵众多，平原面积狭小，土地所产并不充裕。土质条件和气候状况与半笯蹉国相同。民风刚烈，人民勇猛。国中没有最高的统领，是迦湿弥罗国的附属国。境内有十多座寺庙，其中的僧徒较少。另外，还有一所天祠，居住那里的外道信徒特别多。他们来自滥波国，相貌粗野鄙陋，性情粗暴急躁，语言轻佻庸俗，礼义观念淡薄，不是印度本土，而是边境居民的不正习俗。

从该国向东南方向前行，下山后渡过一条河，再走七百多里的路程，就抵达磔迦国（在北印度境内）。

达摩渡江

达摩是中国禅宗初祖，他是南天竺人。梁武帝时自印度乘船来到中国。武帝向他询问自己就位以来建立寺庙、抄写经文、广度僧尼，这样做到底能有多大功德。达摩回答说，因为这些人为的行动只是一种装饰，并没有功德。又见武帝迟迟不能领会他所说的话，达摩认为两人没有机缘，便悄然离开，北上魏国。他在少林寺面壁九年而逝，人们将他埋在熊耳山。可不久魏国使臣在回来的路上遇见达摩，他对使臣说："你的国君死了。"使臣回京后得知皇帝果然已经驾崩。而挖开熊耳山的达摩墓，里面除了一只草鞋外什么都没有。

卷四

磔迦国

［原文］

磔迦国周万余里，东据毗播奢河，西临信度河。国大都城周二十余里。宜粳稻，多宿麦，出金、银、鍮(tōu)石、铜、铁。时候暑热，土多风飙(biāo)[①]。风俗暴恶，言辞鄙亵。衣服鲜白，所谓憍奢耶衣、朝霞衣等。少事佛法，多事天神。伽蓝十所，天祠数百。此国以往多有福舍[②]，以赡(shàn)贫匮，或施药，或施食，口腹之资，行旅无累。

［注释］

①风飙：狂风。

②福舍：施行慈善的处所。

［译文］

磔迦国方圆一万多里，东达毗播奢河，西至信度河。它的都城方圆二十多里。境内适合粳稻生长，有很多宿麦，还出产金、银、鍮石、铜、铁等矿产。这里的气候炎热，多风暴。民风粗暴恶劣，言辞低下而不庄重。百姓的穿着多为耀眼的白色，当地人称为憍奢耶衣、朝霞衣等。这里的居民信仰佛教的很少，大多都敬奉天神。境内有十座寺庙，几百座天祠。从这个国家起，往后路上的各国大多都设有福舍用于救济贫苦百姓，有的施舍药物，有的施舍食品，饮食方面的资助使得长途旅行的人免去了携带大量食物的麻烦。

至那仆底国

［原文］

至那仆底国周二千余里，国大都城周十四五里。稼穑滋茂，果木稀疏。编户[①]安业，国用丰赡(shàn)。气序温暑，风俗怯弱。学综真俗，信兼邪正。伽蓝十所，天祠八所。

[注释]

①编户：旧时称编入户籍的平民百姓为编户。

[译文]

至那仆底国方圆两千多里，国都方圆十四五里。境内庄稼繁茂，果木稀少。有户籍的居民都能安于本业，国家的税收也很充足。这里气候温热，民风怯懦柔弱。学习的知识既有修行的学问，又有俗世的技能，邪正二教都有信徒。有十座寺庙，八座天祠。

国号由来

[原文]

昔迦腻色迦王之御宇①也，声振邻国，威被殊俗，河西蕃维，畏威送质。迦腻色迦王既得质子，赏遇隆厚，三时易馆，四兵警卫。此国则质子冬所居也，故曰至那仆底。唐言汉封。**质子所居，因为国号。此境以往，洎诸印度，土无梨、桃，质子所植，因谓桃曰至那你，**唐言汉持来。**梨曰至那罗阇弗呾逻。**唐言汉王子。**故此国人深敬东土②，更相指语："是我先王本国人也。"**

[注释]

①御宇：统治国家。御，本指驾驭车马，引申为控。宇，国土。

②东土：指中国。

[译文]

当初迦腻色迦王统治天下的时候，声威震慑邻国，河西地区的国家害怕他的声威，从而送去质子。迦腻色迦王见到质子后，给他优厚的待遇，依照季节改变他的住所，又派步、马、车、象四种军队保护他的安全。这个国家就是质子冬天居住的地方，所以叫作至那仆底（唐朝称为汉封）。因为质子住在这里，所以又把它作为国号。从这里直到印度各国，原本都没有梨、桃这两种水果，是质子带来后才开始种植的，于是当地称桃子为至那你（唐朝语言称汉持来），梨子为至那罗阇弗呾逻（唐朝语言称汉王子）。因此这个国家的人非常敬重中国，不断地有人指着我说："这是与我们先王同国的人啊。"

暗林伽蓝及迦多衍那论师遗迹

[原文]

大城东南行五百余里，至菆秣苏伐那僧伽蓝。唐言暗林。**僧徒三百余人，学说一切有部，众仪肃穆，德行清高，小乘之学特为博究。贤劫千佛皆于此地集天人众，说深妙法。释迦如来涅槃之后第三百年中，有迦多衍那**旧曰迦旃延，讹也。**论师者，于此制《发智论》焉。暗林伽蓝中有窣堵波，高二百余尺，无忧王之所建也。其侧则有过去四佛座及经行遗迹之处。小窣堵波、诸大石室，鳞次相望，不详其数，并是劫初已来证果圣人于此寂灭，差难备举，齿骨犹在。绕山伽蓝周二十里，佛舍利窣堵波数百千所，连隅接影。**

从此东北行百四五十里，至阇烂达罗国。北印度境。

[译文]

从都城向东南走五百多里，就到达了菆秣苏伐那寺（唐朝语言称暗林）。这里有三百多僧人，他们学习说一切有部的理论，众人仪态肃穆，德行高尚，对小乘佛学非常有研究。贤劫中的一千佛，都在这里讲说精妙的佛法。释迦如来涅槃以后第三百年，有个名叫迦多衍那（以前将此人称为迦旃延，是错误的）的论师，在这里撰写了《发智论》。暗林寺中有一座佛塔，高二百多尺，是无忧王建造的。佛塔旁边有过去四佛打坐和经行的遗迹。小佛塔和各大石室，犹如鱼鳞一样密密地相对排列着，无法估计数目，这些都是劫初以来证果的圣人们在这里寂灭后兴建的，虽然他们的名字已经很难一一列举，但他们的牙齿和骨骼还依然存在。这座环绕山岭的寺庙周长有二十里，供奉佛舍利的塔成百上千，墙连着墙，影接着影。

从这里向东北方向走一百四五十里，就到达了阇烂达罗国（在北印度境内）。

阇烂达罗国

[原文]

阇烂达罗国东西千余里，南北八百余里，国大都城周

十二三里。宜谷稼，多粳稻，林树扶疏，花果茂盛。气序温暑，风俗刚烈，容貌鄙陋，家室富饶。伽蓝五十余所，僧徒二千余人，大小二乘，专门习学。天祠三所，外道五百余人，并涂灰之侣也。此国先王，崇敬外道，其后遇罗汉，闻法信悟。故中印度王体其淳信①，五印度国三宝之事，一以总监②。混彼此，忘爱恶，督察僧徒，妙穷淑慝(tè)。故道德著闻者，竭诚敬仰；戒行亏犯者，深加责罚。圣迹之所，并皆旌(jīng)建③，或窣堵波，或僧伽蓝，印度境内，无不周遍。

从此东北，逾峻岭，越洞谷，经危途，涉险路，行七百余里，至屈露多国④。北印度境。

［注释］

①体其淳信：体察他的信仰真诚。

②一以总监：一概由他负责总管。

③旌建：兴建供人景仰礼拜的建筑物。旌，原意是表扬，这里引申为供人景仰礼拜。

④屈露多国：位于印度北部比阿斯河上游，即今西拉姆西北的苏丹普尔。

［译文］

阇烂达罗国国土东西长一千多里，南北长八百多里，都城方圆有十二三里。这里适宜种植谷物庄稼，种植粳稻很多，树木枝叶扶疏，花果繁茂。气候温热，人们性格刚烈，容貌丑陋，家庭富裕。这里有五十多座寺庙，两千多僧人，大小二乘佛教都有人研习。有三座天祠，外道五百多人，都是涂灰派。这个国家的前代国王崇敬外道，后来遇到了罗汉，听他宣讲佛法后开始信仰佛教。因此中印度王体察了他的真诚信仰，印度地区五个国家中有关佛教的事务，一改由他负责总管。他不分彼此，抛弃个人爱憎，用心监督僧人的行为，细心分辨善恶。从此有道德的人的名声四处传扬，受到人们真诚的敬仰；他对违背了戒律的人加以重罚。在圣人遗迹上兴建供人景仰礼拜的建筑，要么是佛塔，要么是寺庙，遍布印度境内。

从这里向东北方向，穿过高山深涧，在危险的道路上跋涉，经过七百多里，到达了屈露多国（在北印度境内）。

屈露多国

［原文］

屈露多国周三千余里，山周四境，国大都城周十四五里。土地沃壤，谷稼时播，花果茂盛，卉木滋荣。既邻雪山，遂多珍药，出金、银、赤铜及火珠、鍮(tōu)石。气序渐寒，霜雪微降。人貌粗弊，既瘿(yǐng)且尰(zhǒng)[1]，性刚猛，尚气勇。伽蓝二十余所，僧徒千余人，多学大乘，少习诸部。天祠十五，异道杂居。依岩据岭，石室相岠(jù)[2]，或罗汉所居，或仙人所止。国中有窣堵波，无忧王之所建也。在昔如来曾至此国说法度人，遗迹斯记[3]。

从此北路千八九百里，道路危险，逾山越谷，至洛护罗国。

此北二千余里，经途艰阻，寒风飞雪，至秣逻娑国。亦谓三波诃国。

自屈露多国南行七百余里，越大山，济大河，至设多图卢国[4]。北印度境。

［注释］

①既瘿已尰：既患粗脖子又患脚肿病。瘿，长在颈部的肉瘤，俗称“粗脖子”病。尰，脚肿病。两种病都和饮水缺乏某种矿物质有关。

②石室相岠：石窟一个挨一个地紧靠着。石室，石窟。岠，同“拒”。

③遗迹斯记：过去的事迹就这样记下来了。

④设多图卢国：在今印度北境莎特累季河以东。

［译文］

屈露多国方圆有三千多里，国家被群山所环绕，都城方圆十四五里。土地肥沃，庄稼依照时令播种，这里花果茂盛，草木繁多。由于毗邻雪山，有很多珍稀药材，还出产金、银、赤铜和火珠、鍮石。这里的气候稍为寒冷，有时会有一点霜雪。居民的相貌丑陋，同时患大脖子病和足肿病的人很多，性格刚强，崇尚勇气。有二十多所寺庙，僧徒一千多人，大多数修习大乘佛教，也有少数学习其他宗派的人。天祠有十五所，各种信仰异道的人杂居在一起。在山崖上一个个石窟紧靠，有的是罗汉的住所，有的是仙人的住所。国内有一座佛塔，是无忧王建造的。如来佛曾经到过这里，在这里讲经说法、度化众人，这事记载在遗址上。

屈露多国北一千八九百里，经过危险的路途，翻过山峦深谷，到达了洛护罗国。

从洛护罗国向北两千多里，途径艰难险阻，冒着寒风飞雪，到达秣逻娑国（也称为三波诃国）。

从屈露多国向南七百多里，翻过高山、渡过大河，到达设多图卢国（在北印度境内）。

设多图卢国

[原文]

设多图卢国周二千余里，西临大河，国大都城周十七八里。谷稼殷盛，果实繁茂，多金、银，出珍珠。服用鲜素，裳衣绮（qǐ）靡。气序暑热，风俗淳和，人性善顺，上下有序。敦信佛法，诚心质敬。

王城内外，伽蓝十所，庭宇荒凉，僧徒鲜少。

城东南三四里，有窣堵波，高二百余尺，无忧王之所建也，傍有过去四佛座及经行遗迹之所。

复从此西南，行八百余里，至波理夜呾罗国①。中印度境。

[注释]

①波理夜呾罗国：在今印度北部。

[译文]

设多图卢国方圆有两千多里，西面是一条大河，都城方圆有十七八里。国内谷物茂盛，瓜果众多，盛产金、银和珍珠。人们身上的饰品和所使用的器具明快清素，而服装却非常华丽。这里气候炎热，民风淳朴和善，百姓善良柔顺，尊卑等级井然有序。国民信奉佛法十分虔诚。

王城内外有十多座寺庙，但庭院荒凉，也没有几个僧人。

王城东南方大约三四里的地方，有一座佛塔，高二百多尺，是无忧王建造的，旁边有过去四佛打坐和经行的遗迹。

再从这里向西南走八百多里，就可以到达波理夜呾罗国（在中印度境内）。

波理夜呾罗国

［原文］

波理夜呾罗国周三千余里，国大都城周十四五里。宜谷稼，丰宿麦，有异稻，种六十日而收获焉。多牛羊，少花果。气序暑热，风俗刚猛，不尚学艺，信奉外道。王，吠奢种也，性勇烈，多武略。伽蓝八所，倾毁已甚，僧徒寡少，习学小乘。天祠十余所，异道千余人。

从此东行五百余里，至秣菟罗国[1]。中印度境。

［注释］

①秣菟罗国：又译作孔雀城，或云密善，即今印度之马土腊，在朱姆那河西岸。

［译文］

波理夜呾罗国方圆有三千多里，都城方圆有十四五里。这里适宜谷物生长，冬小麦的产量很高，还有一种特殊的水稻，播种六十天就可以收割了。牛羊很多而花草树木稀少。这里气候炎热，民风刚强勇敢，没有尊崇学问技艺的风俗，大多信奉外道。该国的国王是吠奢种姓，性格勇敢刚烈，精通军事。国境内有八座已经严重毁坏的寺庙，僧人很少，修习的是小乘佛教。天祠有十多座，异道有一千多人。

从波理夜呾罗国向东走五百多里，就到了秣菟罗国（在中印度境内）。

秣菟罗国

［原文］

秣菟罗国周五千余里，国大都城周二十余里。土地膏腴(yú)，稼穑是务。庵没罗果家植成林，虽同一名而有两种：小者生青熟黄，大者始终青色。出细班氎(dié)[1]**及黄金。气序暑热，风俗善顺，好修冥福，崇德尚学。伽蓝二十余所，僧徒二千余人，大小二乘兼功习学**[2]**。天祠五所，异道杂居。**

[注释]

①细班氎：细小花纹的细棉布。

②兼功习学：对二者同样下功夫学习。

[译文]

秣菟罗国方圆有五千多里，都城方圆二十多里。土壤肥沃，人民勤于农事。这里家家都种植庵没罗果树，遍地成林。虽然同叫庵没罗果但却有两个不同品种：小的庵没罗果生时是青色，成熟后变成黄色；而大的庵没罗果始终是青色。国内出产带有细小花纹的细棉布和黄金。这里气候炎热，民风和善温柔，喜欢培养冥福，敬仰道德高尚的人，尊敬有学问的人。有二十多座寺庙，僧人两千多，大小二乘佛教都有修习的人。天祠有五所，各种异道信徒杂居在一起。

邬波毱多遗迹

[原文]

城东行五六里，至一山伽蓝，疏崖为室，因谷为门，尊者邬波毱(jū)多唐言近护。**之所建也。其中则有如来指爪窣堵波。**

伽蓝北岩间有石室，高二十余尺，广三十余尺，四寸细筹[①]填积其内。尊者近护说法化导，夫妻俱证罗汉果者，乃下一筹，异室别族[②]，虽证不记。

[注释]

①筹：计算数目时用的竹制细签。

②异室别族：这里说的是非夫妻关系。

[译文]

都城东行五六里，到达一座修建在山崖上的佛寺，这座寺庙在崖壁上凿洞作为房间，以山谷作为大门，是尊者邬波毱多（唐朝语言称之为近护）建造的，在这里有一座保存着如来指甲的佛塔。

在寺庙北边岩石上有一间石屋，高有二十多尺，宽三十多尺，无数四寸多长的算筹堆在石屋里。尊者近护在这里说法度化众生时，如果有夫妻二人都证得罗汉果位的，就在石屋中放下一个算筹，不是夫妻关系的人即使证得罗汉果位，尊者近护也不会用算筹记数。

弥猴献蜜及释迦等遗迹

[原文]

石室东南二十四五里，至大涸(hé)池，傍有窣堵波。在昔如来行经此处，时有弥猴持蜜奉佛，佛令水和，普遍大众。弥猴喜跃，堕坑而死，乘兹福力，得生人中。

池北不远大林中，有过去四佛经行遗迹。其侧有舍利子、没特伽罗子等千二百五十大阿罗汉习定之处，并建窣堵波，以记遗迹。如来在世，屡游此国，说法之所，并有封树。

从此东北行五百余里，至萨他泥湿伐罗国[①]。中印度境。

[注释]

①萨他泥湿伐罗国：在印度北境，即今之塔内沙尔。

[译文]

石屋东南方向二十四五里有一个干涸的大池塘，旁边有一座佛塔。以前如来经过这里的时候，有一只猕猴捧蜂蜜献给如来，如来让它将蜂蜜用水搅拌后赠给周围所有的人。猕猴高兴得跳起来掉进坑中死去，后来猕猴凭借这个福力转生成人。

池北附近的树林中有四佛留下的遗迹。旁边是舍利子、没特伽罗子等一千二百五十位大阿罗汉禅定之处，还建有佛塔用来纪念。如来在世的时候，曾经多次云游到这个国家，他讲法的地方都有各种建筑物作为纪念。

从秣菟罗国向东北走五百多里，就到达了萨他泥湿伐罗国（在中印度境内）。

萨他泥湿伐罗国

[原文]

萨他泥湿伐罗国周七千余里，国大都城周二十余里。土地沃壤，稼穑(sè)滋盛。气序温暑，风俗浇薄，家室富饶，竞为奢侈。深闲幻术，高尚异能。多逐利，少务农，诸方奇货多聚其国。伽蓝三所，僧徒七百余人，并皆习学小乘法教。天祠百余所，异道甚多。

[译文]

萨他泥湿伐罗国方圆有七千多里，都城方圆二十多里。这里土壤肥沃，农作物繁茂。这里气候温暖，社会风气浮薄，不淳朴敦厚，居民富有，相互攀比。人们精通幻术，崇敬有奇异能力的人。国民大多经商，种地的人很少，有很多来自四面八方的奇宝珍玩聚集在该国。国内有三座寺庙，七百多个僧人，学习的都是小乘佛教。天祠有一百多所，有很多外道的信徒。

福地

[原文]

大城四周二百里内，彼土之人谓为福地。闻诸耆旧曰：昔五印度国二王分治，境壤相侵，干戈不息。两主合谋，欲决兵战，以定雌雄，以宁氓俗。黎庶胥(xū)怨，莫从君命。王以为众庶者难与虑始也，神可动物，权可立功。时有梵志素知高才，密赍束帛，命入后庭，造作法书[①]，藏诸岩穴。岁月既久，树皆合拱。王于朝坐，告诸臣曰："吾以不德，忝居大位，天帝垂照，梦赐灵书，今在某山，藏于某岭。"于是下令营求，得书山林之下。群官称庆，众庶悦豫，宣示远近，咸使闻知。其大略曰："夫生死无涯，流转无极，含灵沦溺[②]，莫由自济。我以奇谋，令离诸苦。今此王城周二百里，古先帝世福利之地。岁月极远，铭记湮灭。生灵不悟，遂沉苦海。溺而不救，夫何谓欤？汝诸含识，临敌兵死，得生人中。多杀无辜，受天福乐。顺孙孝子，扶侍亲老，经游此地，获福无穷。功少福多，如何失利？一丧人身，三途冥漠[③]。是故含生，各务修业！"于是人习兵战，视死如归。王遂下令，招募勇烈，两国合战，积尸如莽。迄于今时，遗骸(hái)遍野。时既古昔，人骸伟大[④]。国俗相传，谓之福地。

[注释]

①造作法书：伪造佛的意旨并记在帛上。下文所说"灵书"，也是指的这个。

②含灵沦溺：生灵都沉沦淹没在轮回不息的苦海之中。含灵，生灵，指一切动物。含识、含生，也是同样的意思。但本文下面的"含生"却专指人。

③三途冥漠：堕入黑暗无边的地狱、饿鬼、畜生三途轮回不已。三途，即三恶道或三恶趣。

④人骸伟大：（那时）人的骸骨特别大。

［译文］

都城方圆二百里内，当地的人称之为福地。听这里的老人说：从前印度地区的五个国家由两个国王分别统治，时常发生边境纠纷，因而战乱不绝。两个国王商议后决定在战场上决一雌雄，以使百姓得到安宁。但是所有的人都非常怨恨这个决定，没有人愿意服从国王的命令。国王认为开始做一件事的时候是很难争取到所有百姓的同意的，但是神却能改变人们的意见，可以借助神力来建立功勋。当时有一位以才能而著称的婆罗门教徒，国王派人秘密地带着礼物请他入宫，假造了一篇神谕，并把它藏到岩洞中。过了很长一段时间，树木都长成两人合抱那么粗了。国王上朝告诉大臣们说："我是一个没有什么德行的人，愧为一国之王，而天帝却眷顾于我，在梦中赐予我一部神书，就在某山某岭的岩洞中。"于是国王下令寻找，不久人们就在山林中找到了神书。所有的官员都向国王祝贺，百姓们也全都喜悦愉快。国王将这件事四处宣传，无论远近所有人都知道了。神书的内容大致如下："生死轮回没有止境，众生都沉溺轮回的苦海之中，无法得到超度。我有一个好办法能够使众生从无边的苦难中解脱。在这座王城周围的二百里之内，是古时帝王时代的福地，由于时代过于久远，所有的铭刻和记载都已经湮没了。众生无法觉悟，所以才在苦海中沉浮。我眼看众生沉溺于苦海怎么能不加以援手呢？你们这些沦落在苦海中的人，在和敌人的战斗中死去，将转生为人。多杀不仅没有罪过，还会受到上天赐予的福报和喜乐。有孝心的子孙搀扶双亲长者经过此地，就可获得无穷的福果。用功夫少却能得许多福果，怎么能错过机会呢？一旦失去了人身，就会坠入三恶道中轮回不已。所以所有人都要尽力积累自己的善业。"于是人们都开始学习如何战斗，视死如归。国王下令招募勇敢强壮的青年，两国开始交战，尸体堆积得无边无际。直到现在，这里仍然漫山遍野都是人的遗骨。那时人的骸骨特别大。这个国家的人代代相传，将这里称为福地。

佛舍利窣堵波及俱昏荼僧伽蓝

［原文］

城西北四五里，有窣堵波，高二百余尺，无忧王之所建也。砖皆黄赤色，甚光净。中有如来舍利一升，光明时照，神迹多端。

城南行百余里，至俱昏荼僧伽蓝。重阁连甍(méng)，层台间峙。僧徒清肃，威仪闲雅。

从此东北行四百余里，至窣禄勤那国[①]。中印度境。

［注释］

①窣禄勤那国：在今印度北部罗塔克之北。

［译文］

在都城西北四五里的地方有一座佛塔，高二百多尺，是无忧王所建。建造佛塔的砖黄中带红，非常光滑干净。佛塔里保存着一升如来的舍利，时常放出光芒，而且出现过很多神迹。

都城南方一百多里的地方是俱昏荼寺。寺内楼阁重重、屋脊相连，亭台楼阁间隔峙立。寺中的僧人们神态清净严肃，仪表安适高雅。

从这里向东北走四百多里地，就到了窣禄勤那国（在中印度境内）。

窣禄勤那国

［原文］

窣禄勤那国周六千余里，东临殑（qíng）伽河，北背大山，阎牟那河中境而流。国大都城周二十余里，东临阎牟那河，荒芜虽甚，基趾（zhǐ）尚固。土地所产，风气所宜，同萨他泥湿伐罗国。人性淳质，宗信外道，贵艺学，尚福慧。伽蓝五所，僧徒千余人，多学小乘，少习余部。商榷微言，清论玄奥，异方俊彦，寻论稽疑。天祠百数，异道甚多。

［译文］

窣禄勤那国方圆有六千多里，东部到殑伽河岸边，北部是一座大山，阎牟那河流经国境中部。都城方圆有二十多里，东面濒临着阎牟那河，城池虽然非常荒芜，但是城基还很牢固。物产和气候与萨他泥湿伐罗国差不多。这里的人质朴单纯，大多信仰外道，国民看重技艺，崇尚福德和智慧。国中有五座寺庙，一千多僧人，大多数都修习小乘佛教，还有一些人学习其他部派。他们探讨含蓄而精辟的言辞，评论玄秘深奥的理论，各地才智出众的人都到这里寻找答案，请教疑问。国内有一百座天祠，信奉异道的人非常多。

如来及罗汉发爪窣堵波

［原文］

大城东南阎牟那河西，大伽蓝东门外有窣堵波，无忧王之

所建也。如来在昔曾于此说法度人。其侧又一窣堵波，中有如来发、爪也。舍利子、没特伽罗诸阿罗汉发、爪窣堵波周其左右，数十余所。如来寂灭之后，此国为诸外道所诖(guà)误焉，信受邪法，捐废正见。今有五伽蓝者，乃异国论师与诸外道及婆罗门论议胜处，因此建焉。

［译文］

在都城东南方，阎牟那河的西岸边，一座大寺庙的东门外有座佛塔，是无忧王建造的。如来曾经在这里讲法度化世人。旁边还有一座佛塔，里面保存着如来的头发、指甲。几十座保存舍利子、没特伽罗等罗汉头发、指甲的塔环绕在它左右。如来寂灭之后，这个国家被一些外道欺骗，国民开始信仰邪说，抛弃了正道。现在国内的五座寺庙，是外国来的精通佛教教义的僧人与各外道及婆罗门教的信徒们辩论获胜的地方，是为了纪念他们所建。

殑伽河源及提婆诱化故事

［原文］

阎牟那河东行八百余里，至殑伽河河源，广三四里，东南流入海处广十余里。水色沧浪，波涛浩瀚，灵怪虽多，不为物害。其味甘美，细沙随流，彼俗书记，谓之福水。罪咎(jiù)虽积，沐浴便除；轻命自沉，生天受福；死而投骸(hái)，不堕恶趣；扬波激流，亡魂获济。时执师子国[1]提婆菩萨[2]深达实相[3]，得诸法性，愍诸愚夫，来此导诱。当是时也，士女咸会，少长毕萃，于河之滨，扬波激流。提婆菩萨和光汲引，俯首反激[4]，状异众人。有外道曰："吾子何其异乎？"提婆菩萨曰："吾父母亲宗在执师子国，恐苦饥渴，冀斯远济。"诸外道曰："吾子谬矣！曾不再思，妄行此事。家国绵邈(miǎo)，山川辽敻(xiòng)，激扬此水，给济彼饥，其犹却行以求前及，非所闻也。"提婆菩萨曰："幽途[5]罪累，尚蒙此水，山川虽阻，如何不济？"时诸外道知难谢屈[6]，舍邪见，受正法，改过自新，愿奉教诲。

渡河东岸至秣底补罗国[7]。中印度境。

［注释］

①执师子国：亦称师子国，又音译为僧伽罗国，即今之斯里兰卡。

②提婆菩萨：提婆，梵语音译，又称“圣天”，约生活于3世纪，龙树的弟子，古印度哲学家，生于南印度婆罗门家庭，一说为师子国人。因为只有一只眼（传说他以一只眼施神，另一说他以一只眼施一女子），所以世人称他为迦那提婆，意译是“片目天”。他专门研究大乘般若（智慧）之学，善于辩论，发挥龙树的中观学派理论，后被一婆罗门杀死。主要著作有《百论》《四百论》等。

③实相：佛教用语，“诸法实相”的简称。佛家以为宇宙万物的形象是因缘所起的假象。只有大乘所说的二无我（无人我、无法我）所显示的，才是“实相”；“实相”，真实常在，所以又叫“真如”，宇宙万物名为“万有”或“万法”，所以也称为“法性”。

④“和光汲引”二句：和大家一起扬波激流，借以开导大家，但却是低着头把水引向流向的反方向。和光，与世俗共处，不露锋芒。汲引，开导。

⑤幽途：就是所谓的阴间。

⑥知难谢屈：知道（在这场辩论中）难以取胜，就承认错误，表示归顺。

⑦秣底补罗国：即今印度北部罗希尔坎德地区的曼达瓦尔。

［译文］

从阎牟那河向东走八百多里是殑伽河的源头，水源宽有三四里，东南方的入海口宽有十多里。水色青苍、波涛浩渺，水中虽然有很多精怪，但都不祸害百姓。河水的味道甘甜，有细沙随水漂流，当地俗称福水。即使是罪孽深重的人，在这河水中洗澡也能除净身上的罪恶；在这里投水自杀的人，死后能获得往生天界的福分；把去世之人的遗体投入水中，这个人就不会在三恶道之中轮回；用手搅动河水，可以使亡魂得到超度。执师子国的提婆菩萨精通诸法实相，怜悯愚昧众生，于是到这里来开导人们。当时男女老少都在河边拍击水流，提婆菩萨也与众人一样拍水，但是却低着头逆着水流拍击，和其他人都不一样。一个外道问他说：“你为何和大家做的不一样呢？”提婆菩萨回答说：“我的父母亲族都在执师子国，我害怕他们忍受饥渴，希望这河水能够流到那里帮助他们渡过难关。”外道们说：“先生你错了！怎么事先不想想就妄自行动呢？你的故国远在天边，还有高山大河阻隔着路途，在这里拍击河水去救济那里人的饥渴，就像是后退着走路却希望向前进一样，我们从没听说过这样能成功的。”提婆菩萨回答说：“阴间的罪恶都有赖这条河的河水清除，就算是有山川限阻，怎么就帮不到那里的人呢？”这时外道们难以回答，承认了他们的错误，抛弃

邪门歪道的信仰，开始信奉佛法，并且改过自新，自愿接受菩萨的教诲。

渡过阎牟那河，东岸就是秣底补罗国（在中印度境内）。

秣底补罗国

［原文］

秣底补罗国周六千余里，国大都城周二十余里。宜谷、麦，多花果。气序和畅，风俗淳质。崇尚学艺，深闲咒术。信邪正者，其徒相半。王，戍陀罗种也，不信佛法，敬事天神。伽蓝十余所，僧徒八百余人，多学小乘教说一切有部。天祠五十余所，异道杂居。

［译文］

秣底补罗国方圆有六千多里，都城方圆二十多里。这里适宜农作物生长，有很多繁花硕果。此地气候和暖舒适，民风质朴淳厚。居民们崇尚学问技艺，精通咒术。国民中异教和佛教信徒各有一半。该国国王是戍陀罗种姓，不信仰佛法而敬奉天神。国内有十多座寺庙，八百多僧人，大多研习小乘佛教的说一切有部。天祠有五十多所，异道信徒混杂在一起。

德光伽蓝及传说

［原文］

大城南四五里，至小伽蓝，僧徒五十余人。昔瞿拏钵刺婆唐言德光。**论师于此作《辩真》等论，凡百余部。论师少而英杰，长而弘敏，博物强识，硕学多闻。本习大乘，未穷玄奥，因览《毗婆沙论》，退业[1]而学小乘，作数十部论，破大乘纲纪，成小乘执著[2]。又制俗书数十余部，非斥先进所作典论。覃思佛经，十数不决，研精虽久，疑情未除。时有提婆犀那**唐言天军。**罗汉，往来睹史多天，德光愿见慈氏，决疑请益，天军以神通力，接上天宫。既见慈氏，长揖不礼。天军谓曰："慈氏菩萨次绍佛位，何乃自高，敢不致敬？方欲受业，如何不屈？"德光对曰："尊者此言，诚为指诲。然我具戒苾刍、出家弟子，慈氏**

菩萨受天福乐，非出家之侣③，而欲作礼，恐非所宜。”菩萨知其我慢心固④，非闻法器⑤，往来三返，不得决疑。更请天军，重欲觐礼。天军恶其我慢，蔑而不对。德光既不遂心，便起恚恨，即趣山林，修发通定⑥，我慢未除，不证道果。

[注释]

①退业：退而不学大乘之业。

②执著：佛教名词，说的是世界上本来没有我（无我人），却执著于有我（有我人），世界上本来没有固定不变的事物（无常），却执著于有固定不变的事物（有常）而不能解脱。

③非出家之侣：和出家人走的不是一条道，不是出家人的同伙。这是说德光认为慈氏菩萨在睹史多天，享受天上的福乐，而自己是受了戒律出家苦修行的苾刍，也就是道不同的意思。

④我慢心固：骄傲自满的情绪很顽固。我慢，佛家用语，指唯我独尊的傲慢态度。

⑤非闻法器：不是听佛法的材料。器，人才。

⑥发通定：不经指导而能在入定中自发悟心，通达一切的“定”，叫“发通定”。

[译文]

都城西南四五里地有一座小寺庙，有五十多个僧人。以前瞿拿钵剌婆（唐朝语言称德光）论师曾经在这里写作《辩真》等著作，共有一百多部。瞿拿钵剌婆少年时才能超群，长大后旷达敏捷、博闻强识。他原本研习大乘佛教但没能完全领会其中深奥的道理，于是阅读了《毗婆沙论》，放弃大乘佛教，改学小乘，还撰写了几十部著作，来驳斥大乘佛教的思想，执著于宣扬小乘佛教。他又写了几十部与修行无关的书籍，在其中挑先辈著作中的毛病。他苦苦思索佛经中蕴涵的道理，读了十多遍以后还无法有所领悟，虽然长时间地钻研佛经中的精义，但还是无法解决疑难。当时提婆犀那（唐朝称为天军）罗汉，往来于睹史多天和人间界之间，德光希望能当面向慈氏菩萨请教疑难，于是请求天军罗汉用神力把自己接到天界的宫殿中。德光见到慈氏菩萨后，只作了一个长揖而不下拜。天军罗汉问：“按照次序，慈氏菩萨将在释迦牟尼佛后继承佛位，你凭什么自大得敢于不向他致敬？刚才还想接受他的教导，为什么却不屈身下拜？”德光回答说：“尊者的话是对我的教诲。可是我是受戒的比丘、出家的弟子，慈氏菩萨享受着天界的福乐，不是出家僧人同道，我想对他行礼但又怕不合适。”慈氏菩萨知道德光唯我独尊的傲慢心态非常顽固，不是听取佛法的材料，所以德光往返人间与天界三个来回，都无法解决疑难。德光又请求天军罗汉，希望用厚礼交换佛法。天军罗汉厌恶他的自大态度，轻蔑地没有理睬他。

德光无法达成心愿，便产生了怨恨心理，于是隐居到山林中，修习不用指导便能悟通佛法的禅定，但始终因为没有去除傲慢之心，无法证得道果。

无垢友故事

［原文］

庵没罗林侧有窣堵波，毗末罗蜜多罗唐言无垢友。**论师之遗身。论师，迦湿弥罗国人也，于说一切有部而出家焉。博综众经，研究异论，游五印度国，学三藏玄文。名立业成，将归本国。途次众贤论师窣堵波也，抚而叹曰："惟论师雅量清高，抑扬大义，方欲挫异部，立本宗业也，如何降年不永①！我无垢友猥承末学②，异时慕义，旷代怀德。世亲虽没，宗学尚传。我尽所知，当制诸论，令赡(shàn)部洲诸学人等绝大乘称，灭世亲名，斯为不朽，用尽宿心。"说是语已，心发狂乱，五舌重出③，热血流涌。知命必终，裁书悔曰："夫大乘教者，佛法之中究竟说④也。名味泯绝⑤，理致幽玄。轻以愚昧，驳斥(bó chì)先进，业报皎然，灭身宜矣。敢告学人，厥鉴斯在。各慎尔志，无得怀疑。"大地为震，命遂终焉。当其死处，地陷为坑。同侣焚尸，收骸旌(jīng)建。时有罗汉见而叹曰："惜哉！苦哉！今此论师任情执见，毁恶大乘，堕无间狱。"**

［注释］

①降年不永：寿命不长。

②猥承末学：有幸学到一点表面的东西。这是谦虚的说法，表示对众贤的崇敬。意思是众贤论师很有学问，而他只是很肤浅地学到了一点点。

③五舌重出：可解作各种病症反复出现。疑"舌"为"苦"之误，佛经谓死苦有五相，即死的各种苦反复出现。

④究竟说：最高深的学说。究竟，佛家用语。佛家把破除妄执，解脱生死，得成正觉的大法叫作究竟法。

⑤名味泯绝：对于世俗名利的意趣消灭净尽。泯，灭、尽的意思。

［译文］

在这片庵没罗林旁边还有一座佛塔，是存放毗末罗蜜多罗（唐朝语言称为

童进饮毒

隋代和尚童进，一生狂傲不羁，嗜酒如命，遭到众人的责骂。其实，他是佯装癫狂而身怀绝技的异能之士。周武王东征时，曾调制毒药，毒药药性极强，连产生的气体都能使接触者皮肤生疮而死。童进听说后，专门来到制毒场所试毒。他从药瓮里不断地舀起毒药喝下，前来观看的人都远远地站着不敢靠近。童进饮罢毒药，躺在一块大石上酣然入梦，他遗下的尿液洒在石头上，连石头都碎掉了。童进喝过毒药后，非但没死，反而食量、酒量都大大增长，他活到九十多岁后在寺院里无疾而终。人们在他房间内闻不到酒气，反而闻到了一种奇异的香气。

无垢友）论师遗体的地方。论师是迦湿弥罗国的人，在说一切有部的宗派中出家。他博览并归纳各种经书，研究其他各种宗教的学说，游学五个印度地区的国家，还学习了佛教全部经典中深奥的文字。学业成功、扬名各国之后，毗末罗蜜多罗打算回国。途中经过保存众贤论师骨灰的佛塔，他抚摸着塔身感叹说：“论师气度宽宏、品德高尚，评说本派理论的精要，正打算击败异派学说、建立本派大业的时候，为何却寿不永年！我无垢友有幸学到了您学说的皮毛，在后世仰慕您的风采，长久地怀念您高尚的德行。世亲虽然已经去世了，但他的学说还在人间流传。我要竭尽自己的全部智慧和知识，撰写各种论著，让赡部洲中所有的人不再学习大乘佛教的理论，泯灭世亲的名号，这才是不朽的功业，值得我尽一生的努力来完成。”刚刚说完这些话，他便神智迷糊、大发癫狂，同时出现了许多疾病，全身血气翻腾。无垢友知道自己必然丧命，于是写下了一封忏悔书说：“大乘佛教的理论，是佛法中最高深的学说。对世俗名利的兴趣消灭净尽，思想情趣深远玄妙。我却贸然用我愚昧的见解来驳斥先贤的高论，遭到了真正的报应，的确该死。冒昧地告诫其他学习佛法的人，将我作为前车之鉴。你们都要慎重地选择自己的志向，不要怀疑大乘佛教的理论。”大地震动，无垢友死去了。在他死的地上出现一个大坑。旅伴火化了他的尸体，收集了骨灰，在当地建造了一座塔作为纪念。当时有位罗汉见到此事，感叹说：“多么可惜、多么悲惨啊！这位论师固执地坚持错误的见解，诋毁大乘佛教，将坠入无间地狱中永远轮回。”

摩裕罗城

[原文]

国西北境殑（qíng）伽河东岸有摩裕罗城，周二十余里，居人殷盛。清流交带，出鍮（tōu）石、水精、宝器。去城不远，临殑伽河，有大天祠，甚多灵异。其中有池，编石为岸，引殑伽水为浦，五印度人谓之殑伽河门，生福灭罪之所。常有远方数千人，集此澡濯（zhuó）。乐善诸王建立福舍，备珍羞，储医药，惠施鳏（guān）寡，周给孤独。

从此北行三百余里，至婆罗吸摩补罗国。北印度境。

[译文]

秣底补罗国西北，殑伽河的东岸，有一座名叫摩裕罗的城，方圆有二十多里，城内居民众多。清澈的河水在这里交汇，出产鍮石、水精和珍贵的器皿。

在城外不远的地方，靠近殑伽河的方向，有一座很大的天祠，出现过很多灵异的事情。天祠里有个砌石为岸的水池，引入殑伽河水作为补充，印度地区五个国家的人称之为殑伽河门，认为这里是增加福德、消除罪孽的地方。经常有成百上千的人从远方汇集到这里沐浴。乐于行善的历代国王们在这里建造了房舍，准备了可口的食品，预备了医生和药品，为鳏夫寡妇提供帮助，向孤儿和没有子女的老人提供生活必需品。

从这里向北走三百多里，就到了婆罗吸摩补罗国（在北印度境内）。

婆罗吸摩补罗国

［原文］

婆罗吸摩补罗国周四千余里，山周四境。国大都城周二十余里，居人殷盛，家室富饶。土地沃壤，稼穑(sè)时播，出鍮(tōu)石、水精。气序微寒，风俗刚猛，少学艺，多逐利。人性犷烈，邪正杂信。伽蓝五所，僧徒寡少。天祠十余所，异道杂居。

此国境北大雪山中，有苏伐剌拏瞿呾罗国[①]，唐言金氏。**出上黄金，故以名焉。东西长，南北狭，即东女国也。世以女为王，因以女称国。夫亦为王，不知政事。丈夫唯征伐、田种而已。土宜宿麦，多畜羊马。气候寒烈，人性躁暴。东接土蕃**[②]**国，并接于阗(tián)**[③]**国，西接三波诃国。**

从秣底补罗国东南行四百余里，至瞿毗霜那国[④]。中印度境。

［注释］

①苏伐剌拏呾罗国：即《隋书》上记载的女国，《新唐书》上记载的东女国，又名金氏。

②土蕃：即吐蕃，西藏。

③于阗：今我国新疆和田县治，即卷十二的瞿萨旦那国。

④瞿毗霜那国：今印度北部包括卡昔浦尔、拉姆浦尔、比利毕特一带。

［译文］

婆罗吸摩补罗国方圆有四千多里地，国境四周环绕着群山。都城方圆二十多里，人口众多，百姓富有。这里的土地十分肥沃，人们按照时令播种各种庄稼，出产鍮石、水精。气候稍微有些寒冷，民风刚强勇猛，钻研学问技巧的人少，经商牟利的人多。人性粗犷暴躁，邪教正教都有信仰。有五座寺庙，僧人很少。天祠有十多所，各种异道的信徒混杂在一起。

这个国家北方靠近边疆的大雪山中，有个苏伐剌拿瞿呾罗国（唐朝语言称为金氏），这里出产优质的黄金，所以叫作这个名字。国土东西长、南北窄，这里就是人们所说的东女国。这个国家每一代国王都是女子，所以国家的名字中有女字。国王的丈夫也称为王，但无权处理政事。男子只从事战斗和农业两种工作。土地适合冬小麦生长，百姓大多畜养羊和马。这里气候寒冷，人的性情急躁，容易发怒。该国国土东边挨着吐蕃国，北边挨着于阗国，西边挨着三波诃国。

从秣底补罗国向东南方向走四百多里，可到达瞿毗霜那国（在中印度境内）。

瞿毗霜那国

[原文]

瞿毗霜那国周二千余里，国大都城周十四五里，崇峻险固，居人殷盛。花林池沼，往往相间。气序土宜，同秣底补罗国。风俗淳质，勤学好福。多信外道，求现在乐[①]。伽蓝二所，僧众百余人，并皆习学小乘法教。天祠三十余所，异道杂居。大城侧故伽蓝中，有窣堵波，无忧王之所建也，高二百余尺。如来在昔于此一月说诸法要。傍有过去四佛座及经行遗迹之外。其侧有如来发、爪二窣堵波，各高一丈余。

自此东南行四百余里，至垩醯掣呾罗国[②]。中印度境。

[注释]

①求现在乐：追求这一世的享乐。现在，今世，这一世；佛家有“三世”的说法，即过去、现在、未来，也叫前世、今世、来世。

②垩醯掣呾罗国：在印度北部，今罗希尔甘特地区之拉姆那加尔。

[译文]

瞿毗霜那国方圆有二千多里，都城方圆十四五里，城址地势很高、险要坚固，居民非常多。森林湖泊星罗棋布。气候水土与秣底补罗国相同。这里风俗敦厚质朴、勤学积福。大多数人信仰外道，追求当世的享乐。国内有两座寺庙，僧侣一百多人，都学习小乘佛教。天祠有三十多所，异道信徒混杂居住。在都城旁荒废的寺庙中，有一座佛塔，是无忧王建造的，高二百多尺。如来曾在这

里连着讲说佛法精要整整一个月。塔旁有过去四佛打坐和经行的遗迹。旁边还有两座收藏如来头发、指甲的佛塔，都高一丈有余。

从这里向东南方走四百多里，就到了垩醯掣呾罗国（在中印度境内）。

垩醯掣呾罗国

［原文］

垩醯(xī)掣呾罗国周三千余里，国大都城周十七八里，依据险固。宜谷麦，多林泉。气序和畅，风俗淳质。玩道笃(dǔ)学，多才博识。伽蓝十余所，僧徒千余人，习学小乘正量部法。天祠九所，异道三百余人，事自在天，涂灰之侣也。

城外龙池侧有窣堵波，无忧王之所建也。是如来在昔为龙王，七日于此说法。其侧有四小窣堵波，是过去四佛座及经行遗迹之所。

自此南行二百六七十里，渡殑伽河，西南至毗罗删拿国[①]。中印度境。

［注释］

①毗罗删拿国：今印度伊塔区的别尔沙尔。

［译文］

垩醯掣呾罗国方圆三千多里，都城方圆十七八里，依靠地势修建，险要坚固。这里适宜种植稻谷、麦子，有许多森林和泉水。气候和暖舒适，风俗敦厚质朴。这里的人勤奋好学，博学多才。国内有十座寺庙，僧徒一千多人，研习的是小乘佛教的正量部法。天祠有九所，异道三百多人，是供奉自在天的是涂灰派。

城外龙池旁边有一座佛塔，是无忧王所建。以前如来转世为龙王的时候曾在这里说法七天。塔旁还有四座小一点的佛塔，是过去四佛打坐和经行的遗迹。

从这里向南走二百六七十里，渡过殑伽河，再往西南，就到达了毗罗删拿国（在中印度境内）。

毗罗删拿国

［原文］

毗罗删拿国周二千余里，国大都周十余里。气序土宜同

垩醯掣呾罗国。风俗猛暴，人知学艺，崇信外道，少敬佛法。伽蓝二所，僧徒三百人，并皆习学大乘法教。天祠五所，异道杂居。

大城中故伽蓝内，有窣堵波，基虽倾圮，尚百余尺，无忧王之所建也，如来在昔于此七日说《蕴界处经》之所。其侧则有过去四佛座及经行遗迹斯在。

从此东南行二百余里，至劫比他国[①]。旧谓僧迦舍国，中印度境。

[注释]

①劫比他国：即原来的僧伽舍国，在印度北境法鲁迦巴德城西。

[译文]

毗罗删拿国方圆两千多里，都城方圆十多里。气候水土与垩醯掣呾罗国相同。这里的民风凶猛暴烈，人民懂得学习技艺，崇信外道，敬奉佛法的人很少。国内有两座寺庙，僧徒三百人，都研习大乘佛教。天祠有五所，各种异道信徒混杂在一起。

都城中有一座废弃的寺庙，里面有座佛塔，虽然现在已经倒塌了，但余下的部分还有一百多尺高，是无忧王所建造的，这里是如来连续七天讲说《蕴界处经》的地方。塔旁有过去四佛打坐和经行的遗迹。

从这里向东南方向走二百多里，就到了劫比他国（旧时称僧迦舍国，在中印度境内）。

劫比他国

[原文]

劫比他国周二千余里，国大都城周二十余里。气序土宜，同毗罗删拿国。风俗淳和，人多学艺。伽蓝四所，僧徒千余人，并学小乘正量部法。天祠十所，异道杂居，同共遵事大自在天。

[译文]

劫比他国方圆二千多里，都城方圆二十多里。境内气候水土与毗罗删拿国相同。这里民风质朴温和，人们大多学习技艺。有四座寺庙，僧徒一千多人，都研习小乘佛教的正量部法门。天祠有十所，各种异道信徒混杂在一起，他们都供奉大自在天。

大伽蓝三宝阶及其传说

[原文]

城东二十余里有大伽蓝，经制轮奂[1]，工穷剞（jī）劂（jué）[2]。圣形尊像，务极庄严。僧徒数百人，学正量部法。数万净人，宅居其侧。

伽蓝大垣内有三宝阶，南北列，东面下，是如来自三十三天降还所也。昔如来起自胜林，上升天宫，居善法堂，为母说法。过三月已，将欲下降，天帝释乃纵神力，建立宝阶：中阶黄金，左水精，右白银。如来起善法堂，从诸天众，履中阶而下；大梵王执白拂，履银阶而右侍；天帝释持宝盖，蹈水精阶而左侍。天众凌虚，散花赞德。数百年前，犹有阶级，逮至今时，陷没已尽。诸国君王悲慨不遇，垒以砖石，饰以珍宝，于其故基，拟昔宝阶，其高七十余尺，上起精舍。精舍中有石佛像，而左右之阶有释、梵之像，形拟厥初，犹为下势。傍有石柱，高七十余尺，无忧王所建也。色绀（gàn）光润，质坚密理。上作师子蹲踞向阶，雕镂奇形，周其方面，随人罪福，影现柱中。

宝阶侧不远有窣堵波，是过去四佛座及经行遗迹之所。其侧窣堵波，如来在昔于此澡浴。其侧精舍，是如来入定之处。精舍侧有大石基，长五十余步，高七尺，是如来经行之处。足所履迹，皆有莲花之文。基左右各有小窣堵波，帝释、梵王之所建也。

[注释]

①经制轮奂：修建得又高又大。经制，营造。轮，高大；奂，众多。

②工穷剞劂：雕刻得极尽工艺之巧。穷，极尽。剞劂，原指雕刻用的刀凿，这里即指雕刻。

[译文]

都城东侧二十多里有一座大寺庙，修建得又高又大，雕刻得极尽工艺之巧。供奉的佛像塑造得极为庄严。里面有几百个僧人，学习正量部的佛学。还有好几万为寺庙打杂的人在周围居住。

寺庙高大的围墙里有三座用珍宝建造的台阶，台阶南北并列，向东而下，这里是如来佛从三十三天降临回到人间的地方。那时如来从胜林飞升天宫，住在善法堂中，为母亲讲说佛法。三个月后想返回人间，于是天帝释用神力建造了这三个宝阶：中间的台阶由黄金所造，左边为水精建造，右边为白银建造。如来从善法堂动身，诸位天神伴随在他左右，从中间的黄金台阶走下；大梵天王手执白色拂尘，踏着白银台阶陪伴在右侧；天帝释拿着宝盖，踏着水精台阶陪伴在左侧。天神们在空中抛洒鲜花赞美如来的功德。在几百年前这些台阶还在，到了今天却已全部陷入地下，一点也看不到了。各国的国王哀叹自己生不逢时，于是垒砌砖石，装饰珍宝，在原来台阶的所在地上，仿造以前的宝阶重新建造宝阶，高达七十多尺，上面还建造有讲经用的精舍。精舍中有石质佛像，而左右两侧的台阶上则造有天帝释、大梵天王的塑像，模拟当时如来下界的情景，保持着向下走的姿势。旁边有一根石柱，高有七十多尺，是无忧王建造的。石柱的色泽红中带青，质地光滑坚硬，纹理致密。在石柱顶端塑着一只蹲踞的狮子，面朝向宝阶，石柱的周身上雕刻着种种奇异的形象，随着观看者的罪孽和福果，柱子中会显现出不同的影像。

宝阶不远有座佛塔，是过去四佛打坐和经行的遗迹。旁边还有一座佛塔，如来曾在这里洗澡沐浴。旁边的精舍是如来入定的地方。精舍旁有大石块建造的石基，长五十步，高有七尺，是如来经行的地方。如来脚踏过的地面上都留有莲花一般的痕迹。石基左右各有一座小佛塔，是天帝释、大梵天王所建造的。

莲花色尼见佛处及传说

[原文]

释、梵窣堵波前，是莲花色苾（bì）刍尼欲先见佛，化作转轮王处。如来自天宫还赡（shàn）部洲也，时苏部底唐言善现。旧曰须扶提，或曰须菩提，译曰善吉，皆讹也。**宴坐石室，窃自思曰：“今佛还降，人、天导从，如我今者，何所宜行？尝闻佛说，知诸法空[1]，体诸法性[2]，是则以慧眼[3]观法身也。”时莲花色苾刍尼欲初见佛，化为转轮王，七宝[4]导从，四兵警卫，至世尊所，复苾刍尼。如来告曰：“汝非初见。夫善现者，观诸法空，是见法身。”**

圣迹坦内，灵异相继。其大窣堵波东南有一龙池，恒护圣迹。既有冥卫，难以轻犯。岁久自坏，人莫能毁。

从此东南行减[5]二百里，至羯若鞠阇国[6]。唐言曲女城国。中印度境。

[注释]

①知诸法空：知道一切事物的现象，各有其因缘，事物本身既非长住不变，又非独立存在。空，佛家认为世间一切都是无常，没有独立存在和不变的实体，人们只能看到现象，而现象的发生、消失又是由“因”（原因）和“缘”（条件）决定的，这就叫作“空”。

②体诸法性：体验到一切事物内在的不可改变的本质方面。“法性”或“性”是与“相”相对立的概念，佛家认为一切事物的“相”（现象）都产生于因缘，但一切事物又有其不可改变的方面，这就是“法性”或“性”。

③慧眼：佛家有所谓“五眼”，即肉眼、天眼、慧眼、法限、佛眼。法身，佛的真身。

④七宝：佛家常用的词语，但究竟是哪七种东西，说法不一，不过都认为包括金、银、琉璃、砗磲、玛瑙，其余两种从珍珠、玫瑰、玻璃、珊瑚、琥珀中补足“七”数。

⑤减：不够，少于。

⑥羯若鞠阇国：意译为曲女城，即今印度恒河西岸之卡瑙季。

[译文]

在帝释、梵王建造的佛塔前，是莲花色比丘尼想要见到佛而先化为转轮王的地方。如来从天宫中返回赡部州时，苏部底（唐朝语言称善现。以前称为须扶提，还有人称须菩提，译为善吉，都是讹误）静坐在石室里，暗自盘算说：“现在佛陀返回人间，人和天神伴随在他左右，我现在应该怎样做才合适呢？曾经听佛陀说过，要懂得一切事物的变幻无常，体会到一切事物不变的内在本质，这就是用慧眼来看待佛的法身啊！”莲花色比丘尼第一次想拜见佛陀，就化为转轮王，用七种宝物装饰的器物作为前导和扈从，用四种不同的士兵作为护卫，到了如来停留的地方，又变回比丘尼的样子。如来告诉他说：“你并不是第一次见我。善见的人，体悟到诸法皆空的道理就是见到了佛的真身。”

在圣人曾留下足迹的围墙内，接二连三地出现神奇的事。大佛塔东南面有一个池塘，有龙居住在池塘中，一直保护着旁边的圣迹。由于有神人在暗中护卫，这里很难遭到轻慢和冒犯。漫长的岁月过去，圣迹自然损坏，但没有人能够毁掉它。

从这里向东南走不到二百里，就到了羯若鞠阇国（唐朝语言称为曲女城国，在中印度境内）。

卷五

羯若鞠阇国

[原文]

羯(jié)若鞠阇国周四千余里。国大都城西临殑(qíng)伽河，其长二十余里，广四五里。城隍坚峻，台阁相望，花林池沼，光鲜澄镜。异方奇货，多聚于此。居人丰乐，家室富饶。花果具繁，稼穑时播。气序和洽，风俗淳质。容貌妍(yán)雅，服饰鲜绮(qǐ)，笃学游艺，谈论清远。邪正二道，信者相半。伽蓝百余所，僧徒万余人，大小二乘，兼功习学。天祠二百余所，异道数千余人。

[译文]

羯若鞠阇国方圆四千多里。都城西临殑伽河，长二十多里，宽四五里。城池坚固，台阁相望，花草、树林、水池光亮鲜艳，水流清澈如明镜。这里聚集了许多各地珍奇的货物。人们的生活欢乐和谐又富裕。这里花果种类繁多，人们按照时令播种庄稼。气候温和湿润，风俗淳朴。这里的人容貌俊美端庄，服装鲜艳华丽，好学而又多才多艺，谈吐清雅高远。在这里，佛教和外道的信仰者基本各占全国人口的一半。这个国家有一百多所寺庙，一万多名僧徒，这些僧人同时研习大小二乘佛教的佛法。还有二百多所天祠，几千名外道教徒。

国号由来

[原文]

羯(jié)若鞠阇国人长寿时[①]，其旧王城号拘苏磨补逻，唐言花宫。**王号梵授，福智宿资[②]，文武允备，威慑赡(shàn)部，声震邻国。具足千子，智勇弘毅，复有百女，仪貌妍雅。时有仙人居殑伽河侧，栖神[③]入定，经数万岁，形如枯木。游禽栖集，遗尼拘律果于仙人肩上。暑往寒来，垂荫合拱。多历年所，从定而起，欲去其树，恐覆鸟巢。时人美其德，号大树仙人。仙人寓目河滨，游**

观林薄[4]，见王诸女相从嬉戏，欲界爱起，染著[5]心生。便诣花宫，欲事礼请。王闻仙至，躬迎慰曰：“大仙栖情物外，何能轻举？”仙人曰：“我栖林薮，弥积岁时，出定游览，见王诸女，染爱心生，自远来请。”王闻其辞，计无所出，谓仙人曰：“今还所止，请俟嘉辰。”仙人闻命，遂还林薮。王乃历问诸女，无肯应娉。王惧仙威，忧愁毁悴。其幼稚女候王事隙，从容问曰：“父王千子具足，万国慕化，何故忧愁，如有所惧？”王曰：“大树仙人幸顾求婚，而汝曹辈莫肯从命。仙有威力，能作灾祥，倘不遂心，必起瞋怒，毁国灭祀，辱及先王。深惟此祸，诚有所惧。”稚女谢曰：“遗此深忧，我曹罪也。愿以微躯，得延国祚(zuò)。”王闻喜悦，命驾送归。既至仙庐，谢仙人曰：“大仙俯方外之情，垂世间之顾，敢奉稚女，以供洒扫。”仙人见而不悦，乃谓王曰：“轻吾老叟，配此不妍。”王曰：“历问诸女，无肯从命。唯此幼稚，愿充给使。”仙人怀怒，便恶咒曰：“九十九女，一时腰曲，形既毁弊，毕世无婚。”王使往验，果已背伛。从是以后，更名曲女城焉。

［注释］

①长寿时：很早以前，在人长寿的期间。佛教认为人的寿命，在世界形成之后，由十岁开始，每一百年增一岁，直增到八万四千岁；以后又每一百年减一岁，直到十岁。增加的那段时间，被称为长寿时。

②福智宿资：得助于前世行善，今世享有福智。佛教认为，今世的一切都得之于前世种下的因，所以叫“宿资”，即“得助于前世”的意思。

③栖神：静处，去杂念，修身养性。这里说的是一些宗教家修炼之术。

④游观林薄：观赏茂密的树林。游观，游目，即由近及远、随意观看的意思。林薄，茂密的树林。

⑤染著：佛家用语，意思是把爱欲之心倾注于某一对象而摆脱不了。

［译文］

在羯若鞠阇国国人长寿的年代，旧都城被称为拘苏磨补逻（唐朝语言称为花宫），国王名为梵授，因前世积下的福德智慧，所以今世文武兼备，他的威名慑服全国各部州，声望在邻国之间传播。梵授拥有一千个机智勇敢、抱负远大的儿子，还有一百个容貌艳丽的女儿。传说当时在殑伽河边住着一位仙人，他修身养性，逐渐进入了禅定状态，几万年过去后，仙人的外形竟然就像枯树一样。鸟儿飞过来停留在仙人肩上驻足栖息，留下了尼拘律树的果实。夏去冬来，这果实长成了有浓密树荫、树干也大得需要几人才能合抱的大树。许多年后，仙人脱离了禅定状态，当他想除去大树时，却又担心这样会捣毁了鸟窝。人们赞美他的德行，尊称他为大树仙人。有一天，仙人遥望殑伽河，看到在树林中嬉戏玩耍的国王的女儿们，顿时升起爱欲，这种爱欲不知不觉充斥了心田，无法摆脱。仙人准备郑重地以礼聘娶国王的女儿，于是前往花宫。国王听说这个消息后，亲自去迎接仙人，并问候说："大仙超脱世俗，心一直在世外境界，怎么突然出游至此了呢？"仙人说："过去我在树林中长久禅定，如今脱离禅定游览时，见到您的各位女儿，于是产生了爱欲，因此前来求婚。"国王听后，一时不知如何是好，就先安抚仙人说："请仙人先回到住所，静候吉日良辰。"得到许诺的仙人，于是安心回到林中。国王问及女儿们的意愿，却没有一个女儿愿意接受这桩婚事。想到仙人的威力，国王的内心充满了畏惧，整个人也因忧愁而逐渐憔悴。一天，国王最小的女儿趁他事务闲暇时，从容地问他说："父王您有一千个儿子，并且受到各国人的仰慕，但为什么您还看起来很忧愁，好像在畏惧着什么呢？"国王说："大树仙人看上了你们，并来求婚了，但你们不肯答应。我担心凭着仙人能够兴起灾患和吉祥的威力，倘若他不高兴，嗔怒后一定会毁坏国家、灭绝祭祀，还会侮辱到先代君王。这是个祸患，我不得不畏惧。"小女儿充满歉意地说："让您为了这件事如此忧虑，是我们的罪过。我愿意以我微薄的身躯来使国家的生命延长。"国王听后很欣慰，命人驾车把小女儿送到仙人的住所。到了仙人住所后，国王向仙人道歉说："大仙的情怀超脱凡尘，如今却垂顾世间之情，我愿把我的小女儿送上，让她侍奉仙人。"仙人见到后却很不高兴，对国王说："你一定是嫌我年纪大吧，因此才把这个不漂亮的女儿许配给我。"国王说："我问过各个女儿的意愿，只有这个小女儿肯答应您的求婚，并愿意供您使唤。"仙人更加愤怒，于是发恶咒说："我要让另外的九十九个女子马上变成弯腰驼背、形貌丑陋的模样、并终生无法结婚。"国王立即派人回去察看。果然，他的其他女儿们已经变得弯腰曲背、样貌丑陋了。从此，这座城就被称为曲女城。

玄奘会见戒日王

［原文］

初，受拘摩罗王请白，自摩揭陀国[①]往迦摩缕波国[②]。时戒

日王巡方在羯朱嗢(wà)祇逻国[3]，命拘摩罗王曰："宜与那烂陀[4]远客沙门速来赴会。"于是遂与拘摩罗王往会见焉。戒日王劳苦已曰："自何国来，将何所欲？"对曰："从大唐国来，请求佛法。"王曰："大唐国在何方？经途所亘，去斯远近？"对曰："当此东北数万余里，印度所谓摩诃至那国[5]是也。"王曰："尝闻摩诃至那国有秦王天子[6]，少而灵鉴，长而神武。昔先代丧乱，率土分崩，兵戈竞起，群生荼毒，而秦王天子早怀远略，兴大慈悲，拯济含识，平定海内，风教遐被，德泽远洽，殊方异域，慕化称臣。氓庶荷其亭育，咸歌《秦王破阵乐》[7]。闻其雅颂[8]，于兹久矣。盛德之誉，诚有之乎？大唐国者，岂此是耶？"对曰："然。至那者，前王之国号；大唐者，我君之国称。昔未袭位，谓之秦王；今已承统，称曰天子。前代运终，群生无主，兵戈乱起，残害生灵。秦王天纵含弘[9]，心发慈愍(mǐn)，威风鼓扇，群凶殄灭，八方静谧，万国朝贡。爱育四生，敬崇三宝，薄赋敛、省刑罚，而国用有余，氓俗无宄(guǐ)，风猷(yóu)大化，难以备举。"戒日王曰："盛矣哉！彼土群生，福感圣主。"

[注释]

①摩揭陀国：意译为善胜国、无恼害国，古印度的奴隶制国家，在今比哈尔邦南部。公元前7至6世纪兴起。初都王舍城，后迁华氏城。公元前4至2世纪孔雀王朝时期，国势强盛，统辖印度半岛南端以外的全部地方，定佛教为国教，成为早期佛教中心。后国势渐衰，至公元4世纪笈多王朝时期，国势复振。公元5世纪，嚈哒人入侵，国土分裂。作为佛教圣地，法显、玄奘都去瞻仰凭吊过。

②迦摩缕波国：在今印度阿萨姆邦西部高哈蒂一带。

③羯朱嗢祇逻国：在今印度恒河以北拉其马哈。

④那烂陀：梵语音译，意译为"施无厌"，古代印度摩揭陀国王舍城的著名寺庙，在今巴腊贡，为公元5至6世纪笈多王朝历代国王相继建造，有八大院。僧徒常达万人，学习大乘、小乘并吠陀、因明、声明、医方等，为古印度佛教最高学府。玄奘曾在此留学多年。

⑤摩诃至那国：大中国。摩诃是梵语音译，意译即"大"。至那，古代

印度等国对中国的称呼。

⑥秦王天子：指唐太宗李世民。太宗登位前的封爵是秦王。

⑦《秦王破阵乐》：又名“七德舞”，唐代宫廷乐舞。据《新唐书》载，唐太宗李世民为秦王时，征伐四方，破灭刘武周，于是军中有《秦王破阵乐》流传。李世民即位后，曾命吕才协音律，魏徵等制歌词。后又亲制《破阵舞图》，命吕才依图教乐工一百二十八人披甲执戟而舞。有往来疾徐击刺等形象，并有箫管歌鼓等合奏，歌者合唱。音乐在汉族清商乐基础上吸收龟兹乐的成分，是唐代著名歌舞大曲。

⑧闻其雅颂：听到那太平盛世的乐声。雅在《诗经》中指宫廷乐曲，颂在《诗经》中指宗庙祭祀乐曲，因此旧时常以之指太平盛世音乐。

⑨天纵含弘：上天赋予博大的胸怀。天纵，天使得（他），常用作称赞帝王的言辞。含，包容、怀抱的意思。弘，博大的意思。

［译文］

有一次，我曾受到拘摩罗王的邀请，从摩揭陀国前往迦摩缕波国。当时正值戒日王在羯朱㗚祇逻国巡视，他命令拘摩罗王说：“你赶快与那烂陀寺远道而来的僧人一起前来赴会。”于是我就和拘摩罗王一同前去会见戒日王。问候过我之后，戒日王问道：“你从哪个国家来？想要做些什么？”我回答说：“我是从大唐国来到这里，想要求教佛法。”戒日王又问：“大唐国在什么地方？距离这里多远呢？”我答说：“大唐国在此东北方向几万里之外的地方，也就是印度所说的摩诃至那国。”戒日王说：“我之前曾经听说摩诃至那国有位秦王天子，少年时聪明伶俐，成年后英明勇武。从前摩诃至那国曾分崩离析，战乱不断，疆土也随之四分五裂，百姓也因此而生活在水深火热之中，但由于秦王天子深怀远大谋略，平定了天下，同时他又广发慈悲之心，拯救万物生灵，在国内使宗教广泛普及，他的仁德和恩惠也遍及国内外，连其他的国家都纷纷因仰慕他的仁政而归化于他，甘愿做他的臣子。当时蒙受了他的养育之恩的平民百姓，在民间传唱《秦王破阵乐》。这是我很久之前就听到的人们对他的称颂。大家对他的德行如此赞誉，果真是这样吗？难道大唐国真的是这样的国家吗？”我回答说：“是的。前代国王的国号是至那；而当今皇上的国号则是大唐。在他未登位时，人们称他为秦王；现在已继位，就称为天子。前朝时国家命运已几乎停止，众生百姓没有了帝王的统领，在战乱纷起的日子里受尽了残害。胸怀博大的秦王大发怜悯慈悲之心，威震天下，把一切凶恶的敌人都歼灭了，从此天下太平，很多其他的国家都来朝奉。他敬重佛家三宝，爱护一切生灵，降低赋税、减轻刑罚，此后国家一直富足有余，民众几乎没有违法的，国家内的风俗道德也大为改变，恐怕难以一一详细陈述。”戒日王感叹道：“真是盛世啊！那里的众生，能够得到幸福要感谢这位圣明的君主啊！”

曲女城附近诸佛迹

［原文］

城西北窣堵波，无忧王之所建也。如来在昔于此七日说诸妙法。其侧则有过去四佛座及经行遗迹之所。复有如来发、爪小窣堵波。

说法窣堵波南，临殑(qíng)伽河，有三伽蓝，同垣异门①。佛像严丽，僧徒肃穆，役使净人数千余户。

精舍宝函中有佛牙，长余寸半，殊光异色，朝变夕改。远近相趋，士庶咸集，式修瞻(zhān)仰，日百千众。监守者繁其喧杂②，权立重税③，宣告远近：欲见佛牙，输大金钱。然而瞻礼之徒，实繁其侣。金钱之税，悦以心竞④。每于斋日，出置高座，数百千众，烧香散花，花虽盈积，牙函不没。

伽蓝前左右各有精舍，高百余尺，石基砖室。其中佛像，众宝庄饰，或铸金、银，或熔鍮(tōu)石。二精舍前各有小伽蓝。

伽蓝东南不远，有大精舍，石基砖室，高二百余尺。中作如来立像，高三十余尺，铸以鍮石，饰诸妙宝。精舍四周石壁之上，雕画如来修菩萨行所经事迹，备尽镌(juān)镂。

石精舍南不远，有日天祠。祠南不远，有大自在天祠。并莹青石，俱穷雕刻，规模度量，同佛精舍。各有千户，充其洒扫，鼓乐弦歌，不舍昼夜。

大城东南六七里，殑伽河南，有窣堵波，高二百余尺，无忧王之所建也。在昔如来于此六月说身无常、苦、空、不净。其侧则有过去四佛座及经行遗迹之所。又有如来发、爪小窣堵波，人有染疾，至诚旋绕，必得痊愈，蒙其福利。

［注释］

①同垣异门：同在一道围墙里，却各有其不同的进出口。

②繁其喧杂：被那喧哗、嘈杂的声音搞得厌烦了。繁，通“烦”。

③权立重税：权且征收重税。

④悦以心竞：满心欢喜地在暗中竞争（以多出钱为乐）。心竞，在心中比高低。

[译文]

在曲女城西北处有一座佛塔，为无忧王建造。从前如来曾用了七天时间，在这里讲授神妙的佛法。塔旁还有过去四佛打坐及经行场所的遗迹。还有一座小佛塔，里面收藏着如来的头发和指甲。

在说法的佛塔的南面靠着殑伽河的地方，有共用同一堵墙而各设门户的三所寺庙。寺内的佛像庄严华丽，僧徒郑重严肃，寺内还雇用了几千户杂役。

在精舍的宝盒中收藏有光彩特异的佛牙，长一寸半，佛牙的光泽在早晚会发生变化。每日有成百上千的官吏、百姓从远近赶来瞻仰，云集于寺内恭敬礼拜佛牙。守护的人因厌烦这些人带来的喧哗嘈杂，于是设立了重税，向远近的人宣布道：凡是想要看佛牙的，必须交纳一枚金币。但前来瞻仰礼拜的人不见减少，仍然繁多。礼拜的人们还乐于暗暗地竞争，都争相交纳金钱。每逢到了戒斋的日子，寺庙就会把佛牙摆放在高高的佛座上，成百上千的来客来此烧香供花，鲜花虽然堆积得很多，宝盒却从不被遮住。

寺庙前的左右各有一座高一百多尺的石基砖房，那是精舍。里面有用各种宝物装饰的佛像，有的是用金银铸造，有的是熔化鍮石铸造。在两座精舍之前，还各有小寺庙。

在寺庙东南不远处，有一座高二百多尺的石基砖房，那是大精舍。屋内中间摆有高三十多尺的如来站立像，为鍮石所铸成，佛像用各种精致的宝物装饰着。精舍四周的石壁之上，还雕画着如来修菩萨行时的事迹，镌刻精巧。

在石精舍南面不远处，有座日天祠。祠南不远处则有一座大自在天祠。两个天祠都有晶莹的青石，上面有精美绝伦的雕刻，无论样式和大小，都与佛精舍相同。祠内各自有一千户杂役，除了清扫祠内外，还使得祠内的鼓乐与弦歌日夜不断。

在距离都城东南六七里， 殑伽河的南面，有座高二百多尺的佛塔，同样是无忧王建造的。从前，如来佛曾在这里历时六个月讲说身无常、苦、空、不净等佛法。塔旁有过去四佛打坐及经行场所的遗迹。还有收藏着如来头发、指甲的小佛塔，人们如果患有疾病，只要充满诚意地绕塔行走祈求，蒙受佛塔的福利，就一定能痊愈。

纳缚提婆矩罗城

[原文]

大城东南行百余里，至纳缚(fù)提婆矩罗城。据殑(qíng)伽河东岸，周二十余里，花林清池，互相影照。

纳缚提婆矩罗城西北， 殑伽河东，有一天祠，重阁层台，奇工异制。

城东五里有三伽蓝，同垣异门，僧徒五百余人，并学小乘说一切有部。伽蓝前二百余步，有窣堵波，无忧王之所建也。基虽倾陷，尚高百余尺，是如来昔于此处七日说法。中有舍利，时放光明。其侧则有过去四佛座及经行遗迹之所。

伽蓝北三四里，临殑伽河岸，有窣堵波，高二百余尺，无忧王之所建也。昔如来在此七日说法，时有五百饿鬼来至佛所，闻法解悟，舍鬼生天。说法窣堵波侧有过去四佛座及经行遗迹之所。其侧复有如来发、爪窣堵波。

自此东南行六百余里，渡殑伽河，南至阿逾陀国。中印度境。

[译文]

自都城向东南方向行走一百多里，就到达了纳缚提婆矩罗城。该城位于殑伽河的东岸，方圆二十多里，城中的花果林木与清泉湖池互相映照着。

在纳缚提婆矩罗城西北， 殑伽河东岸处，有一座楼阁重重、台榭层层的天祠，制作奇异精巧。

在城东五里处，有三所共用一堵墙而有各自门户的寺庙，共有僧徒五百多人，全都学习小乘佛教说一切有部。在寺庙前面二百多步的地方，有座无忧王所建造的佛塔。塔基虽然已经塌毁，仍高一百多尺，当初如来曾在这里说法七天。塔中有如来的舍利，时常放射出光芒。塔旁则有过去四佛打坐及经行场所的遗迹。

在寺庙北面三四里靠近殑伽河岸的地方，有座高二百多尺的佛塔，该佛塔是无忧王建造的。从前如来在这里说法七天，其间有五百个饿鬼曾来到佛所在之处听佛法，听后领悟到了真理，从鬼道中脱离而转生天界。在说法的佛塔旁，有过去四佛打坐和经行场所的遗迹，旁边的佛塔内还收藏有如来的头发和指甲。

从这里向东南方走六百多里，渡过殑伽河，往南到达阿逾陀国（在中印度境内）。

阿逾陀国

[原文]

阿逾陀国周五千余里，国大都城周二十余里。谷稼丰盛，花果繁茂。气序和畅，风俗善顺，好营福，勤学艺。伽蓝百有余所，僧徒三千余人，大乘小乘，兼功习学。天祠十所，异道寡少。

[译文]

阿逾陀国占地方圆五千多里，都城占地方圆二十多里。这里庄稼茂盛，花果繁多。气候温和舒适，民风善良和顺，百姓多积善求德，勤勉学习技艺。这里有一百多所寺庙，三千多名僧徒，同时钻研学习大乘和小乘佛法。还有十所天祠，异道教徒很少。

世亲、胜受及佛遗迹

[原文]

大城中有故伽蓝，是伐苏畔度菩萨唐言世亲。旧曰婆薮盘豆，译曰天亲，讹谬也。**数十年中于此制作大小乘诸异论。其侧故基，是世亲菩萨为诸国王、西方俊彦、沙门、婆罗门等讲义说法堂也。**

城北四五里临殑伽河岸大伽蓝中，有窣堵波高二百余尺，无忧王之所建也。是如来为天、人众于此三月说诸妙法。其侧窣堵波，过去四佛座及经行遗迹之所。

伽蓝西四五里，有如来发、爪窣堵波。发爪窣堵波北，伽蓝余址，昔经部室利逻多唐言胜受。**论师于此制造经部《毗婆沙论》。**

[译文]

在都城中有一所旧寺庙，有位伐苏畔度菩萨（唐朝语言称世亲。以前称为婆薮盘豆，译作天亲，是错误的）花了几十年的时间在这里撰写了大乘、小乘的各种论著。如今在寺庙旁边的旧基址，是菩萨当初为各国国王、四方杰出人士、僧徒、婆罗门等讲说佛法义理的地方。

都城北面约四五里处靠近殑伽河岸的大寺庙中，有座无忧王建造的高二百

多尺的佛塔。如来曾用时三个月在这里为天神人众讲说过神妙佛法。它旁边的佛塔，有过去四佛打坐及经行场所的遗迹。

在寺庙西面四五里处的佛塔里，收藏有如来的头发和指甲。这个佛塔的北面，有一个寺庙遗址，当初经部室利逻多（唐朝语言称胜受）论师曾在这里撰写经部《毗婆沙论》。

无著与世亲故事

［原文］

城西南五六里大庵没罗林中有故伽蓝，是阿僧伽[1]唐言无著。**菩萨请益导凡[2]之处。无著菩萨夜升天宫，于慈氏菩萨所受《瑜伽师地论》《庄严大乘经论》《中边分别论》等，昼为大众讲宣妙理。庵没罗林西北百余步，有如来发爪窣堵波。其侧故基，是世亲菩萨从睹史多天下见无著菩萨处。无著菩萨，健驮逻国人也，佛去世后一千年中，诞灵利见[3]，承风[4]悟道，从弥沙塞部[5]出家修学，顷之回信大乘。其弟世亲菩萨于说一切有部出家受业，博闻强识，达学研机。无著弟子佛陀僧诃[6]**唐言师子觉。**者，密行莫测，高才有闻。二三贤哲每相谓曰："凡修行业，愿觐慈氏。若先舍寿[7]，得遂宿心，当相报语，以知所至。"其后师子觉先舍寿命，三年不报。世亲菩萨寻亦舍寿，时经六月，亦无报命。时诸异学咸皆讥诮，以为世亲菩萨及师子觉流转恶趣，遂无灵鉴。其后无著菩萨于夜初分，方为门人教授定法，灯光忽翳，空中大明。有一天仙乘虚下降，即进阶庭，敬礼无著。无著曰："尔来何暮？今至何谓？"对曰："从此舍寿命，往睹史多天慈氏内众莲花中生。莲花才开，慈氏赞曰：'善来广慧[8]，善来广慧。'旋绕才周，即来报命。"无著菩萨曰："师子觉者，今何所在？"曰："我旋绕时，见师子觉在外众中，耽著欲乐，无暇相顾，讵能来报？"无著菩萨曰："斯事已矣。慈氏何相？演说何法？"曰："慈氏相好，言莫能宣。演说妙法，义不异此，**

然菩萨妙音，清畅和雅，闻者忘倦，受者无厌。”

无著讲堂故基西北四十余里，至故伽蓝，北临殑(qíng)伽河，中有砖窣堵波，高百余尺，世亲菩萨初发大乘心处。世亲菩萨自北印度至于此也，时无著菩萨命其门人，令往迎候，至此伽蓝，遇而会见。无著弟子止户牖(yǒu)外，夜分之后，诵《十地经》。世亲闻已，感悟追悔：“甚深妙法，昔所未闻，诽谤之愆(qiān)，源发于舌，舌为罪本，今宜除断。”即执铦(xiān)[9]刀，欲自断舌。乃见无著住立告曰：“夫大乘教者，至真之理也，诸佛所赞，众圣攸宗[10]。吾欲诲汝，尔今自悟。悟其时矣，何善如之？诸佛圣教[11]，断舌非悔。昔以舌毁大乘，今以舌赞大乘，补过自新，犹为善矣。杜口绝言，其利安在？”作是语已，忽不复见。世亲承命，遂不断舌。旦诣无著，谘受大乘[12]。于是研精覃思，制大乘论，凡百余部，并盛宣行。

从此东行三百余里，渡殑伽河，北至阿耶穆佉(qū)国[13]。中印度境。

［注释］

①阿僧伽：梵文音译，意为“无著”。

②请益导凡：（向菩萨）请教、学习，以引导世俗凡人入佛门修行。

③诞灵利见：这里指的是无著诞生。诞灵，本书用以指佛、菩萨的诞生。利见，这里也是诞生的意思。

④承风：承受（佛的）教化。风，教育感化。

⑤弥沙塞部：梵文音译，意译即“化地部”。

⑥佛陀僧诃：梵文音译，无著的弟子，意译为“师子觉”。

⑦舍寿：佛家欲求解脱肉体束缚而得生天的一种迷信做法，即不足天年而人为地死去。

⑧善来广慧：这是慈氏对世亲的欢迎语。善来是佛家对佛门来人的欢迎词，如比丘到来，便说“善来比丘”。广慧是对修行有一定成果的人的称呼。

⑨铦：锋利。

⑩众圣攸宗：佛门修行正果的高僧们所尊奉笃信的。圣，佛教徒对佛、神、高僧的敬称。

⑪诸佛圣教：众佛的神圣教导。圣教，指佛的教导，用“圣”表示佛

法融驯兽

唐代有僧人法融常去山间的一个石洞中打坐修炼。一日，有巨蛇进入他打坐的洞穴，法融没有丝毫的惊惧。这样一人一蛇对峙一晚后，大蛇终于离去。法融在石洞中修行的日子，山间那些凶悍异常的老虎猛兽再也不敢伤害上山的樵夫。还有一群梅花鹿来到洞前听他讲法。法融初到牛头山时，见山中缺水，便手指东岭道："此处宜居，应有清泉。"第二日，果然有清泉从东岭涌出。后来，法融要下山主持建初寺，连山中的禽兽都发出了悲鸣之声，山中的清泉也突然枯竭了。在下山的第二年，法融便在建初寺圆寂了。

教徒对佛的教导的尊重。

⑫谘受大乘：请教并接受大乘的教义。谘，咨询。请教。

⑬阿耶穆佉国：在今印度北部乌德（即阿逾陀）东南之阿扎木加尔。

［译文］

位于都城西南五六里处大庵没罗林中的一所旧寺庙，曾是阿僧伽（唐朝语言称无著）菩萨请教贤人、开导俗人之地。夜晚，无著菩萨升上天宫，在慈氏菩萨那里接受《瑜珈师地论》《庄严大乘经论》《中边分别论》等精妙的义理，白天便宣讲给大众百姓听。在庵没罗林西北一百多步的地方，有一座佛塔，塔内收藏有如来的头发和指甲。塔旁的旧基址是世亲菩萨从睹史多天下凡来会见无著菩萨的地方。无著菩萨是健驮逻国人，他诞生于佛陀去世的一千年中，因接受了佛教的感化而悟道，于是在弥沙塞部出家修学，很快便转而信仰大乘佛教。世亲菩萨是他的弟弟，学识渊博且记忆力强，能够透彻理解佛理，并抓住要点，世亲菩萨在说一切有部出家修行。佛陀僧诃（唐朝语言称师子觉）是无著菩萨的弟子，以卓有才华而闻名，他受戒精心修行，莫测高深。这两三位贤哲经常在一起交流说："所有修行的佛学人，都想觐见慈氏菩萨。如果我们谁先归天，得以实现夙愿，要告诉其他的人，好让别人知道他到了什么地方。"后来，三人中师子觉最先死去了，但后来的三年中谁也没有收到他的信息。不久，世亲菩萨也去世了，六个月后也没有通报信息。这时一些外道教徒都嘲讽说世亲菩萨和师子觉可能已转生到恶道中，于是才没有灵验了。后来有一天夜幕刚刚降临时，无著菩萨正为门人讲授禅定之法，忽然灯光暗淡，空中大放光明。有一位天仙自空中徐徐降落，随即踏着门阶走进了大厅，向无著行礼。无著说："你为什么来得这么晚？现在有什么事要告诉我吗？"天仙回答说："我在这里去世后去了睹史多天，在慈氏菩萨的众多莲花中转生。当莲花刚开放时，慈氏菩萨就赞美说：'好啊，广慧！好啊，广慧！'我只绕莲花转了一圈就来向你通报信息了。"无著菩萨说："那么师子觉现在在哪里？"天仙说："我环绕莲花时，看到师子觉正沉湎于世俗之人的爱欲欢乐中，都没有时间看我一眼，哪还能来通报信息呢？"无著菩萨说："这件事就这样过去吧。慈氏菩萨是什么模样的？他演说的是什么佛法？"天仙说："慈氏菩萨的相貌之好无法用语言表达。他讲说精妙的佛法义理与你相同，然而菩萨的声音清亮流畅，柔和高雅，使人听后忘记疲倦，忘记厌烦。"

在无著讲堂故址向西北四十多里的地方有一座旧寺庙，寺庙的北边靠近殑伽河，寺庙内有座高一百多尺的砖塔，世亲菩萨最初发愿学大乘佛教时就在这里。当时，世亲菩萨从北印度到了这里后，无著菩萨命令他的门人前往迎接，两人在这所寺庙会面。无著的弟子在窗外站立，午夜过后，诵读《十地经》。世亲听到后，有感而追悔道："如此精妙佛法，从前竟没有听说过。诽谤的罪过总是源起于舌头，现在就应该割断这罪过的根源。"于是拿起锋利的刀子，

准备自断舌头。这时只见无著菩萨站在面前告诉他：“大乘佛教是最高的真理。所有的佛都赞美它，各位圣人也都尊奉它。我本想教诲你，现在你自己却已经觉悟了。还有比像这样及时的觉悟更好的事情吗？对诸佛以及神圣的佛教来说，割断舌头不算悔悟。从前你用舌头诋毁大乘，而今改过自新，用舌头赞美大乘就是好事。就算割断舌头，闭口不说话，又有什么好处呢？”说完这番话，无著菩萨忽然不见了。世亲听从教诲，不再想要割断自己的舌头了，第二天早上他便前往无著菩萨住处，请教大乘教义。从此以后，他开始精心研究，深入思考大乘佛教教义，撰写了一百多部大乘论著，这些论著都广为流传。

从这里向东行走三百多里，渡过殑伽河，再向北就抵达了阿耶穆佉国（在中印度境内）。

阿耶穆佉国

［原文］

阿耶穆佉(qū)国周二千四五百里，国大都城临殑(qíng)伽河，周二十余里。其气序土宜，同阿逾陀国。人淳俗质，勤学好福。伽蓝五所，僧徒千余人，习学小乘正量部法。天祠十余所，异道杂居。

城东南不远，临殑伽河岸，有窣堵波，无忧王之所建也，高二百余尺，是如来昔于此处三月说法。其侧则有过去四佛座及经行遗迹之所，复有如来发爪青石窣堵波。其侧伽蓝，僧徒二百余人，佛像庄饰，威严如在。台阁宏丽，奇制郁起[1]，是昔佛陀驮娑唐言觉使。**论师于此制说一切有部《大毗婆沙论》。**

从此东南行七百余里，渡殑伽河南、阎牟那河北，至钵逻耶伽国[2]。中印度境。

［注释］

①奇制郁起：修建起许多不同寻常的建筑物。郁，本意是形容林木茂盛，这里是“很多”的意思。

②钵逻耶伽国：在今印度北部的阿拉哈巴德。

［译文］

阿耶穆佉国方圆二千四五百里，国家的都城靠近殑伽河，方圆二十多里。

境内气候与土地情况均与阿逾陀国类似。当地风俗朴实，百姓淳厚善良，勤奋好学，平日行善积福。国家有五所寺庙，一千多名僧徒，研习小乘佛教正量部佛法。有十多所天祠，外道教徒混杂着居住。

都城东南不远处，靠近殑伽河岸的地方，有座高二百多尺的佛塔，是无忧王建造的，当初如来曾在这里讲了三个月的佛法。塔旁有过去四佛打坐及经行场所的遗迹，还有收藏如来的头发及指甲的青石塔。塔旁的寺庙，有二百多名僧徒，寺庙内的佛像威严，装饰精巧，栩栩如生。台榭楼阁构造奇特，宏伟壮丽，当初佛陀驮娑（唐朝语言称觉使）论师曾在这里撰写说一切有部的《大毗婆沙论》。

从这里向东南方向行走七百多里，渡过殑伽河向南行走，再渡过阎牟那河，继续向北行走就到钵逻耶伽国（在中印度境内）。

钵逻耶伽国

［原文］

钵逻耶伽国周五千余里。国大都城据两河交，周二十余里。稼穑(sè)滋盛，果木扶疏。气序和畅，风俗善顺，好学艺，信外道。伽蓝两所，僧徒寡少，并皆习学小乘法教。天祠数百，异道实多。

［译文］

钵逻耶伽国方圆五千多里。国家的都城位于两条河流的交汇之处，方圆二十多里。这里庄稼茂盛，果树繁多茂盛。当地气候温和，风俗朴实，百姓善良和顺，喜爱学术技艺，信仰外道。有两所寺庙，僧徒很少，都研习小乘佛教。有几百所天祠，异道教徒很多。

如来遗迹及提婆故事

［原文］

大城西南瞻博迦花林中，有窣堵波，无忧王之所建也。基虽倾陷，尚百余尺。在昔如来于此处降伏外道。其侧则有发爪窣堵波、经行遗迹。

发爪窣堵波侧，有故伽蓝，是提婆唐言天。**菩萨作《广百论》挫小乘，伏外道处。初，提婆菩萨自南印度至此伽蓝，城中有**

外道婆罗门，高论有闻，辩才无碍，循名责实，反质穷辞。雅知提婆博究玄奥，欲挫其锋，乃循名问曰：“汝为何名？”提婆曰：“名天。”外道曰：“天是谁？”提婆曰：“我。”外道曰：“我是谁？”提婆曰：“狗。”外道曰：“狗是谁？”提婆曰：“汝。”外道曰：“汝是谁？”提婆曰：“天。”外道曰：“天是谁？”提婆曰：“我。”外道曰：“我是谁？”提婆曰：“狗。”外道曰：“狗是谁？”提婆曰：“汝。”外道曰：“汝是谁？”提婆曰：“天。”如是循环，外道方悟。自时厥后，深敬风猷(yóu)。

[译文]

在都城西南的瞻博迦花林中有一座佛塔，由无忧王建造。佛塔的塔基虽然已经倒塌陷落，但仍有一百多尺高。如来曾在建塔之处降伏外道。旁边有收藏如来头发与指甲的佛塔以及如来经行的遗迹。

在收藏如来头发、指甲的佛塔旁有所旧寺庙，是提婆（唐朝语言称为天）菩萨写作《广百论》挫败小乘佛教和降伏外道的地方。当初，提婆菩萨从南印度来到这所寺庙时，城中有个外道婆罗门非常善于辩论，并以此闻名，他可以根据“名”反复质问，寻求实质，直到对方无话可答。他一直知道提婆学识广博，研究佛理精深，便想挫伤提婆的锐气，于是从名称开始发问说：“你叫什么名字？”提婆说：“我叫天。”外道说：“天是谁？”提婆说：“是我。”外道说：“我是谁？”提婆说：“是狗。”外道说：“狗是谁？”提婆说：“是你。”外道说：“你是谁？”提婆说：“是天。”外道说：“天是谁？”提婆说：“是我。”外道说：“我是谁？”提婆说：“是狗。”外道说：“狗是谁？”提婆说：“是你。”外道说：“你是谁？”提婆说：“天。”如此循环往复，外道才觉悟过来。从此以后，他深深敬佩提婆的道德情操。

天祠及传说

[原文]

城中有天祠，莹饰轮焕，灵异多端。依其典籍，此处是众生植福之胜地也。能于此祠捐舍一钱，功逾他所惠施千金。复能轻生，祠中断命，受天福乐，悠永无穷。天祠堂前有一大树，枝叶扶疏，阴影蒙密。有食人鬼依而栖宅，故其左右多有遗骸。

若人至此祠中，无不轻舍身命，既怵邪说[1]，又为神诱。自故迄今，习谬无替[2]。近有婆罗门，族姓子也，阔达多智，明敏高才，来至祠中，谓众人曰：“夫曲俗鄙志，难以导诱。吾方同事[3]，然后摄化[4]。”亦既登临，俯谓友曰：“吾有死矣！昔谓诡妄，今验其实，天仙伎乐，依空接引，当从胜境，捐此鄙形[5]。”寻欲投身，自取殒绝，亲友谏谕，其志不移。遂布衣服，遍周树下，及其自投，得全躯命。久而醒曰：“惟见空中诸天召命，斯乃邪神所引，非得天乐也。”

［注释］

①既怵邪说：既因邪说的诱惑而动心。怵，这里是被诱而动心的意思。

②习谬无替：习惯于这种荒谬的做法而延续不断。

③同事：同样行事。

④摄化：引导教化。摄，吸引。

⑤当从胜境，捐此鄙形：应当跟随“天仙伎乐”到那美好的境界中去，而捐弃这鄙俗的肉身。胜境，佛、神、仙等所处的美妙的境界。

［译文］

在都城中有座装饰得光彩耀人的天祠，有很多灵异事件都在这里发生。根据典籍记载，这里是众生积善修福的胜地。在这个祠内施舍一个金币所建的功德胜过在其他地方施舍千金而建立的功德。如果能把生命看轻，在祠内自绝，就可以在天堂享受幸福与欢乐，直到永远。天祠堂前有一棵枝叶茂密的大树，大树的阴影总能把太阳遮住。有个食人鬼依附居住在这棵树上，所以树的旁边有不少的尸骨遗骸。凡是到了天祠中的人们，既害怕邪说，又受神灵引诱，无不轻抛性命。一直以来，人们已经习惯于这种荒唐行为，不能改变。近来有位出身贵族的婆罗门，心胸豁达，足智多谋，机敏有才华，他来到天祠中对众人说：“乡村的一些陋习和庸俗的思想是难以引导的。我要和他们做同样的事，只有这样才能教化他们。”于是他登到高处，俯身对亲友说：“我就要死了！我现在就要验证一下那些以前看起来诡诞虚妄的事的真实性了。天仙鸣奏鼓乐，已在空中迎接我了，我就在这个胜地捐弃我平庸的身躯吧。”说完就要纵身往下跳，自寻死路，亲友们的劝说没能使他的意向改变。于是众人在树下铺了衣服，以至于当他跳下来时可以保全性命。过了很久后，他苏醒过来说：“我只看到了空中天神的召唤，但这是邪神的引诱所产生的，而并不是真的得到天界的快乐。”

憍赏弥国

［原文］

憍赏弥国周六千余里，国大都城周三十余里。土称沃壤，地利丰植，粳稻多，甘蔗茂。气序暑热，风俗刚猛。好学典艺，崇树福善。伽蓝十余所，倾顿荒芜。僧徒三百余人，学小乘教。天祠五十余所，外道实多。

［译文］

憍赏弥国方圆六千多里，其都城方圆三十多里。这里土地肥沃，适宜种植农作物，有很多粳稻，甘蔗也很茂盛。此地气候炎热，民风也很刚强猛烈。百姓爱好典籍、技艺，注重造福积德。国家内有十多所寺庙，但大部分已经废旧荒芜。有三百多名僧徒，学习小乘佛教。有五十多所天祠，外道教徒有很多。

刻檀佛像

［原文］

城内故宫中有大精舍，高六十余尺，有刻檀佛像，上悬石盖，邬陀衍那王唐言出爱。旧云优填王，讹也。**之所作也。灵相间起，神光时照。诸国君王恃力欲举，虽多人众，莫能转移，遂图供养，俱言得真，语其源迹，即此像也。初，如来成正觉已，上升天宫，为母说法，三月不还。其王思慕，愿图形象。乃请尊者没特伽罗子以神通力接工人上天宫，亲观妙相，雕刻旃檀。如来自天宫还也，刻檀之像起迎世尊。世尊慰曰：“教化劳耶？开导末世，实此为冀。”**

精舍东百余步，有过去四佛座及经行遗迹之所。其侧不远，有如来井及浴室，井犹充汲，室已颓毁。

［译文］

都城内旧王宫当中有一所高六十多尺的大精舍，精舍内有一尊用檀木雕刻成的佛像，上面悬着石质顶盖，这是邬陀衍那王（唐朝语言称出爱。以前称为优填王，是错误的）所制作的。这里经常神光照耀，显现灵异事件。各国君王都曾试图依仗自己的力量举起佛像，虽然人多，但并不能使它移动，于是只能绘制佛像来供养，大家都说获得了佛的真容，但说到底都源于这尊佛像。当初如来成佛以后，上升到天宫为母亲讲经说法，过了三个月都没有返回。国王思念他，希望绘制他的图像。于是请没特伽罗子尊者运用神通之力把画工接上天宫，亲眼观看了如来的美妙相貌，把他的样子雕刻在檀木上。当如来从天宫返回时，檀木佛像便起身迎接世尊。世尊慰劳说："教化世人辛苦吗？开导乱世中的众生，正是我所希望的。"

精舍向东边一百多步远的地方，有过去四佛打坐及经行场所的遗迹。旁边不远处的地方有如来曾用过的水井和浴室。现在水井还可以汲出水来，但浴室已经废弃。

具史罗、世亲、无著及诸遗迹

［原文］

城内东南隅有故宅余址，是具史罗旧云瞿师罗，讹也。**长者故宅也。中有佛精舍及发、爪窣堵波。复有故基，如来浴室也。**

城东南不远有故伽蓝，具史罗长者旧园也。中有窣堵波，无忧王之所建立，高二百余尺。如来于此数年说法。其侧则有过去四佛座及经行遗迹之所。复有如来发爪窣堵波。伽蓝东南重阁上有故砖室，世亲菩萨尝住此中作《惟识论》，破斥小乘，难诸外道。伽蓝东庵没罗林中有故基，是无著菩萨于此作《显扬圣教论》。

城西南八九里毒龙石窟，昔如来伏此毒龙，于中留影，虽则传记，今无所见。其侧有窣堵波，无忧无之所建也，高二百余尺。傍有如来经行遗迹及发、爪窣堵波。病苦之徒，求愿多愈。

释迦法尽，此国最后。故上自君王，下及众庶，入此国境，自然感伤，莫不饮泣，悲叹而归。

［译文］

都城内东南角有处遗址，是具史罗（以前称为瞿师罗，是错误的）长者的故宅，里面有佛的精舍以及收藏如来头发、指甲的佛塔，还有一处旧地基是如来的浴室。

在都城东南方向的不远处有所旧寺庙，该寺曾是具史罗长者的旧园。里面有座高二百多尺的佛塔，是由无忧王建的。如来曾在这里讲说了许多年的佛法。塔旁有过去四佛打坐及经行场所的遗迹。还有收藏如来头发指甲的佛塔。在寺庙东南的楼阁上有个旧砖室，世亲菩萨曾住在这里写作《惟识论》，驳斥小乘佛教，责难各种外道。位于寺庙东面的庵没罗林中，有座旧房基，无著菩萨曾在这里写作《显扬圣教论》。

在都城西南八九里处有个曾是毒龙居住的石窟，当初如来降伏这条毒龙时，在窟中留下了自己的影像，此事虽有记载，现在却看不到了。石窟旁有一座由无忧王建造的高二百多尺的佛塔。佛塔旁边有如来经行场所的遗迹和藏有如来头发、指甲的佛塔。身患疾病的人，来此祈祷发愿后，大多都会痊愈。

释迦佛法逐渐消尽，最后轮到了这个国家。所以上自君王，下至大众百姓，凡进入该国境内，便不由得心生感伤，没有不流泪悲叹而归的。

迦奢布罗城及护法伏外道遗迹

[原文]

龙窟东北大林中，行七百余里，渡殑(qíng)伽河，北至迦奢布罗城，周十余里，居人富乐。城傍有故伽蓝，惟余基址，是昔护法菩萨[1]伏外道处。此国先王怵于邪说，欲毁佛法，崇敬外道。外道众中召一论师，聪敏高才明达幽微者，作伪邪书千颂，凡三万二千言，非毁佛法，扶正本宗。于是召集僧众，令相榷(què)论。外道有胜，当毁佛法；众僧无负，断舌以谢。是时僧徒惧有退负，集而议曰："慧日已沉[2]，法桥将毁[3]，王党外道，其可敌乎？事势若斯，计将安出？"众咸默然，无竖议者。护法菩萨年在幼稚，辩慧多闻，风范弘远，在大众中扬言赞曰："愚虽不敏，请陈其略。诚宜以我疾应王命。高论得胜，斯灵祐也；征议堕负[4]，乃稚齿也。然则进退有辞，法僧无咎。"佥曰："允谐。"如其筹策，寻应王命，即升论席。外道乃提顿纲网，抑扬辞义，诵其所执，待彼异论。护法菩萨纳其言而笑曰："吾得胜矣！将覆逆而诵耶？为乱辞而诵耶？"外道怃然而谓曰："子无

自高也。能领语尽，此则为胜，顺受其文，后释其义。”护法乃随其声调，述其文义，辞理不谬，气韵无差。于是外道闻已，欲自断舌。护法曰：“断舌非谢，改执是悔。”即为说法，心信意悟。王舍邪道，遵崇正法。

护法伏外道侧，有窣堵波，无忧王之所建也，基虽倾陷，尚高二百余尺，是如来昔于此处六月说法。傍有经行之迹及发、爪窣堵波。

自此北行百七八十里，至鞞索迦国[5]。中印度境。

［注释］

①护法菩萨：梵文意译，古印度大乘佛教瑜伽行派十大论师之一，生活于6世纪中叶，原是南印度达罗毗荼国建志补罗城某大臣的儿子，出家修学佛法，曾主持那烂陀寺，弟子很多。玄奘游学那烂陀寺时所师事的戒贤，即出其门。

②慧日已沉：佛已涅槃。慧日，佛家用以比喻佛，谓佛之智慧有如太阳普照世间。

③法桥将毁：佛法将要遭到毁弃。法桥，佛家用以比喻佛法，谓佛法如桥可以度众生至彼岸。

④征议堕负：在问答论辩中败下阵来。征，这里作征询、问答解。堕负，败下阵来。

⑤鞞索迦国：一说在印度毕塞普尔；一说在印度锡他普尔南部。

［译文］

在龙窟东北的大森林中，行走七百多里，再渡过殑伽河，向北就到达方圆十多里的迦奢布罗城了，这里居民生活富裕、欢乐。城旁有所只剩下地基的旧寺庙，护法菩萨当初曾在这里降伏外道。这个国家的前代君王曾经崇敬外道，受邪说蛊惑而欲毁弃佛法。于是从外道中召集到一个论师，这位论师聪明敏捷，才能出众，通达深奥的道理，造出诋毁佛法的邪书有一千颂，共计三万二千字，欲立本派为正宗。这时，国王召集来僧徒，命令他们与外道辩论。如果外道取胜，就毁弃佛法；而如果僧人取胜，那么外道就断舌谢罪。当时僧徒担心失败，便聚集在一起商议说：“智慧的太阳已经下山，佛法的桥梁将被毁掉，如今国王偏袒外道，我们怎能抵挡住呢？形势如此，有什么好的计策呢？”众人都默不作声，没有人提出建议。此时的护法菩萨虽然很年轻，但却聪慧博识，能言善辩，风度不凡，气派宏大，他在众人面前公开宣称：“我虽然并不聪敏，但请允许我说说自己的想法，你们实在应该赶快让我去接受王命。如果辩论得

胜，这是神灵的佑护；而如果辩论失败了，则是因为我还幼小。这样便胜败都有理由，使佛法和僧徒都不会受到损伤。”众人都说：“很好。”于是同意按他的计策行事，旋即响应了国王命令，登上了辩论席。外道于是抓住要领，以抑扬顿挫的声调诵读他的观点，等待对方的不同意见。护法菩萨听后笑道：“我已经赢了。你是要我倒着顺序背诵呢？还是打乱顺序背诵呢？”外道茫然不解其意地说：“你不要自视清高。如果你能把我的意思领会透彻，就算你取胜。你可以先按顺序复述一遍，然后解释它的含义。”于是护法菩萨仿照外道的声调，把他的文章内容叙述了一遍，文字和道理都没有错，语气韵味也没有差别。外道听完之后，便想要咬断自己的舌头。护法菩萨说：“咬断舌头不算是谢罪，改变信仰才是真正的悔悟。”于是为他说法，使外道心领神会。国王也舍弃了邪道，遵循并推崇佛法。

在护法菩萨降伏外道的寺庙旁有座无忧王所建的佛塔，塔基虽然已经塌毁，仍有二百多尺高，当初如来曾在建塔处说法六个月。旁边还有如来经行场所的遗迹和收藏有如来头发、指甲的佛塔。

从这里向北行走一百七十八十里，便到鞞索迦国（在中印度境内）。

鞞索迦国

[原文]

鞞索迦国周四千余里，国大都城周十六里。谷稼殷盛，花果具繁。气序和畅，风俗淳质，好学不倦，求福不回。伽蓝二十余所，僧众三千余人，并学小乘正量部法。天祠五十余所，外道甚多。

[译文]

鞞索迦国方圆四千多里，国都方圆十六里。境内庄稼繁茂，花果树木繁荣。气候温和舒畅，民风淳厚朴质，百姓好学不知疲倦，并志于修福积德。整个国家有二十多所寺庙及三千多名僧徒，都学习小乘佛教正量部佛法。有五十多所天祠，外道信徒也特别多。

卷六

室罗伐悉底国

［原文］

室罗伐悉底国周六千余里。都城荒颓，疆场无纪。宫城故基周二十余里，虽多荒圮(pǐ)，尚有居人。谷稼丰，气序和。风俗淳质，笃学好福。伽蓝数百，圮坏良多，僧徒寡少，学正量部。天祠百所，外道甚多。

［译文］

室罗伐悉底国占地方圆六千多里。都城内一片荒芜景象，边界也没有修缮。宫城的旧基占地方圆二十多里，虽然大多都荒废倒塌，但仍有居民。当地谷物丰盛，气候温和。民风淳厚朴质，大众百姓喜爱学习，并大多修善积福。国内有几百所寺庙，但其中的大部分都已经倒塌毁坏了，国内的僧徒也很少，研习正量部佛法。有一百所天祠，外道信徒人数众多。

胜军王

［原文］

此则如来在世之时，钵逻犀那恃多[①]**王**唐言胜军。旧曰波斯匿，讹略也。**所治国都也。故宫城内有故基，胜军王殿余址地。**

次东不远，有一故基，上建小窣堵波，昔胜军王为如来所建大法堂也。法堂侧不远，故基上有窣堵波，是佛姨母钵逻阇钵底[②]唐言生主。旧云波阇波提，讹也。**苾(bì)刍尼精舍，胜军王之所建立。次东窣堵波，是苏达多**唐言善施。旧曰须达，讹也。**故宅也。**

［注释］

①钵逻犀那恃多：梵文音译，也译作“波斯匿”，意译“胜军”“胜光”“梵授”等。中印度憍萨罗国国王，佛教的信徒和支持者。与释迦牟尼同岁，时人称释迦为“日光”，称他为“月光”。后来其子毗卢择迦王篡位，

他在出逃途中病饿而死。释迦亦同年死。

②钵逻阇钵底：梵文音译，意译“生主”“爱道”。相传为释迦牟尼的姨母，摩诃岸耶夫人之妹，净饭王的第二夫人。据《佛本行集经》《中阿含经》说，释迦牟尼出生七天，生母摩诃摩耶夫人逝世，遂由姨母钵逻阇钵底抚养成人。后钵逻阇钵底也随释迦出家，成为第一个比丘尼。

［译文］

在如来在世之时，这里曾是钵逻犀那恃多王（唐朝语言称胜军。以前称为波斯匿，是错误与疏略）所统治的地区。旧宫城的旧房基是胜军王曾经的宫殿。

位于宫殿东面不远处的旧地基上有一座小佛塔，这是当初胜军王为如来建造的大法堂。法堂附近的旧地基上有座佛塔，该佛塔也是由胜军王建的，它曾是佛陀的姨母钵逻阇钵底（唐朝语言称生主。以前称为波阇波提，是错误的）比丘尼的精舍。再往东边还有一个佛塔，这座佛塔则是苏达多（唐朝语言称善施。以前称为须达，是错误的）的故居。

指鬘舍邪处

［原文］

善施长者宅侧有大窣堵波，是鸯窭利摩罗唐言指鬘。旧曰央掘摩罗，讹也。**舍邪之处。鸯窭利摩罗者，室罗伐悉底之凶人也。作害生灵，为暴城国，杀人取指，冠首为鬘(mán)。将欲害母，以充指数。世尊悲愍，方行导化。遥见世尊，窃自喜曰：“我今生天必矣。先师有教，遗言在兹：害佛杀母，当生梵天。”谓其母曰：“老今且止，先当害彼大沙门。”寻即仗剑往逆世尊。如来于是徐行而退，凶人指鬘疾驱不逮。世尊谓曰：“何守鄙志，舍善本，激恶源？”时指鬘闻诲，悟所行非，因即归命，求入法中。精勤不怠，证罗汉果。**

［译文］

在善施长者的故居旁有一座大佛塔，那是鸯窭利摩罗（唐朝语言称指鬘。以前称为央掘摩罗，是错误的）弃恶从善的地方。鸯窭利摩罗曾是室罗伐悉底国的恶人。在城邑乡村间广施暴行、残害生灵，他杀人后割取死者的手指串在帽子上作装饰。只为凑够帽子上手指的数目，他就想要杀死母亲。满怀悲悯之心的世尊于是前去引导教化他。他远远地看到世尊，心中暗喜：“我今天必定可以升天了。先师曾留下教诲说：害佛杀母可以转生梵天。”于是他对母亲说：“我暂且不杀你，我先要去杀那个大和尚。”然后立即拿剑刺向世尊。于是如来开始慢慢向后退，指鬘快步追赶向前却总赶不上。世尊对他说道：“为什么你要固守这种鄙陋的心志，而抛弃本来应为善的心志，激起这邪恶的动机呢？”指鬘听到教诲后，悔悟自己的错误行为，随即归附世尊，请求进入佛门研究佛法。从此他精进勤勉不松懈，终于证得了罗汉果。

逝多林给孤独园

[原文]

城南五六里有逝多林，唐言胜林。旧曰祇陀，讹也。**是给孤独园。胜军王大臣善施为佛建精舍。昔为伽蓝，今已荒废。东门左右各建石柱，高七十余尺。左柱镂(lòu)轮相于其端，右柱刻牛形于其上，并无忧王之所建也。室宇倾圮，唯余故基，独一砖室岿然独在，中有佛像。昔者如来升三十三天[①]，为母说法之后，胜军王闻出爱王刻檀(tán)佛像，乃造此像。**

善施长者仁而聪敏，积而能散，拯乏济贫，哀孤恤老，时美其德，号给孤独焉。闻佛功德，深生尊敬，愿建精舍，请佛降临。世尊命舍利子随瞻揆[②]焉，唯太子逝多园地爽垲(kǎi)。寻诣太子，具以情告。太子戏言：“金遍乃卖。”善施闻之，心豁如[③]也，即出藏金，随言布地。有少未满，太子请留，曰：“佛诚良田，宜植善种[④]。”即于空地，建立精舍。世尊即之，告阿难曰：“园地善施所买，林树逝多所施，二人同心，式崇功业[⑤]。自今已去，应谓此地为逝多林给孤独园。”

[注释]

①三十三天：梵文意译，音译忉利天。佛教有所谓欲界六天，忉利天为欲界第二天，在须弥山顶，中央为帝释天，四方各有八天，共三十三天。

②瞻揆：看一看，量一量。揆，测量。

③豁如：心胸开阔，这里有不在乎的意思。

④“佛诚良田”二句：佛的确像很好的田土，应该播下行善积德的种

子。这里是把礼佛比作在良田里播种就可以得到好收成一样，能得到善报。

⑤式崇功业：使功德更为崇高显赫。崇，这里的意思是使崇高显赫。功业，即功德，包括念佛、诵经、布施、供养、修庙建塔等各种佛事。

[译文]

都城向南五六里处，有片逝多林（唐朝语言称胜林，以前称为祇陀，是错误的），也就是给孤独园。这座精舍是为佛所建，由胜军王的大臣善施建造而成。从前这里是寺庙，但现在已经荒废了。寺庙的东门左右各建有高七十多尺的石柱。左边石柱的柱顶上镂刻有轮相，右边石柱的柱顶上刻有牛形，这些石柱都是无忧王建造的。如今寺庙的房屋大部分已经倒塌，只剩下旧宅基，唯独一间砖房依然保存完好，里面有座佛像。当初在如来升上三十三天为母亲说法之后，胜军王听说出爱王雕刻了檀木佛像，于是他就建造了这尊佛像。

仁慈而聪明的善施长者能广积财富而散发出去，拯济贫困、孤独及需要抚恤的老人，当时人们赞美他的德行，而称他为给孤独。在听说佛陀的功德之后，他深深地产生了尊崇之心，发愿建造一座精舍而恭请佛陀降临。随即世尊命令舍利子跟随善施长者察看地方，发现只有太子逝多的园地高爽适宜。于是，善施长者立即来到太子那里，向他详细说明事情。太子开玩笑地说："要把金币铺满地我才肯卖。"善施听后毫不介意，立即取出自己所有的金币，按太子的说法把金币铺满园地。尚有一小块地没被金币铺满时，太子请他停止，说道："佛陀就像这肥沃的良田，我们应在上面播下善行的种子。"于是在空地上建起了精舍。世尊来到这里后，告诉阿难说："善施长者买下这个园地，逝多太子施舍这片树林，二人同心共建了这一功德。从今以后，这片地应叫作逝多林给孤独园。"

如来洗病比丘处

[原文]

给孤独园东北有窣堵波，是如来洗病苾(bì)刍处。昔如来在世也，有病苾刍含苦独处。世尊见而问曰："汝何所苦？汝何独居？"曰："我性疏懒，不耐看病，故今婴疾，无人瞻视。"如来是时愍(mǐn)而告曰："善男子，我今看汝。"以手拊摩，病苦皆愈。扶出户外，更易敷蓐，亲为盥洗(guàn xǐ)，改著新衣。佛语苾刍："当自勤励。"闻诲感恩，心悦身豫。

[译文]

在给孤独园的东北处有一座佛塔，如来曾在这里为生病的比丘洗澡。当初如来在世时，有个独居一处的比丘生病了，十分痛苦。世尊见到他后问道：“你有什么痛苦？为什么独自一人居住？”比丘回答说：“我生性懒散，不耐烦去看病，如今患病无人探望、无人照料。”如来听后很可怜他，于是对他说道：“好男子，现在我来看护你。”于是，用手抚摸他，比丘的病痛都消失了。如来又把他扶出屋外，替他更换了被褥，并亲手为他清洗沐浴，换上新衣。末了，佛陀对比丘说：“你以后应当自己勤奋努力。”听到教诲的比丘十分感激，心情舒畅，身体也恢复了健康。

影覆精舍

[原文]

伽蓝东六七十步有一精舍，高六十余尺，中有佛像，东面而坐。如来在昔于此与诸外道论议。次东有天祠，量等精舍。日旦流光，天祠之影不蔽精舍；日将落照，精舍之影遂覆天祠。

影覆精舍东三四里有窣堵波，是尊者舍利子与外道论议处。初，善施长者买逝多太子园，欲为如来建立精舍，时尊者舍利子随长者而瞻揆，外道六师求角神力。舍利子随事摄化，应物降伏。

其侧精舍前建窣堵波，如来于此摧诸外道，又受毗舍佉(qū)母请。

[译文]

寺庙东面约六七十步处有一座高六十多尺的精舍，里面有座朝东而坐的佛像。如来曾在这里与外道辩论。再往东，有座高度同精舍一样的天祠。白天，太阳照到天祠的影子并不能遮住精舍；但到太阳将要落山时，精舍的影子却能把天祠遮盖住。

在这影覆天祠的精舍东边三四里处有座佛塔，尊者舍利子曾在这里和外道辩论。当初，善施长者买下逝多太子园准备为如来建造精舍，当时尊者舍利子随同善施长者一起去察看，外道六师却要求同他较量神力。舍利子根据不同的人采取不同的方法对他们加以化导，使他们很快便降伏了。

在旁边的精舍前面有一座佛塔，如来曾在此处挫败外道，同时接受毗舍佉母的邀请，为她讲说佛法。

故 城

［原文］

大城西北六十余里有故城，是贤劫中人寿二万岁时，迦叶波佛本生城也。城南有窣堵波，成正觉已初见父处[①]。城北有窣堵波，有迦叶波佛全身舍利，并无忧王所建也。

从此东南行五百余里，至劫比罗伐窣堵国。旧曰迦毗罗卫国，讹也。中印度境。

［注释］

①成正觉已初见父处：修成佛后，最初见到父亲的地方。成正觉，即成佛。

［译文］

从都城往西北方向走六十多里可以看到一座旧城，在贤劫中人寿二万岁时，迦叶波佛曾在这里诞生。城南有一座佛塔，迦叶波佛成正觉之后初次在这里会见父亲。城北有一座佛座，里面有迦叶波佛的全身舍利，两座佛塔都是无忧王建造的。

从室罗伐悉底国向东南行走五百多里，便到达劫比罗伐窣堵国（以前称为迦毗罗卫国，是错误的。在中印度境内）。

劫比罗伐窣堵国

［原文］

劫比罗伐窣堵国周四千余里。空城十数，荒芜已甚。王城颓圮（pǐ），周量不详。其内宫城周十四五里，垒砖而成，基址峻固。空荒久远，人里稀旷，无大君长，城各立主。土地良沃，稼穑时播。气序无愆（qiān），风俗和畅。伽蓝故基千有余所，而宫城之侧有一伽蓝，僧徒三十余人，习学小乘正量部教。天祠两所，异道杂居。

[译文]

劫比罗伐窣堵国方圆四千多里。境内有十多座已经荒废的空城。都城也已经倾塌，无法估计它的大小。内宫城方圆十四五里，垒砖建成，基址坚固。这里长时间荒芜，人烟稀少，国家也没有君王，各城都是自立领导者。这里土地肥沃，庄稼按季节播种和收获。气候温和，民风温和善良。国境内有一千多所寺庙的旧基址，宫城旁的一所寺庙中有三十多名僧徒，都修行小乘正量部佛法。有两所天祠，外道教徒混杂着居住在这里。

释迦为太子时传说

[原文]

宫城内有故基，净饭王[1]正殿也。上建精舍，中作王像。其侧不远有故基，摩诃摩耶唐言大术。**夫人[2]寝殿也。上建精舍，中作夫人之像。其侧精舍，是释迦菩萨降神母胎[3]处，中有菩萨降神之像。上座部[4]菩萨以嗢(wà)呾罗𬱖(è)沙荼月[5]三十日夜降神母胎，当此[6]五月十五日；诸部则以此月二十三日夜降神母胎，当此五月八日。**

菩萨降神东北有窣堵波，阿私多仙相太子处。菩萨诞灵之日，嘉祥辐凑。时净饭王召诸相师而告之曰："此子生也，善恶何若？宜悉乃心，明言以对[7]。"曰："依先圣之记，考吉祥之应，在家作转轮圣王，舍家[8]当成等正觉[9]。"是时阿私多仙自远而至，叩门请见。王甚庆悦，躬迎礼敬，请就宝座，曰："不意大仙今日降顾。"仙曰："我在天宫，安居宴坐，忽见诸天群从蹈舞。我时问言：'何悦豫之甚也？'曰：'大仙当知，赡部洲中，释种净饭王第一夫人今产太子，当证三菩提[10]，圆明一切智。'我闻是语，故来瞻仰。所悲朽耄(mào)，不遭圣化。"

城南门有窣堵波，是太子与诸释角力[11]掷象之处。太子伎艺[12]多能，独拔伦匹。净饭大王怀庆将返，仆夫驭象，方欲出城，提婆达多素负强力，自外而入，问驭者曰："严驾[13]此象，其谁

欲乘？”曰：“太子将还，故往奉驭。”提婆达多发愤引象，批其颡⑭，蹴其臆⑮，僵仆塞路，杜绝行途，无能转移，人众填塞。难陀后至，而问之曰：“谁死此象？”曰：“提婆达多。”即曳之僻路。太子至，又问曰：“谁为不善，害此象耶？”曰：“提婆达多害以杜门，难陀引之开径。”太子乃举象高掷，越度城堑⑯。其象堕地，为大深坑，土俗相传为象堕坑也。其侧精舍中作太子像。其侧又有精舍，太子妃寝宫也，中作耶输陀罗⑰，并有罗怙罗像。宫侧精舍作受业之像，太子学堂故基也。

［注释］

①净饭王：梵文意译，相传为释迦牟尼的生父。

②摩诃摩耶夫人：梵文音译，相传是释迦牟尼的生母，净饭王的王后。

③降神母胎：佛的神灵下降到母亲所怀的胎里。意思是摩耶夫人有孕，怀了释迦牟尼。

④上座部：梵文意译，佛教小乘中与大众部相对立的根本派别，是释迦牟尼逝世后一百年因对教义的理解不同，对戒律的见解有异而发生的佛教最初分裂的部派。

⑤嗢呾罗頞沙荼月：印度夏季三个月中的第一个月叫頞沙荼月，又往往因它居三个月之首，也叫上頞沙荼月。嗢呾罗就是“上”的意思。

⑥当此：相当于这里。“此”即指中国。

⑦“宜悉乃心”二句：应该把你们心里想的全都明白地对答出来。

⑧舍家：出家修行。

⑨等正觉：亦称正等觉、正遍知、正遍知道、正真道，梵文音译。知即觉；觉知契于理，是正；三世诸佛之觉知平等，所以叫作等。《大经》中载：等正觉者，余经中亦名正遍知也。正是理，于理究照，故名遍知。今言等者，是彼遍也，称理名等。

⑩三菩提：阿耨多罗三藐三菩提的略称。意译为“无上正等正觉”。即所谓能觉知佛教一切“真理”，并能“如实”地了知一切事物，达到无所不知的一种智慧。

⑪角力：比武。传说净饭王要比试释种诸童子射技的高低、力气的大小，在赛场中设置铁鼓。提婆达多箭穿三鼓，难陀亦穿三鼓。悉达多太子嫌弓力弱，令取向库祖王所用良弓，一箭射穿七鼓，又一箭射穿七铁盾。其箭入地即成井，号称箭井。赛罢，净饭王下令取白象，送太子回宫。

⑫伎艺：本领。

⑬严驾：整治鞍辔，准备乘坐。

⑭批其颡：拍击象的额部。

⑮蹴其臆：踢象的胸部。

⑯城堑：护城河。

⑰耶输陀罗：梵文音译，亦名瞿波。释迦牟尼之妻，罗怙罗之母，后随释迦牟尼姨母钵逻阇钵底出家。

［译文］

在宫城内有处旧基址，那就是净饭王的正殿。基址上面建有精舍，里面供奉有净饭王的像。精舍附近还有一处旧基址，摩诃摩耶（唐朝语言称大术）夫人的寝宫便在这里。旧基址上面建有精舍，里面供奉有摩诃摩耶夫人的像。在这旁边的精舍，则是释迦菩萨投生母胎的地方，里面供奉着菩萨降生的像。上座部认为菩萨降生于嗢呾罗頞沙荼月三十日夜晚，相当于我国的五月十五日；其他诸部则认为降生于这个月二十三日夜晚，相当于我国的五月八日。

在菩萨降生处的东北方向有座佛塔，阿私多仙曾在那个地方为太子看相。菩萨诞生那一天，出现了各种祥瑞。这时净饭王便把相师们召集来说道：“这个孩子出生，善恶如何？你们要精心推究，坦白直言。”相师们说道：“依照先代圣人的记载以及吉祥的征兆来看，他若在家日后便可做转轮圣王，而出家修行则将成等正觉。”这时阿私多仙从远方赶来，叩门求见。国王十分高兴，亲自起身迎接，请他在宝座上坐下，说道：“没想到大仙今日会光临。”阿私多仙说：“我本在天宫安坐，忽然看到天神们群起舞蹈。我便问道：‘是什么事让你们这般喜悦？’他们答说：‘大仙应该知道，赡部州中，释种净饭王第一夫人现在生下太子，他将来会证得三菩提，通晓一切种智。’我听了这些话，便特地赶来瞻仰。遗憾的是我已年老，看不到他成圣的那天。”

在城的南面有一座佛塔，是太子与释迦族人因比斗力气而扔掷大象的地方。太子多艺多能，出类拔萃。净饭大王怀着喜悦心情正准备返还王宫，于是仆人驾着大象准备出城迎接。一向自负力气大的提婆达多从郊外回来，问驭者说：“如此庄重地驾驭这头象，是谁要乘坐？”驭者答说：“太子将要回来，所以驾象前去迎接。”提婆达多愤怒地把大象拉过来，打它的头，踢它的胸，使大象倒下死去，继而堵塞了道路，但没有人搬得动它，使得人群拥堵在道路上。难陀随后到来，问道：“是谁杀死了这头象？”人们答道：“是提婆达多。”于是难陀把大象拖到了偏僻的地方。太子赶到后又问道：“是谁做的恶事，害死了这头象？”大家说：“提婆达多害死了大象，并用它堵塞路口，是难陀拖开它才使道路畅通。”太子便高举起象掷出去，越过护城壕沟。大象落地之处陷成了巨大的深坑，这就是当地人相传的象堕坑。象堕坑旁边的精舍中供奉有太子像。旁边还有精舍，这个精舍则是太子妃的寝宫，里面供奉有耶输陀罗及罗怙罗的画像。宫殿旁的精舍中有太子学习的画像，这里是太子学堂的旧址。

国清三圣

国清三圣指唐代僧人丰干、寒山、拾得。丰干禅师在天台山的国清寺中，寒山住在天台山的寒岩。一日，丰干禅师路过赤城时，在路边捡到了十岁的孤儿，并带回寺中收养，取名拾得。台州刺史赴任途中忽然头痛难忍，路过的丰干禅师用符水治好了他的头疼。后来台州刺史再次上天台山寻访丰干禅师，却没有找到他，只在他的住所处看见老虎的足迹。刺史又去拜访寒山、拾得两位僧人，两个人一人说道："素不相识，为什么向我们礼拜？"另一个说道："一定是丰干多嘴。"说完两个人携手一起走开了。

太子逾城处

［原文］

城东南隅有一精舍，中作太子乘白马凌虚之像，是逾城处也。

城四门外各有精舍，中作老、病、死人、沙门之像，是太子游观，睹相增怀，深厌尘俗，于此感悟，命仆回驾。

［译文］

在城的东南角有一座精舍，精舍内供奉有太子乘白马腾空的画像，那里便是太子出家时越城的地方。

城的四门外各有精舍，精舍内绘有老人、病人、死人、沙门的画像，这是太子出门游览，目睹了世俗真相后有所感怀，而深深地厌恶尘俗生活，顿时觉悟，随即命令仆人驾车回宫的地方。

自在天祠及箭泉

［原文］

城东门内路左有窣堵波，昔一切义成太子于此习诸伎艺。门外有自在天祠，祠中有石天像，危然起势，是太子在襁褓(qiǎngbǎo)中所入祠也。净饭王自腊伐尼园迎太子还也，途次天祠。王曰："此天祠多灵鉴，诸释童稚求祐必效，宜将太子至彼修敬。"是时傅母抱而入祠，其石天像起迎太子，太子已出，天像复坐。

城南门外路左有窣堵波，是太子与诸释角艺，射铁鼓。从此东南三十余里，有小窣堵波。其侧有泉，泉流澄镜，是太子与诸释引强校能，弦矢既分，穿鼓过表，至地没羽，因涌清流。时俗相传，谓之箭泉。人有疾病，饮沐多愈。远方之人，持泥以归，随其所苦，渍以涂额，灵神冥卫，多蒙痊愈。

［译文］

在都城的东门内路左有一座佛塔，当初，一切义成太子在这里学习各种技艺。城门外有一座自在天祠，祠中有一尊石刻的天神像，神像呈现欠身将起的姿态，太子尚在襁褓中时曾到过这座神祠。当时，在净饭王从腊伐尼园迎太子回宫的途中，他们在天祠中曾停留了片刻。国王说：“这座天祠非常灵验，释迦族的孩子凡是来祈祷保佑，愿望都能实现，我应该带着太子到那里行礼致敬。”于是，保姆抱着太子走进祠中，石刻天神像起身迎接太子，待太子出去后，天神像又坐回原位。

在都城的南门外路左边有一座佛塔，太子曾在这里与其他释迦族人较量技艺，射穿铁鼓。在这里的东南方向三十多里处，有一座小佛塔。塔旁有一泉，水清如镜，当时太子曾在与其他释迦族人比试拉强弓技能时，射出的箭穿破铁鼓，箭尾没入了这片土地中，这片土地因而涌出了清泉。当地人们把这件事奔走相告，称此泉为箭泉。患病的人们但凡饮用此水，或用此水沐浴后，大多恢复健康。远方的人将这里的泥土拿回去，不论是何处疼痛，只要把泥土浸过水，然后涂在额头，神灵便会暗中保佑，病人多能痊愈。

腊伐尼林及释迦诞生传说

[原文]

箭泉东北行八九十里，至腊伐尼林，有释种浴池。澄清皎镜，杂花弥漫。其北二十四五步，有无忧花树，今已枯悴，菩萨诞灵之处。菩萨以吠舍佉(qū)月后半八日，当此三月八日；上座部则曰以吠舍佉月后半十五日，当此三月十五日。次东窣堵波，无忧王所建，二龙浴太子处也。菩萨生已，不扶而行于四方各七步，而自言曰：“天上天下，唯吾独尊。今兹而往，生分已尽[①]。”随足所蹈，出大莲花。二龙踊出，住虚空中，而各吐水，一冷一暖，以浴太子。浴太子窣堵波东，有二清泉，傍建二窣堵波，是二龙从地踊出之处。菩萨生已，支属宗亲莫不奔驰，求水盥(guàn)浴。夫人之前，二泉涌出，一冷一暖，遂以浴洗。其南窣堵波，是天帝释捧接菩萨处。菩萨初出胎也，天帝释以妙天衣，跪接菩萨。次有四窣堵波，是四天王抱持菩萨处也。菩萨从右胁生已，四大天王以金色氎(dié)衣捧菩萨，置金几上，至母前曰：“夫人诞斯福子，诚可欢庆。诸天尚喜，况世人乎？”

四天王捧太子窣堵波侧不远，有大石柱，上作马像，无忧王之所建也。后为恶龙霹雳，其柱中折仆地。傍有小河，东南流，土俗号曰油河。是摩耶夫人产孕已，天化此池，光润澄净，欲令夫人取以沐浴，除去风尘。今变为水，其流尚腻。

从此东行旷野荒林中，二百余里，至蓝摩国[②]。中印度境。

［注释］

①生分已尽：出生的这一段缘分已经完结。表示他要出家修行了。佛家认为一切都由因缘定分，投生母胎到离开母胎而出生就是一个因缘。出生之后，这一段的缘分完了，就又开始了新阶段的因缘。

②蓝摩国：在今尼泊尔南部。

［译文］

自箭泉向东北方向行走约八九十里，便到达了腊伐尼林，在这里有个释迦族的浴池。池水清如明镜，各种鲜花遍地开放。往北行走大约二十四五步远的地方有棵无忧花树，如今已经枯萎，菩萨曾在这里诞生。菩萨诞生的日期为吠舍佉月的后半八日，也就是中国的三月八日；但上座部则认为菩萨诞生于吠舍佉月的后半十五日，相当于中国的三月十五日。再向东走有一座由无忧王建造的佛塔，二龙曾在这里为太子洗浴。当时菩萨生下后，不用旁人搀扶就能自己行走，他向东南西北四个方向各走了七步，然后自言自语地说："天上天下，唯我独尊。从今以后，不再转生。"随着他的走动，他脚所踏过的地方都出现了大莲花。这时从地下跃起两条龙，停在空中，各自吐出水来，正好一冷一暖为太子沐浴。在浴太子佛塔的东侧有两股清泉，泉旁建有两座佛塔，这里就是两条龙从地下跃起的地方。菩萨出生后，众多家属宗亲纷纷赶来，找水为他盥洗。这是，在摩耶夫人的面前，忽然涌出一冷一暖两股泉水，于是用来为菩萨浴洗。在这南面的佛塔，是天帝释捧接菩萨的地方。菩萨刚出生时，天帝释用精美的天衣跪接菩萨。再往南有四座佛塔，是四天王抱持菩萨的地方。菩萨从母亲的右胁生下后，四大天王用金色布衣捧接菩萨，放置在金桌上，到菩萨母亲面前说："夫人生下了有福之子，实在令人高兴。各位天神都很喜悦，何况世人呢？"

在四天王捧接太子的佛塔旁边不远，有一个高大的石柱，上面刻有马像，是无忧王所建造的。后来这个石柱被恶龙的霹雳击中，从中折断倒在地上。石柱旁边有条向东南方向流淌的小河，当地人称之为油河。这是当初摩耶夫人生产之后，上天变化出的水池，池中的液体光润清澈，以便夫人用来沐浴，除去风沙尘污。现在池水已变为流水，但是水流还有些腻滑。

从劫比罗伐窣堵国向东，在旷野荒林中行走二百多里，便到达蓝摩国（在中印度境内）了。

蓝摩国

［原文］

蓝摩国空荒岁久，疆场无纪，城邑丘墟，居人稀旷。

［译文］

蓝摩国由于荒废多年，边界没有修治，如今已变为废墟，城中人烟稀少。

佛舍利窣堵波

［原文］

故城东南有砖窣堵波，高减百尺。昔者如来入寂灭已，此国先王分得舍利，持归本国，式遵崇建，灵异间起，神光时烛。

窣堵波侧有一清池，龙每出游，变形蛇服，右旋宛转，绕窣堵波。野象群行，采花以散，冥力警察[①]，初无间替。昔无忧王之分建窣堵波也，七国所建，咸已开发，至于此国，方欲兴工。而此池龙恐见陵夺，乃变作婆罗门，前叩象曰："大王情流佛法，广树福田，敢请纡（yū）驾[②]，降临我宅。"王曰："尔家安在，为近远乎？"婆罗门曰："我，此池之龙王也。承大王欲建胜福，敢来请谒。"王受其请，遂入龙宫。坐久之，龙进曰："我惟恶业，受此龙身，供养舍利，冀消罪咎。愿王躬往，观而礼敬。"无忧王见已，霍然谓曰："凡诸供养之具，非人间所有也。"龙曰："若然者，愿无废毁。"无忧王自度力非其俦，遂不开发。出池之所，今有封记。

［注释］

①冥力警察：暗中有一种神力警戒、巡察。

②纡驾：屈驾，就是请求对方屈尊来访。这是一种表示恭敬的说法。

[译文]

在旧城的东南方向有一座高近一百尺的砖塔。当初，如来寂灭后，这个国家的前代君王分到了舍利，自从把舍利带回本国，隆重建立了佛塔之后，这里不时闪耀神光，总是出现灵异事件。

佛塔旁边有一清池，池中的龙王总是变化成蛇的形状出游，绕着塔向右旋转。每当这时还会有成群的野象行走，采花散发，神力不断地在暗中警戒，从来没有停止过。当初无忧王建造佛塔以用来分别供养舍利，那时其他的七个国家都已经动工兴建了，这个国家也正要开始。这个清池的龙王由于担心住宅被占，于是变身为婆罗门，来到无忧王骑的象前，叩请无忧王说："大王心向佛法，广泛建造福田，恕我冒昧，邀请您屈驾光临我家。"无忧王说："你家在哪里？是远是近？"婆罗门说："我即是这个水池的龙王。因大王要在这里建造积福的胜迹，所以斗胆前来谒见。"无忧王接受了邀请，进入龙宫。坐了很长时间后，龙王诉说道："由于我前世做了恶事，今世受到报应，转生为龙身。现在我在这里供养舍利，希望可以消除罪过。现在请大王亲自前去观看礼敬。"无忧王观看之后，连忙赞叹道："这些供养的物品，都不是人间所能有的。"龙王说："如果是这样，就请不要毁弃它吧！"无忧王自知不是龙王的对手，于是不再在这里动工建塔。无忧王走出龙池的地方，现在还立有标志。

沙弥伽蓝

[原文]

窣堵波侧不远，有一伽蓝，僧众鲜矣，清肃皎然，而以沙弥总任众务。远方僧至，礼遇弥隆，必留三日，供养四事。闻诸耆旧曰：昔有苾(bì)刍，同志相召，自远而至，礼窣堵波。见诸群象相趋往来，或以牙芟草，或以鼻洒水，各持异花，共为供养。时众见已，悲叹感怀。有一苾刍，便舍具戒[1]，愿留供养，与众辞曰："我惟多福，滥迹僧中，岁月亟(jí)[2]淹，行业无纪[3]。此窣堵波有佛舍利，圣德冥通，群象践洒。遗身此地，甘与同群，得毕余龄，诚为幸矣。"众告之曰："斯盛事也。吾等垢重，智不谋此。随时自爱，无亏胜业。"亦既离群，重申诚愿，欢然独居，有终焉之志。于是葺(qì)茅为宇[4]，引流成池，采掇时花，洒扫莹饰。绵历岁序，心事无怠。邻国诸王闻而雅尚，竞舍财宝，

共建伽蓝。因而劝请，屈知僧务。自尔相踵，不泯元功，而以沙弥总知僧事。

[注释]

①便舍具戒：就因五缘（持戒清、衣食具足、闲居静处、止诸缘务，近善知识）而舍弃具足戒律。

②亟：快。

③行业无纪：修行的事还没有头绪。行业，修行持戒。纪，这里是头绪的意思。

④葺茅为宇：用茅草盖房子。葺，以草盖屋。宇，房屋。

[译文]

佛塔旁的不远处有一所寺庙，僧徒很少，显得清静肃穆，寺规严明，而以沙弥总管各种事务。若有远方的僧人到来会受到很隆重的礼遇，必定留宿三天，供养衣食住行。听年长者说：从前曾有一些志同道合的僧人，自远处而来此礼拜佛塔。看到有一群象在这里往返，有的大象用牙给这里除草，有的大象用鼻子给这里洒水，还各自带上各种鲜花来供养佛塔。看见这一情形的僧人都悲叹感慨。其中有一个僧人更是舍弃了受具足戒的机会，而留下来供养佛塔，他对众僧告辞说："我因有福，得以出家充数于僧人中，但随着岁月的流逝，我没有丝毫成就。这个佛塔中有佛陀的舍利，这群象受到圣德感召在这里除草洒水。我愿意留下与象同群，能够这样终老一生，实在是我的荣幸。"众僧告诉他说："这是件好事呀，只因我们凡心太重，竟没有想到这样做。愿你能够随时自爱，不要辜负了大业。"于是他离开了众人，重新发虔诚的心愿，愉快地独自居住，并立下了在此终老之志。于是他开始搭建茅草屋，引流水作池，采集四季鲜花，清扫并装饰佛塔。这样经历了漫长的岁月后，他的心中一直没有懈怠。邻国各国王听说此事后，都十分敬佩他的高尚情操，于是竞相施舍财宝，共同建成了这个寺庙，并劝请他屈尊主持僧众事务。从此以后，代代相传约定成俗，为了不忘记他的开创之功，这个寺庙始终由沙弥来主持僧众事务。

太子解衣剃发处

[原文]

沙弥伽蓝东大林中，行百余里，至大窣堵波。无忧王之所建也。是太子逾城至此，解宝衣，去璎珞，命仆还处。太子夜半逾城，迟明[①]至此，既允宿心，乃形[②]言曰："是我出笼樊，去

羁锁，最后释驾③之处也。”于天冠中，解末尼宝④，命仆夫曰：“汝持此宝，还白父王，今兹远遁，非苟违离⑤，欲断无常，绝诸有漏⑥。”阐铎迦⑦旧曰车匿，讹也。曰：“讵有何心，空驾而返？”太子善言慰谕，感悟而还。

回驾窣堵波东，有赡（shàn）部树，枝叶虽凋，枯株尚在。其傍复有小窣堵波，太子以余宝衣易鹿皮衣处。太子既断发易裳，虽去璎珞，尚有天衣，曰：“斯服太侈，如何改易？”时净居天化作猎人，服鹿皮衣，持弓负羽。太子举其衣而谓曰：“欲相贸易，愿见允从。”猎人曰：“善。”太子解其上服，授与猎人。猎人得已，还复天身，持所得衣，凌虚而去。

太子易衣侧不远，有窣堵波，无忧王之所建也，是太子剃发处。太子从阐铎迦取刀，自断其发，天帝释接上天宫，以为供养。时净居天化作剃发人，执持铦刀，徐步而至。太子谓曰：“能剃发乎？幸为我净之。”化人受命，遂为剃发。

逾城出家时亦不定，或云菩萨年十九，或曰二十九，以吠舍佉（qū）月后半八日逾城出家，当此三月八日，或云以吠舍佉月后半十五日，当此三月十五日。

［注释］

①迟明：将近天明。

②形：在这里是流露的意思。

③释驾：本来是停下车来，卸去驾辕的马的意思，这里是指去掉一切能表明其太子身份的东西。

④于天冠中，解末尼宝：从珍贵的太子帽上解下宝珠。天冠，这里指珍贵的太子帽。末尼宝，波斯珠。末尼，梵文音译，摩尼教的创始人，因为摩尼教最初流行于波斯（即今之伊朗），后传至印度及中国，于是以摩尼（即末尼）代称波斯。

⑤非苟违离：不是轻率地离开。违，离。

⑥绝诸有漏：断绝和一切足以引起烦恼并导致流转生死的东西的联系。有漏，梵文意译，佛家语，指具有烦恼的性质能导致流转生死的一切事物

和现象。

⑦阐铎迦：梵文音译，意译为“不具信”“断善根”，即佛家认为断绝一切善根的人。这里是人名，指释迦牟尼离宫逾城时为他驾车的仆夫。

[译文]

在沙弥寺东面的大树林中行走一百多里，便到达一座大佛塔。该佛塔是无忧王建造的。这里是当初太子越过城墙后解下宝衣，除去璎珞，命仆人返回的地方。太子在夜里越过城墙，天快亮时来到这里，太子看到一直以来的心愿已经实现，便高兴地说：“这里是我逃出牢笼，去掉锁链，最后再放弃地位的地方了。”他从珍贵的太子帽上解下宝珠，交给仆人说：“你拿上这件宝物回去禀报我的父亲，我今天将逃往远方，这并不是随随便便地离开，而是要断绝一切世间无常的处境和束缚，告别一切烦恼。”阐铎迦（以前称为车匿，是错误的）说：“我怎么还有心思驾着空车回去呢？”经过太子的好言安慰晓谕，阐铎迦才怀着感悟而离去。

回驾佛塔的东面有棵赡部树，枝叶虽已凋谢，但枯枝仍在。枯枝旁又有一座小佛塔，是太子用剩余的宝衣换鹿皮衣的地方。太子把头发剪断、更换衣裳之后，虽已除去了璎珞，但还有一件宫殿中穿的衣服，他说：“这件衣服太奢侈了，怎样才能换掉呢？”这时，净居天变化成一个穿着鹿皮衣服、拿着弓、背着箭的猎人。太子看见后，便举起衣服对猎人说：“我想和你换这件衣服，希望你能够答应。”猎人说：“好吧！”于是太子脱下上身的衣服，把它交给了猎人。得到衣服后，猎人恢复成天神的原形，拿着换来的衣服，腾空而去。

在太子换衣服地点的不远处有座为无忧王所建的佛塔，这里是太子剃头发的地方。太子从阐铎迦那里取得刀子自己剪断头发，天帝释又将它接上天宫加以供养。这时净居天变化拿着锋利刀子的剃发人，缓步走来。太子问他说：“你能剃发吗？请替我剃光头发吧。”变化成人的净居天于是接受请求，为太子剃发。

关于太子越城出家的时间，说法也不一致，有的说菩萨是在十九岁时出家的，有的说法是他出家时二十九岁，在吠舍佉月后半八日越城出家，相当于我国的三月八日，有的说法是他在吠舍佉月的后半十五日出家，相当于我国的三月十五日。

灰炭窣堵波

[原文]

太子剃发窣堵波东南，旷野中行百八九十里，至尼拘卢陀林，有窣堵波，高三十余尺。昔如来寂灭，舍利已分，诸婆罗门

无所得获，于涅叠般那唐言焚烧。旧云阇维，讹也。**地收余灰炭，持至本国，建此灵基，而修供养。自兹已降，奇迹相仍，疾病之人，祈请多愈。灰炭窣堵波侧故伽蓝中，有过去四佛座及经行遗迹之所。故伽蓝左右，数百窣堵波。其一大者，无忧王所建也，崇基虽陷，高余百尺。**

自此东北大林中行，其路艰险，经途危阻，山牛、野象、群盗、猎师，伺求行旅，为害不绝。出此林已，至拘尸那揭罗国①。中印度境。

［注释］

①拘尸那揭罗国：意译为“上茅城”，一说其故地在今印度北部戈拉克普尔东之卡西亚，一说在今尼泊尔首都加德满都东部。

［译文］

在太子剃发佛塔的东南处的旷野行走约一百八九十里，便到达了尼拘卢陀林，那里有座高三十多尺的佛塔。当初如来涅槃后，舍利已经分完，各婆罗门没有分得，于是就在涅叠般那（唐朝语言称焚烧，以前称为阇维，是错误的）处收集遗留下的灰炭，带回本国，建造这个胜迹来礼敬供养。自此以后，这里不断出现奇迹，病人来这里祈请后多能痊愈。在灰炭佛塔旁有一个旧寺庙，里面有过去四佛打坐及经行场所的遗迹。旧寺庙的四周有几百座佛塔。其中一个大的佛塔是由无忧王建造的，佛塔的塔基虽然已经塌陷，但仍有一百多尺高。

从蓝摩国向东北方向的大树林中行走，道路艰险，要经过很多艰难险阻，山牛、野象、强盗、猎人都在伺机袭击行人，祸患不断。走出这片树林后，便到达了拘尸那揭罗国（在中印度境内）。

拘尸那揭罗国

［原文］

拘尸那揭罗国城郭颓毁，邑里萧条。故城砖基，周十余里。居人稀旷，闾巷荒芜。

［译文］

拘尸那揭罗国的城墙已经倒毁，城镇萧条。旧城用砖砌成的墙基方圆十多里。居民稀少，街巷荒凉。

准陀故宅

[原文]

城内东北隅有窣堵波，无忧王所建，准陀旧曰纯陀，讹也。**之故宅也。宅中有井，将营献供，方乃凿焉。岁月虽淹，水犹清美。**

[译文]

在城内的东北角处，有一座由无忧王所建造的佛塔，那是准陀（以前称为纯陀，是错误的）旧宅的所在地。宅内有一口井，是准陀准备供养佛陀之时，临时开凿的。如今虽然岁月久远，井水仍然清澈甘甜。

娑罗林及释迦涅槃处

[原文]

城西北三四里，渡阿恃多伐底河，唐言无胜，此世共称耳。旧云阿利罗跋提河，讹也。典言谓之尸赖拏伐底河，译曰有金河。**西岸不远，至娑罗林。其树类槲(hú)①，而皮青白，叶甚光润。四树特高，如来寂灭之所也。其大砖精舍中，作如来涅槃之像，北首而卧。傍有窣堵波，无忧王所建，基虽倾陷，尚高二百余尺。前建石柱，以记如来寂灭之事。虽有文记，不书日月。闻诸先记曰：佛以生年八十，吠舍佉(qū)月后半十五日入般涅槃②，当此三月十五日也。说一切有部则佛以迦剌底迦月后半八日入般涅槃，当此九月八日也。自佛涅槃，诸部异议，或云千二百余年，或云千三百余年，或云千五百余年，或云已过九百，未满千年。**

[注释]

①其树类槲：这种树类似槲树。槲，山毛榉科的一种高大的落叶乔木。

②般涅槃：梵文音译，意译有作“圆寂”的，即“圆满寂灭”的意思，涅槃的异名。

[译文]

在城外西北方向三四里远的地方，渡过阿恃多伐底河（唐朝语言称无胜，这是世人的通称。以前称为阿利罗跋提河，是错误的。典籍称之为尸赖拿伐底河，译为有金河），来到西岸，不远处就是娑罗林了。娑罗树看上去很像槲树，有青白色的树皮和光滑的叶子。其中四棵特别高大的树就是如来涅槃的地方。这里有砖砌的大精舍，里面绘有如来涅槃时头朝北方而卧的像。树旁有座佛塔，为无忧王所建，如今塔基虽然已经倾斜塌陷，但佛塔仍有二百多尺高。塔前建有石柱，石柱上面记载着如来涅槃的事。虽然有文字记载，但未注明日期。根据过去的记载：佛陀在八十岁时于吠舍佉月的后半十五日涅槃，即我国的三月十五日。说一切有部则认为，佛陀是在迦剌底迦月的后半八日涅槃，即我国的九月八日。自从佛陀涅槃至今，各部派说法不一，有的说佛陀已涅槃一千二百多年，有的说是一千三百多年，有的说是一千五百多年，有的则说刚过九百年，还不满一千年。

雉王本生故事

［原文］

精舍侧不远，有窣堵波，是如来修菩萨行时，为群雉王救火之处。昔于此地有大茂林，毛群羽族[①]，巢居穴处。惊风四起，猛焰飙(biāo)逸[②]。时有一雉，有怀伤愍，鼓濯清流[③]，飞空奋洒。时天帝释俯而告曰：“汝何守愚，虚劳羽翮(hé)？大火方起，焚燎林野，岂汝微躯所能扑灭？”雉曰：“说者为谁？”曰：“我天帝释耳。”雉曰：“今天帝释有大福力，无欲不遂，救灾拯难，若指诸掌，反诰无功，其咎(jiù)安在？猛火方炽，无得多言！”寻复奋飞，往趣流水。天帝遂以掬水泛洒其林，火灭烟消，生类全命，故今谓之救火窣堵波也。

［注释］

①毛群羽族：兽群鸟类。古人把动物分为五类：倮（裸）虫（如人）、毛虫（如兽）、羽虫（如鸟）、鳞虫（如鱼）、甲虫（如昆虫）。

②猛焰飚逸：烈焰随着狂风而四处乱窜。逸，奔跑，这里引申为很快到处蔓延的意思。

③鼓濯清流：在清澈的溪流中鼓动两翼，让翅膀沾满水（以便救火）。

［译文］

精舍旁边不远处的佛塔是如来修菩萨行时化作野鸡之王救火的地方。当初在这片大地上有一个茂密的森林，兽群鸟类在森林里面筑巢穴而居。一天，忽然狂风四起，林中出现的火焰急骤蔓延。这时有一只怀有悲悯之心的野鸡，到清流中把翅膀沾满水，飞到森林空中奋力洒水。这时天帝释俯身对它说道：“你为什么这么愚蠢，枉费羽翼呢？正在燃烧的大火烈焰熊熊，焚烧林野，你微弱的身躯又怎么能够将它扑灭呢？”野鸡说：“是谁在说话？”天帝释回答道：“我是天帝释。”野鸡说：“拥有巨大福力的天地释无所不能，想要拯救灾难，简直易如反掌，现在你不但不相救，还责备我徒劳无功，到底谁才错了呢？现在烈火正猛，不要多说了。”于是野鸡又奋力飞到河边取水。天帝便用双手捧水遍洒树林，熄灭了火焰，保全了生灵的性命，所以现在称这里为救火塔。

救生鹿本生故事

[原文]

雉救火侧不远，有窣堵波，是如来修菩萨行时，为鹿救生之处。及往古昔，此有大林，火炎中野，飞走穷窘，前有駃(kuài)流之厄，后困猛火之难，莫不沉溺，丧弃身命。其鹿恻隐，身据横流，穿皮断骨，自强拯溺①。蹇(jiǎn)兔②后至，忍疲苦而济之，筋力既竭，溺水而死。诸天收骸，起窣堵波。

[注释]

①自强拯溺：自己强打精神竭力拯救那些被淹在水里的鸟兽。

②蹇兔：瘸腿兔子。佛教传说这条瘸腿兔子就是释迦牟尼涅槃前所收的最后一个弟子善贤的前生。

[译文]

在救火塔旁边不远的佛塔是如来修菩萨行时化作鹿拯救生灵的地方。很早之前，在这片大地上有一个茂密的森林正被烈火燃烧，飞禽走兽走投无路，前有急流拦阻，后有烈火逼迫，全都沉入河中丧命。这只鹿产生了恻隐之心，置身于激流之中，极力救助沉水者，即使已经被激流穿断皮肉骨头，也不停止。最后来了一只瘸腿的兔子，鹿强忍疲劳和痛苦把它渡过河，在精力衰竭之后这只鹿沉水而死。天神收集了它的骨骸，建造了这座佛塔。

善贤证果处

[原文]

鹿拯溺西不远，有窣堵波，是苏跋陀罗①唐言善贤。旧曰须跋陀罗，讹也。**入寂灭之处。善贤者，本梵志师也，年百二十，耆旧**

多智。闻佛寂灭，至双树间，问阿难曰："佛世尊将寂灭，我怀疑滞(zhì)，愿欲请问。"阿难曰："佛将涅槃，幸无扰也。"曰："吾闻佛世难遇，正法难闻，我有深疑，恐无所请。"善贤遂入，先问佛言："有诸别众，自称为师，各有异法，垂训导俗，乔答摩旧曰瞿昙，讹略也。**能尽知耶？"佛言："吾悉深究。"乃为演说。善贤闻已，心净信解，求入法中，受具足戒。如来告曰："汝岂能耶？外道异学修梵行②者，当试四岁，观其行，察其性，威仪寂静，辞语诚实，则可于我法中净修梵行。在人行耳，斯何难哉！"善贤曰："世尊悲愍(mǐn)，含济无私③，四岁试学，三业方顺④。"佛言："我先已说，在人行耳！"于是善贤出家，即受具戒，勤励修习，身心勇猛。已而于法无疑，自身作证。夜分未久，果证罗汉，诸漏已尽，梵行已立。不忍见佛入大涅槃，即于众中入火界定，现神通事，而先寂灭。是为如来最后弟子，乃先灭度，即昔后渡塞兔是也。**

[注释]

①苏跋陀罗：梵文音译，意译"善贤"，释迦牟尼最后一个弟子。

②修梵行：在佛门修行正果。佛家所谓断淫欲、生梵天、证涅槃、菩萨利他之行，以及离欲清净等，都可称为梵行。

③含济无私：怀着普度众生的心，而无偏私之见。

④三业方顺：行动、语言、思想三方面将合于（净修梵行的）要求。也就是说这三方面将做到威仪寂静、辞语诚实，入佛门修梵行。

[译文]

在鹿救生灵塔的西边不远处有一座佛塔，是苏跋陀罗（唐朝语言称善贤。以前称为须跋陀罗，是错误的）涅槃的地方。善贤原本是婆罗门教徒，年龄已有一百二十岁，是位知识渊博德高望重的人。听说佛陀将要涅槃，他便赶到双树之间，问阿难说："佛世尊就要涅槃了，我还怀有疑难的问题，想求教于他。"阿难说："佛陀即将涅槃，不要打扰他吧！"善贤说："我听说很难可以遇到佛陀降世的时机，也很难听到真正的佛法，现在我有很难解决的疑问，恐怕从此再没有请教的机会了！"于是善贤走进去，先问佛陀说："有许多门派，他们有各自的师长以及各自的理论用来教诲引导世人，乔答摩（以前称为瞿昙，是错误的）都能了解吗？”佛陀说：“我已经全部研究过。”于是一一为他解说。善贤听后，完全理解，心中明静，便请求进入佛门受具足戒。如来对他说：“你怎么行呢？凡是外道教徒要修梵行，都应该接受四年的考验，观察他的行为和品性，如果能够举止宁静，语言诚实，才能在我佛门中修梵行。不过这也是事在人为，没有什么难的！”善贤说道：“世尊慈悲怜悯，无私度人，我将接受这四年中的考验，使三业符合修行要求。”佛陀说：“我刚才已经说过了，事在人为啊。”于是善贤出家受具足戒，从此勤奋修行，身心方面都提高得很快。继而对佛法坚信没有怀疑，努力靠自身的努力去证得正果。不久，在半夜时，果然证得罗汉果，一切烦恼均已消除，梵行已经完成。他不忍心亲眼见到佛陀进入大涅槃，便在众人之中进入火光自焚，神通显现，而先于佛陀涅槃。他是如来最后一名弟子，在如来之前涅槃，他便是当初最后渡过河去的那只瘸腿兔子。

执金刚躄地处

[原文]

善贤寂灭侧，有窣堵波，是执金刚①躄(bì)地②之处。大悲世尊随机利见③，化功已毕，入寂灭乐，于双树间，北首而卧。执金刚神密迹力士见佛灭度，悲恸(tòng)唱言：“如来舍我入大涅槃，无归依，无覆护。毒箭深入，愁火炽盛。”舍金刚杵，闷绝躄地。久而又起，悲哀恋慕，互相谓曰：“生死大海，谁作舟楫？无明长夜，谁为灯炬？”

[注释]

①执金刚：即下文的执金刚神。

②躄地：跌倒在地。躄，本意是瘸腿，瘸腿则站立不稳，遂引申为跌倒。

③利见：显示其利，这与前面出现的“利见”的意思不尽同。见，现。

[译文]

善贤涅槃处旁边的佛塔，是执金刚跌仆倒地的地方。大悲世尊利用各种机会，来向大家显示修行的好处后，便进入涅槃的安乐状态，在双树间头朝北而卧。见到佛陀涅槃，执金刚神密迹力士悲恸地哭喊道：“如来舍弃我们进入了大涅槃，从此我们再也无归依之处，再也无人保佑了。就像毒箭穿过我们的心，愁苦之火燃烧我们的身体一样！”说罢他们丢下金刚杵，闷声倒在地上。过了很久苏醒过来，因思念佛陀而悲伤地相互说道：“在茫茫无际、生死轮回的苦海之中，谁能像船和桨那样渡我们到极乐的彼岸？谁能像明灯、火炬那样为大家照亮那超脱尘俗的大道呢？”

八王分舍利传说

［原文］

现足侧有窣堵波，无忧王所建也，是八王分舍利处。前建石柱，刻记其事。佛入涅槃后，涅叠般那已，诸八国王备四兵至。遣直性婆罗门，谓拘尸力士曰：“天人导师，此国寂灭，故自远来，请分舍利。”力士曰：“如来降尊，即斯下土，灭世间明导，丧众生慈父。如来舍利，自当供养，徒疲道路，终无得获。”时诸大王逊辞以求，既不相允，重谓之曰：“礼请不从，兵威非远。”直性婆罗门扬言曰：“念哉！大悲世尊忍修福善，弥历旷劫，想所具闻。今欲相凌，此非宜也。今舍利在此，当均八分，各得供养，何至兴兵？”诸力士依其言，即时均量，欲作八分。帝释谓诸王曰：“天当有分，勿持力竞。”阿那婆答多龙王、文邻龙王、医那钵呾罗龙王复作是议：“无遗我曹，若以力者，众非敌矣。”直性婆罗门曰：“勿喧诤也，宜共分之。”即作三分，一诸天，二龙众，三留人间，八国重分。天、龙、人王，莫不悲感。

［译文］

在如来显现双脚处的旁边，有一座为无忧王所建的佛塔，八位国王曾经在这里分舍利。佛塔前建有石柱，石柱上刻记着这件事情。佛陀入涅槃以后，焚化完毕，八位国王纷纷出发，各自率领四个兵种赶来。他们派遣直性婆罗门对拘尸城的力士说：“如今，天界尘世人间的导师在此国涅槃了，所以我们从远方而来，要求分给我们舍利。”力士说道：“如来曾屈尊降临在我国，现在这世间英明的导师、众生慈爱的父亲与世长辞了。我国理应供养如来的舍利，你们长途跋涉而来也是徒劳，你们最终还是不会有收获的。”这时，各国王看以谦逊的语气求取舍利得不到应允，于是又对拘尸城的力士说：“既然以礼相求你们都不肯，那么就等待以武力解决吧。”直性婆罗门高声说道：“请想想吧！大悲世尊忍辱慈悲修行，历经漫长岁月、种种劫难来积累福德，想来大家都应该知道。现在要以武力相侵，实在不应该。现在应当把舍利平均分成八份，各国都能得以供养，为什么一定要刀兵相见呢？”力士们依照直性婆罗门的意见，当即平均称量舍利，准备分割成八份。然而帝释对各位国王说道：“天神也应当分得一份，请不要依靠武力争夺。”阿那婆答多龙王、文邻龙王、医那钵呾罗龙王也提出这样的意见：“不要把我们遗忘，如果以武力相争，众人恐怕都不是我们的对手。”直性婆罗门说：“不要吵闹了，大家平分舍利吧。”于是把舍利分为三份：一份交给天神，一份交给龙王，一份留在人间，留在人间的舍利再平分给八国。天神、龙王、国王都悲伤感怀。

大邑聚及罗怙罗神迹传说

［原文］

分舍利窣堵波西南行二百余里，至大邑聚。有婆罗门，豪右巨富，确乎不杂[1]，学究五明，崇敬三宝。接其居侧，建立僧坊，穷诸资用，备尽珍饰。或有众僧，往来中路，殷勤请留，罄心[2]供养。或止一宿，乃至七日。其后设赏迦王毁坏佛法，众僧绝侣。岁月骤淹[3]，而婆罗门每怀恳恻。经行之次，见一沙门，厖(máng)眉皓发，杖锡而来。婆罗门驰往迎逆，问所从至，请入僧坊，备诸供养。旦以淳乳煮粥进焉。沙门受已，才一哜(jì)齿，便即置钵，沉吟长息。婆罗门持食，跪而问曰：“大德惠利随缘[4]，幸见临顾，为夕不安耶？为粥不味乎？”沙门愍(mǐn)然告曰：“吾悲众生福祐渐薄，斯言且置，食已方说。”沙门食已，摄衣即路。婆罗门曰：“向许有说，今何无言？”沙门告曰：“吾非忘也，谈不容易，事或致疑。必欲得闻，今当略说。吾向所叹，非薄汝粥，自数百年，不尝此味。昔如来在世，我时预从，在王舍城[5]竹林精舍，俯清流而涤器，或以澡漱，或以盥(guàn)沐。嗟乎！今之淳乳，不及古之淡水，此乃人天福减使之然也。”婆罗门曰：“然则大德乃亲见佛耶？”沙门曰：“然。汝岂不闻佛子罗怙罗者，我身是也。为护正法，未入寂灭。”说是语已，忽然不见。婆罗门遂以所宿之房，涂香洒扫，像设肃然，其敬如在[6]。

复大林中行五百余里，至婆罗痆(niè)斯国⑦ 旧曰波罗奈国，讹也。中印度境。

［注释］

①确乎不杂：信仰坚定而不杂异念。确，这里是坚定的意思。杂，驳杂。

②罄心：尽心。罄的本意指盛物的器皿已空，引申为竭尽的意思，如罄其所有。

③骤淹：一下子就过了很久。

④大德惠利随缘：您给了我相遇结善缘的良机。大德，这里是对沙门的敬称。惠利，使自己受到好处。惠，敬辞。

⑤王舍城：即罗阅揭梨醯，亦译罗阅祇伽罗、曷罗阇姞利呬城，古印度摩揭陀国都城，频婆娑罗曾在此建都，并把城中的竹林精舍捐助给释迦牟尼作为传教场所。这里成了他传教的中心地之一。相传释迦牟尼逝世后第一次结集是在这里举行的。故地在今印度比哈尔邦底赖雅附近。

⑥其敬如在：他那种恭敬有礼貌的劲头就好像那位沙门还在似的。如在，好像真的存在着，表示虔诚的意思。

⑦婆罗痆斯国：在印度北部，即今恒河东岸之贝拿勒斯。

［译文］

从分舍利的佛塔向西南行走二百余里，便抵达一个大集镇。镇上有一位出身豪门的婆罗门，财产富足，他不仅在信仰上很坚定，而且在学术上深通五明，崇敬佛法三宝。他在住所旁边建立了一个僧坊，里面备有各种物资用品，并用珍宝装饰着。如果有往来于途中的僧人路过此地，他就会殷勤挽留僧人，并尽心供养。少则住一宿，多则住七天。后来由于设赏迦王毁坏佛法，往来的僧众逐渐绝迹。随着岁月的流逝，婆罗门怀有对僧众的恻隐之心并不减少。有一次他在散步时，看到一位浓眉白发的沙门拄着锡杖走来。婆罗门连忙迎上前，询问他从何处来，到何处去，并邀请他进入僧坊，备好各种物品供养他。早餐用精纯的牛奶煮粥进奉。沙门接受后，刚尝一口，便放下食钵沉吟叹息。在旁侍候进食的婆罗门见此情形后跪下问道："您这位大德高僧，有缘光临寒舍，现在您叹息，是因为晚上睡得不好吗？还是粥的味道不好呢？"沙门感伤地说："我是为众生福泽逐渐淡薄而伤心，这话暂且不说，吃完再讲吧。"沙门吃过后，整理一下衣服便要起身上路。婆罗门说："刚才您答应有话要说，现在怎么不讲了呢？"沙门对他说道："我不是忘记了，而是不容易说清楚，说不好反而会引起疑问。如果你一定要听，我现在就简单地说说吧。我刚才叹息并不是觉得你的粥不好，而是我已经几百年没尝过这种味道了。当初如来在世时，我常跟随他在王舍城竹林精舍中，俯身用清净的流水洗涤器皿，有时洗漱，有时沐浴。唉，如今精纯的牛奶，竟比不上古代的淡水，这实在是天神和众生福减的缘故。”婆罗门说：“这么说高僧曾亲眼见到佛陀了？”沙门说：“对。你难道没听说佛陀的儿子罗怙罗吗？我就是罗怙罗。我为了护卫正法才没有寂灭。”说完忽然就不见了。于是婆罗门便把罗怙罗住过的房子涂香洒扫，恭敬地供上罗怙罗的画像，形式严肃如其在场一般。

在大树林中再向前行走五百多里后，便到达婆罗痆斯国（以前称为波罗柰国，是错误的。在中印度境内）。

卷七

婆罗痆斯国

［原文］

婆罗痆斯国周四千余里。国大都城西临殑(qíng)伽河，长十八九里，广五六里。闾阎栉比，居人殷盛，家积巨万，宝盈奇货。人性温恭，俗重强学①。多信外道，少敬佛法。气序和，谷稼盛，果木扶疏，茂草靃靡(huò mí)②。伽蓝三十余所，僧徒三千余人，并学小乘正量部法。天祠百余所，外道万余人，并多宗事大自在天，或断发，或椎髻，露形无服，涂身以灰，精勤苦行，求出生死。

大城中天祠二十所，层台祠宇，雕石文木，茂林相荫，清流交带。鍮(tōu)石天像量减百尺，威严肃然，懔懔(lǐn)如在③。

大城东北婆罗痆河西有窣堵波，无忧王之所建也，高百余尺。前建石柱，碧鲜若镜，光润凝流，其中常现如来影像。

［注释］

①俗重强学：社会风气对努力多习很重视。强，勉力的意思。

②靃靡：随风披拂。用以形容风吹草动的样子。

③懔懔如在：（形象）威严端正，如同活着的一样。

［译文］

婆罗痆斯国方圆四千多里。国家都城的西面紧邻殑伽河，都城长十八九里，宽五六里。都城内街巷房屋相连，居民生活富足，家中积累了大量财富，堆满了奇珍异宝。百姓性格温顺有礼，有重视学艺之风俗。大部分人信奉外道，只有少数人敬仰佛法。这里气候温和，庄稼兴盛，果树繁多，茂盛的青草随风起伏。婆罗痆斯国有三十多所寺庙，三千多名僧徒，都学习小乘佛教正量部理论。有一百多所天祠，一万多名外道教徒，这些教徒大都宗奉大自在天神，有断发的，有盘髻的，都赤身露体不穿衣服，浑身涂炭灰，精诚勤奋地修炼苦行，谋求跳出生死轮回。

都城中有二十所天祠，祠宇建成层屋台阁的形式，石壁经过雕琢，木柱有花纹修饰，茂密的林木相互荫遮，清澈的流水交错接连。祠内有座鍮石天神像，

玄奘取经

唐贞观三年（629年），玄奘法师只身前往西方，求取真经。他从京城出发，沿途经历各种磨难到达高昌国，后进入突厥。路途中凶险难料，虎豹成群，玄奘寸步难行，只得闭门不出。突然有老和尚前来拜访，传授他《般若心经》，玄奘按老和尚所授念诵心经，高山险阻间立刻出现了道路，豺狼虎豹、魑魅魍魉也都潜行匿迹。玄奘因此顺利到达印度，取得了大乘佛经。玄奘西行的路线经过了一百五十多个国家，到贞观十九年（645年）才返回长安。太宗皇帝令他住在玉华寺，翻译他所带回的印度经文。玄奘一生共翻译经文一千三百三十卷。死后被弟子埋在白鹿山上。

高近百尺，威严肃穆，气派凛然，就像真的一样。

在都城东北处的婆罗痆河西岸，有一座高一百多尺的佛塔，是由无忧王建造的。塔前竖有石柱，石柱呈碧绿色，如同铜镜一般澄亮，表面光滑可凝结住流水，柱中经常显现如来的影像。

鹿野伽蓝

［原文］

婆罗痆(nié)河东北行十余里，至鹿野伽蓝[①]。区界八分，连垣周堵，层轩重阁，丽穷规矩[②]。僧徒一千五百人，并学小乘正量部法。大垣中有精舍，高二百余尺，上以黄金隐起作庵没罗果。石为基陛，砖作层龛(kān)，龛匝四周，节级百数，皆有隐起黄金佛像。精舍中有鍮(tōu)石佛像，量等如来身，作转法轮势[③]。

精舍西南有石窣堵波，无忧王建也，基虽倾陷，尚余百尺。前建石柱，高七十余尺。石含玉润，鉴照映彻。殷勤祈请，影见众像，善恶之相，时有见者。是如来成正觉已初转法轮处也。

其侧不远窣堵波，是阿若憍(jiāo)陈如等见菩萨舍苦行，遂不侍卫，来至于此，而自习定。

其傍窣堵波，是五百独觉同入涅槃处。又三窣堵波，过去三佛座及经行遗迹之所。

［注释］

①鹿野伽蓝：梵文意译，亦称“仙人论处”“仙人鹿园”，佛教圣地，在今印度东北部瓦腊纳西城西北约十公里处，传为释迦牟尼成道后最初说法的地方。据说，释迦牟尼在尼连禅河（今之法尔古河）畔菩提树下成道之后，即来此地，对他父亲净饭王派来的五位侍从说法，使他们成为第一批佛教信徒。

②丽穷规矩：建筑的造型、格局壮丽已极。规矩，修筑房屋所使用的工具，即圆规和方矩，这里引申为建筑的造型与格局。

③作转法轮势：铸成转动法轮的样子。这里以转轮王转动“轮宝”可摧伏敌人来象征佛法能摧破众生的烦恼邪恶，同时也形容佛宣讲佛法有如车轮的旋转不停。法轮，比喻佛法。

［译文］

从婆罗痆河向东北行走十多里，便是鹿野寺。寺内划分为八个地段，但又由连接起来的墙围成一个整体，寺内台榭层层，楼阁重重，非常壮丽。有一千五百名僧徒，都研习小乘佛教正量部法门。大墙内有座高二百多尺的精舍，上面有用黄金制成的庵没罗果浮雕。台基是用石头砌成的，层龛则用砖砌成，佛龛围绕在四周，共有一百多级台阶，每级都有黄金佛像。精舍里面有鍮石制成的佛像，佛像和如来的真身一样高大，作转动法轮的姿势。

精舍的西南方向有座无忧王建造的石塔，塔基虽然已经倾斜陷落，但塔身仍有一百多尺高。塔前竖有高七十多尺的石柱。石质晶莹闪亮，如铜镜映照。如果诚心诚意地祈祷请求，石柱上就出现祈祷者的身影，不时有人从那上面看到善报、恶报的征兆。这里是如来成正觉之后初次宣讲佛法的地方。

在石柱旁边不远处有座佛塔，当初阿若憍陈如等人见到菩萨放弃苦行，于是不再侍卫他，而来到这里自己修习禅定。

旁边又有佛塔，五百位独自修行者曾在这里一起涅槃。还有三座佛塔，是过去三佛打坐及经行场所的遗迹。

慈氏及护明受记窣堵波

［原文］

三佛经行侧有窣堵波，是梅呾丽耶[1]唐言慈，即姓也。旧曰弥勒，讹略也。**菩萨受成佛记处。昔者如来在王舍城鹫峰山告诸苾(bì)刍："当来之世，此赡部洲土地平正，人寿八万岁，有婆罗门子慈氏者，身真金色，光明照朗，当舍家成正觉，广为众生，三会**[2]**说法。其济度者，皆我遗法植福众生也。其于三宝，深敬一心，在家出家，持戒犯戒，皆蒙化导，证果解脱。三会说法之中，度我遗法之徒，然后乃化同缘善友**[3]**。"是时慈氏菩萨闻佛此说，从座起，白佛言："愿我作彼慈氏世尊。"如来告曰："如汝所言，当证此果。如上所说，皆汝教化之仪也。"**

慈氏菩萨受记西有窣堵波，是释迦菩萨受记之处。贤劫中人寿二万岁，迦叶波佛出现于世，转妙法轮，开化含识，授护明菩萨曰："是菩萨于当来世众生寿命百岁之时，当得成佛，号释迦牟尼。"

释迦菩萨受记南不远，有过去四佛经行遗迹，长五十余步，高可七尺，以青石积成，上作如来经行之像。像形杰异，威严肃然，肉髻之上特出髾(shāo)发[4]，灵相无隐，神鉴有征。

于其垣内，圣迹实多。诸精舍、窣堵波数百余所，略举二三，难用详述。

［注释］

①梅呾丽耶：梵文音译，也译“弥勒”，意译为“慈氏”。据《弥勒上生经》等载，他出生于婆罗门家庭，后来是佛弟子，在佛之先入灭，转生在兜率天内院，经四千岁，当下生人间，于华林园龙华树下成佛，继承释迦牟尼的佛位，是未来佛。中国的一些寺庙供奉的笑口常开的胖弥勒像，则是五代时的布袋和尚，传说为弥勒的化身，因此人们就塑他的像当成弥勒供奉。

②三会：三度法会。

③同缘善友：和佛门有缘，依佛行善而未受戒的人。

④髾发：头发梢。

［译文］

在三佛经行遗迹旁边的佛塔，是梅呾丽耶（唐朝语言称为慈，是其姓。以前称为弥勒，是错误疏略的）菩萨受记成佛的地方。当初在王舍城鹫峰山，如来曾对比丘们说道：“后世里，当赡部洲太平，人寿八万岁时，有位婆罗门之子慈氏，身上呈真金色，光芒四射，将会抛下世俗出家修成正觉，并广泛地为众生三次说法。他所度化的人，都是我遗下的佛法所培育的向善的众生。他一心敬奉三宝，无论在家修行的人还是出家修行的人，无论守戒律的人还是犯戒律的人，统统受他的教化和训导，从而证得正果得以解脱。在三次说法之中，他首先度化那些我遗留下的佛法所培育的人，然后再度化其他与佛门有缘的善人。”听到佛陀的这些话后，慈氏菩萨当即就从座位上站起来，对佛陀说：“我要做那位慈氏世尊。”如来对他说：“如你所求，将来会证得佛果。上面所说的规定，都是你在度化世人时应遵守的仪式。”

在慈氏菩萨受记处的西面还有座佛塔，是释迦菩萨受记的地方。在贤劫中人寿命为二万岁时，迦叶波佛出现于人世上，他演说精妙的佛法，开导度化众生，他向护明菩萨预言道：“你将在来世众生寿命一百岁时成佛，号为释迦牟尼。”

在释迦菩萨受记地方的南面不远处是过去四佛经行场所的遗迹，长五十多步，高约七尺，用青石砌成，上面刻有如来经行的图像。图像上可以看到如来相貌奇特与众不同，威严肃穆，肉髻上长出发梢，他所有的形象特征表现得清清楚楚，洞察一切的神态也看得出来。

在鹿野寺围墙之内的圣迹实在很多。有几百所各种精舍、佛塔，在这里只简单列举二三，难以一一叙述。

三龙池及释迦遗迹

［原文］

伽蓝垣西有一清池，周二百余步，如来尝中盥(guàn)浴。次西大池，周一百八十步，如来尝中涤器。次北有池，周百五十步，如来尝中浣衣。凡此三池，并有龙止。其水既深，其味又甘，澄净皎洁，常无增减。有人慢心濯(zhuó)此池者，金毗罗兽多为之害；若深恭敬，汲用无惧。浣衣池侧大方石上，有如来袈裟之迹，其文明彻，焕如雕镂，诸净信者每来供养。外道凶人轻蹈此石，池中龙王便兴风雨。

［译文］

在寺庙围墙西面，有一个占地约二百步的清池，如来曾在其中沐浴。再往西有个占地约一百八十步的大池，如来曾在大池内洗涤器物。再往北有个占地约一百五十步的水池，如来曾在其中洗衣服。这三个水池都有龙在其中居住。池水很深，清澈皎洁，而且味道甘美，终年来没有增减。如果有人在此洗涤但心存怠慢，那么金毗罗兽就会出来伤害他；反之如果深怀恭敬之心，那么就可以放心汲水使用，不需畏惧。在洗衣池旁的大方石上，有如来袈裟的印迹，纹理清晰明了，如同雕刻一般，许多心诚的信仰者常来这里供奉。如果有外道中的恶人轻率地践踏这块方石，池中的龙王便会兴风作浪。

象、鸟、鹿王本生故事

［原文］

池侧不远有窣堵波，是如来修菩萨行时，为六牙象王，猎人利其牙也，诈服袈裟，弯弧伺捕，象王为敬袈裟，遂捩(liè)牙而授[①]焉。

捩牙侧不远有窣堵波，是如来修菩萨行时愍世无礼，示为鸟身，与彼弥猴、白象于此相问，谁先见是尼拘律树，各言事

迹，遂编长幼，化渐远近，人知上下，导俗归依。

其侧不远大林中有窣堵波，是如来昔与提婆达多俱为鹿王断事之处。昔于此处大林之中，有两群鹿，各五百余。时此国王畋游原泽，菩萨鹿王前请王曰："大王校猎[2]中原，纵撩飞矢[3]，凡我徒属，命尽兹晨，不日腐臭，无所充膳。愿欲次差[4]，日输一鹿。王有割鲜之膳，我延旦夕之命。"王善其言，回驾而返。两群之鹿，更次输命。提婆群中有怀孕鹿，次当就死，白其王曰："身虽应死，子未次也。"鹿王怒曰："谁不宝命！"雌鹿叹曰："吾王不仁，死无日矣。"乃告急菩萨鹿王。鹿王曰："悲哉慈母之心，恩及未形之子！吾今代汝。"遂至王门。道路之人传声唱曰："彼大鹿王今来入邑。"都人士庶莫不驰观。王之闻也，以为不诚，门者白至，王乃信然。曰："鹿王何遽来耶？"鹿曰："有雌当死，胎子未产，心不能忍，敢以身代。"王闻叹曰："我人身，鹿也。尔鹿身，人也。"于是悉放诸鹿，不复输命，即以其林为诸鹿薮，因而谓之施鹿林焉。鹿野之号，自此而兴。

[注释]

①捩牙而授：把牙扭折下来给了他。

②校猎：用木栏遮阻，猎取禽兽。

③纵撩飞矢：恣意投射飞箭。纵，恣意，任情。撩，通"擢"，即投射的意思。

④次差：依次派遣。差，差遣。也可解作按等级顺序安排，但一般写作"差次"。

[译文]

池旁边不远的地方有一座佛塔，当初如来在这里修菩萨行时，曾变身为六牙象王，猎人为了得到它的象牙，假意穿着袈裟，拉紧弓弦伺机捕捉它，象王因敬重袈裟便把自己的牙拔下来交给猎人。

在象王拔牙处旁边不远处有一座佛塔，如来当初在此修菩萨行时，曾因感怀世间礼仪欠缺而化身为鸟，与猕猴、白象相约在这里，约定若谁先看到尼拘

律树，便先讲述自己的事迹，待大家讲完，他便编出长幼顺序，从而教化远近的人知道上下尊卑，指引开导人们归依佛法。

在旁边不远的大树林中有座佛塔，该处是当初如来和提婆达多一起做鹿王时处理事务的地方。从前在这片大树林中有各五百多头的两群鹿，当时正值这个国家的国王在原野上打猎，菩萨鹿王便来到国王面前请求："大王在原野上纵火放箭进行打猎，看来我的徒属都将丧命于今晨，不久便会腐烂发臭，不能供您食用了。希望能依次每天向您遣送一头鹿，这样您会有新鲜的肉食，而我们也可以延长性命。"国王觉得它说得很有道理，于是停止打猎回宫去。此后两群鹿便轮流向国王送鹿。有一天，按照次序，提婆达多鹿群中一头怀孕的母鹿将被遣送给国王了，它向鹿王报告说："虽然按照次序，该轮到我死了，但我的孩子并不该死啊！"提婆达多鹿王愤怒地说："谁不珍视自己的生命？"雌鹿叹道："我们的王没有仁慈心，我们不久便会死了。"于是便向菩萨鹿王告急。菩萨鹿王说："可怜这慈母爱子的心啊！竟会恩惠于未成形的胎儿！现在让我来代替你去受死。"当菩萨鹿王来到国王门前时，道路上的人都在传声高喊："大鹿王进城了！"城内的官吏百姓都跑来观看。国王虽然听说了这些话，但并没有相信。直到守门人报告给国王，国王才信以为真。他问鹿王道："为什么你急急忙忙地跑来呢？"菩萨鹿王答道："按照次序今天轮到一头雌鹿送命，但它腹中还有胎儿未产下，我心里不忍，因此愿意替代它而死。"国王听说后叹道："我虽拥有人的身体，心肠却是鹿的；你虽然是鹿身，却有人的心肠。"于是下令赦免所有的鹿，不需要它们再献纳鹿了，并将这片树林作为鹿栖息的地方，因而这里被称为施鹿林。鹿野的称号，就是这样产生的。

烈士池及传说

［原文］

施鹿林东行二三里，至窣堵波，傍有涸池，周八十余步，一名救命，又谓烈士。闻诸土俗曰：数百年前有一隐士，于此池侧结庐屏迹，博习伎术，究极神理，能使瓦砾为宝，人畜易形，但未能驭风云，陪仙驾。阅图考古[1]，更求仙术。其方曰："夫神仙者，长生之术也。将欲求学，先定其志，筑建坛场，周一丈余。命一烈士，信勇昭著，执长刀，立坛隅，屏息绝言，自昏达旦。求仙者中坛而坐，手按长刀，口诵神咒，收视反听[2]，迟明登仙。所执铦刀变为宝剑，凌虚履空，王诸仙侣。执剑指

麾，所欲皆从。无衰无老，不病不死。”是人既得仙方，行访烈士，营求旷岁[3]，未谐心愿。后于城中遇见一人，悲号逐路。隐士睹其相，心甚庆悦，即而慰问：“何至怨伤？”曰：“我以贫窭(jù)，佣力自济。其主见知，特深信用，期满五岁，当酬重赏。于是忍勤苦，忘艰辛，五年将周，一旦违失，既蒙笞辱，又无所得。以此为心，悲悼谁恤？”隐士命与同游，来至草庐，以术力故，化具肴馔(zhuàn)。已而令人池浴，服以新衣，又以五百金钱遗之，曰：“尽当来求，幸无外也。”自时厥后，数加重赂，潜行阴德，感激其心。烈士屡求效命，以报知己。隐士曰：“我求烈士，弥历岁时，幸而会遇，奇貌应图，非有他故，愿一夕不声耳。”烈士曰：“死尚不辞，岂徒屏息？”于是设坛场，受仙法，依方行事，坐待日曛。曛暮之后，各司其务：隐士诵神咒，烈士按铦刀。殆(dài)将晓矣，忽发声叫。是时空中火下，烟焰云蒸，隐士疾引此人，入池避难。已而问曰：“诫子无声，何以惊叫？”烈士曰：“受命后，至夜分，昏然若梦，变异更起。见昔事主躬来慰谢，感荷厚恩，忍不报语；彼人震怒，遂见杀害。受中阴身，顾尸叹惜，犹愿历世不言，以报厚德。遂见托生南印度大婆罗门家，乃至受胎出胎，备经苦厄，荷恩荷德，尝不出声。洎乎受业、冠婚、丧亲、生子，每念前恩，忍而不语，宗亲戚属咸见怪异。年过六十有五，我妻谓曰：‘汝可言矣！若不语者，当杀汝子。’我时惟念，已隔生世，自顾衰老，唯此稚子，因止其妻，令无杀害，遂发此声耳。”隐士曰：“我之过也！此魔娆(rǎo)[4]耳。”烈士感恩，悲事不成，愤恚而死。免火灾难，故曰救命；感恩而死，又谓烈士池。

［注释］

①阅图考古：参阅图谶，考察过去（人们成仙的经验）。图谶本是我国古代宣扬迷信的书，这里借指印度的类似的书籍。

②收视反听：不看不闻。即高度集中注意力的意思。

③旷岁：有空废岁月的意思。

④魔娆：魔在搅扰。魔，梵文音译，“魔罗”的略称，意译“扰乱”“破坏”“障碍”等。佛教把一切烦恼、疑惑、迷恋等妨碍修行的心理活动统称为魔。娆，这里是烦扰的意思。

［译文］

向着施鹿林的正东方行走二三里有一座佛塔，佛塔旁有一个占地约八十步的干涸的池子，名为救命池，又被称为烈士池。听当地的人说：在几百年前，这个池旁有一个隐士在此搭房隐居，广学各种技巧法术，研究变幻的道理，他能将瓦砾变成珍宝，改变人和牲畜的形貌，但唯独不能驾驭风云而陪伴仙人云游。于是他查阅古书图册、考查古人成仙事迹，进一步探索成仙之术。成仙之术这样写道：“神仙是一种获得长生的法术。如果想要学习此术，须先要立下志向，再建筑一个方圆一丈多的坛场。命令一位忠信勇武的烈士，从晚上一直到早晨，手执长刀站在坛场旁，并要屏住呼吸不说话。求仙的人则要坐在坛场中间，手按长刀口中诵念神咒，停止视听，在天明之前便可成仙。届时，手中锋利的刀会变为宝剑，继而在虚空中行走，在诸仙中称王。只要指挥手中的宝剑，所要做的事便都能做到。不会体衰年老，也不会得病死亡。”得到仙方后，隐士当即出去寻访烈士，但经过一年多的寻找，也没有见到如意的烈士。最后在城内遇到一个正沿路悲伤啼哭的人。隐士见了他的相貌，心中十分喜悦，便上前慰问他：“你为什么这么悲伤？”那人说：“我因为贫穷而靠卖力气维持生计。主人了解我，对我特别信任，许诺在我工作期限满五年时给予我厚重的赏赐。于是我忍着辛苦，不顾艰辛地工作，然后我却在将满五年时，忽然犯了过失，不但被他鞭笞，而且什么赏赐也得不到，因此心中悲伤，有谁能同情我的这种苦痛呢？”隐士随即让他和自己一同来到草房，用法术变出饭菜让他吃。然后又让他在池中洗澡，换上新衣服，这时隐士又拿出五百金钱送给他说：“用完后就再来拿，希望不要客气。”从此以后，由于隐士多次给予他财货，在暗中对他施予恩德，烈士因而对隐士产生了感恩之心。烈士多次请求为隐士效命以报知遇之恩。隐士说：“长久以来我一直在访求一位烈士，幸而遇到你，你奇特的相貌与古代图册上的完全一样，我没有别的要求，只希望你能一个晚上不出声就行。”烈士说：“如果让我死都不会推辞，还怕不出声吗？”于是隐士设立了坛场，依照方法做成仙所需的法术，等待黄昏来临。到了黄昏，各人便负责各自的任务：隐士诵念神咒，烈士手执长刀。可是却在天快亮时，烈士突然发出叫喊声。这时从天空中掉下来一个火团，烟火像云彩一样滚滚腾起，隐士急忙拉着这人跳入池中避难。稍后，隐士问他说：“我已经告诫过你不能出声，你为什么还要惊叫呢？”烈士说：“接受你的命令后，到了半夜，感觉像做梦一样昏昏沉沉的，不断发生着变幻的事。我看到当初我侍奉的主人亲自来慰问我，还向我道歉，因为我感念你的恩德，所以忍住不回答他；那人一怒之下动手杀了我。我变成中阴之身，看着尸体叹息，但是仍然情愿世世不说话，以此报答你的恩德。于是便转生投胎到南印度的一户婆罗门大族，经过受胎形成胎儿并出生后，历尽种种苦难，念着你的恩德，我从没有说过话。此后直到读书、行冠礼、结婚、丧亲、生子，只要一想到从前你对我的恩德，我都忍着不曾开口，同宗亲戚都觉得很奇怪。当我过了六十五岁时，我的妻子对我说道：'现在你可以说话了，如果再不开口，我就杀死儿子。'我当时想道，事情已经相隔一世，考虑到自己已经年老体衰，只有这个幼子，于是我制止住妻子，让他不要杀儿子，于是发出了声音。"隐士说："这是我的过错！这个梦境是魔鬼的蛊惑所致。"烈士感激隐士的恩德，悲叹事情没能成功，便惭愧愤恨而死。因避免了火灾之难，所以这个池子被称为救命池；又因烈士感恩而死，所以又叫烈士池。

三兽窣堵波

［原文］

烈士池西有三兽窣堵波，是如来修菩萨行时烧身之处[1]。劫初时，于此林野，有狐、兔、猿，异类相悦。时天帝释欲验修菩萨行者，降灵[2]应化[3]为一老夫，谓三兽曰："二三子善安隐乎？无惊惧耶？"曰："涉丰草，游茂林，异类同欢，既安且乐。"老夫曰："闻二三子情厚意密，忘其老弊，故此远寻。今正饥乏，何以馈（kuì）食？"曰："幸少留此，我躬驰访。"于是同心虚已[4]，分路营求。狐沿水滨，衔一鲜鲤；猿于林树，采异花果。俱来至止，同进老夫。惟兔空还，游跃左右。老夫谓曰："以吾观之，尔曹未和。猿狐同志，各能役心[5]，惟兔空还，独无相馈。以此言之，诚可知也。"兔闻讥议，谓狐、猿曰："多积樵苏，方有所作。"狐、猿竞驰，衔草曳木，既已蕴（yùn）崇[6]，猛焰将炽。兔曰："仁者[7]，我身卑劣，所求难遂，敢以微躬，充此一餐。"辞毕入火，寻即致死。是时老夫复帝释身，除烬收骸，伤叹良久，谓狐、猿曰："一何至此！吾感其心，不泯其迹，寄之月轮，传乎后世。"故彼咸言，月中之兔，自斯而有。后人于此

建窣堵波。

从此顺殑(qíng)伽河流，东行三百余里，至战主国。中印度境。

[注释]

①如来修菩萨行时烧身之处：佛教故事传这里投火自焚的兔子就是如来前生的某一世，所以说“如来修菩萨行时烧身之处”。

②降灵：指天帝释降到人间。

③应化：佛家语，这里的意思是应三兽的机缘而变化。应，感应。

④同心虚己：同心协力，竭尽所能，而无私念。虚己，本意是虚心以待人，这里是尽自己所能而不存私心的意思。

⑤役心：用心。

⑥蕴崇：堆积得很高。

⑦仁者：仁慈的长者。这里尊称天帝释所应化的“老夫”。

[译文]

在烈士池的西侧有一个三兽塔，该佛塔是如来修菩萨行时烧身之地。在劫初的时候，有一只狐狸、一只兔子和一只猿生活在这片树林中，它们虽不同类却友好地相处。有一天，天帝释想考验修菩萨行的三兽，便从天而降变化为一个老人对三兽说：“你们三位都过得平安吗？没有惊恐的事吗？”三兽回答说：“我们在丰茂的草丛中奔驰，在茂密的树林中游玩，虽不同类却共享欢愉，既平安又快乐。”老人说道：“听说你们情意深厚，所以我不顾年老疲惫远道来找你们。现在我又饿又累，你们怎么招待我呢？”三兽回答：“请你稍微在这里等一下，我们马上出去找吃的。”于是三兽同心协力地分头寻找。狐狸沿着水边寻回了一条新鲜的鲤鱼；猿从树林中带回了许多奇花异果献给老人。只有兔子蹦蹦跳跳地空手而归。老人说道：“我看啊，你们并不和睦。猿和狐狸是一条心，能够用心去办事，而兔子却空手而回，没能馈赠东西给我。由此看来你们的关系并不融洽。”听到讥讽的兔子对狐狸和猿说：“你们去多采集些柴火回来吧，我要做一件事情。”于是狐狸和猿争相跑出去，衔着草木回来，把这些柴火堆得很高，烈火熊熊地燃烧起来。兔子对老人说道：“仁慈的老人啊，我卑微无能，没有完成您的要求，现在我愿献出我微贱的身体给你充当餐食。”说完跳入火中，很快就烧死了。这时，老人恢复了帝释的原貌，除去灰烬，收集好兔子的遗骸，感伤叹息了很久后对狐狸和猿说：“不曾想事情竟成了这样！我深深地被它感动，为了不泯灭此事，我要将它放到月亮上去，以便传给后世。”所以当地人们都说，从那时开始，月亮中便有了兔子。后人便在这里建立了佛塔。

从婆罗痆斯国顺着殑伽河流东下三百多里，便是战主国（在中印度境内）。

战主国

[原文]

战主国周二千余里，都城临殑(qíng)伽河，周十余里。居人丰乐，邑里相邻。土地膏腴(yú)，稼穑时播。气序和畅，风俗淳质。人性犷烈，邪正兼信。伽蓝十余所，僧徒减千人，并皆遵习小乘教法。天祠二十，异道杂居。

[译文]

战主国方圆两千多里，都城靠近殑伽河，方圆十多里。居民生活富裕、安乐，乡里绵延连接。这里土地肥沃，按时令播种和收获庄稼。气候温和舒适，风俗淳朴。战主国人性情粗犷刚烈，同时信仰佛教和其他外道教派。整个战主国有十多所寺庙，近千名僧徒，都尊奉研习小乘佛教。有二十所天祠，外道教徒混杂地居住在这里。

佛舍利窣堵波

[原文]

大城西北伽蓝中窣堵波，无忧王之所建也。《印度记》曰：此中有如来舍利一升。昔者世尊尝于此处，七日之中，为天人众显说妙法。其侧则有过去三佛座及经行遗迹之处。邻此复有慈氏菩萨像，形量虽小，威神嶷然，灵鉴潜通，奇迹间起。

[译文]

在都城西北方向的寺庙中的佛塔，为无忧王所建。《印度记》说：这里有一升如来的舍利。当初世尊曾在此为天神大众演说精妙的佛法达七天之久。塔旁便是过去三佛打坐及经行场所的遗迹。旁边还有慈氏菩萨像，虽然形体较小，却不失威严庄重，这里神灵与像相通，常有奇迹发生。

不穿耳伽蓝

[原文]

大城东行二百余里，至阿避陀(tuó)羯刺拿僧伽蓝。唐言不穿耳。

周垣不广，雕饰甚工，花池交影，台阁连甍。僧徒肃穆，众仪庠序[1]。闻诸耆旧曰：昔大雪山北睹货逻国有乐学沙门，二三同志礼诵余闲，每相谓曰："妙理幽玄，非言谈所究；圣迹昭著，可足趾(zhǐ)相寻。宜询莫逆[2]，亲观圣迹。"于是二三交友杖锡同游。既至印度，寓诸伽蓝，轻其边鄙，莫之见舍[3]。外迫风露，内累口腹，颜色憔悴，形容枯槁。时此国王出游近郊，见诸客僧，怪而问曰："何方乞士？何所因来？耳既不穿[4]，衣又垢弊。"沙门对曰："我，睹货逻国人也。恭承遗教，高蹈[5]俗尘，率其同好，观礼圣迹。慨以薄福，众所同弃，印度沙门，莫顾羁旅。欲还本土，巡礼未周，虽迫勤苦，心遂后已。"王闻其说，用增悲感，即斯胜地，建立伽蓝，白氎(dié)题书，为之制曰："我惟尊居世上，贵极人中，斯皆三宝之灵祐也。既为人王，受佛付嘱，凡厥染衣，吾当惠济。建此伽蓝，式招羁旅。自今已来，诸穿耳僧，我此伽蓝不得止舍。"因其事迹，故以名焉。

［注释］

①众仪庠序：僧众的仪态安详庄敬。庠序，这里是举止安详肃穆的意思。

②宜询莫逆：应该邀约知心朋友。询，问，这里是邀约的意思。莫逆，指情意相投、友谊深厚的朋友。

③莫之见舍：没有肯收留（他们）住宿的。之，他们，宾语提前。见舍，给以留宿。舍，住宿，这里作动词用。

④耳既不穿：耳朵上又没有穿孔，不戴耳环。印度习俗多穿耳戴环，这几个沙门不穿耳，不戴耳环，所以上文称他们为"客僧"，国王问他们是"何方乞士"。

⑤高蹈：本意为远行，引申为隐居以脱离尘世。

［译文］

向都城的东方走二百多里，便到达阿避陀羯刺拿寺（唐朝语言称不穿耳）。寺庙四周的围墙占地不多，不过雕饰却十分精巧，寺内的花卉与水池交相映照，亭台楼阁相连。寺内的僧徒举动安详肃穆，注重礼仪。听年老的人说：从前，在大雪山以北的睹货逻国有一些爱好研习佛学的沙门，其中有几个沙门志同道合，他们常在诵经的闲暇时间互相说："幽深玄妙的佛法真理，不会仅凭言谈就能探究清楚；而存留的圣迹则是清清楚楚，并可以实地寻访到的。我们应约几个知心的人一同亲自去瞻仰。”于是几人结为伙伴，手执锡杖一同出游了。到达印度后，他们准备去寺庙借宿，但有人因他们来自边远落后的地区而轻视他们，不肯留宿他们。无奈之下，他们只得在外忍受风霜雨露，因饥饿而脸色憔悴容貌枯槁。这时，正好来近郊游玩的当地国王看见了这些客僧，便奇怪地问道：“你们是哪里来的乞丐？为什么来到这里？你们耳朵上没有戴环，身上的衣服还又脏又破！”沙门回答道：“我们是睹货逻国人。恭敬地继承如来留下的训诫，远离尘俗修行，相约志同道合的人一同前来瞻仰圣迹。自叹我们福薄，受到众人的轻视，印度的沙门不肯让我们外来之人留宿。我们想回去但还没有遍观佛迹，即使条件困苦，也要实现心愿后才心甘。”听了他们的话，国王感到很悲伤，当即下令在这片胜地上建立一所寺庙，并在白布上写下如下规定：“我能够尊贵于人世间，全依靠佛法的佑助。既然作为国王，我就应遵从佛的嘱咐，对于一切僧侣，我都应该接待救济。现在建立这所寺庙，是用来招待外来僧侣的。从今往后，我这座寺庙不再留宿任何的穿耳僧人。”因此这座寺庙被命名为不穿耳寺。

吠舍厘国

[原文]

吠舍厘国周五千余里。土地沃壤，花果茂盛，庵没罗果、茂遮果，既多且贵。气序和畅，风俗淳质，好福重学，邪正杂信。伽蓝数百，多已圮坏，存者三五，僧徒稀少。天祠数十，异道杂居，露形之徒，实繁其党。吠舍厘城已甚倾颓，其故基趾周六七十里，宫城周四五里，少有居人。

[译文]

吠舍厘国方圆五千多里。这里土地肥沃，花果繁茂，有很多庵没罗果、茂遮果，而且很珍贵。这里气候温和舒适，民风质朴，人们注重行善积福和学习，外道、佛教都有信徒。境内有几百所寺庙，但保存下来的只有十分之三五，大多已经毁坏，因而僧徒也很少。有几十所天祠，外道教徒混杂着居住在这里，以露形一派的信徒最为多。如今吠舍厘城已经严重损毁了，城墙旧基方圆有六七十里，宫城方圆四五里，居民十分少。

佛说毗摩罗诘经所

[原文]

宫城西北五六里，至一伽蓝，僧徒寡少，习学小乘正量部法。傍有窣堵波，是昔如来说《毗摩罗诘经》①，长者子宝积等献宝盖处。其东有窣堵波，舍利子等于此证无学之果。

[注释]

①《毗摩罗诘经》：梵文音译，佛经名，亦称《维摩诘所说经》或《维摩诘经》。后秦鸠摩罗什（344—413年）译，三卷。另有三国时吴国支谦的译本，名《维摩诘经》。玄奘译本则名《说无垢称经》。

[译文]

从宫城向西北方向行走五六里，便到达一所寺庙，这里有少数的僧徒，学习小乘佛教正量部法门。寺庙旁边的那座佛塔，是当初如来讲说《毗摩罗诘经》的时候，毗摩罗诘的儿子宝积等奉献宝盖给释迦牟尼的地方。塔的东侧有座佛塔，是舍利子等人证得无学之果的地方。

佛舍利窣堵波及诸遗迹

[原文]

舍利子证果东南有窣堵波，是吠舍厘王之所建也。佛涅槃后，此国先王分得舍利，式修崇建。《印度记》曰：此中旧有如来舍利一斛（hú），无忧王开取九斗，惟留一斗。后有国王复欲开取，方事兴工，寻即地震，遂不敢开。

其西北有窣堵波，无忧王之所建也。傍有石柱，高五六十尺，上作师子之像。石柱南有池，是群猕猴为佛穿也，在昔如来曾住于此。池西不远有窣堵波，诸猕猴持如来钵上树取蜜之处。池南不远有窣堵波，是诸猕猴奉佛蜜处。池西北隅犹有猕猴形象。

[译文]

在舍利子证果处的东南方向有座佛塔，建造者为吠舍厘王。这个国家的先代君王在佛陀涅槃后分到舍利，于是恭敬地建造了这座佛塔用以供奉舍利。《印度记》中说：原来此塔中曾有如来舍利一斛，无忧王开塔取出九斗后只留下一斗。后来又有位国王想开塔取舍利，刚要动手施工时，这里却发生了地震，于是不敢再开塔。

在它的西北方向有座佛塔，建造者为无忧王。塔旁有根高五六十尺的石柱，石柱上刻有狮子像。石柱南边有水池，是一群猕猴为佛陀挖掘的，当初如来曾居住在这里。水池西边的不远处有座佛塔，是众猕猴持如来食钵上树采集蜂蜜的地方。水池南边的不远处也有座佛塔，是众猕猴将蜜奉献给佛陀的地方。如今在水池的西北角处还存有猕猴的雕像。

无垢称及宝积故宅

[原文]

伽蓝东北三四里有窣堵波，是毗摩罗诘唐言无垢称，旧曰净名，然净则无垢，名则是称，义虽取同，名乃有异。旧曰维摩诘，讹略也。**故宅基址，多有灵异。去此不远有一神舍，其状叠砖，传云积石，即无垢称长者现疾说法之处。去此不远有窣堵波，长者子宝积之故宅也。去此不远有窣堵波，是庵没罗女故宅，佛姨母等诸苾(bì)刍尼于此证入涅槃。**

[译文]

寺庙东北方向三四里处有座佛塔，是毗摩罗诘（唐朝语言称无垢称，以前称为净名，不过净就是无垢，名就是称，取义虽然相同，名字却有差异。以前称为维摩诘，是错误而有疏略的）故居的基址，这里出现了不少灵异事迹。距此不远还有一座神舍，看上去像用砖砌成的，但相传是用石头垒成，这里是无垢称长者托病说法的地方。距这里不远处有座佛塔，是长者之子宝积的故宅。距这里不远又有座佛塔，是庵没罗女故宅所在地，佛陀的姨母等一些比丘尼曾在这里涅槃修成正果。

庵没罗女园及佛预言涅槃处

[原文]

伽蓝北三四里有窣堵波，是如来将往拘尸那国入般涅槃。人与非人随从世尊，至此伫立。次西北不远有窣堵波，是佛于此最后观吠舍厘城。其南不远有精舍，前建窣堵波。是庵没罗女园，持以施佛。

庵没罗园侧有窣堵波，是如来告涅槃处。佛昔在此告阿难曰：“其得四神足[①]者，能住寿一劫。如来今者，当寿几何？”如是再三，阿难不对，天魔迷惑故也。阿难从座而起，林中宴默。时魔来请佛曰：“如来在世，教化已久，蒙济流转，数如尘沙[②]，寂灭之乐，今其时矣。”世尊以少土置爪上，而告魔曰：“地土多耶？爪土多耶？”对曰：“地土多也。”佛言：“所度者如爪上土，未度者如大地土。却后三月，吾当涅槃。”魔闻欢喜而退。阿难林中忽感异梦，来白佛言：“我在林间，梦见大树，枝叶茂盛，荫影蒙密，惊风忽起，摧散无余。将非世尊欲入寂灭？我心怀惧，故来请问。”佛告阿难：“吾先告汝，汝为魔蔽，不时请留[③]。魔王劝我早入涅槃，已许之期，斯梦是也。”

[注释]

①四神足：梵文意译，又名“四如意足”，佛教名词。说的是可以依靠他们获得神通的欲、勤、心、观四种禅定。他们是：一、欲神足，内禁欲出离之力而发起的禅定；二、勤神足，又名“精进神足”，由不断止恶进善之力发起的禅定；三、心神足，又名“念神足”，由心念之力发起的禅定；四、观神足，又名“慧神足”“思维神足”，由住空闲处，观察诸法、思维佛理之力而发起的禅定。佛教认为，修行这些禅定，可以具备神通变化如意自在的能力。

②“蒙济流转”二句：蒙你从生死轮回中拯救出来的生灵，就像尘土、沙子那样多。

③不时请留：没有做到及时请求让佛留下来。意思是说天魔来劝说释迦牟尼入灭的时候，阿难受天魔魔法迷惑，走开了，不在佛的身边，也就没能及时请求佛留下来。即上文的“阿难从坐而起，林中宴默”。

[译文]

在寺庙北方的三四里处，有一座佛塔，当初人类和非人类曾在如来即将前往拘尸那国涅槃时，跟随世尊，在这里伫立过。再往西北方向的不远处有座佛塔，在那里，佛陀曾最后一次观看吠舍厘城。在南面的不远处有一座精舍，精舍前面建有佛塔，庵没罗女曾在这里献园奉佛。

在庵没罗园旁有座佛塔，如来曾在这里把将要涅槃的消息告诉他人。当初佛陀在这里对阿难说：“凡是能获得四神足的人，便可以享寿一劫。现在如来该有多长的寿命？”如来如此问了几次，但是阿难由于被天魔迷惑并没有回答他，而是从座位上站起身，然后到林中静坐。这时天魔来对佛陀说：“很久以来，如来一直在世上教化人类，经过您的教化而脱离轮回之苦超度的众生，数额如尘沙一般多得难以估计。现在您也是时候享受寂灭的欢乐了。”世尊在指甲上放下少量的土，而向天魔问道：“地上的土和指甲上的土，哪里的土多呢？”天魔回答：“是地上的土多。”佛陀说：“我所度化人数只不过如同指甲上的土那样多，而尚没有度化的人却如同大地上的土那样多啊！三个月后，我就涅槃吧！”听到如来的答复，天魔高兴地走了。在树林中的阿难忽然感到做了一个奇怪的梦，于是回来告诉佛陀说：“我在树林中静坐时，梦见有株枝叶茂盛、树荫浓密的大树，忽然狂风吹起，把枝叶吹得干干净净。难道是世尊就要涅槃了？我心怀疑惧，所以来请教您。”佛陀告诉阿难说：“我刚才已经告诉过你了，但你被天魔所蒙蔽，没有及时请求我留在世间。魔王来劝我早入涅槃，我已许下了期限，这就是你所做的梦。”

千佛本生故事

[原文]

告涅槃期侧不远有窣堵波，千子见父母处也。昔有仙人，隐居岩谷，仲春之月，鼓濯清流，麀（yōu）鹿随饮，感生女子，姿貌过人，惟脚似鹿。仙人见已，收而养焉。其后命令求火，至余仙庐，足所履地，迹有莲花。彼仙见已，深以奇之，令其绕庐，方乃得火。鹿女依命，得火而还。时梵豫王畋游见花，寻迹以求，悦其奇怪，同载而返。相师占言，当生千子。余妇闻之，莫不图计。日月既满，生一莲花，花有千叶，叶坐一子。余妇诬罔（wǎng），咸称不祥，投殑（qíng）伽河，随波泛滥。乌耆延王下流游观，见黄云盖乘波而来，取以开视，乃有千子，乳养成立，有大力焉。恃有千子，拓境四方，兵威乘胜，将次此国。时梵豫王闻之，甚怀震惧，兵力不敌，计无所出。是时鹿女心知其子，乃谓王曰：“今寇戎临境，上下离心，贱妾愚衷，能败强敌。”王未之信也，忧惧良深。鹿女乃升城楼，以待寇至。千子将兵，围城已匝，鹿女告曰：“莫为逆事！我是汝母，汝是我子。”千子谓曰：“何言之谬？”鹿女手按两乳，流注千歧①，天性所感，

法冲化粮

唐贞观年间（627—649），朝中曾经禁止佛教，擅自剃度或度人的行为都将受到重罚。当时寺院里的许多僧侣都逃到峄阳山中避难，但是山中粮食缺乏，法冲和尚就冒着生命危险来到冀州，请求这里的官员施舍一些粮食来救济山中的僧人。州官被法冲的精神感动，偷偷地为深山中的僧人运送粮食。这样峄阳山中的僧人越来越多，僧房也越来越紧张。山中的一个洞穴住有老虎，法冲又来到老虎栖息的洞穴对它说："现在有不少被追赶的僧人投奔此处，你能不能移居到别的地方呢？"老虎听到后立刻离开了洞穴，僧人们的住宿问题也得到了解决。

咸入其口。于是解甲归宗[②]，释兵返族，两国交欢，百姓安乐。

千子归宗侧不远有窣堵波，是如来经行旧迹，指告众曰：“昔吾于此归宗见亲。欲知千子，即贤劫中千佛是也。”

［注释］

①流注千歧：（乳汁）大量流出，分成一千股。

②归宗：过去指当儿子的过继给人或流落在外又回来继承本宗。这里就是认亲生父母的意思。

［译文］

位于如来预告涅槃期限处旁边不远的佛塔，是千子会见父母的地方。从前，有位隐居在山谷中的仙人于春天二月时的一天在清溪中沐浴，这时有只母鹿也来溪边饮水，母鹿由于感应而怀孕，生下了一位容貌出众的女子，只是她的脚和鹿脚一样。仙人看见后收养了她。后来命她去其他仙人的庐舍借火，她走过的地方留下的脚印都呈莲花状。见到此况，其他仙人都感到十分奇怪，于是命她绕庐舍走一圈，才会借火给她。于是鹿女照办，得到火种后返回。当时外出狩猎的梵豫王看见了莲花，于是他循着足迹找到了鹿女，喜爱她奇特的样子，便用车把她带了回来。相师预言，她将会生一千个儿子。听说此事的其余的妃子，都妄图破坏这件事。鹿女在孕期满后，生下一朵有一千片叶子的莲花，每片莲花叶子上都坐着一个儿子。于是其余的妃子便造谣说这是不吉祥的，于是莲花被投进殑伽河，顺河流漂下去。正巧在下游游览的乌耆延王看到随波漂来一个黄色云盖，于是取来打开一看，见其中有一千个男孩，便用了很大心思，将他们哺育成人。仗恃有一千个儿子，乌耆延王便向四方开拓疆土，趁着胜利的兵威，决定征讨梵豫王的国家。当时听说了这个消息的梵豫王心中十分恐惧，担心自己的兵力不足而难以御敌，不知如何是好。这时鹿女心中知道来攻击国家的是自己的儿子们，便对梵豫王说：“现在兵临城下，国内上下心神不宁，我有一个办法，能使强敌退兵。”国王仍然不信，更加忧愁。于是鹿女登上城楼等待敌寇的到来。而后一千个儿子率领兵马把城池围得密不透风。鹿女便对他们说：“别做大逆不道的事情！我是你们的母亲，你们是我的儿子。”那一千个儿子说：“多么荒唐的话啊！”鹿女便两手按乳房，于是流出一千道乳汁，由于母子天性的感应，这一千道乳汁分别流入一千个儿子的口中。于是这一千儿子解除武装，重认宗亲，带兵返回。两国也因此和好，从此两国的百姓安乐地生活着。

在千子归宗处附近还有一座佛塔，如来曾在那里经行。如来曾在那里告诉众人说：“从前我在这里回归本宗面见双亲。你们知道所谓的千子吗？那就是贤劫中的千佛。”

重阁讲堂及诸圣迹

[原文]

述本生东有故基，上建窣堵波，光明时烛，祈请或遂，是如来说《普门陀罗尼》等经重阁讲堂余址也。

讲堂侧不远有窣堵波，中有阿难半身舍利。去此不过有数百窣堵波，欲定其数，未有克知，是千独觉入寂灭处。

吠舍厘城内外周隍，圣迹繁多，难以具举。形胜故墟，鱼鳞间峙。岁月骤改，炎凉亟移，林既摧残，池亦枯涸，朽株余迹，其详验焉。

大城西北行五六十里，至大窣堵波，栗呫婆子旧曰离车子，讹也。**别如来处。如来自吠舍厘城趣拘尸那国，诸栗呫婆子闻佛将入寂灭，相从号送。世尊既见哀慕，非言可谕，即以神力化作大河，崖岸深绝，波流迅急，诸栗呫婆子悲恸以止，如来留钵，作为追念。**

[译文]

在述本生塔的东面有一旧基，上面建有佛塔，佛塔内经常光芒四射，来此祈求的人有时可以如愿，这里曾是如来讲说《普门陀罗尼》等经的重阁讲堂。

在讲堂旁边不远处有座佛塔，塔内有阿难的半身舍利。距此不远还有几百座佛塔，没有人能确切地知道这些塔的具体数目，一千位独觉曾在这里涅槃。

在吠舍厘城内外四周有特别多的圣迹，难以一一描述。名胜故墟如同如鱼鳞一般密集分布。随着寒暑交替岁月的流逝，如今这里的树林已经被毁弃，池水也已经干涸了，只有遗留下来的枯树痕迹，作为历史见证。

往都城的西北方向行走五六十里后，便到达了一座大佛塔，栗呫婆子（以前称为离车子，是错误的）曾在这里送别如来。当时如来从吠舍厘城前往拘尸那国，听说佛陀将要涅槃后，众多栗呫婆子便跟随在他的身后，号哭送别。见到众人悲伤难过，世尊知晓无法用言语慰喻他们，便用神力变化出一条河岸陡峭高深、河流湍急的大河来阻止他们前行，众多的栗呫婆子只得停止悲恸，如来把食钵留给他们做纪念。

故城及大天王本生故事

[原文]

吠舍厘城西北减二百里，有故城，荒芜岁久，居人旷少。中有窣堵波，是佛在昔为诸菩萨、人、天大众引说本生，修菩萨行，曾于此城为转轮王，号曰摩诃提婆[1]。唐言大天。**有七宝应[2]，王四天下，睹衰变之相，体无常之理，置怀高蹈(dǎo)，忘情大位，舍国出家，染衣修学。**

[注释]

①摩诃提婆：梵文音译，意译“大天”，北传佛教认为他是大众部的创始人。原是商人之子，长而淫母杀父，杀阿罗汉，后又杀母。自感罪孽深重，就出家为僧，竟然博通三藏，提出了关于教义的五条新见解，即所谓“五事”。后来佛教教团正式分裂，就是从对他的新见解或赞成或反对而引起的。

②七宝应：七宝镶嵌的乐器。应，乐器名，圆筒形，中空，长五尺余，其中有椎，击以应乐，是用来打拍子的。

[译文]

在吠舍厘城西北方向不到二百里处，有一座长久荒芜的故城，这里居民稀少。故城内有座佛塔，佛陀从前为菩萨、人、天大众讲说自己修菩萨行的事，说自己曾在这座城中转生为转轮王，号摩诃提婆（唐朝语言称大天）。有七宝应报，本应统治四方天下，但目睹衰变的世相后，他体会到人世间无常的道理，于是暗自立志要脱离世俗，不在乎国王地位，而舍弃国家，穿上僧衣出家修习佛学。

七百贤圣结集

[原文]

城东南行十四五里，至大窣堵波，是七百贤圣重结集[1]处。佛涅槃后百一十年，吠舍厘城有诸苾(bì)刍，远离佛法，谬行戒律。时长老[2]耶舍陀[3]住憍(jiāo)萨罗国，长老三菩伽住秣菟罗国，长老厘波多住韩若国，长老沙罗住吠舍厘国，长老富阇苏弥罗住波罗梨弗国。诸大罗汉心得自在，持三藏，得三明，有大名称，众

所知识，皆是尊者阿难弟子。时耶舍陀遣使告诸贤圣，皆可集吠舍厘城。犹少一人，未满七百。是时富阇苏弥罗以天眼见诸大贤圣集议法事，运神足至法会。时三菩伽于大众中右袒长跪，扬言曰："众无哗！钦哉，念哉！昔大圣④法王善权寂灭，岁月虽淹，言教尚在。吠舍厘城懈（xiè）怠苾刍谬于戒律，有十事出⑤，违十力教⑥。今诸贤者深明持犯，俱承大德阿难指诲，念报佛恩，重宣圣旨。"时彼大圣莫不悲感，即召集诸苾刍，依毗奈耶，诃责制止，削除谬法，宣明圣教。

［注释］

①重结集：释迦牟尼逝世的当年，有五百僧侣在王舍城聚集，共同忆诵、确定佛教经典，称为第一次结集。这里说的则是释迦牟尼逝世一百一十年后在吠舍厘城的结集，是第二次，所以叫重结集，亦称吠舍厘结集。据南传佛教典籍记载，这次结集，是由于当时弗栗恃的比丘提出十条戒律（即所谓"十事"。总的精神是比旧戒律为宽，如可以喝未发酵的棕榈酒，可以接受金银财物等）而引起的。反对"十事"坚持严格戒律的就组成"上座部"，主张和赞成"十事"的，组成"大众部"，成为佛教僧团的第一次分裂。北传佛教也记了这次结集，但不讲分成两派的事。

②长老：佛教对出家年长、德高望重的僧人的敬称。

③耶舍陀：梵文音译，亦称作耶舍、耶舍那，意译"名闻""名称"，即吠舍厘结集的发起人，南传佛教奉他为上座部的创始人。

④大圣：佛家对佛或菩萨的尊称。

⑤有十事出：有"十事"背离教门。出，超出，背离。"十事"，是巴利文的音译。除可以喝未发酵的棕榈酒，可以接受金银财物外，还有八种行为，如：可以喝未搅动的牛乳，可以随意取用大小坐具，可按惯例行事，同住处的比丘可各自举行通习戒律的仪式，僧团中一部分比丘可以先做出决定再征求他人同意，饭后到其他聚落还可进食，日影偏过正午二指以后还可进食，可将食盐贮于角器供日后食用等。这些都较过去的严格戒律为宽。

⑥违十力教：违反了佛的教诲。十力教，佛的教诲，因佛具有"十力"。

［译文］

往吠舍厘城的东南方向行走十四五里，便到达一座大佛塔，这里是七百个佛教僧侣第二次结集的地方。在佛陀涅槃的一百一十年后，吠舍厘城的许多比丘背离了佛法，而施行荒唐的戒律。这时长老耶舍陀居住在憍萨罗国，长老三菩伽居住在秣菟罗国，长老厘波多居住在韩若国，长老沙罗居住在吠舍厘国，长老富阇苏弥罗居住在波罗梨弗国。这些大罗汉已经因思想境界到达高处而心得自在，他们通晓三藏之文，拥有三明智慧，享有崇高声望，并为众人所熟知，他们都是阿难尊者的弟子。当时耶舍陀派遣使者通知各位圣贤到吠舍厘城中集会。到会者还差一人就满七百人的整数了。这时富阇苏弥罗用天眼看到贤圣们正在集会商议佛教事务，便运起神力来参加法会。这时三菩伽在大众中袒露右臂，跪拜在地上高声说："大家请安静！请虔诚地想一想吧。当初大圣法王顺应时机涅槃以后，虽然岁月久远，但他的教谕依然存在。吠舍厘城懈怠的比丘们，竟实施错误的戒律，有十件事情违背了佛法和佛陀的教诲。如今各位贤圣深知这是违反戒律的，我们遵照高僧阿难的教诲，为了报答佛陀的恩典，重新宣布佛陀的旨意。"这时各大贤圣无不悲戚感怀，当即召集比丘们，依照戒律斥责并制止他们的行为，废除那些荒唐的戒律，宣扬阐明了真正的佛陀教谕。

湿吠多补罗伽蓝

[原文]

七百贤圣结集南行八九十里，至湿吠多补罗僧伽蓝，层台轮奂，重阁翚(huī)飞。僧众清肃，并学大乘。其傍则有过去四佛座及经行遗迹之处。其侧窣堵波，无忧王之所建也。如来在昔南趣摩揭陀国，北顾吠舍厘城，中途止息遗迹之处。

[译文]

从七百贤圣结集处向南方行走八九十里，便是湿吠多补罗寺，寺庙有高大华美的台轩，彩檐飞起的楼阁。寺内的僧徒清静严肃，都研习大乘佛教。寺旁有过去四佛打坐及经行场所的遗迹。位于遗迹旁边的佛塔是由无忧王所建造的，这里是当初如来准备去往南方的摩揭陀国而回望北面的吠舍厘城时的中途休息遗迹所在。

阿难分身寂灭传说

[原文]

湿吠多补罗伽蓝东南行三十余里，殑(qíng)伽河南北岸各有一窣堵波，是尊者阿难陀分身与二国处。阿难陀者，如来之从父弟也，多闻总持①，博物强识，佛去世后继大迦叶任持正法，导进学人。在摩揭陀国，于林中经行，见一沙弥讽诵佛经，章句

错谬，文字纷乱。阿难闻已，感慕增怀，徐诣其所，提撕指授。沙弥笑曰：“大德耄(mào)矣，所言谬矣！我师高明，春秋鼎盛，亲承示诲，诚无所误。”阿难默然，退而叹曰：“我年虽迈，为诸众生，欲久住世，住持正法。然众生垢重，难以诲语。久留无利，可速灭度。”于是去摩揭陀国，趣吠舍厘城。渡殑伽河，泛舟中流。时摩揭陀王闻阿难去，情深恋德，即严戎驾，疾驰追请，数百千众营军南岸。吠舍厘王闻阿难来，悲喜盈心，亦治军旅，奔驰迎候，数百千众，屯集北岸。两军相对，旌旗翳(yì)日。阿难恐斗其兵，更相杀害，从舟中起，上升虚空，示现神变，即入寂灭，化火焚骸，骸又中析：一堕南岸，一堕北岸。于是二王各得一分，举军号恸，俱还本国，起窣堵波，而修供养。

从此东北行五百余里，至弗栗恃国[②]，北人谓三伐恃国，北印度境。

［注释］

①多闻总持：对佛法听到的多，又能完全理解而遵照执行。总持，能全部理解、牢记、奉行，做到持善不失，持恶不生，没有漏忌。

②弗栗恃国：音译又作跋耆、三伐恃、婆栗阇，故地在今印度达尔班加北。

［译文］

往湿吠多补罗寺庙的东南方向行走三十多里，有两座佛塔分别在殑伽河的南岸和北岸，那里是阿难陀尊者将身体分给两国的地方。阿难陀是如来的堂弟，见闻广博，深得佛学要领，他在佛陀去世后继承大迦叶任持正法，以此引导后学之人。有一次，他在摩揭陀国的一片树林中经行时，看见一个沙弥正在念诵佛经，却章句出错，文字混乱。阿难听后，心中感慨万分，追忆如来，便慢慢走向前，当面对沙弥进行指教。沙弥笑着说：“您的年纪大了，说的都不对！而我的老师十分高明，正值壮年，我得到他的亲自教诲，肯定不会有错的。”阿难沉默不语，退下来感叹道：“我虽然年岁已高，却想为了广大众生而在世间久留，维护、住持佛法。但众生污垢实在太重，难以听从我的教诲。看来我久留世间只是徒劳，不如赶快涅槃。”于是他离开摩揭陀国前往吠舍厘城。当阿难陀的船渡到殑伽河中间的时候，摩揭陀王听说他离去了，由于深深地眷念他的德行，于是赶紧率领兵马追上去请他留下来，数以千计的兵士扎营在河的南岸。而听说阿难陀即将前来，吠舍厘王悲喜交加，也整顿军队飞快地前去迎接，数以千计的兵士扎营在河的北岸。两军隔岸相对，军旗把太阳都遮住了。

阿难陀担心两国因此而交战，互相残杀，于是从船上起身飞入空中，显示神通变化后，立即涅槃了，并化出神火焚烧了骨骸，将骨骸一分为二：一半落在殑伽河南岸，一半落在殑伽河北岸。于是两位国王各得一份，全军号啕痛哭，撤兵回国，建造佛塔，供奉舍利。

从吠舍厘国向东北方向行走五百多里后，便是弗栗恃国（北方人称为三伐恃国，在北印度境内）。

弗栗恃国

［原文］

弗栗恃国周四千余里，东西长，南北狭。土地膏腴（yú），花果茂盛。气序微寒，人性躁急，多敬外道，少信佛法。伽蓝十余所，僧徒减千人，大小二乘，兼功通学。天祠数十，外道实众。国大都城号占戍拿，多已颓毁。故宫城中尚有三千余家，若村若邑也。大河东北有伽蓝，僧徒寡少，学业清高。

［译文］

弗栗恃国方圆四千多里，东西较长，南北狭窄。土壤肥沃，花草果木茂盛。气候比较寒冷，人们的性情急躁，大多人信奉外道，很少有人信奉佛法。弗栗恃国有十多所寺庙，僧徒不到一千名，研习的佛法包括大乘及小乘。有几十所天祠，外道信徒有很多。国家的都城是占戍拿，但大部分已经毁废。还有三千多户人家在旧宫城中，如同村镇一般。位于大河的东北处有所寺庙，僧徒虽少但学业清雅高超。

尼波罗国

［原文］

尼波罗国周四千余里，在雪山中，国大都城周二十余里。山川连属，宜谷稼，多花果，出赤铜、牦（máo）牛、命命鸟。货用赤铜钱。气序寒冽，风俗险诐（bì）①，人性刚犷，信义轻薄。无学艺，有工巧。形貌丑弊，邪正兼信。伽蓝、天祠接堵连隅。僧徒二千余人，大小二乘，兼功综习。外道异学，其数不详。

[注释]

①险诐：邪恶不正。也作“险陂”。

[译文]

位于雪山之中的尼波罗国方圆两千多里，国都方圆二十多里。境内山川相连，适宜种植谷物，花草果木繁多，国家出产赤铜、牦牛、命命鸟。居民使用赤铜钱交易。当地气候寒冷，民风险恶，人们性情刚烈粗犷，不注重信用。居民并不钻研学术，但擅长技术。尼波罗国人容貌丑陋，邪教正教都信仰。境内的寺庙和天祠隔墙相连，有二千多名僧徒，全都综合研习大乘小乘，外道教徒的数目不明确。

光胄王制声明论

[原文]

王，刹帝利栗呫婆种也。志学清高，纯信佛法。近代有王，号鸯输伐摩，唐言光胄。**硕学聪睿，自制《声明论》，重学敬德，遐迩著闻。**

[译文]

尼波罗国的国王是刹帝利种姓，栗呫婆部族人。学识渊博，内心清明高洁，虔诚信仰佛法。近代有位国王鸯输伐摩（唐朝语言称光胄），学识广博有智慧，撰写了《声明论》，重视学术和道德，闻名于远近。

小水池

[原文]

都城东南有小水池，以人火投之，水即焰起。更投余物，亦变为火。

从此复还吠舍厘国，南渡殑伽河，至摩揭陀国。旧曰摩伽陀，又曰摩竭提，皆讹也。中印度境。

[译文]

在都城东南处有个小水池，如果把火种投进去，水中就会生出火焰。再投其他的东西进去，也会变成火燃烧。

从尼波罗国返回吠舍厘国，再向南渡过殑伽河，便到达了摩揭陀国（以前称为摩伽陀，又称摩竭提，都是错误的。在中印度境内）。

卷八

摩揭陀国上

[原文]

摩揭陀国周五千余里，城少居人，邑多编户。地沃壤，滋稼穑(sè)，有异稻种，其粒粗大，香味殊越，光色特甚，彼俗谓之供大人米。土地垫湿，邑居高原。孟夏之后，仲秋之前，平居流水，可以泛舟。风俗淳质，气序温暑。崇重志学，尊敬佛法。伽蓝五十余所，僧徒万有余人，并多宗习大乘法教。天祠数十，异道实多。

[译文]

摩揭陀国方圆五千多里，城市中居民少，村镇中编入册籍的民户却很多。这里土地肥沃，利于种植庄稼，有一种很特别的稻谷，它有粗大的颗粒，浓郁的香味，并且光泽颜色特别好，当地人把它叫作“供大人米”。这里地势较低，土壤潮湿，城市和村镇都位于高处。在初夏和仲秋之间，平地被遍布的流水淹没，就可以行船。这里风俗淳厚质朴，气候温暖趋于炎热。居民多崇尚学术，尊敬佛法。有五十多所寺庙，一万多名僧徒，大多崇尚、研习大乘佛教。有几十所天祠，外道教徒也很多。

波吒厘子城及传说

[原文]

殑(qíng)伽河南有故城，周七十余里，荒芜虽久，基址尚在。昔者人寿无量岁时，号拘苏摩补罗城[①]，唐言香花宫城。**王宫多花，故以名焉。逮乎人寿数千岁，更名波吒厘子城[②]。**旧曰巴连弗邑，讹也。

初，有婆罗门高才博学，门人数千，传以授业。诸学徒相从游观，有一书生徘徊怅望。同俦谓曰：“夫何忧乎？”曰：“盛色方刚，羁(jī)游履影[③]，岁月已久，艺业无成。顾此为言，忧心弥

剧。”于是学徒戏言之曰：“今将为子求娉婚亲。”乃假立二人为男父母，二人为女父母，遂坐波吒厘树④，谓“女，婿树也⑤”。采时果，酌清流，陈婚姻之绪⑥，请好合之期。时假女父攀花枝以授书生曰：“斯嘉偶也，幸无辞焉。”书生之心欣然自得，日暮言归，怀恋而止。学徒曰：“前言戏耳！幸可同归。林中猛兽恐相残害。”书生遂留，往来树侧。景夕之后，异光烛野，管弦清雅，帷帐陈列。俄见老翁策杖来慰，复有一妪携引少女，并宾从盈路，袨(xuàn)服奏乐。翁乃指少女曰：“此君之弱室也。”酣歌乐宴，经七日焉。学徒疑为兽害，往而求之，乃见独坐树阴，若对上客。告与同归，辞不从命。后自入城，拜谒亲故，说其始末。闻者惊骇，与诸友人同往林中，咸见花树是一大第，童仆役使驰驱往来，而彼老翁从容接对，陈馔(zhuàn)奏乐，宾主礼备。诸友还城，具告远近。期岁之后，生一子男。谓其妻曰：“吾今欲归，未忍离阻。适复留止，栖寄飘露。”其妻既闻，具以白父。翁谓书生曰：“人生行乐，讵必故乡？今将筑室，宜无异志。”于是役使灵徒，功成不日。香花旧城，迁都此邑。由彼子故，神为筑城，自尔之后，因名波吒厘子城焉。

［注释］

①拘苏摩补罗城：即卷五所记“曲女城”的原名。

②波吒厘子城：音译为“华氏国”“花氏城”“香花宫城”。故地在今印度北境之巴特那。

③羁游履影：在外做客游学，孤单单地形影相随。

④波吒厘树：楸树。

⑤“女”二句：你就是这棵树的女婿呀。女，通“汝”。

⑥绪：连绵不断的情思。

［译文］

在殑伽河南岸有座方圆七十多里的旧城，该城虽然早已荒芜，但城的基址依然还在。从前，在人的寿命无限长的时代，这个旧城被称为拘苏摩补罗城（唐朝语言称香花宫城），因王宫有很多花朵，所以取用这个名字作为城名。到了人的寿命有几千岁的时代，这里改名为波吒厘子城（以前称为巴连弗邑，是错误的）。

当初，有位才能出众、学问广博的婆罗门，一心一意为几千名徒弟传道授业。有一次，学生们结伴出游，一个书生却在那里徘徊张望。同伴们于是问他：“你在忧愁什么呢？”书生回答说：“我正值青壮年，血气方刚，却常年游学于外，孤身一人，如今也没有成就学业。一想到这里，我的心情就更加忧愁。”于是同伴们对他开玩笑说：“我们现在就为你求婚娶妻！”于是他们假设两人为男方父母，两人为女方父母，让这些“父母”坐在波吒厘树下，同伴们对书生说“你就是这棵树的女婿呀”。他们采来新鲜的水果，盛来清水当作佳肴美酒，按照婚姻的程序，约好结婚日期。这时假扮女方父亲的人把摘下的一截花枝交给书生说：“这就是你的贤妻，希望你不要嫌弃。”书生心中很高兴，待傍晚大家准备回去时，他却因为心念佳人而不愿动身。学生们说：“刚才的话是开玩笑的，你和我们一起回去吧。以免被树林中出没的猛兽所伤害。”但书生还是留下来了，在树旁来回地走着。到了夜晚，原野上出现了奇异的光芒，还响起了清亮高雅的管弦声，接着列出了一排排的帷帐。过了不久，一个拄着拐杖的老头走出来向书生问候，又有一个老妇领着一位少女出来，道路两旁全挤满了宾客和随从，全都穿着礼服，奏着音乐。老头指着少女对书生说：“这就是你的妻子。”随即大摆歌舞宴席庆贺了七天。怀疑他被野兽所害的同伴们前去寻找他，却只见他独自坐在树荫下，好像正在招待贵宾。大家让他一同回去，他却不听劝告。后来他自己进城拜见亲属朋友，把事情经过叙述一遍。人们听后都感到惊讶，于是他带领亲友们一同前往树林，都看到花树就是一座大户宅院，许多奴仆差役正在里面来回奔走，而那位老头则摆酒席、奏音乐从容应接客人，宾主礼节周到。回到城中，亲友们就把这件事传扬开了。一年后，书生的妻子生了一个儿子。书生对妻子说：“我现在想回家去，却不忍和你分别。但是要留下来的话，又会有漂泊他乡的感觉。”妻子听说后便将此事禀报给父亲。于是老头对书生说：“人生为什么非得只在故乡才享受快乐呢？我现在就为你建造房舍，你不要再有其他想法了。”于是差遣神灵，仅几天就盖起了房屋。香花旧城便迁移到这里。由于书生，神灵才建筑了这座城，从此以后，它便被称为波吒厘子城。

无忧王地狱处

［原文］

王故宫北有石柱，高数十尺，是无忧王作地狱处。释迦如来涅槃之后第一百年，有阿输迦唐言无忧，旧曰阿育，讹也。**王者，频毗娑罗**唐言影坚，旧曰频婆娑罗，讹也。**王[1]之曾孙也，自王舍城迁**

都波吒厘，重筑外郭，周于故城。年代浸远，唯余故基。伽蓝、天祠及窣堵波，余址数百，存者二三。唯故宫北临殑(qíng)伽河，小城中有千余家。

初，无忧王嗣位之后，举措②苛暴，乃立地狱，作害生灵。周垣峻峙，隅楼特起。猛焰洪炉，铦锋利刃，备诸苦具，拟像幽涂③，招募凶人，立为狱主。初以国中犯法罪人，不校轻重，总入涂炭④。后以行经狱次⑤，擒以诛戮，至者皆死，遂灭口焉。时有沙门，初入法众，巡里乞食，遇至狱门，狱吏凶人擒欲残害。沙门惶怖，请得礼忏⑥。俄见一人缚来入狱，斩截手足，磔(zhé)裂形骸⑦，俯仰之间，肢体糜散。沙门见已，深增悲悼，成无常观⑧，证无学果。狱卒曰："可以死矣。"沙门既证圣果，心夷生死，虽入镬汤，若在清池，有大莲花而为之座。狱主惊骇，驰使白王。王遂躬观，深赞灵祐。狱主曰："大王当死。"王曰："云何？"对曰："王先垂命，令监刑狱，凡至狱垣，皆从杀害，不云王入而独免死。"王曰："法已一定，理无再变。我先垂令，岂除汝身？汝久滥生，我之咎(jiù)也。"即命狱卒，投之洪炉。狱主既死，王乃得出，于是颓墙堙堑(yīn qiàn)，废狱宽刑。

［注释］

①频毗娑罗王：梵文音译，亦作"瓶沙""频婆娑罗"，意译"影坚""影胜"。公元前6世纪人，和释迦牟尼同时代。为古印度摩揭陀国王，在王舍城修建竹林精舍，捐助给释迦牟尼作为传教场所，是最早皈依佛法的国王。

②举措：政治措施。

③拟像幽涂：模仿地狱。

④涂炭：本意是烂泥和炭火，比喻深重的灾难困苦，这里说的是酷刑的折磨。

⑤狱次：监狱所在的地方。次，这里是所在之处的意思。

⑥礼忏：念经拜佛，忏悔罪业，这是佛教的一种祈求死后得福的仪式。

⑦磔裂形骸：分裂肢体。磔，古代一种分裂肢体的酷刑。形骸，人的形体。

⑧成无常观：树立了佛家所谓的世间一切都属"无常"的观念。

[译文]

在旧的王宫北边有个高几十尺的石柱，是无忧王设置地狱的地方。在释迦如来涅槃以后的第一百年，有位叫阿输迦（唐朝语言称无忧，以前称为阿育，是错误的）的国王是频毗娑罗（唐朝语言称影坚，以前称为频婆娑罗，是错误的）王的曾孙，他将国都从王舍城迁到波吒厘，并重新在旧城外筑起了外城。但因年代久远，如今只剩下旧基。寺庙、天祠和佛塔的遗址有几百处，保留下来的只有两三处。有一千多户人家在旧宫北边靠近殑伽河的小城内。

当初，无忧王继位之后，政策法令苛刻暴虐，并且设立了地狱，荼毒生灵。地狱的四周高墙险峻，围墙上还有高耸的角楼。地狱里的洪炉烈焰翻腾，刀剑锋利无比，还模仿阴司准备了各种刑具，把招募来的恶人封为狱主。开始时，他不分轻重，把国内犯法的罪人统统投入地狱之中。后来，连路过地狱的人，都擒拿到地狱进行诛杀，凡是到了那里的人无不送命，于是那里的实情丝毫不被外泄。这时有一位入佛门不久的沙门，恰巧在乡间乞食时经过地狱之门，凶恶的狱吏便把他抓去想要杀害他。沙门十分害怕，便请求拜佛忏悔。不一会儿，他见到一个人被绑到地狱来，手脚全被砍去，身体也被撕裂了，只在顷刻之间，便粉身碎骨了。沙门见此更加悲伤，于是悟得无常真理，继而证得了无学圣果。狱卒说："现在你可以去死了。"由于沙门已经证得圣果，已经看淡生死，虽然身在沸水之中，却如同进入了凉水池内，这时有一朵大莲花升出水面成为他的座位。狱主惊诧万分，连忙派人报告给国王。于是国王亲自来观看，深深赞叹神灵对沙门的佑助。狱主说："大王也应当死去了。"国王说："为什么？"狱主回答说："大王先前命令我监守刑狱，凡是进入地狱围墙的，都格杀勿论，却没说过如果大王进来能单独免死。"国王说："已经定下来的法律，自然不能再改变。我之前下的命令，难道把你除外了吗？你滥活在世上这么久，是我的过错。"当即命令狱卒把狱主投入火炉中。狱主死后，国王才得以脱身，于是把围墙捣毁，填平了沟堑，废除地狱，放宽刑罚。

无忧王建舍利塔

[原文]

地狱南不远有窣堵波，基址倾陷，惟余覆钵之势，宝为厕饰，石作栏槛，即八万四千之一也，无忧王以人功建于宫中。中有如来舍利一升，灵鉴间起，神光时烛。无忧王废狱之后，遇近护大阿罗汉，方便善诱，随机导化。王谓罗汉曰："幸以宿福，位据人尊，慨兹障累，不遭佛化。今者如来遗身舍利，欲

重修建诸窣堵波。”罗汉曰：“大王以福德力，役使百灵，以弘誓心，匡护三宝，是所愿也，今其时矣。”因为广说献土之因，如来悬记兴建之功。无忧王闻以庆悦，召集鬼神而令之曰：“法王导利，含灵有庆。我资宿善，尊极人中。如来遗身，重修供养。今尔鬼神，戮力[1]同心！境极赡(shàn)部[2]，户满拘胝(zhī)，以佛舍利，起窣堵波。心发于我，功成于汝，胜福之利，非欲独有，宜各营构，待后告命[3]。”鬼神受旨，在所兴功，功既成已，咸来请命。无忧王既开八国所建诸窣堵波，分其舍利，付鬼神已，谓罗汉曰：“我心所欲，诸处同时藏下舍利。心虽此冀，事未从欲。”罗汉曰王：“命鬼神至所期日，日有隐藏，其状如手，此时也，宜下舍利。”王承此旨，宣告鬼神。逮乎期日，无忧王观候光景，日正中时，罗汉以神通力，伸手蔽日，营建之所，咸皆瞻仰，同于此时功绩咸毕。

[注释]

①戮力：勉力，并力。

②境极赡部：遍及南赡部洲境内。

③待后告命：待功成之后再听候命令。告命，通告各地的命令。

[译文]

在地狱南侧不远处有一座佛塔，虽然基址已经倾斜陷落，只剩下塔顶的部分，塔身装饰着珍宝，并用石头做栏杆，这座佛塔就是八万四千座宝塔的其中之一，由无忧王派人力建在宫中。塔内有一升的如来舍利，经常发生灵异现象，不时有神光照耀。当无忧王废除地狱后，遇到了近护大阿罗汉，罗汉利用时机循循善诱地开导他。无忧王对罗汉说：“我有幸凭借前世的福德，得以在今世位居国王之位，但可惜的是由于罪过，使我不能受到佛的教化。现在我要为如来的遗身舍利重新修建佛塔。”罗汉说：“因为福德的力量，大王可以役使大众而得以实现这宏大的愿望，保护三宝，这是我所盼望的，现在时机到了。”接着罗汉便为无忧王详细解说了献土的因缘，以及如来关于兴建八万四千塔的预言。无忧王听说后非常高兴，于是召集鬼神前来并发布命令说：“法王倡导积德，是众生的福气。我凭借前世的善事，今世贵为国王。我准备重新建塔供养如来的遗身舍利。你们鬼神要努力同心！在整个赡部洲，在亿万民众居住的地方，都为佛陀的舍利建造佛塔。这个主意是我出的，但事情成功与否却掌握在你们手中，我不想独占这个积善的功德，你们应该各自建造一个佛塔，等完成之后再来待命。”接受命令后的鬼神于是在各处动工，大功告成后都来请命。无忧王打开八国所建造的佛塔，把舍利平分后交给了鬼神，然后对罗汉说：“我想同时在各个塔里放下舍利。虽希望如此，但事情却不能如愿。”罗汉说：“大王可以命令鬼神们到了约定的日期，一旦太阳被手状的影子蔽住时，就同时把舍利存放到塔内。”无忧王接受了这个旨意，并把它宣告给鬼神。到了约定的日期，无忧王观察空中太阳的运行，当太阳到正中时，罗汉运用神通力伸手把太阳遮住，在所有建塔的地方，鬼神们全都看到了，便在此时同时把舍利放进塔内，完成了这项工程。

如来足迹石

[原文]

窣堵波侧不远，精舍中有大石，如来所履，双迹犹存，其长尺有八寸，广余六寸矣。两迹俱有轮相，十指皆带花文，鱼形映起，光明时照。昔者如来将取寂灭，北趣拘尸那城，南顾摩揭陀国，蹈此石上，告阿难曰：“吾今最后留此足迹，将入寂灭，顾摩揭陀也。百岁之后，有无忧王命世君临，建都此地，匡护三宝，役使百神。”及无忧王之嗣位也，迁都筑邑，掩固迹石，既近宫城，恒亲供养。后诸国王竞欲举归，石虽不大，众莫能转。近者设赏迦王毁坏佛法，遂即石所，欲灭圣迹，凿已还平，文彩如故。于是捐弃殑（qíng）伽河流，寻复本处。其侧窣堵波，即过去四佛座及经行遗迹之所。

[译文]

有块大石头就在佛塔旁不远的精舍中，如来曾在上面踩过，留下了一双长有一尺八寸、宽有六寸多的脚印。两个脚印上都有轮相，十个脚趾都带有花纹，脚印上还显现出鱼形纹来，时常有光芒照耀。当初，准备涅槃的如来在北往拘尸那城的途中向南回首摩揭陀国时，就踩在这块石头上告诉阿难：“我将要涅槃，现在最后留下这个脚印，回头看看摩揭陀国。一百年后，有位无忧王将君临天下在这里建造都城，维护佛教三宝，役使众多鬼神。”等到无忧王继位时，他迁移都城，妥善保护这块如来足迹之石，由于这块石头靠近王

宫，所以无忧王经常亲自前来供奉。后来各国国王争着想把这块石头抬回去，这块石头虽然不大，但却没人能移动它。近来，设赏迦王毁坏佛法，于是到了这块石头前，妄图毁灭圣迹，但石头被他凿过之后又跟原来一样平滑，纹路和色彩依然如故。接着他又把石头抛到殑伽河的流水中，但它马上又回到原处。它旁边的那座佛塔，是过去四佛打坐及经行场所的遗迹。

无忧王大石柱

[原文]

佛迹精舍侧不远，有大石柱，高三十余尺。书记残缺，其大略曰：“无忧王信根贞固，三以赡(shàn)部洲施佛、法、僧，三以诸珍宝重自酬(chóu)赎。”其辞云云，大略斯在。

[译文]

在佛迹精舍旁边不远处，有根高三十多尺的大石柱。石柱上刻写的文字已经残缺不全，大意是说：“无忧王坚信佛法，曾三次将赡部洲施舍给佛、法、僧，又三次用各种珍宝将其赎回。”还有一些文字，其大意就是这样。

摩醯因陀罗故事

[原文]

故宫北有大石室，外若崇山，内广数丈，是无忧王为出家弟役使神鬼之所建也。初，无忧王有同母弟，名摩醯(xī)因陀罗，唐言大帝。**生自贵族，服僭王制，奢侈纵暴，众庶怀怨。国辅老臣进谏王曰：“骄弟作威，亦已太甚。夫政平则国治，人和则主安，古之明训，由来久矣。愿存国典，收付执法。”无忧王泣谓弟曰：“吾承基绪，覆焘生灵，况尔同胞，岂忘惠爱？不先匡导，已陷刑法，上惧先灵，下迫众议。”摩醯因陀罗稽首谢曰：“不自谨行，敢干国宪[①]，愿赐再生，更宽七日。”于是置诸幽室，严加守卫，珍羞上馔，进贡无亏。守者唱曰：“已过一日，余有六日。”至第六日已，既深忧惧，更励身心，便获果证。升虚空，示神迹，寻出尘俗，远栖岩谷。无忧王躬往谓曰：“昔拘国制，**

欲致严刑。岂意清升，取证圣果。既无滞累，可以还国。”弟曰：“昔羁爱网，心驰声色，今出危城，志悦山谷。愿弃人间，长从谷壑(hè)。”王曰：“欲静心虑，岂必幽若？吾从尔志，当为崇树。”遂召命鬼神而告之曰：“吾于后日广备珍羞，尔曹相率来集我会，各持大石，自为床坐。”诸神受命，至期毕萃。众会既已，王告神曰：“石座纵横，宜自积聚。因功不劳，垒为虚室。”诸神受命，不日而成。无忧王躬往迎请，止此山庐。

［注释］

①敢干国宪：竟然冒犯国法。敢，谦辞，这里表示自己胆大妄为。干，冒犯。

［译文］

在旧王宫的北方有间几丈宽的大石室，从外面看该石室很像一座高山，这间石室是无忧王差遣鬼神为出家的弟弟建造的。当初，无忧王有个同母所生的弟弟，名叫摩醯因陀罗（唐朝语言称大帝），因为出身贵族家庭，他身着国王才穿的服饰，奢侈浪费且暴虐霸道，民众都对他心有怨恨。辅佐国王的老臣向无忧王谏言：“你的弟弟骄纵放肆，作威作福，实在太过分了。只有政事平和国家才能得以治理，只有民心团结君主才能无忧，这是由来已久的古人明训。盼望陛下能够遵循法典，逮捕他并把他交付给执法者。”无忧王哭着对弟弟说：“我继承祖先的基业，要保护众生，何况你是我的同胞兄弟，我又岂会忘记爱护你？只怪我之前没好好教导你，使你如今触犯刑法，对上我怕得罪先人之灵，对下我又迫于民众谴责议论的压力。”摩醯因陀罗叩头表示谢罪说：“我没有严谨地约束自己行事，竟然触犯了国家的法制，但愿你能给我一次重生的机会，将刑期宽限七天。”于是无忧王把他关在一间幽暗的屋子中，严加守卫，用上等的饭菜进奉他，不曾亏待他。看守的人喊道：“已经过了一天，还剩六天。”这样到第六天结束，摩醯因陀罗因深怀忧虑和恐惧，而更加精心修炼，终于获得果证。他飞升到空中，显示出神异的现象来，随后脱离红尘世俗，远远地隐居到山谷之中。无忧王闻讯后亲自前去对他说：“以前我受国家制度的约束，要让你受严厉的刑罚。哪想到你会得道高升，证得了圣果。既然你已经看破红尘没有牵挂，那就可以回国了。”弟弟说：“从前我受欲望罗网的羁绊，沉迷于声色享受，现在我已经逃出了如同危城的俗世，一心喜爱山谷。就让我抛弃人间事务，长久地居住山野之中吧。”无忧王说：“想要心地清静，难道一定住在幽深的山谷中不可吗？不过我依你的意愿，为你在这里营建住处。”于是把鬼神召集来，命令他们：“我要在后天举行有丰盛的美味佳肴的宴会，你们都各自带大石头来参加，自己设立座位。”众神接受命令后，到了时间都来参加宴会。宴会结束，无忧王告诉鬼神们说：“你们应该把这些凌乱的石座堆聚起来，我想利用你们的力量，不花大气力把现有石头垒成一间石室。”众神接到命令，不到一天工夫就把石屋建成了。于是无忧王亲自前往迎接摩醯因陀罗，让他住进这一山庐中。

无忧王诸营造遗迹

[原文]

故宫北、地狱南，有大石槽，是无忧王匠役神功，作为此器，饭僧之时，以储食也。

故宫西南有小石山，周岩谷间，数十石室，无忧王为近护等诸阿罗汉役使鬼神之所建立。傍有故台余基积石，池沼涟漪(liányī)，清澜澄鉴，邻国远人谓之圣水，若有饮濯，罪垢消灭。

山西南有五窣堵波，崇基已陷，余址尚高，远而望之，郁若山阜，面各数百步，后人于上重更修建小窣堵波。《印度记》曰：昔无忧王建八万四千窣堵波已，尚余五升舍利，故别崇建五窣堵波，制奇诸处，灵异间起，以表如来五分法身①。薄信之徒窃相评议，云是昔者难陀王建此五藏，以储七宝。其后有王，不甚淳信，闻先疑议，肆其贪求，兴动军师，躬临发掘。地震山倾，雪昏日翳(yì)。窣堵波中大声雷震，士卒僵仆，象马惊奔。自兹已降，无敢觊觎。或曰：“众议虽多，未为确论。”循古所记，信得其实。

[注释]

①以表如来五分法身：以这五座窣堵波来表明如来修五种功德而成佛身。五分，指五种功德，即“戒”“定”“慧”“解脱”和“解脱知见”，也就是佛家所主张的修行正果的五个阶段。法身，梵文意译，亦称“佛身”，即以佛法成身或身具一切佛法的意思。

[译文]

在旧王宫的北面、地狱的南面有个大石槽，这是无忧王派遣鬼神建成的，在施舍僧人时，用来储放食品。

故王宫的西南方有一座小石山，在山谷间散布有几十座石室，是无忧王为近护等阿罗汉而派遣鬼神建立的。山旁边曾有一座旧台阁，但如今已经倒塌了，变成了只有积石的遗址。还有一个湖池，池中水波微动，水色清澈如镜，邻国远方的人把它称为圣水，如果饮用它或是用它来洗涤，罪业都会消失。

在山的西南方向有五座佛塔，高高的塔基已经塌陷，但所剩的遗址还很高，从远处望去，重叠起来就像山丘一般，佛塔的每一面各有几百步宽，后世之人在佛塔上又重新修建了小佛塔。《印度记》上记载说：从前，无忧王建成八万四千座佛塔之后，还剩下五升舍利，于是另外修建了五座佛塔，形状样式不同于其他各塔，这五座佛塔都时有灵异出现，这些佛塔用来象征如来的五分法身。而一些不信佛法的人私下里议论，说这是从前难陀王为了储藏七宝而建立了这五个宝库。后来有位国王，不太相信佛法，听到之前怀疑性的议论，便生出贪欲，兴师动众地亲自前来发掘。却不料地动山摇，大雪弥漫，挡住了太阳，顿时天昏地暗。佛塔中雷声大作，士卒扑倒在地，象、马惊慌地四处奔跑。从此以后，无人再敢打佛塔的主意。有人说：“尽管有许多议论，但都不能算作定论。”而按照古书所记载的，可以相信这是真实的事情。

鸡园僧伽蓝

[原文]

故城东南有屈屈吒阿滥摩唐言鸡园。**僧伽蓝，无忧王之所建也。无忧王初信佛法也，式遵崇建，修植善种，召集千僧，凡、圣两众，四事供养，什物周给。颓毁已久，基址尚存。**

[译文]

在旧城的东南处有所屈屈吒阿滥摩（唐朝语言称鸡园）寺，该寺是由无忧王建造的。在无忧王开始信仰佛法的时候，他恭敬地营建寺庙，广积功德，召集一千名僧人，包括凡夫僧和圣僧两部分，用四事供养他们，并周详地为他们准备了各种物品。如今，寺庙早已毁坏，但基址还在。

阿摩落迦窣堵波

[原文]

伽蓝侧有大窣堵波，名阿摩落迦。阿摩落迦者，印度药果

之名也。无忧王遘疾弥留，知命不济，欲舍珍宝，崇树福田。权臣执政，诫勿从欲。其后因食，留阿摩落果，玩之半烂，握果长息，问诸臣曰：“赡(shàn)部洲主，今是何人？”诸臣对曰：“惟独大王。”王曰：“不然。我今非主，惟此半果，而得自在①。嗟乎！世间富贵，危甚风烛。位据区宇，名高称谓，临终匮乏，见逼强臣，天下非己，半果斯在！”乃命侍臣而告之曰：“持此半果，诣彼鸡园，施诸众僧，作如是说：‘昔一赡部洲主，今半阿摩落王，稽首大德僧前，愿受最后之施。凡诸所有，皆已丧失，惟斯半果，得少自在。哀愍(mǐn)贫乏，增长福种。’”僧中上座作如是言：“无忧大王宿期弘济，疟疾在躬，奸臣擅命，积宝非己，半果为施。承王来命，普施众僧。”即召典事，羹中总煮，收其果核，起窣堵波。既荷厚恩，遂旌顾命。

[注释]

①得自在：可以自行处置。自在，安闲、舒适，这里引申为不受控制，也就是可以自行处理的意思。

[译文]

在寺庙旁边是一座被称为阿摩落迦的大佛塔。阿摩落迦是印度一种药用果子的名称。无忧王因患病将要去世了，在弥留之际，想到生命即将结束，于是他想要施舍珍宝为来世积福。但是掌管朝政的大权已经落入一些大臣的手中，他们并不听从无忧王的意愿。后来无忧王利用吃饭的机会，在手中留下一颗阿摩落果，当把它品玩得烂了一半时，他手握果子长叹一声，向臣属们问道：“现如今是谁在主宰赡部洲？”臣属们回答说：“只有大王您在主宰。”无忧王说：“错。现在的主宰者并不是我，我只能够自由支配这半个果子。唉！世间的富贵，要比风中的烛火更难维持。我拥有天下，名声显赫，却在临终时一无所有，由于强臣的逼迫，如今的天下已不属于我，我的手中只有这半个果子。”于是他吩咐侍臣说：“拿上这半个果子去鸡园寺，把它施舍给僧人们，对他们这样说：‘当初赡部洲的主宰者，如今只是半个阿摩落果的主宰者，谨向大德高僧跪拜，希望接受我这最后的施舍。我所拥有的一切都已全部丧失，只有这半个果子尚可以自己做主。可怜我已经十分贫乏，我希望这样能增添福德。’”寺中长老这样说道：“当初无忧王一直期望能够广泛周济天下，如今身有疾病，奸臣篡权，积蓄的珍宝已非自己所有，只能用这半个果子施舍。我定当遵循大王的命令，把果子遍施于各位僧人。”当即招来典事，用果子煮汤，然后把里面的果核收集起来，建造了佛塔。由于当初受过无忧王的厚恩，就以此来纪念他的遗嘱。

建揵椎声窣堵波及提婆故事

［原文］

阿摩落伽窣堵波西北故伽蓝中，有窣堵波，谓建揵椎声。

初，此城内伽蓝百数，僧徒肃穆，学业清高，外道学人，销声缄(jiān)口。其后僧徒相次殂落，而诸后进莫继前修。外道师资，传训成艺[1]，于是命俦召侣[2]，千计万数，来集僧坊，扬言唱曰：“大击揵椎，招集学人！”群愚同止，谬有扣击[3]，遂以白王，请校优劣。外道诸师高才达学，僧徒虽众，辞论庸浅。外道曰：“我论胜。自今以后，诸僧伽蓝不得击揵椎以集众也。”王允其请，依先论制。僧徒受耻，忍诟而退，十二年间不击揵椎。时南印度那伽阏剌树那[4]菩萨唐言龙猛，旧译曰龙树，非也。**幼传雅誉，长擅高名，舍离欲爱，出家修学，深究妙理，位登初地。有大弟子提婆者，智慧明敏，机神警悟，白其师曰：“波吒厘城诸学人等，辞屈外道，不击揵椎，日月骤移，十二年矣。敢欲摧邪见山[5]，然正法炬[6]。”龙猛曰：“波吒厘城外道博学，尔非其俦，吾今行矣。”提婆曰：“欲摧腐草，讵必倾山？敢承指诲，黜诸异学。大师立外道义，而我随文破析，详其优劣，然后图行。”龙猛乃扶立外义，提婆随破其理，七日之后，龙猛失宗[7]，已而叹曰：“谬辞易失，邪义难扶，尔其行矣，摧彼必矣！”提婆菩萨夙(sù)擅高名，波吒厘城外道闻之也，即相召集，驰白王曰：“大王昔纡听览[8]，制诸沙门不击揵椎，愿垂告命，令诸门候，邻境异僧勿使入城，恐相党援，轻改先制。”王允其言，严加伺候。提婆既至，不得入城。闻其制令，便易衣服，叠僧伽胝，置草束中，褰(qiān)裳疾驱，负戴而入。既至城中，弃草披衣，至此伽蓝，**

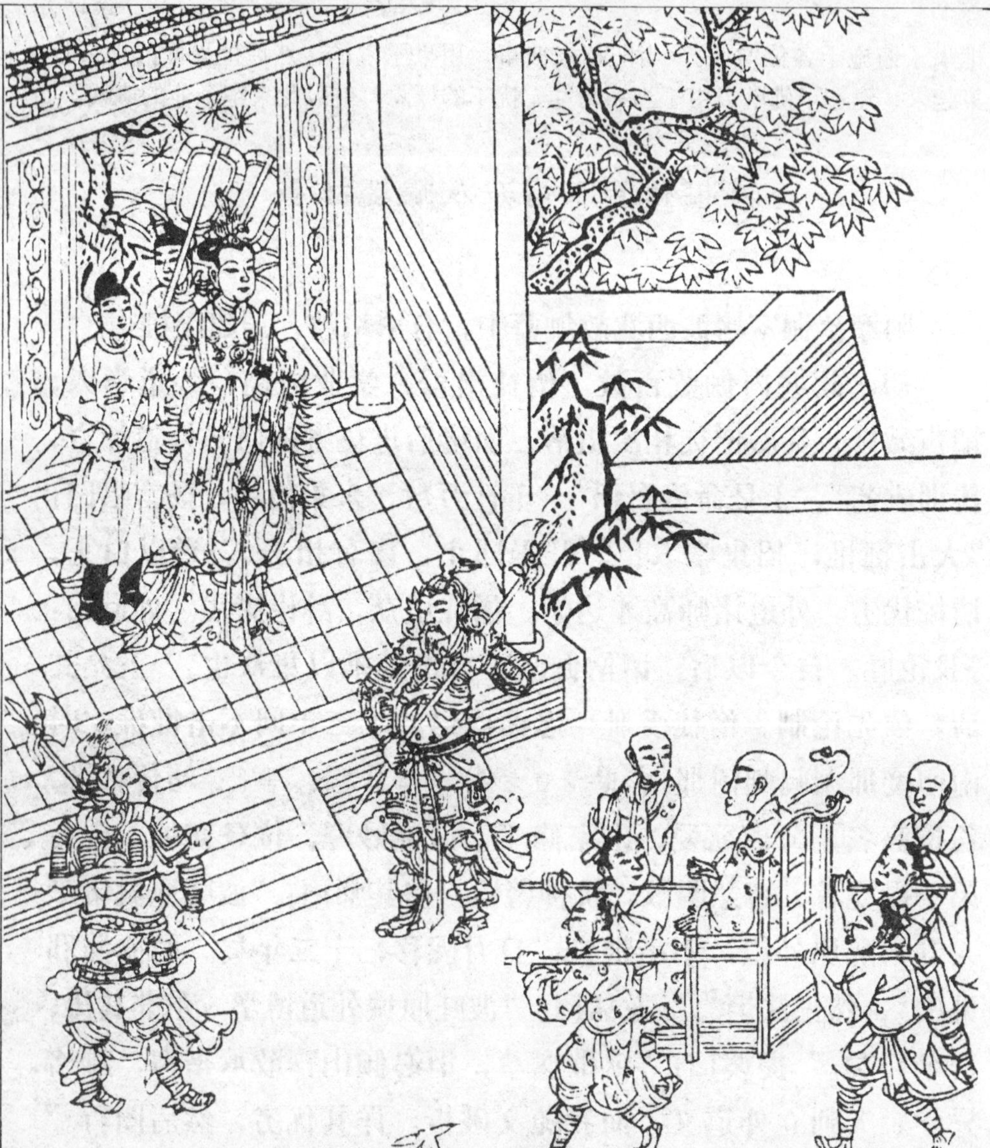

北宗神秀

唐代僧人神秀，自幼聪敏，善读经史，立志出家。他在蕲州双峰东山寺内拜僧人弘忍为师，并且因为极具慧根而被弘忍禅师器重。上元年间（674—675），弘忍去世后，神秀入江陵当阳山玉泉寺内修行。皇帝武则天召他入京，并让他居住在建度门寺。武则天常常向他问道，无论王公贵族还是平民百姓趋之若鹜，前来向神秀问道、谈禅的人总是络绎不绝。唐中宗李显对神秀更为推崇。神秀曾向武则天推荐德行与之相当的同门慧能禅师。武则天便派使者去请慧能出世，无奈多次邀请都被慧能婉拒。

欲求止息。知人既寡，莫有相舍，遂宿犍椎台上。于晨朝时，便大振击。众闻伺察，乃昨客游比丘。诸僧伽蓝，传声响应。王闻究问，莫得其先。至此伽蓝，咸推提婆。提婆曰："夫犍椎者，击以集众。有而不用，悬之何为？"王人报曰："先时僧众，论议堕负，制之不击，已十二年。"提婆曰："有是乎？吾于今日，重申法鼓。"使报王曰："有异沙门欲雪前耻。"王乃召集学人，而定制曰："论失本宗，杀身以谢。"于是外道竞陈旗鼓，喧谈异议，各曜辞锋。提婆菩萨既升论座，听其先说，随义折破，曾不浃辰，摧诸异道。国王大臣莫不庆悦，建此灵基，以旌(jīng)至德。

[注释]

①传训成艺：教育、训导，使（外道徒众）学成本领。艺，才能，包括学问，技术。

②命俦召侣：联络、招引同伴。命，召。俦、侣，都是同伴的意思。

③"群愚同止"二句：无知的僧徒们都来了，有的受到外道蒙蔽叩击了犍椎。

④那伽阏剌树那：梵文音译，意译"龙树""龙猛"。古印度大乘佛教重要哲学家，中观学派的创始人，约生活在公元3世纪（亦有人认为在公元前后），南印度人，婆罗门种姓。青年时即为著名婆罗门学者，后皈依佛教，精通三藏，使大乘般若性空学说风靡全印度。我国禅宗将他与他的弟子提婆看成祖师，藏族地区还把他看成是密宗的祖师。为人多才多艺，绘画、雕刻、制香、炼金，无所不会，著作很多，因此他本人被称为"千部论主"。

⑤摧邪见山：在辩论中摧毁外道，使佛法得以显扬。"山"比喻佛法、佛门，因为佛寺多建在山上。

⑥然正法炬：点燃佛法的火炬。意思是使佛法光照天下。然，同燃。

⑦失宗：不能维护和伸张外道的宗旨教义。

⑧大王昔纡听览：大王往昔曾屈尊听到、看到（佛教增徒败于外道的情况）。纡，即纡尊、屈尊的意思，敬辞。

[译文]

在阿摩落伽佛塔西北方向的旧寺庙中，有一座名为建犍椎声的佛塔。

最初时，这座城内有一百多所寺庙，僧徒严守戒规，学术水平高超，外道的学者只能沉默不发表意见。后来，这批僧徒相继去世了，但后辈学者却

未能继承前人的学业。而那些外道的导师却教育成了一批优秀的弟子，于是外道召集来成千上万的同伴，一同来到僧徒的住处，高声喊道："奋力敲击犍椎，把你们的学者召集来！"一些愚蠢的僧人一同跑来胡乱敲击犍椎，于是众人禀报国王，请求比出优劣胜负。外道各位大师全都博学多才，而僧徒虽然人数众多，论说却很肤浅。外道们说："我们辩论获胜了。从今以后，各寺庙不得敲击犍椎来召集僧众。"依照先前的规则，国王答应了他们的请求。蒙受耻辱的僧徒只得忍耐着退下去，十二年里不曾敲击过犍椎。当时南印度有位那伽阏剌树那菩萨（唐朝语言称龙猛，旧译为龙树，是不对的），从小就有很好的名誉，长大后又有盛名，他舍弃欲念，出家修行研习佛法，深入探讨精妙的佛理，已经达到初地阶位。他的大弟子叫提婆，聪慧机敏，悟性很高，他对老师说："波吒厘城的一些佛教学者在辩论中输给了外道，从而不能敲击犍椎，随着岁月的流逝，到如今已有十二年了。我想前去摧毁邪见高山，而点燃正法的火炬。"龙猛说："波吒厘城的外道博学多识，你是敌不过他们的，还是我去吧。"提婆说："想要清除腐草，何必用整座山的力量？我愿领受您的教诲，去把那些外道学者驳倒。大师提出外道的论点，我就随文辩驳，详细了解两者的优劣之后，再考虑出行的事。"于是龙猛就替外道立论，提婆随之击破外道的理论，就这样进行了七天后，龙猛被驳倒了，随后他感叹道："荒谬的言论容易有错，邪恶的主张难以成立，你去吧，你肯定能摧败他们！"提婆菩萨一向有很高的声誉，波吒厘城的外道听说他要前来，就聚集到一起，急忙跑去禀告给国王："大王当初屈尊听取辩论，规定所有沙门不得敲击犍椎，现在请您发布命令，让各个守门官不放任何邻境僧人进城，以免他们互相支援而轻易更改您先前的命令。"国王答应了他们的请求，因此严加监督防范。提婆到达后发现进不了城。听说了国王的这个命令后，就换了一身衣服，把僧衣叠好放到草束中，撩起衣服背着草束快步进了城。到了城中，他便丢掉草束披上僧衣，来到寺庙要求留宿。但没有熟识的人，谁也不肯留他住宿，于是他就在犍椎台上住了一夜。天一亮，他便大声敲击犍椎。众人闻声赶来一看，原来是外地的僧人。接着各个寺庙都跟着敲击响应。国王听到后派人前去查问，没有人知道是谁先带头敲击的。使臣来到这所寺庙，大家都检举提婆。提婆说："犍椎就是用来敲击，集合众人的。有犍椎而不用，还挂着干什么呢？"使者回答说："先前僧人辩论失败了，便下令他们不准敲击，这个禁令已经执行十二年了。"提婆说："有这等事吗？今天我就要重新敲响佛法之鼓。"使者向国王报告说："有位外来的沙门想要洗刷前耻。"于是国王召集学者，并且规定说："如果辩论失去自己的论题，就要以死来谢罪。"这时外道们争相列出旗鼓，高谈阔论各种主张，各自炫耀自己的口才。提婆菩萨登上论座后先听他们一一说完，然后根据外道的各个主张挨个批驳，不到十二天的工夫就把所有外道驳倒了。国王和大臣无不欢庆喜悦，因而建造这座佛塔来表彰提婆菩萨的高尚大德。

马鸣遗迹

[原文]

建击犍椎窣堵波北有故基，昔鬼辩婆罗门所居处也。

初，此城中有婆罗门，葺宇荒薮，不交世路，祠鬼求福，魍魉(wǎng liǎng)相依，高论剧谈，雅辞响应。人或激难，垂帷以对。旧学高才，无出其右，士庶翕然，仰之犹圣。有阿湿缚窭沙[1]唐言马鸣。**菩萨者，智周万物，道播三乘。每谓人曰：“此婆罗门学不师受，艺无稽古，屏居幽寂，独擅高名，将非神鬼相依，妖魅所附，何能若是者乎？夫辩资鬼授，言不对人，辞说一闻**[2]**，莫能再述。吾今往彼，观其举措。”遂即其庐，而谓之曰：“仰钦盛德，为日已久。幸愿褰(qiān)帷，敢伸宿志。”而婆罗门居然简傲，垂帷以对，终不面谈。马鸣心知鬼魅，情甚自负，辞毕而退，谓诸人曰：“吾已知之，摧彼必矣。”寻往白王：“唯愿垂许，与彼居士较论剧谈**[3]**。”王闻骇曰：“斯何人哉！若不证三明，具六通，何能与彼论乎？”命驾躬临，详鉴辩论。是时马鸣论三藏微言，述五明大义，妙辩纵横，高论清远，而婆罗门既述辞已，马鸣重曰：“失吾旨矣**[4]**，宜重述之。”时婆罗门默然杜口，马鸣叱曰：“何不释难？所事鬼魅宜速授辞！”疾褰其帷，视占其怪。婆罗门惶遽而曰：“止！止！”马鸣退而言曰：“此子今晨声闻失坠。虚名非久，斯之谓也。”王曰：“非夫盛德，谁鉴左道？知人之哲，绝后光前。国有常典，宜旌茂实**[5]**。”**

[注释]

①阿湿缚窭沙：梵文音译，意译为马鸣，约生活于1、2世纪，古印度佛教诗人、哲学家，大乘佛教著名论师。中天竺人，原为婆罗门外道，后受胁尊者的教化，改信佛教，“博通众经，明达内外”，受国王优遇。后北天竺小月氏王率兵征服中天竺，中天竺屈服，将马鸣送给小月氏王带回本国，让他为沙门、外道说法。

②辞说一闻：话一出口。闻，意思是传出去。

③较论剧谈：辩论个高低，痛痛快快谈论一番。剧谈，畅谈的意思。

④失吾旨矣：离开了我的旨意，即所答非所问的意思。

⑤茂实：有真才实学的人。

[译文]

在建击犍椎佛塔的北面有一处遗址，先前，鬼辩婆罗门曾居住于此。

当初，该城中有一位婆罗门，盖屋于荒野之中，过着与世隔绝的生活，祭拜鬼神，请求福德，依附于鬼怪，谈吐高雅，辞藻华丽。如果有人责难，他便放下室内悬挂的帷幕，然后再回答对方的问题。即便是学界名宿、杰出才子，也无法将他超越。无论是官吏还是民众都将他当成圣人一般加以尊敬。有一位叫作阿湿缚窭沙（唐朝语言称作马鸣）的菩萨，知识渊博，遍及万物，道行高深，精通佛法。他常告诉别人说："这个婆罗门的学问不是来自老师的传授，才艺也不依照古训，在荒野之中独居，却有着十分显赫的名声，如果不是倚靠鬼神相助，就是妖魔附体，怎么能够达到这一境界呢？无论是谁，只要他的辩论是鬼神授予的，那么他辩论时就不敢面对别人，说过一遍的话，也不能再进行复述。现在我赶往那里，观察他的一举一动。"马鸣于是来到了婆罗门住处，对他说："我仰慕您的大德，时日已久。但愿您能揭开帷幕，让我谈谈心中所想。"但婆罗门的态度依然傲慢，只是在帷幕后回答，而始终没有面谈。马鸣心中已经知晓对方是鬼魅的身份，所以神情特别自负，谈话完毕后就退了出来，然后他对众人说："我已知道婆罗门的底细了，而且绝对能将他驳倒。"于是他立即前去呈报国王："恳请您答应我同那位居士进行激烈的辩论。"国王听到这话吃惊地问道："你是什么人啊！如果没有证得三明，得到六种神通，那么你又拿什么同他辩论呢？"于是命人备车，亲自前往，仔细观看他们之间的论争。此时，马鸣阐述三藏的精微言辞，五明的基本义理，妙论不断，清雅高远。婆罗门讲完自己的观点之后，马鸣又说："你没有领会我的意思，应该再重说一遍。"这时，婆罗门突然默不作声，马鸣斥责他说："你为什么不进行答辩？快叫你所侍奉的鬼魅告诉你辩词！"说完立即拉开帷幕，察看其中怪异的现象。婆罗门惊慌地说："别动！别动！"马鸣退出来说："此人在今天早晨开始声誉扫地。虚伪的名气是不能长久的，就是针对这种事而言。"国王说："你要不是德行高超的人，怎么会识破歪门邪道？你对他人智慧的识别，真是空前绝后。我们国家历来都有规定，应对拥有真才实学者进行表彰。"

德慧伽蓝及遗事

[原文]

山西北三十余里，山阿有伽蓝，负岭崇基，疏崖峙阁。僧徒五十余人，并习大乘法教。瞿那末底[①]唐言德慧。**菩萨伏外道之处。**

初，此山中有外道摩沓婆者，祖[2]僧佉(qū)[3]之法而习道焉。学穷内外，言极空有[4]，名高前列，德重当时，君王珍敬，谓之国宝，臣庶宗仰，咸曰家师。邻国学人承风仰德，侔之先进。诚博达也。食邑(yì)二城，环居封建。时南印度德慧菩萨幼而敏达，早擅精徽，学通三藏，理穷四谛[5]。闻摩沓婆论极幽微，有怀挫锐。命一门人裁书谓曰："敬问摩沓婆善安乐也。宜忘劳弊，精习旧学，三年之后，摧汝嘉声。"如是第二、第三年中，每发使报。及将发迹[6]，重裁书曰："年期已极，学业何如？吾今至矣，汝宜知之。"摩沓婆甚怀惶惧，戒诸门人及邑户："自今之后，不得居止沙门异道。"递相宣告，勿有犯违。时德慧菩萨杖锡而来，至摩沓婆邑，邑人守约，莫有相舍，诸婆罗门更詈之曰："断发殊服，何异人乎？宜时速去，勿此止也！"德慧菩萨欲摧异道，冀宿其邑，因以慈心，卑辞谢曰："尔曹世谛[7]之净行，我又胜义谛[8]之争行，净行既同，何为见拒？"婆罗门因不与言，但事驱逐，逐出邑外，入大林中。林中猛兽，群行为暴，有净信者恐为兽害，乃束蕴[9]持杖，谓菩萨曰："南印度有德慧菩萨者，远传有闻，欲来论议，故此邑主惧坠嘉声，重垂严制，勿止沙门。恐为物害，故来相援。行矣自安，勿有他虑。"德慧曰："良告净信，德慧者，我是也。"净信闻已，更深恭敬，谓德慧曰："诚如所告，宜可速行。"即出深林，止息空泽。净信纵火持弓，周旋左右。夜分已尽，谓德慧曰："可以行矣，恐人知闻，来相图害。"德慧谢曰："不敢忘德。"于是遂行，至王宫，谓门者曰："今有沙门，自远而至，愿王垂许，与摩沓婆论。"王闻惊曰："此妄人耳。"即命使臣往摩沓婆所，宣王旨曰："有异沙门来求谈论，今已莹洒[10]论场，宣告远近，伫望来仪，愿垂降趾(zhǐ)。"摩沓婆问王使曰："岂非南印度德慧论师乎？"曰："然。"摩沓婆闻，心甚不悦，事难辞免，遂至论场。

国王、大臣、士庶、豪族，咸皆集会，欲听高谈。德慧先立宗义，洎乎景落[11]，摩沓婆辞以年衰，智昏捷对[12]，请归静思，方酬来难[13]。每事言归[14]，及旦升座，竟无异论。至第六日，欧血而死。其将终也，顾命妻曰："尔有高才，无忘所耻！"摩沓婆死，匿不发丧，更服鲜绮，来至论会。众咸喧哗，更相谓曰："摩沓婆自负才高，耻对德慧，故遣妇来，优劣明矣。"德慧菩萨谓其妻曰："能制汝者，我已制之。"摩沓婆妻知难而退。王曰："何言之密，彼便默然？"德慧曰："惜哉，摩沓婆死矣！其妻欲来与我论耳。"王曰："何以知之？愿垂指告。"德慧曰："其妻之来也，面有死丧之色，言含哀怨之声，以故知之，摩沓婆死矣。能制汝者，谓其夫也。"王命使往观，果如所议。王乃谢曰："佛法玄妙，英贤继轨，无为守道，含识沾化[15]。依先国典，褒(bāo)德有常[16]。"德慧曰："苟以愚昧，体道居贞，存止足，论齐物[17]，将弘汲引[18]，先摧傲慢，方便摄化，今其时矣。唯愿大王以摩沓婆邑户子孙千代常充增伽蓝人，则垂诫来叶，流美无穷。唯彼净信见匡护者，福延于世，食用同僧，以劝清信[19]，以褒厚德。"于是建此伽蓝，式旌胜迹。

初，摩沓婆论败之后，十数净行逃难邻国，告诸外道耻辱之事，招募英俊，来雪前耻。王既珍敬德慧，躬往请曰："今诸外道不自量力，结党连群，敢声论鼓，惟愿大师摧诸异道。"德慧曰："宜集论者。"于是外道学人欣然相慰："我曹今日，胜其必矣。"时诸外道阐扬义理，德慧菩萨曰："今诸外道逃难远游，如王先制，皆是贱人，我今如何与彼对论？"德慧有负座竖[20]，素闻余论，颇闲微言，侍立于侧，听诸高谈。德慧拊其座而言曰："床，汝可论。"众咸惊骇，异其所命。时负座竖便即发难，深义泉涌，清辩响应。三复之后，外道失宗，重挫其锐，再折其翮(hé)[21]。自伏论已来，为伽蓝邑户。

[注释]

①瞿那末底：梵文音译，意译为德慧，“唯识十大论师”之一，生活在5—6世纪，曾在那烂陀寺传法。

②祖：效法，学习。

③僧佉：梵文音译，意译“数论”。

④言极空有：谈论中把“空”和“有”的定理说得很透彻。

⑤四谛：梵文意译，即佛家所说的四种真理：苦谛、集谛、灭谛、道谛。“谛”是真理的意思。

⑥发迹：原指立功扬名而起家，这里是启程的意思。

⑦世谛：亦称俗谛、世俗谛。古印度婆罗门教有所谓“二谛”，即“世俗谛”和“胜义谛”。佛教沿用了这一说法，但各派定义不同。一般认为，随顺世间的认识，把世间认为有的假定为实有，这就叫世谛。

⑧胜义谛：佛家认为世间一切都是因缘造成的，除去因缘就空无所有。二无我（即“人无我”和“法无我”）所显现的，才是第一性的真理，因而称之为“胜义谛”“真谛”或“第一义谛”。

⑨束蕴：捆一束乱麻（做火把）。

⑩莹洒：洒扫得干干净净。莹，明亮、光洁，这里是使之明亮、光洁的意思。

⑪景落：日落。景，日光，这里借指“日”。

⑫智昏捷对：（年老体衰）头脑不能适应于很快地对答。智，神智，头脑。昏，昏于，暗于，不善于。

⑬方酬来难：（然后才来）解答质疑问难。

⑭每事言归：每有诘问就要先回去（再对答）。

⑮沾化：雨露滋润。

⑯有常：有一定的明确规定。

⑰“存止足”二句：存“知止”“知足”之情，持“以心齐物”之论。“论齐物”也作“论济物”，就是主张济度众生入佛门的意思。

⑱将弘汲引：将要弘大佛法来开导世人。弘，发扬弘大。汲引，开导的意思。

⑲以劝清信：来劝勉鼓励信佛。清信，信心清净，这里指信佛。

⑳负座竖：背椅子的童仆。

㉑再折其翮：又一次像折断了飞鸟的翅膀一样，把外道击败了。

[译文]

在大山的西北方向三十多里处的山坡上有一所寺庙，寺庙背靠山岭，台基高大，楼阁峙立在悬崖边。寺内有五十多名僧徒，都研习大乘佛教。瞿那末底（唐朝语言称德慧）菩萨曾在这里降伏外道。

从前，这座山中有个叫摩沓婆的外道信徒，宗奉数论派学说进行修行。他精通数论派和其他学派的学说，能够透彻地谈论空、有的义理，名声超过了前辈学者，当时的人都敬重他的德行，君王很器重他，把他视为国宝，臣属百姓也很景仰他，把他称为家师。邻国的学者也敬仰他的德行，尊敬地把他视为前辈。他确实是学问广博，通晓一切。国王按照封郡建国的制度，把两座城分封给他作为食邑。当时南印度有一个德慧菩萨，从小就聪明有智慧，早就具有清高的气节，他有贯通三藏、穷尽四谛之理的学问。听说摩沓婆的理论极其深奥精微后，他便想挫挫摩沓婆的锐气。他命令一位弟子去送信说："谨向摩沓婆问好！你应忘记劳累疲惫，把学过的东西再次精心研习，三年后我将会摧毁你的好名声。"就这样在第二年、第三年时，他都派使者向摩沓婆发出这样的预告信。等到将要出发时，又给摩沓婆致信说："时间已到，你的学业怎么样了？你应该知道，我现在就要到了。"摩沓婆心里很恐慌，于是命令弟子以及封户说："从今以后，谁也不能收留沙门外道在家里住。"弟子与封户相互转告，谁都没有违犯这一规定。这时德慧菩萨已经拄着锡杖来到了摩沓婆的封邑中，封户们全都遵守禁令，谁都不肯留他住宿，甚至一些婆罗门还骂他："没有头发，还穿着奇装异服，哪来的怪人啊！赶快走，别在这里停留。"德慧菩萨希望能留宿在封邑中而摧败外道，便怀着慈悲心肠，恭敬地说道："你们按世俗真谛修行，我按胜义谛修行，既然有相同的修行，为什么还要把我拒之门外呢？"婆罗门不理他，仍然赶他走，于是把他赶到了城外的大森林中。这个林中总有成群凶猛的野兽出来残害人命，有位担心他被野兽伤害的信仰佛教的人，拿着火把和棍棒告诉菩萨："南印度有位名声远扬的德慧菩萨，想前来和摩沓婆辩论，但摩沓婆害怕会因此而丧失美好的名声，于是发布了不准留宿沙门的严厉禁令。我担心野兽会伤害你，所以前来帮助你。你放心地走吧，不要有别的顾虑。"德慧菩萨说："实话告诉你，我就是德慧。"听说此言的信佛人对德慧菩萨更为恭敬，他说："若是这样的话，你就快走吧！"于是他们走出密林，在空旷的草泽上停歇，信佛人便点着火把拿着弓整夜护卫在德慧身边。天明后，他对德慧菩萨说："可以走了，我担心有人闻讯后会来谋害你。"德慧感谢地对他说："你的恩德我不会忘记。"于是出发来到王宫，对守门人说道："如今有位从远方来的沙门，希望国王准许，让我同摩沓婆辩论。"国王听后惊奇地说："这个人真狂妄！"于是差遣使者到摩沓婆那里宣布国王旨意："如今有个外来沙门前来要求与你辩论，现在已经洒扫辩论场地，通知各地，希望您光临。"摩沓婆问国王的使者道："那个人是不是南印度的德慧论师？"使者回答："是的。"摩沓婆听后，心中十分不悦，但此事又难以推辞，于是只得来到辩论场地。国王、大臣、官吏百姓和豪族全都会集于此，都想听听他们的精彩辩论。德慧首先提出论点，到了傍晚时，摩沓婆推说年老体衰脑力迟钝，不能立即作答，要求回去静心思索，第二天再来回答对方的问题。于是每次摩沓婆都要求回去静思，可在次日清晨登上论座时却没有特别的见解。到了第六天时，摩沓婆便吐血而死。他临终时对妻子说：“你才能高强，千万不要忘记了我的耻辱！”摩沓婆死后，他的妻子秘不发丧，而是身着鲜艳的服装来到辩论场所。众人都起哄说：“自恃才能高强的摩沓婆不屑与德慧对答，于是派妻子来，看来谁胜谁负已经很明显了。”德慧菩萨对摩沓婆的妻子说：“我已经把能够制服你的人制服了。”摩沓婆的妻子知难而退。国王说：“你说了什么神秘的话，使她默不作声了？”德慧说：“真遗憾，摩沓婆已经死了！他的妻子是想来替他和我辩论的。”国王说：“你怎么知道这件事呢？请您赐教。”德慧说：“他的妻子面带死丧的神色前来，言语中满是哀怨的声调，我以此而推知摩沓婆已经死了。我所说的‘能够制服你的人’就是指她的丈夫。”于是国王差遣使者前去察看，果然如德慧所说。于是国王抱有歉意地说：“佛法深奥玄妙，不断涌现出人才和圣贤，用真理维护佛道，使所有众生都蒙受教化。依照国家历来的法典，应该对你予以褒奖。”德慧说：“我虽然很愚昧，但尊奉佛道，有坚固的信心，也有知足的心，主张平等待人，若要开导他人，必须首先把他的傲慢心摧败，才有利于度化他，现在时机已经成熟。希望陛下让摩沓婆封邑人的子孙千代，世世代代充作寺庙的邑户，以便给后世留下教训，并让好事永存。那位帮助护卫过我的信佛人，应让他世代享福，食用都与僧人一样，以此激励信佛之人，褒奖道德高尚的人。”于是国王建造了这座寺庙以表彰德慧菩萨的功绩。

起初在摩沓婆辩论失败之后，十几个婆罗门逃到了邻国，告诉那里的外道这件受耻辱的事，并招募英才学者来洗刷先前的耻辱。珍视敬重德慧的国王亲自去请他：“如今那些不自量力的外道结成了党派，竟敢挑起论战，望大师把这些外道摧败。”德慧说：“那就把要辩论的人召集起来。”于是外道学者高兴地互相安慰道：“今天胜利必然是属于我们的。”外道学者在辩论时阐述义理后，德慧说：“如今这些外道逃难远游在外，按照国王先前的制度，他们都是贱民，如今我怎么能与他们面对面地辩论呢？”有个为德慧背座床的童仆，平日里常在一旁听德慧的演说，因此相当熟悉佛教精微的旨趣，这时侍立在德慧身边的他，正在倾听高妙的谈论。德慧拍拍座床说：“床，你可以来辩论。”众人都惊奇万分，不懂他的意思。这时背座床的童仆立即向外道提出诘难，深奥的义理如同泉涌，清晰的辩辞如回声般敏捷地响应着。在三个回合之后，已经失去了宗旨的外道被驳倒，锐气再度受挫，羽翼又被折断。自从辩论失败之后，他们一直充当寺庙的邑户。

戒贤伽蓝及伏外道事

［原文］

德慧伽蓝西南二十余里，至孤山，有伽蓝。尸罗跋陀罗[①]唐

言戒贤。**论师论义得胜，舍邑(yì)建焉。竦一危峰，如窣堵波，置佛舍利。**

论师，三摩呾吒国之王族，婆罗门之种也。少好学，有风操，游诸印度，询求明哲。至此国那烂陀僧伽蓝，遇护法菩萨，闻法信悟，请服染衣，谘以究竟之致，问以解脱之路。既穷至理，亦究微言，名擅当时，声高异域。南印度有外道，探赜索隐[②]，穷幽洞微，闻护法高名，起我慢深嫉[③]，不阻山川，击鼓求论，曰："我，南印度人也。承王国内有大论师，我虽不敏，愿与详议！"王曰："有之，诚如议也。"乃命使臣请护法曰："南印度有外道，不远千里，来求较论。惟愿降迹，赴集论场。"护法闻已，摄衣将往。门人戒贤者，后进之翘楚[④]也，前进请曰："何遽(jù)行乎？"护法曰："自慧日潜晖[⑤]，传灯寂照[⑥]，外道蚁聚，异学蜂飞，故我今者，将摧彼论。"戒贤曰："恭闻余论，敢摧异道。"护法知其俊也，因而允焉。是时戒贤年甫三十[⑦]，众轻其少，恐难独任。护法知众心之不平，乃解之曰："有贵高明，无云齿岁。以今观之，破彼必矣。"逮乎集论之日，远近相趋，少长咸萃。外道弘闻大猷(yóu)，尽其幽致；戒贤循理责实[⑧]，深极幽玄。外道辞穷，蒙耻而退。王用酬德[⑨]，封此邑城。论师辞曰："染衣之士，事资知足[⑩]，清净自守，何以邑为？"王曰："法王晦迹，智舟沦湑(xù)[⑪]，不有旌别，无励后学。为弘正法，愿垂哀纳。"论师辞不获已，受此邑焉。便建伽蓝，穷诸规矩，舍其邑户，式修供养。

[注释]

①尸罗跋陀罗：梵文音译，意译戒贤。古印度大乘佛教瑜伽行派论师，约生活于公元6—7世纪，曾长期主持那烂陀寺，宣扬唯识教义。传说玄奘于636年到那烂陀寺跟他学法，当时他已106岁。

②探赜索隐：探索深奥、隐微的道理。

③起我慢深嫉：产生了唯我独尊的傲慢情绪和严重的嫉妒之意。

④翘楚：比喻杰出的人才。原指高出于杂树的荆木。

⑤慧日潜晖：慧日收敛了光辉，世界陷入黑暗之中。比喻释迦牟尼涅槃，不再为众生照明脱离生死轮回之苦的修行之路。慧日，比喻释迦牟尼。潜晖，把光辉深深地藏起来。

⑥传灯寂照：明灯已熄灭，不再发光。比喻（释迦牟尼逝世）佛法不传。传灯，比喻传佛法，也比喻佛法。佛家认为佛法能照破世界的“冥暗”，有如明灯。

⑦年甫三十：才三十岁。甫，才。

⑧循理责实：就其所说之理，要求用事实加以验证。

⑨酬德：这里指酬谢戒贤挫败外道的功德。

⑩事资知足：（染衣之士的）事业靠的是知足。资，这里是凭借的意思。

⑪“法王晦迹”二句：佛（涅槃）从世间隐去踪迹，拯救人们脱离苦海的智慧之船也就沉没了。智舟，智慧之船，也就是普度众生的船，比喻佛法。沦湑，沉沦、陷没。

［译文］

从德慧寺朝西南方向走二十多里后，就抵达一座孤山，山上有一座佛寺。先前尸罗跋陀罗（唐朝语言称戒贤）论师辩论获胜后，将封邑施舍出来而建造了这座寺庙。寺庙旁边耸立着一座山峰，山势陡峭，形似佛塔，上面供奉着佛的舍利。

尸罗跋陀罗论师是三摩呾吒国的王族，种姓为婆罗门。年少时，他就勤奋好学，有高尚情操，曾遍游印度，寻访圣者贤士。到三摩呾吒国的那烂陀寺时，他遇到护法菩萨，听其说法后顿悟，意愿出家去探求佛理究竟，询问脱离苦海之路。他既理解最为高深的佛理，又研究微妙的言论，声名远超前代，享誉异国。南印度有位外道信徒，专注研究晦涩难解之理，深入体味玄妙精微之言，听闻护法菩萨的德行高远，心中顿生傲慢和忌妒，于是不远千里到此击鼓，以求辩论，他对国王说：“大王，我是南印度人。听说您的王国中有位辩论大师，我虽然不够聪明智慧，但愿意与他进行一场详尽的辩论！”国王说：“国内确实有这样一位论师，就按你说的办。”于是便派遣使臣传告护法说：“南印度有位外道信徒，千里迢迢赶来，要求与您辩论。恳请您屈驾前往辩论场所。”听闻此事，护法整理行囊准备赴约。他的门人戒贤，是后辈中的杰出人才，他上前询问道：“到底发生了什么事，您要如此急切地离开呢？”护法答道：“当智慧的阳光被掩藏，传灯不再明亮，外道信众如群蚁聚集，异端学说像众蜂纷飞而至，所以现在我要去驳倒他们的言论。”戒贤说：“我已虔诚聆听过您所讲的佛理，所以请求您让我前去挫败外道！”护法知道他才学匪浅，便应允此事。此时，戒贤年方三十，因此众僧对他十分轻视，唯恐其难当此任。护法知晓众僧心中并不信服戒贤，就对他们解释道：“评判此人能力如何，重要的是才华，而不是年龄。就目前的情况来看，戒贤此战，必胜无疑。”待到辩论那天，各地民众不分远近，全都赶来，汇集于此。外道巧辩道义，详细精辟；戒贤据事而论，深刻入理。外道理屈词穷，羞愧难当，只得惨败而归。国王为感谢戒贤所施的恩德，便将这座城分封给他。论师推辞说：“出家僧人，凡事知足即可，洁身自好，为什么还要封邑呢？”国王说：“法王已经远离人世，智慧之舟也早已倾覆，如果现在我不表彰有德之士，还怎么去激励后世之人崇尚佛学。为了佛法能够发扬光大，恳请你慈悲为怀，收下封邑。”论师无法再推辞，就接受国王的馈赠。随后，他在封邑里广建佛寺，其做工精巧细致，并用邑户交纳的税收来奉养僧人。

伽耶城与伽耶山

[原文]

戒贤伽蓝西南行四五十里，渡尼连禅河，至伽耶城①。甚险固，少居人，唯婆罗门有千余家，大仙人之祚(zuò)胤也。王所不臣②，众咸宗敬。

城北三十余里，有清泉，印度相传谓之圣水，凡有饮濯(zhuó)，罪垢消除。

城西南五六里至伽耶山。溪谷杳冥，峰岩危险，印度国俗称曰灵山。自昔君王驭宇承统，化洽远人，德隆前代，莫不登封③而告成功。山顶上有石窣堵波，高百余尺，无忧王之所建也。灵鉴潜被，神光时烛，昔如来于此演说《宝云》等经。

伽耶山东南有窣堵波，迦叶波本生邑也。其南有二窣堵波，则伽耶迦叶波、捺地迦叶波旧曰那提迦叶，讹也。洎诸迦叶，例无波字，略也。**事火之处。**

[注释]

①伽耶城：位于旧王舍城西南，即今之加雅。

②王所不臣：国王（很尊敬他们）不把他们当臣下对待。

③登封：登上伽耶山筑坛祭天。我国古代帝王登上泰山筑坛祭天，叫作“封”。

[译文]

从戒贤寺朝西南方向走四五十里后，再渡过尼连禅河，就抵达伽耶城。该城险要坚固，居民较少，只有一千多家婆罗门，他们都是大仙人的后代。国王很尊敬他们，不把他们视作臣民，百姓也十分敬重他们。

距离城北三十多里的地方有一处清泉，相传此泉为圣水，凡是饮过此水或在泉中清洗的人，他的罪业都会消除。

从都城朝西南走五六里后，就抵达伽耶山。此处溪流广布，谷地幽深，山势险峻，根据印度民间风俗，这座山又称为灵山。自古至今，君王号令天下，教化惠及远方民众，德行远超前代君王，他们中没有一个不去灵山祭拜，宣告所建立的功业的。山顶上有一座石塔，高一百多尺，建造者是无忧王。此塔暗藏灵异的力量，常有神光闪烁，先前，如来曾在此讲解《宝云》等经典。

在伽耶山的东南有一座佛塔，迦叶波便是诞生于此。此塔南面还有两座佛塔，耶迦叶波、捺地迦叶波（以前称为那提迦叶，是错误的。其他迦叶，照例没有波字，是省略所致）曾事火于此。

前正觉山及佛成道故事

[原文]

伽耶迦叶波事火东，渡大河，至钵罗笈菩提山。唐言前正觉山，如来将证正觉，先登此山，故云前正觉也。**如来勤求六岁，未成正觉，后舍苦行，示受乳糜，行自东北，游目此山，有怀幽寂[1]，欲证正觉。自东北冈登以至顶，地既震动，山又倾摇。山神惶惧，告菩萨曰："此山者，非成正觉之福地也。若止于此，入金刚定[2]，地当震陷，山亦倾覆。"菩萨下自西南，止半崖中，背岩面涧，有大石室，菩萨即之，加趺(fū)坐焉，地又震动，山复倾摇。时净居天空中唱曰："此非如来成正觉处。自此西南十四五里，去苦行处不远，有毕钵罗树，下有金刚座，去来诸佛，咸于此座而成正觉，愿当就彼。"菩萨方起，室中龙曰："斯室清胜，可以证圣，唯愿慈悲，勿有遗弃。"菩萨既知非取证所，为遂龙意，留影而去。**影在昔日，贤愚咸睹，洎于今时，或有得见也。**诸天前导，往菩提树。逮乎无忧王之兴也，菩萨登山上下之迹，**

皆树旌表，建窣堵波。度量虽殊，灵应莫异，或花雨空中，或光照幽谷。每岁罢安居日，异方法俗，登彼供养，信宿[3]乃还。

［注释］

①有怀幽寂：喜欢这里的清幽寂静。有怀，怀有喜欢……的心意。

②金刚定：修行、入定达到非常坚定，能够摧毁一切的境界，以金刚来比喻能够摧毁一切的坚定无敌的力量。

③信宿：连宿两夜。

［译文］

从伽耶迦叶波事火处向东前行，渡过一条大河后，就抵达钵罗笈菩提山（唐朝语言称前正觉山，如来证得佛果前，先登上此山，所以称为前正觉）。如来勤修佛法六年，但并没有证得正果，后来他放弃苦修，接受牧女供奉的乳粥，于东北方向前行，观看此山风景，喜欢这里的清幽寂静，就想在这里证得佛果。他从东北坡登至山顶，大地颤动不已，钵罗笈菩提山也开始摇晃。山神感到十分害怕，就对菩萨说："这座山并不是证得佛果的福地。如果您在此停留，进入金刚禅定，大地震动后就会陷落，此山也会倾覆。"菩萨于是从西南方向离开山顶，行至半山腰，看到背靠悬崖面临深涧处，有个大石室，菩萨入内，结跏趺坐，大地又接着震颤，山还是不断晃动。这时，净居天在高空大声说道："此山不是如来修成佛果之地。从这里朝西南方向走十四五里后，离您苦行地不远处，有棵毕钵罗树，树下有一金刚座，过去与未来世的诸佛，都在上面证得佛果，请您去那里吧。"菩萨刚要起身离去，居住在室中的龙说道："此处清雅幽静，足以证得佛果，祈求菩萨发大慈悲，不要将我遗弃。"菩萨已知此地并非证得佛果之地，但是为了满足龙的要求，于是留下自己的身影后，离开石室（在过去，无论贤人、愚人都可看到石室中的身影，而如今偶尔才会有人看到），在众天神的引导下，赶往菩提树下。到了无忧王统治时期，他把菩萨往返登山的遗迹，都树立标志，还广建佛寺。这些佛寺虽然在形状和构造上有所不同，但在灵验显现方面却差别不大，时而有鲜花在空中飘散，时而有神光照彻幽谷。每逢结束安居日之时，各地僧俗人士，都登上高山供奉佛迹，并在此度过一夜之后才下山离开。

菩提树垣

［原文］

前正觉山西南行十四五里，至菩提树。周垣砖垒，崇峻险固，东西长，南北狭，周五百余步。奇树名花，连阴接影；细

莎异草，弥漫缘被。正门东辟，对尼连禅河，南门接大花池，西厄险固，北门通大伽蓝。堧(ruán)垣内地，圣迹相邻，或窣堵波，或复精舍，并赡部洲诸国君王、大臣、豪族钦承遗教，建以记焉。

[译文]

从前正觉山朝西南方向走十四五里后，就抵达菩提树。这里周围被砖墙环绕，高峻险固，东西方向长，南北方向窄，方圆五百多步。奇异树木，各类名花，浓荫密布，形影相接；细茎莎草，各种野草，散布在山野之上。正门面东而开，与尼连禅河相对，南门紧靠大花池，西边倚仗天险，地势坚固，北门通向大寺庙。墙垣内有很多圣迹彼此相接，如佛塔、精舍，均是虔诚崇奉佛陀的赡部洲各国君王、大臣以及豪门贵族为了纪念佛迹而建造的。

金刚座

[原文]

菩提树垣正中，有金刚座。昔贤劫初成，与大地俱起，据三千大千世界[①]之中，下极金轮，上侵地际，金刚所成，周百余步，贤劫千佛坐之而入金刚定，故曰金刚座焉。证圣道所，亦曰道场。大地震动，独无倾摇。是故如来将证正觉也，历此四隅，地皆倾动，后至此处，安静不倾。自入末劫，正法浸微，沙土弥覆，无复得见。佛涅槃后，诸国君王传闻佛说金刚座量，遂以两躯观自在菩萨像南北标界，东面而坐。闻诸耆(qí)旧曰："此菩萨像身没不见，佛法当尽。"今南隅菩萨没过胸臆(yì)矣。

[注释]

①三千大千世界：佛教名词，也略称"大千世界"。据《长阿含经》，以须弥山为中心，以铁围山为外郭，同一日月所照的四天下为一"小世界"；一千"小世界"为一个"小千世界"，千个"小千世界"为一个"中千世界"，一千个"中千世界"为一个"大千世界"。因大千世界有大、中、小三种"千世界"，所以叫"三千大千世界"。

[译文]

菩提树围墙内的中央，有一金刚座。先前，贤劫开始轮回之时，它与大

地同时存在，位于三千大千世界之中，下面直达金轮，上面延至地面，由金刚构制而成，方圆一百多步，贤劫中的一千佛都坐此处进入金刚禅定，因此称为金刚座。因为它是千佛证得佛果之处，所以也被称为道场。在大地震颤之时，只有金刚座毫不摇动。所以如来证得佛果之前，来到金刚座的四方之时，大地开始震颤，后来，他到达金刚座所在地，此处居然十分安稳。自从进入末法时期，佛法逐渐衰落下去，沙土层层覆盖，金刚座就再也无法看见了。佛陀涅槃之后，各国君王得知佛陀所讲的有关金刚座大小之事后，便用两尊面东而坐的观自在菩萨像界标南北长度。听老人讲："这两尊菩萨像如果被淹没，就代表佛法将走向消亡。"现在，南边的菩萨像已被沙土掩盖，没及胸部了。

如来成道时日

[原文]

如来以印度吠舍佉(qū)月后半八日成等正觉，当此三月八日也。上座部则吠舍佉月后半十五日成等正觉，当此三月十五日也。是时如来年三十矣，或曰年三十五矣。

[译文]

如来在印度吠舍佉月后半八日，也就是中国的三月八日证得佛果。上座部则相信如来是在吠舍佉月后半十五日证得佛果，也就是中国的三月十五日。当时，如来的年龄已有三十岁了，也有人说是三十五岁。

如来成道及诸奉佛遗迹

[原文]

菩提树北，有佛经行之处。如来成等正觉已，不起于座，七日寂定。其起也，至菩提树北，七日经行，东西往来。行十余步，异花随迹，十有八文。后人于此垒砖为基，高余三尺。闻之土俗曰：此圣迹基，表人命之修短也。先发诚愿，后乃度量，随寿修短，数有增减。

经行基北道左磐石上，大精舍中有佛像，举目上望。昔日如来于此七日观菩提树，目不暂舍。为报树恩，故此瞻望。

菩提树西不远，大精舍中有鍮(tōu)石佛像，饰以奇珍，东面而

立。前有青石，奇文异彩。是昔如来初成正觉，梵王起七宝堂，帝释建七宝座，佛于其上七日思惟，放异光明，照菩提树。去圣悠远，宝变为石。

菩提树南不远，有窣堵波，高百余尺，无忧王之所建也。菩萨既濯(zhuó)尼连河，将趣菩提树，窃自惟念何以为座，寻自发明当须净草。天帝释化其身为刈(yì)草人，荷而逐路。菩萨谓曰："所荷之草颇能惠耶[1]？"化人闻命，恭以草奉，菩萨受已，执而前进。

受草东北不远，有窣堵波。是菩萨将证佛果，青雀、群鹿呈祥之处。印度休征[2]，斯为嘉应[3]，故净居天随顺世间，群众飞绕，效灵显圣。

菩提树东大路左右，各一窣堵波，是魔王娆菩萨处也。菩萨将证佛果，魔王劝受轮王，策说[4]不行，殷忧而返。魔王之女请往诱焉。菩萨威神，衰变冶容[5]，扶羸策杖，相携而退。

菩萨树西北精舍中，有迦叶波佛像，既称灵圣，时放光明。闻诸先记曰：若人至诚，旋绕七周，在所生处，得宿命智。

迦叶波佛精舍西北二砖室，各有地神之像。昔者如来将成正觉，一报魔至，一为佛证。后人念功，图形旌德。

菩提树垣西北不远，有窣堵波，谓郁金香，高四十余尺，漕矩吒国商主之所建也。昔漕矩吒国有大商主，宗事天神，祠求福利，轻蔑佛法，不信因果。其后将诸商侣，贸迁有无，泛舟南海，遭风失路，波涛飘浪。时经三岁，资粮罄(qìng)竭，糊口不充。同舟之人，朝不谋夕，戮力同志，念所事天，心虑已劳，冥功不济[6]。俄见大山，崇崖峻岭，两日联晖，重明照朗。时诸商侣更相慰曰："我曹有福，遇此大山，宜于中止，得自安乐。"商主曰："非山也，乃摩竭鱼耳。崇崖峻岭，须鬣也；两日联晖，眼光也。"言声未静，舟帆飘凑。于是商主告诸侣曰："我闻观自在菩萨于诸危厄，能施安乐，宜各至诚，称其名字。"遂即同

南派慧能

唐代僧人慧能，自幼丧父，靠砍柴供养老母。一天，他听见有人口诵《金刚经》。便离开了母亲拜访黄梅弘忍禅师。弘忍禅师问他："你从哪里来。"慧能答："自岭南来。"弘忍道："岭南人无佛性，怎入佛门。"慧能答："人有南北之分，佛性如何分南北？"弘忍听后命众弟子作一偈语考验佛性。弘忍弟子神秀写道："身是菩提树，心如明镜台。时时勤拂拭，莫使惹尘埃。"慧能跟了一偈："菩提本无树，明镜亦非台。本来无一物，何处惹尘埃。"弘忍禅师看后大喜，召慧能为入室弟子，并将自己从先祖那里继承的佛教三衣和宝钵传给了他，希望他将佛法传扬下去。

声，归命称念。崇山既隐，两日亦没。俄见沙门，威仪庠序，杖锡凌虚，而来拯溺，不逾时而至本国矣。因即信心贞固，求福不回；建窣堵波，式修供养，以郁金香泥而周涂上下。既发信心，率其同志，躬礼圣迹，观菩提树。未暇言归，已淹晦朔。商侣同游，更相谓曰："山川悠间，乡国辽远，昔所建立窣堵波者，我曹在此，谁其洒扫？"言讫，旋绕至此，忽见有窣堵波，骇其由致，即前瞻察，乃本国所建窣堵波也。故今印度因以郁金为名。

菩提树垣东南隅尼拘律树侧窣堵波，傍有精舍，中作佛坐像。昔如来初证佛果，大梵天王于此劝请转妙法轮。

菩提树垣内，四隅皆有一大窣堵波。在昔如来受吉祥草已，趣菩提树，先历四隅，大地震动，至金刚座，方得安静。

树垣之内，圣迹鳞次，差难遍举。

[注释]

①颇能惠耶：能稍稍赠送一些给我吗？颇，这里是稍微的意思。惠，惠赠，谦敬之辞。

②休征：吉祥的征兆。

③嘉应：祥瑞。

④策说：诱劝。策，策划。

⑤冶容：妖艳的打扮。

⑥冥功不济：冥冥之中没有神力救助。

[译文]

在菩提树北部，有佛陀经行的场所。如来成佛之后，并没有离开所坐之地，而是进入禅定七日。站起来之后，他就在菩提树以北，东西往来经行，以此静修了七日。他走了十余步，他的足迹所到之处随即留下了奇异的花纹，共有十八处。后来，人们在此处用砖砌成台基，高三尺多。听当地人讲：这个圣迹可以显现出人的寿命长短。首先应该发下虔诚的誓愿，然后再测量台基，根据本人的寿命长短，数据也会随着增减。

在此台基北面的道路左侧有一块磐石，石上的大精舍中有一座眼神向上凝视的佛像。先前，如来在此观看菩提树，七日之内目光一刻都没有离开。因为要回报菩提树的恩惠，所以他才如此仰望。

距离菩提树西面不远处的大精舍中，有一座鍮石佛像，面东而立，上面装饰着奇珍异宝。佛像前有块青石，上面绘有奇纹异彩。先前，如来刚刚证得佛果，梵王就为佛建好七宝堂，帝释也建成七宝座，佛陀在上面静坐思考七日之后，身上竟放射出神奇的光芒，照亮整个菩提树。圣人时代已离去太久，七宝也化为石头。

距离菩提树以南不远处，有一座佛塔，高一百多尺，建造者是无忧王。菩萨在尼连河沐浴净身之后，将要前往菩提树之时，独自思考用何物当座位，便想到可以使用净草。天帝释幻化为割草之人，正挑着草前行。菩萨对他说："你可以把所挑的草布施给我一些吗？"变化后的天帝释听完，恭敬地将草施舍给他。受草之后，菩萨携草继续赶路。

距离受草之地东北方不远处，有一座佛塔。先前，菩萨即将证得佛果，青雀和鹿群在这里为其显现祥瑞。在印度的各种吉祥征兆当中，这是一种极好的征兆。所以，净居天根据人间的风俗，带领众神飞绕在菩萨周围，来显示菩萨的灵异和神圣。

在菩提树东面有一条大路，路两旁各有一座佛塔，魔王曾在此处扰乱菩萨。菩萨即将证得佛果，魔王便规劝他做转轮王，魔王想尽一切办法却归于失败，只好满怀忧虑而返。魔王的女儿们恳求父亲前去诱惑菩萨。菩萨显现威严的神圣，使其妖艳的面容变得苍老丑陋，身体孱弱，手拄拐杖，彼此搀扶，惨败而回。

位于菩提树西北部的精舍中有一尊迦叶波佛像，它的灵验和神圣远近闻名，还经常有奇特的光芒放出。以往的记载说道：如果谁能满怀虔诚之心，围绕佛像行走七周，就能在出生的地方得到宿命智。

位于迦叶波佛精舍西北方有两间砖室，里面各供奉着地神的塑像。先前，如来即将证得佛果，其中的一个地神将魔王到来的消息报告给如来，另一个为如来作证。后人为了纪念二神的功绩，于是塑像表彰其功德。

距离菩提树围墙西北方不远处有一座佛塔，该塔以郁金香为名，高四十多尺，建造者是漕矩吒国的商主。先前，漕矩吒国有位大商主，信奉天神，向神祭祀以求福禄，但对佛法十分轻视，对因果报应也全然不信。后来，他带领商人开展贸易，有一次，他们在南海中航行时，遭遇海上风暴，以至于迷失了方向，在海浪之中辗转漂泊。三年之后，船上的粮食被吃光，已经没有任何可以用来充饥的东西。同船的人因危急的形势所迫，共同祈祷所奉天神的庇佑，直到身心疲惫，也没有神威显现。不久后，他们看到崇山峻岭，两个太阳的光芒彼此相连，如日月同在。这时，商人们互相安慰说："我们还是很有福气的，能遇上这座大山，何不留在山上，享受安乐？"商主说道："它并不是山，而是摩竭鱼。高山峻岭就是颔旁的鳍，两个太阳就是它眼睛发出的光。"说音未落，船已靠近了摩竭鱼。就在这时，商主对同伴们说："听说观自在菩萨能给处在危难中的人们带来安乐。大家应该虔诚恭念他的名号。”于是，所有人一同称念，皈依佛门。此时，高山隐退，双日沉没。一会儿，只见一个威武庄严的沙门，手拄锡杖，凌空而来，解救危难中的商人，顷刻间他们就抵达本国。从此，他们都坚信佛法，祈求福德；广建佛寺，虔诚供奉，还用郁金香泥在佛寺上涂抹。对佛法诚心信奉之后，商主便领导这些商人，亲身瞻仰佛教圣迹，参观礼拜菩提树。还没商定返回的时间，一个月转眼即逝。一同游览的商人们互相说道：“我们在这里，与家乡远隔千山万水，谁会洒扫我们从前建造的佛塔呢？”说后，他们旋绕到其他的地方，在这里，他们忽然见到一座佛塔，惊讶之余，就前去观看，竟发现是本国的佛塔。所以在印度，此塔如今仍以郁金香为名。

位于菩提树墙垣东南角，有一棵尼拘律树，树旁边有一座佛塔，塔旁的精舍中有尊如来的坐像。先前，如来证得佛果之时，大梵天王曾在此处请他讲说佛法。

菩提树墙垣内有四个角落，每处都坐落着一座大佛塔。先前，如来接受吉祥草之后，就赶往菩提树，当到达四个角落时，大地为之震动，直至走到金刚座时，震动才渐渐止息。

菩提树墙垣内的圣迹，彼此相连，很难详细列举。

菩提树垣附近诸迹

[原文]

菩提树垣外，西南窣堵波，奉乳糜二牧女故宅。其侧窣堵波，牧女于此煮糜。次此窣堵波，如来受糜处也。

[译文]

在菩提树墙外的西南方向有一座佛塔，该处是给如来供奉乳粥的两位牧女的故居遗址。旁边还有一座佛塔，两位牧女曾煮乳粥于此。与此塔相邻的另外一座佛塔，是如来受粥之处。

安居月日

[原文]

菩提树南十余里，圣迹相邻，难以备举。每岁苾(bì)刍解雨安居，四方法俗百千万众，七日七夜，持香花，鼓音乐，遍游林中，礼拜供养。印度僧徒依佛圣教，皆以室罗伐拿月前半一日入雨安居，当此五月十六日；以𬱟(è)湿缚庾阇月后半十五日解雨

安居，当此八月十五日。印度月名，依星而建，古今不易，诸部无差。良以方言未融，传译有谬，分时计月，致斯乖异[①]，故以四月十六日入安居，七月十五日解安居也。

［注释］

①乖异：不一致，有差别。乖，不一致。

［译文］

菩提树以南十多里处，佛教圣迹都相互邻近，无法一一列举。每逢比丘雨安居结束之日，四方的僧众和俗世之人数以万计，在七天七夜之内，手持香花，敲鼓奏乐，游遍树林，虔诚礼拜，尽心供奉。按照佛陀的教诲，印度僧人都在室罗伐拿月前半月的一天进入雨安居，在中国，相当于每年的五月十六日；在频湿缚庾阇月后半月的十五日解除雨安居，在中国，相当于八月十五日。在印度，依据星宿来决定对各个月份的称谓，这种做法从古至今都没改变过，在各地也不存在任何差异。但是因为各地方言没能达到融合相通，在翻译上存在差误，致使出现了划分季节和计算时月方面令人不解的怪事，所以在我国，四月十六日进入安居，七月十五日则解除安居。

卷九

摩揭陀国下

香象池

［原文］

菩提树东渡尼连禅那河，大林中有窣堵波。其北有池，香象侍母处也。如来在昔修菩萨行，为香象子，居北山中，游此池侧。其母盲也，采藕根，汲清水，恭行孝养。与时推移。属有一人，游林迷路。彷徨往来，悲号恸哭。象子闻而愍(mǐn)焉，导之以示归路。是人既还，遂白王曰：“我知香象游舍林薮，此奇货也，可往捕之。”王纳其言，兴兵往捕，是人前导，指象示王，即时两臂堕落，若有斩截者。其王虽惊此异，仍缚象子以归。象子既已维絷多时，而不食水草。典厩者闻王，王遂亲问之。象子曰：“我母盲冥，累日饥饿，今见幽厄，讵能甘食？”王愍其情也，故遂放之。

其侧窣堵波前建石柱，是昔迦叶波佛于此宴坐。其侧有过去四佛座及经行遗迹之所。

［译文］

从菩提树这里向东渡过尼连禅那河，在一片大树林中矗立着一座佛塔。佛塔的北面是个水池，这个水池就是香象服侍母亲的地方。从前，如来修菩萨行时，曾转生投胎为香象之子，并住在水池北面的山中。小香象常到水池边游玩，并采集池中的藕根，汲取池中清水，恭敬地奉养瞎眼的母亲。就这样，时间过了一年又一年。有一次，小香象遇上一个到树林中游玩而迷了路的人。这个人迷了路后在林中来回兜圈子，彷徨无措，伤心得放声大哭。小象听到哭声后，觉得他很可怜，便指给他回去的道路。那个人回去后，竟跑去向国王报告说：“我知道香象在这个树林中游逛，这可是名贵的动物，您可派人前往捕捉它。”国王听了他的话后，果然发兵前去狩猎。那个人带路找到了小香象，当他将小香象指给国王看时，他的两个胳膊马上就脱落了，好像被斩断那样。对此，国王虽然感到非常惊异，不过他仍然让人将小象绑住带回去了。小香象被绑了很久，既不喝水也不吃草。管象厩的人没有办法，只好将这件事报告上去。国王知道后亲自到象厩审问小香象这到底是怎么回事。小香象对国王说：“我的母亲眼睛瞎了，不能自己找食物，现在我被囚禁了，她这几天一定是忍饥挨饿，我哪能吃得下去呢？”国王听完后，怜悯它的孝心，就放了它。

在水池旁的佛塔前竖有石柱的地方就是从前迦叶波佛静坐之处。石柱旁边有过去四佛打坐及经行场所的遗迹。

外道发恶愿处

[原文]

四佛座东渡莫诃河，至大林中，有石柱，是外道入定及发恶愿处。昔有外道郁头蓝子者，志逸烟霞[1]，身遗草泽，于此法林栖神匿迹。既具五神通，得第一有定。摩揭陀王特深宗敬，每至中时，请就宫食。郁头蓝子凌虚履空，往来无替。摩揭陀王候时瞻望。亦既至已，捧接置座。王将出游，欲委留事[2]，简擢(zhuó)中宫，无堪承命。有少息女[3]，淑慎令仪[4]，既亲且贤，无出其右。摩揭陀王召而命曰：“吾方远游，将有所委，尔宜悉心，慎终[5]其事。彼郁头蓝仙，宿所宗敬，时至来饭，如我所奉。”敕诫[6]既已，便即巡览。少女承旨，瞻候如仪[7]。大仙至已，捧而置座。郁头蓝子既触女人，起欲界染[8]，退失神通，饭讫言归，不得虚游。心中愧耻，诡谓女曰：“我比修道业，入定怡神，凌虚往来，略无暇景[9]，国人愿睹，闻之久矣。然先达垂训[10]，利物为务[11]，岂守独善，忘其兼济？今欲从门而出，履地而往，使夫睹见之徒，咸蒙福利。”王女闻已，宣告远近。是时人已心竞，洒扫衢(qú)路，百千万众，伫望来仪。郁头蓝子步自王宫，至彼法林，宴坐入定。心驰外境，栖林则鸟鸟嘤啭，临池乃鱼鳖喧声，情散心乱，失神废定。乃生忿恚，即发恶愿：“愿我当来为暴恶兽，狸身鸟翼，搏食生类，身广三千里，两翅各广千五百里，

投林啖诸羽属，人流食彼水生。”发愿既已，忿心渐息，勤求顷之，复得本定。不久命终，生第一有天，寿八万劫。如来记之，天寿毕已，当果昔愿，得此弊身，从是流转恶道，未期出离⑫。

[注释]

①志逸烟霞：有志于隐遁山水之间。逸，隐遁。烟霞，山水。

②留事：国王外出期间，留守下来代为处理政事的人。

③少息女：最小的亲生女儿。息女，亲生女。

④淑慎令仪：贤淑、谨慎，仪态美好。令，美，善。

⑤慎终：自始至终谨慎小心。原意是一开始就考虑到结局而小心从事。

⑥敕诫：告诫。敕，后专用于君主对臣下。

⑦瞻候如仪：遵照旧规，瞻望等候。

⑧起欲界染：产生了欲界贪爱女色的念头。

⑨暇景：空闲的时间。

⑩先达垂训：有地位、有声望的先辈留下教导。

⑪利物为务：以有利于别人为应尽的职责。

⑫未期出离：没有希望逃离出去。

[译文]

从四佛打坐处继续往东走就到了莫诃河，渡过莫诃河后有片大树林，林中有个大石柱，这个石柱就是外道入定和发恶愿的地方。从前有个名叫郁头蓝子的外道，他一心想隐居在山水之间，栖身在草泽之中，于是他便选择这片法林作为他的隐居场所。在具备五种神通后，郁头蓝子获得了第一有定。当时的摩揭陀王对他特别崇敬，每天一到中午吃饭时，就请他到宫中就餐。因此，郁头蓝子常在皇宫与法林间往来，每次他都腾空飞行，从不间断。每次他将要到达皇宫的时候，摩揭陀王就一定会仰望天空等待着他。当他到达后，摩揭陀王便伸手迎接，还亲自为他安置座位。有一次，摩揭陀王准备出游，走前，他在宫中挑选可以委托留守事宜的人，可是没有找到可以承担使命的人。不过，他有个小女儿，为人贤淑有礼貌，待人亲切，而且她还是宫中最贤能的人。于是，摩揭陀王召她到跟前吩咐她说：“我就要去远游了，有些事情要交代给你，你应竭尽全力，从头到尾地办好每一件事情。那位郁头蓝仙是我一向崇敬的人，每到中午吃饭的时候，你就请他来吃饭，你还要像我那样侍奉他。”摩揭陀王交代完所有事宜之后，就出巡了。他的小女儿秉承父亲的意旨，按原有的仪式迎接郁头蓝子。郁头蓝子到达后，摩揭陀王的小女儿像父亲一样伸手迎接仙人，并亲自请他入座。郁头蓝子触碰到女人后，产生了世俗爱欲，失去了神通，吃

饭后不能腾空飞行回去。对此，郁头蓝子心中感到十分惭愧，但他口中却假意对少女说：“我以前修习道行，打坐入定，怡神养心，腾空往来，从来没有空闲的时候，不过我早就听说国人想见见我了。先贤留下训示，贤人应该以利于他人为己任，我怎么能只是独善其身，而忘了兼济天下呢？今天，我想从大门出去，从地上返回法林，使那些看见我的人，都获得福德。”摩揭陀王的女儿听完他说的这些话后，向人们告知了此事。得到郁头蓝子将从地上返回树林的消息后，争相虔敬之心，大家为他清扫好了道路，路两旁边站着成千上万盼他到来的人。郁头蓝子从王宫步行而出，回到了那片法林后，他开始静坐入定。可是却无法集中心神——他坐在林中只听到乌鸦的叫声，到水池边又只能听见鱼鳖的喧闹声，他感到心烦意乱，不久便失去了神通，废掉了入定。郁头蓝子于是产生怨恨，还发下恶愿：“希望我将来变成凶暴的野兽，拥有狐狸的身子、鸟的翅膀，搏食生灵，身体长三千里，两个翅膀各长一千五百里，进到树林中就吃鸟类，钻进水流中就吃那些鱼类。”发完这个恶愿之后，他的怨恨之心逐渐平息，经过一段时间的勤苦修炼后，他又获得本身的禅定，不久死去。后来，他转生在第一有天，寿命是八万劫。如来佛祖预言，郁头蓝子的转生寿命结束后，将会达成他从前的誓愿，获得丑陋的身体，从此只能在恶道中流转，并永远都无法脱离。

鸡足山及大伽叶故事

[原文]

莫诃河东入大林野，行百余里，至屈屈吒播陀山，唐言鸡足。**亦谓窭卢播陀山。**唐言尊足山。**高峦峭绝，壑洞无涯，山麓溪涧，乔林罗谷，岗岑[1]岭嶂，繁草被岩。峻起三峰，傍挺绝崿，气将天接，形与云同。其后尊者大迦叶波居中寂灭，不敢指言，故云尊足。摩诃迦叶波者，声闻弟子[2]也，得六神通，具八解脱。如来化缘斯毕，垂将涅槃，告迦叶波曰：“我于旷劫，勤修苦行，为诸众生求无上法，昔所愿期，今已果满[3]。我今将欲入大涅槃，以诸法藏嘱累于汝，住持[4]宣布，勿有失坠。姨母所献金镂袈裟，慈氏成佛，留以传付。我遗法中诸修行者，若苾刍、苾刍尼、邬波索迦[5]、**唐言近事男。旧曰伊蒲塞，又曰优婆塞，皆讹化。**邬波斯迦[6]，**唐言近事女。旧曰优婆斯，又曰优婆夷，皆讹也。**皆先济渡，令离**

流转。”迦叶承旨，住持正法。结集既已，至第二十年，厌世无常，将入寂灭，乃往鸡足山。山阴而上，屈盘取路，至西南岗。山峰险阻，崖径槃薄[7]，乃以锡扣，剖之如割[8]。山径既开，逐路而进，槃纡(yū)曲折，回互斜通，至于山顶，东北面出。既入三峰之中，捧佛袈裟而立，以愿力故，三峰敛覆[9]，故今此山三脊隆起。当来慈氏世尊之兴世也，三会说法之后，余有无量㤭慢众生，将登此山，至迦叶所，慈氏弹指，山峰自开。彼诸众生既见迦叶，更增㤭慢。时大迦叶授衣致辞，礼敬已毕，身升虚空，示诸神变，化火焚身，遂入寂灭。时众瞻仰，㤭慢心除，因而感悟，皆证圣果。故今山上建窣堵波，静夜远望，或见明炬。及有登山，遂无所睹。

[注释]

①岑：小而高的山。

②声闻弟子：闻听佛的说教就能觉悟的弟子。声闻，梵文意译。后泛指遵照佛的遗教修行，但其目的只限于求得自身解脱，而不求普度众生的出家人。

③果满：即佛家常说的“功德圆满”的意思。

④住持：这里是主持、负责的意思。原是对总事务的主僧的称呼，意思是久住寺庙，护持佛法，后也用作持院主管僧的职称。

⑤邬波索迦：梵文音译，意译为“近事男”或是“居士”等，指亲近、皈依三宝，接受五戒，在家的男信徒。

⑥邬波斯迦：梵文音译，意译为“近事女”或是“女居士”等，指亲近、皈依三宝，接受五戒，在家的女信徒。

⑦槃薄：大石生于地中，盘踞矗立地上的样子。

⑧剖之如割：把它剖成两半，像刀割的一样。

⑨三峰敛覆：三座山峰都低下山头，把大迦叶覆盖起来。

[译文]

从莫诃河东岸往东走，一直走到大森林，到了森林后再行走一百多里，就到了屈屈吒播陀山（唐朝语言称鸡足山），也称窭卢播陀山（唐朝语言称尊足山）。山峰高峻陡峭，到处都是万丈深渊，山坡峡谷中到处都是郁郁葱葱的林木，山冈屏障上到处覆盖着茂盛的小草。屈屈吒播陀山上耸立着三座山峰，山峰立于悬崖之旁，其势与天接，状如云朵。后来大迦叶波尊者在此山上圆寂，

因此人们不敢直呼山名而称其为“尊足”。摩诃迦叶波是亲闻如来教诲的弟子，他得到六神通，具备八解脱。如来度化完有缘人，即将涅槃之时，对迦叶波说：“我在以往的许多劫难中，勤奋修习苦行，为的是为天下众生求无上之法，如今我已经实现了从前的愿望了。我就要入大涅槃了，现在我把各种法藏托付给你，你要维持正法不失，并将其广为传布，不得有误。我姨母所献的金缕袈裟，现留下来交给你保管，将来慈氏菩萨成佛后，你再将此袈裟转交给他。对于按我的遗法修行的各种人，如比丘、比丘尼、邬波索迦（唐朝语言称近事男。旧称伊蒲塞，又称优婆塞等，都是不对的）、邬波斯迦（唐朝语言称近事女。旧称优婆斯，又称优婆夷，都不对），你都要先帮助度化他们，使他们脱离轮回之苦。”迦叶波秉承如来旨意，维护佛法。结集众佛徒的二十年后，迦叶波厌倦了世俗生活的无常，打算进入涅槃，便前往鸡足山，准备在那里涅槃。他从鸡足山的北坡上去，沿着曲折的路，到了山的西南冈。那里山峰险峻，悬崖上道路不通，迦叶波便以锡杖叩击岩石，那锡杖如同刀般剖开了岩石。山路开通后，迦叶波沿着新开的迂回曲折来回盘旋的山路一路前进，最后到达山顶，从东北方进入三峰。进入三峰后，迦叶波捧着佛陀袈裟站在那里，因为他的愿力的缘故，使得三个山头低垂，所以现在这座山隆起了三个背脊。后来慈氏世尊出世，在三会说法之后，仍然有不少傲慢之人想要登上这座山，他们一到达迦叶波所在的地方，慈氏一弹手指，山峰便自动打开了，迦叶波便出现在众人面前。那些傲慢之人见到迦叶波后，更加骄傲怠慢。这时大迦叶波向慈氏世尊传授了金缕袈裟并致辞，行礼之后，迦叶波飞身入空中，显示出各种神妙的变化，并化出一道火来焚烧身体，于是进入涅槃。傲慢众生仰望着这一切，傲慢的心意渐渐消除，从而感悟，都证得圣果。所以现在山上建有佛塔，等到夜深人静的时候，如果从远处眺望，有时可看到那里有明亮的火炬，而等你到山上去时，却什么也看不到。

佛陀伐那山及杖林

［原文］

鸡足山东北行百余里，至佛陀伐那山。峰崖崇峻，巘(yǎn)崿(è)隐嶙。岩间石宝，佛尝降止。傍有般石，帝释、梵天摩牛头旃檀涂饰如来，今其石上余香郁烈。五百罗汉潜灵于此，诸有感遇，或得睹见。时作沙弥之形，入里乞食。或隐或显，灵奇之迹，差难以述。

佛陀伐那山空谷中东行三十余里，至泄瑟知林。唐言杖林。**林竹修劲，被山弥谷。其先有婆罗门，闻释迦佛身长丈六，常**

怀疑惑，未之信也，乃以丈六竹杖，欲量佛身。恒于杖端出过丈六，如是增高，莫能穷实，遂投杖而去，因植根焉。中有大窣堵波，无忧王之所建也。如来在昔，于此七日为诸天人现大神通，说深妙法。

［译文］

从鸡足山向东北行走一百多里就到了佛陀伐那山。山峰高峻，峰峦叠起。佛陀曾经到过该山岩石间的石室。岩石旁边有块磐石，帝释、梵天曾用它磨碎牛头旃檀，为如来涂抹装饰，现在石头上仍留下浓烈牛头旃檀香味。五百罗汉的神灵潜伏在这里，有缘人有时可以看见他们。这些神灵经常化成沙弥的样貌到乡村化缘。他们或隐藏或现身显灵，这些神奇的事迹，很难叙述。

从佛陀伐那山的空谷中向东行走三十多里，就到了泄瑟知林（唐朝语言称杖林）。林内到处都是修长挺拔的竹子。先前有一位婆罗门信徒，他听说释迦佛身长一丈六尺，对此他常抱有疑问。后来为了验证释迦佛的身长到底是多少，这位婆罗门信徒就找了一根一丈六尺的竹杖，想用它来丈量佛的身躯。而佛身总比竹杖高出一丈六尺，每次测量都是这样。佛身在婆罗门信徒的测量中不断增高，而婆罗门信徒也一直无法测得佛身的准确高度，于是扔下竹杖离去，竹杖就在这里生了根，繁殖出大片的竹子来。后来，无忧王在竹林中建造了一座大佛塔。如来曾在这佛塔内待了七天，为天神大众显示大神通，演说精妙的佛法。

胜军故事

［原文］

杖林中近有邬波索迦阇耶犀那者，唐言胜军。**西印度刹帝利种也，志尚夷简[1]，情悦山林，迹居幻境，心游真际[2]。内外典籍，穷究幽微，辞论清高，仪范闲雅。诸沙门、婆罗门、外道异学、国王、大臣、长者、豪右，相趣通谒，伏膺(yīng)请益[3]。受业门人，十室而六。年渐七十，耽读不倦，余艺捐废，惟习佛经，策励身心，不舍昼夜。印度之法：香末为泥，作小窣堵波，高五六寸，书写经文，以置其中，谓之法舍利也。数渐盈积，建大窣堵波，总聚于内，常修供养。故胜军之为业也，口则宣说妙法，导诱学人，手乃作窣堵波，式崇胜福；夜又经行礼诵，**

宴坐思惟，寝食不遑，昼夜无怠。年百岁矣，志业不衰。三十年间，凡作七拘胝(zhī)唐言亿。**法舍利窣堵波。每满一拘胝，建大窣堵波，而总置中，盛修供养，请诸僧众，法会称庆。其时神光烛曜，灵异昭彰。自兹厥后，时放光明。**

[注释]

①志尚夷简：一心崇尚恬淡质朴。夷简，恬淡质朴。

②真际：佛教所说的脱离生死轮回的至高无上的真实境界。

③“相趣通谒”二句：争相前往，通名进见，虚心请教。伏膺，同“服膺”，衷心佩服。

[译文]

近年来，杖林中居住着一位居士，他的名字叫作阇耶犀那（唐朝语言称胜军）。阇耶犀那是西印度刹帝利种姓中的一员，他志向崇尚简朴，爱好山水，隐居在虚幻之境，心里却思考着至高真理。他精通各种典籍，穷究典籍中的奥妙之处，而且他的仪态端庄，谈吐优雅大方，因此众多的沙门、婆罗门、外道异学、国王、大臣、学者、豪族等都竞相前往杖林中求见，并且恭敬地向他请教。十家中便有六家人是拜在阇耶犀那门下求教的。阇耶犀那快到七十岁时，依然孜孜不倦地学习，不过那时他将其他的学业都放弃，不分白天黑夜地一心研习佛经，鞭策自己。印度有一种习俗：用香末和成泥，制成高五六寸的小佛塔，然后将书写的经文放到塔内，称作法舍利。小佛塔数额逐渐积累，就建立大佛塔，把小塔聚集在大佛塔内，常年虔诚地供养着。因此，胜军白天致力于学业，口中宣讲佛法，引导那些跟从他学习的人，手中制作佛塔，修福积德；到了夜晚，他则经行诵经，静坐沉思，连吃饭、睡觉都顾不上，从不懈怠。到了一百岁时，他求学的意志依然很坚定。三十年间，他一共制作了七拘胝（唐朝语言称亿）法舍利佛塔。每满一拘胝，他就建一座大佛塔，将法舍利佛塔聚集于其中，隆重地供养，并请来僧人，举行法会庆贺。每到这个时候佛光普照，灵异清晰可见。从此以后，佛塔就时常放射光芒。

杖林附近诸迹

[原文]

杖林西南十余里，大山阳有二温泉，其水甚热。在昔如来化出此水，于中浴焉。今者尚存，清流无减，远近之人，皆来就浴。沉疴(kē)宿疹(zhěn)，多有除差。其傍则有窣堵波，如来经行之处也。

杖林东南行六七里，至大山，横岭之前有石窣堵波。昔如来两三月为诸人天于此说法。时频毗娑罗王欲来听法，乃疏山积石，垒阶以进，广二十余步，长三四里。

大山北三四里，有孤山，昔广博仙人栖隐于此，凿崖为室，余址尚存。传教门人，遗风犹扇。

孤山东北四五里，有小孤山，山壁石室，广袤可坐千余人矣。如来在昔于此三月说法。石室上有大磐石，帝释、梵天磨牛头旃檀涂饰佛身，石上余香，于今郁烈。

[译文]

在杖林西南十多里处有座大山，山的南面有两处温泉，水很热。这些泉水是如来变化出来的，如来曾用这些温泉洗澡。这两处泉水现在还存在，清亮的流水没有减少，远近的人都来这里沐浴。一些生病多年都无法医治的人，只要到这里用温泉沐浴，全都可以痊愈。泉水旁边有座佛塔，那是如来经行的地方。

沿着杖林东南方向行走六七里，有一座大山，山岭的正前方立着一座石佛塔。从前如来在这里为人神讲说了两三个月的佛法。当时，频毗娑罗王想来听法，就派人疏通了山间岩石，垒了台阶通往这里，这条台阶宽二十多步，长三四里。

大山北面三四里有座孤山，广博仙人曾在这里隐居，并开凿石崖为室，广博仙人隐居的遗址至今还依然存在。传扬他的学术的门人还很多，传扬他学术的风气还很盛。

孤山东北四五里是座小孤山，山壁上有一个石室，石室十分宽广，可容纳一千多人。如来曾在这里说法三个月。石室上有块大磐石，帝释、梵天曾用它磨碎牛头旃檀用来涂抹装饰佛身，至今石头上残余的香气依然浓烈。

阿素洛宫异事

[原文]

石室西南隅有岩岫（xiù）[1]，印度谓之阿素洛[2]旧曰阿修罗，又曰阿须伦，又曰阿苏罗，皆讹也。**宫也。往有好事者，深闲咒术，顾俦命侣[3]，十有四人，约契同志，入此岩岫。行三四十里，廓然大明，乃见城邑（yì）台观，皆是金银琉璃。是人至已，有诸少女伫立**

门侧，欢喜迎接，甚加礼遇。于是渐进至内城门，有二婢使各捧金盘，盛满花香，而来迎候。谓诸人曰：“宜就池浴，涂冠香花，已而后入，斯为美矣。唯彼术士，宜时速进。”余十三人遂即沐浴，即入池已，恍若有忘，乃坐稻田中，去此之北平川中，已三四十里矣。

[注释]

①岩岫：岩洞。

②阿素洛：梵文的音译，是常与天帝释战斗之神，八部众一。

③顾俦命侣：同“命俦召侣”，招引同伴的意思。顾，引。

[译文]

在石室西南角有个岩洞，印度人称之为阿素洛（旧称阿修罗，又称阿须伦，还称阿苏罗，都是错误的）宫。从前有个精通咒术的好事之徒，邀集同伴，共有十四人，约定同心协力一起进入这个岩洞。他们进入岩洞走了三四十里后，岩洞突然开阔起来，出现了城郭、楼阁，而且这些楼台都是用金银琉璃建成的。这些人到达后，便有一些少女站立在城门旁，欢喜而又恭敬地迎接他们。于是他们进了城门继续往前走，到了内城门口，有两个婢女各自捧着一个金盘前来迎接，金盘内盛满了鲜花香料。两位婢女对这些人说：“你们应先到池中沐浴，涂过香料，戴上花冠后再进去，这样才美妙。至于这位术士，则应立即进城。”听了婢女的话后，剩下的十三人立即进入池中沐浴，他们进入池中后，好像忘记了什么，发现自己竟然坐在稻田中，而这片稻田位于距离岩洞以北三四十里外的平原上。

栈道

[原文]

石室侧有栈道，广十余步，长四五里。昔频毗娑罗王将往佛所，乃斩石通谷，疏崖导川，或垒石，或凿岩，作为阶级，以至佛所。

[译文]

石室旁边有一条栈道，十几步宽，四五里长。这条路是频毗娑罗王开辟的，当初他想到佛陀那里，于是便凿开岩石，开通道路，疏导山川，靠垒石头和凿山岩将石阶一直铺到佛陀的住处。

上茅宫城

［原文］

从此大山中东行六十余里，至矩奢揭罗补罗城。唐言上茅宫城。**上茅宫城，摩揭陀国之正中，古先国王之所都，多出胜上吉祥香茅，以故谓之上茅城也。崇山四周，以为外郭，西通峡径，北辟山门。东西长，南北狭，周一百五十余里。内城余址周三十余里。羯尼迦树遍诸蹊径，花含殊馥（fù），色烂黄金。暮春之月，林皆金色。**

［译文］

从这座大山中向东行走六十多里，便是矩奢揭罗补罗城（唐朝语言称上茅宫城）。上茅宫城位于摩揭陀国的正中央，摩揭陀国早前的国王在这里建都，而这里因为盛产上好的吉祥香茅，所以被人称为上茅城。上茅城周围都是崇山峻岭，它们刚好就成了上茅城的外城墙，城的西面与山路相通，北面开着山门。整个上茅城东西长，南北窄，方圆一百五十多里。内城遗址只有三十多里。上茅城的各个小径两旁都是羯尼迦树，开花时能散发出特殊的香味，花朵颜色就像黄金一样灿烂。因此，一到晚春，树林都是一片金色。

伏醉象遗迹

［原文］

宫城北门外有窣堵波，是提婆达多与未生怨王共为亲友，乃放护财醉象，欲害如来。如来指端出五师子，醉象于此驯伏而前。

［译文］

上茅宫城北门外有座佛塔，从前提婆达多和未生怨王互相友好，提婆达多于是便放出叫护财的醉象，企图加害如来。醉象出现之时，如来的指端化出五头狮子，醉象便在这里被驯服，温驯地伏在如来的面前。

舍利弗证果故事

[原文]

伏醉象东北有窣堵波，是舍利子闻阿湿婆恃苾(bì)刍唐言马胜。**说法证果之处。初，舍利子在家也，高才雅量，见重当时。门生学徒，传以受业。此时将入王舍大城，马胜苾刍亦方乞食。时舍利子遥见马胜，谓门生曰：“彼来者甚庠序，不证圣果。岂斯调寂？宜少伫待，观其进趣。”马胜苾刍已证罗汉，心得自在，容止和雅，振锡来仪。舍利子曰：“长老善安乐耶？师何人，证何法，若此之悦豫乎？”马胜谓曰：“尔不知耶，净饭王太子舍转轮王位，悲愍(mǐn)六趣，苦行六年，证三菩提，具一切智，是吾师也。夫法者，非有非空，难用诠叙，惟佛与佛乃能究述，岂伊愚昧所能详议？”因为颂说，称赞佛法，舍利子闻已，便获果证。**

[译文]

在降伏醉象处的东北有一座佛塔，该佛塔是舍利子听过阿湿婆恃比丘（唐朝语言称马胜）说法后证得圣果的地方。当初，舍利子在家时，因其才能高，气度大，而被时人推重。舍利子还招收了门生学徒，并为他们传授学业。有一次舍利子准备进入王舍大城之时，马胜比丘正巧也在那里乞讨食物。舍利子远远望见马胜，便对门生说：“那个人的风度非凡，如果没有证得圣果，哪能这样安详宁静？咱们应稍等一会儿，看看他有什么动静。”马胜比丘已经证得罗汉果，心中无挂无碍，举止温文尔雅，手持锡杖庄重地向舍利子走来。舍利子说：“长老，您好吗？您的老师是谁呢？您证得的是什么法，以至如此快乐自在呢？”马胜对他说：“难道你不知道吗？净饭王太子舍弃转轮王位，怜悯六道众生，修习六年苦行，证得三菩提圣果，具备一切智慧，他就是我的老师。至于法，它既不存在也不是虚无不存，难以解说清楚，只有佛与佛之间才能探究讲述，哪里是我们这样愚昧的人所能详细议论的呢？”接着马胜便为舍利子念偈，称赞佛法。舍利子听了后，便证得了圣果。

胜密火坑故事

[原文]

舍利子证果北不远，有大深坑，傍建窣堵波，是室利毱(jū)多

唐言胜密。**以火坑、毒饭欲害佛处。胜密者，宗信外道，深着邪见。诸梵志曰：“乔答摩国人尊敬，遂令我徒无所恃赖。汝今可请至家饭会，门穿大坑，满中纵火，栈以朽木，覆以燥土。凡诸饭食，皆杂毒药，若免火坑，当遭毒食。”胜密承命，便设毒会。城中之人皆知胜密于世尊所起恶害心，咸皆劝请，愿佛勿往。世尊告曰：“无得怀忧。如来之身，物莫能害。”于是受请而往。足履门阃(kǔn)，火坑成池，清澜澄鉴，莲花弥漫。胜密见已，忧惶无措。谓其徒曰：“以术免火，尚有毒食。”世尊饭食已讫，为说妙法，胜密闻已，谢咎(jiù)归依。**

[译文]

在舍利子证得圣果处以北的不远处有个大深坑，坑旁边建有佛塔，该佛塔是室利毱多（唐朝语言称胜密）想用火坑、毒饭谋害佛陀的地方。胜密信仰外道，并沉迷于邪见。一些婆罗门门人对他说：“乔答摩深受国内百姓的尊敬，以至于我们无所依赖。你可以请他到家中相会吃饭。你先在家门口挖一个大深坑，在坑内放满火，然后在上面铺上朽木，并在朽木上盖上一层干土。你还要将毒药掺入所有的食物当中，万一他避开了火坑，就会遇上毒食。”胜密接受了婆罗门门人的指使，便设下毒饭宴会。城内的居民都知道胜密对佛陀怀有毒害之心，全都跑去劝告佛陀，希望他不要前往赴宴。佛陀告诉他们说：“你们不要担忧，没有什么东西能够伤害得了如来的身体。”于是佛陀接受邀请前往胜密家。到了胜密家门前时，佛陀的脚一踏上门槛，火坑就变成水池，池水清澈如明镜，莲花弥漫。胜密见到后，既担心又害怕，不知该怎么办。不过他依然对他的门徒说：“佛陀以法术免去火坑之灾，不过还有毒食等着他。”世尊吃过饭后，为胜密讲说了精妙的佛法，胜密听了后，诚心悔过，皈依佛教。

时缚迦大医遗迹

[原文]

胜密火坑东北，山城之曲，有窣堵波，是时缚(fù)迦大医旧曰耆婆，讹也。**于此为佛建说法堂。周其壖(ruán)垣种植花果，余址蘖株尚有遗迹。如来在世，多于中止。其傍复有时缚迦故宅，余其旧井，墟坎犹存。**

处寂高洁

唐代僧人处寂，一心清修，与世无争，品性高洁，武则天曾经请他入京，不久后他便重归山林。平日里，他在胡床上打坐清修，有老虎像宠物一样卧在床边。开元初有太守王晔前来上任，他是道人，对佛教十分排斥，上任时要求所有僧人全部下山参拜。只有处寂不为所动，并说："我不从他的淫威，他又能奈我何？"王晔知道处寂没有下山参拜，派人去捉拿处寂。没想到王晔突然倒地不省人事，抬入屋内，便听见屋内隐隐有掴脸的声音，没多久王晔就气绝身亡。人们都说这是王晔欲害僧人而得到的报应，从此也对处寂更加崇敬。

[译文]

在胜密火坑东北，山城的拐角处矗立着一座佛塔，时缚迦大医师（旧称耆婆，是错误的）曾在这里为佛陀建造说法堂。佛塔的围墙周围种植花卉果树，法堂的遗址上还留有树木的孽株的遗迹。如来在世时，常居住在这里。佛塔的旁边是时缚迦的故居，遗址上古老的井穴坑坎至今还在。

鹫峰及佛迹

[原文]

宫城东北行十四五里，至姞栗陀罗矩吒山[①]，唐言鹫峰，亦谓鹫台。旧曰耆阇崛山，讹也。**接北山之阳，孤标特起**[②]**，既栖鹫鸟，又类高台，空翠相映，浓淡分色。如来御世，垂五十年，多居此山，广说妙法。频毗娑罗王为闻法故，兴发人徒，自山麓至峰岑，跨谷凌岩，编石为阶，广十余步，长五六里。中路有二小窣堵波，一谓下乘，即王至此徒行以进；一谓退凡，即简凡夫**[③]**不令同往。其山顶则东西长，南北狭。临崖西垂有砖精舍，高广奇制，东辟其户，如来在昔多居说法。今作说法之像，量等如来之身。**

精舍东有长石，如来经行所履也。傍有大石，高丈四五尺，周三十余步，是提婆达多遥掷击佛处也。其南崖下有窣堵波，在昔如来于此说《法华经》[④]**。**

精舍南山崖侧有大石室，如来在昔于此入定。

佛石室西北，石室前有大磐石，阿难为魔怖处也。尊者阿难于此入定，魔王化作鹫鸟，于黑月夜分，据其大石，备翼惊鸣，以怖尊者。尊者是时惊惧无措。如来鉴见，伸手安慰，通过石壁，摩阿难顶，以大慈言而告之曰："魔所变化，宜无怖惧。"阿难蒙慰，身心安乐。石上鸟迹、崖中通穴，岁月虽久，于今尚存。

精舍侧有数石室，舍利子等诸大罗汉于此入定。舍利子石

室前，有一大井，枯涸无水，墟坎犹存。

精舍东北石涧中，有大磐石，是如来晒袈裟之处，衣文明彻，皎如雕刻。其傍石上有佛脚迹，轮文虽暗，规模可察。

北山顶有窣堵波，是如来望摩揭陀城，于此七日说法。

［注释］

①姞栗陀罗矩吒山：梵文音译，意译“灵鹫山”“鹫峰山”“鹫台山”。相传释迦牟尼曾在此居住、说法多年，许多佛教传说都与之有关。

②孤标特起：孤峰耸立。孤标，原意是独立的标志，这里用来形容独立、高峻的山峰。特起，形容山峰崛起。

③简凡夫：把佛门以外的人即俗人精简掉。

④《法华经》：梵文意译，也译作“妙法莲华经”。内容是调和大乘、小乘各种说法，主张一切人均能成佛。

［译文］

从宫城向东北行走十四五里，便到达姞栗陀罗矩吒山（唐朝语言称鹫峰，也称鹫台。旧称耆阇崛山，是错误的）。鹫峰拔地而起与北山的南坡相连接，就像一个高台，上面栖息着鹫鸟，蔚蓝的天空与翠绿的山林互相映照，色彩浓淡分明。如来统治天下将近五十年的时间里，大多居住在这座山上，还常常演说精妙的佛法。频毗娑罗王为了听到佛法，调派人手，跨过山谷，攀登悬崖，用石头堆砌成台阶，建造了一条从山脚通往峰顶的路。这条路宽十多步，长五六里。路途中有两座小佛塔，一座佛塔叫作下乘，国王到了这里便徒步前进；另一座佛塔叫作退凡，意思是到了这里就要屏弃凡夫俗子，不让他们一同前往。鹫峰峰顶东西长，南北窄。峰顶西面靠近悬崖处有砖砌的高大而又奇特的精舍，精舍的大门面向东方，如来从前多住在这里讲说佛法。如今，精舍内铸有如来说法的像，塑像大小同如来真人一般。

精舍东面有块长石头，如来经行时曾踩踏过它。长石头的旁边是一块高一丈四五尺的大石头，方圆三十多步，这里就是提婆达多从远处向佛陀投掷东西的地方。南面山崖下有座佛塔，如来以前在这里讲说过《法华经》。

精舍南面的山崖旁的大石室是如来从前打坐入定的地方。

在佛陀石室的西北方还有一座石室，石室前面有块磐石，在那里阿难曾受到过魔王的恐吓。当初阿难尊者在石室内入定，魔王变成一只鹫鸟，在一个没有月亮的黑夜里，站在大石头上拍打着翅膀大声惊叫来恐吓尊者。当时，尊者感到惊惧，手足无措。如来看见后，伸出手来安慰他，如来的手穿过石壁，抚摸着阿难的头顶，接着还用充满慈爱的话语对阿难说：“它是魔王变化出来的，你不应感到害怕和恐惧。”阿难受到如来的安慰后，心里渐渐平静下来，人也感到很快乐。虽然岁月流逝，但是石头上的鸟迹和山崖中的孔眼，至今还在。

在精舍旁有几间石室，舍利子等一些大罗汉曾在这些石室内入定。舍利子石室前有一口大井，如今已经干枯了，只留下一个废弃深洞。

在精舍东北处的石涧内有块大磐石，如来曾在此晾晒袈裟，石上留有明晰的袈裟纹印，纹印洁白光滑，就像是雕刻一般。磐石附近有块石头，上面留有佛陀的足迹，这些足迹的轮相与纹路虽然不明显，不过依然可以看到大致的轮廓。

北面的山顶上有座佛塔，如来曾在这里眺望摩揭陀城，在这里讲说了七天的佛法。

毗布罗山

[原文]

山城北门西，有毗布罗山。闻之土俗曰：山西南崖阴，昔有五百温泉，今者数十而已，然犹有冷有暖，未尽温也。其泉源发雪山之南无热恼池，潜流[①]至此。水甚清美，味同本池。流经五百枝小热地狱，火势上炎，致斯温热。泉流之口，并皆雕石，或作师子、白象之首，或作石筒悬流之道，下乃编石为池。诸方异域咸来此浴，浴者宿疾多差。

温泉左右诸窣堵波及精舍，基址鳞次，并是过去四佛座及经行遗迹之所。此处既山水相带，仁智攸居，隐沦之士盖亦多矣。

[注释]

①潜流：地面下的水流。或者说是水在地下流动。

[译文]

山城北门的西面是毗布罗山。据当地人介绍：毗布罗山西南崖的北边，从前有五百个温泉，现在只剩下几十个而已，并且泉水有冷有暖，不全是温热的。泉水发源于雪山南面的无热恼池，从地下流到这里。这里的泉水特别清澈甜美，味道与原池没有差别。泉水从无热恼池出发，流经五百个小热地狱，地狱的火势向上蔓延加热了泉水，因此就有了这些温热的泉水。温泉的泉眼处都是雕刻过的石头，这些石头或雕成狮子、白象的头，或雕成石筒下垂流水的通道，通道下面是石头砌成的水池。这些温泉吸引了不少该国各地及外国人来这里沐浴。

不少沐浴者身上的陈年旧疾，经过温泉的泡洗后都好了。

温泉周围有许多的佛塔和精舍，基址鳞次栉比，这些地方是过去四佛打坐及经行的遗迹场所。这里山水相连，很多的仁者、智者都很喜欢居住在这里，隐居避世的人大概不少。

卑钵罗石室及比丘习定故事

［原文］

温泉西有卑钵罗石室，世尊在昔恒居其中。后壁洞穴是阿素洛宫也。习定苾刍多居此室，时出怪异，龙、蛇、师子之形，见之者心发狂乱。然斯圣地，灵圣所止，蹑迹钦风[①]，忘其灾祸。近有苾刍，戒行贞洁，心乐幽寂，欲于此室匿迹习定。或有谏曰：“勿往彼也。彼多灾异，为害不少。既难取定，亦恐丧身。宜鉴前事，勿贻后悔。” 苾刍曰：“不然。我方志求佛果，摧伏天魔，若此之害，夫何足言？”便即振锡而往室焉，于是设坛场，诵禁咒。旬日之后，穴出少女，谓苾刍曰：“尊者染衣守戒，为含识归依，修慧习定，作生灵善导。而今居此，惊骇我曹。如来之教，岂若是耶？” 苾刍曰：“我守净戒，遵圣教也，匿迹山谷，远喧杂也。忽此见讥，其咎安在？”对曰：“尊者诵咒声发，火从外入，烧我居室，苦我枝属。唯愿悲愍，勿复诵咒。” 苾刍曰：“诵咒护身，非欲害物。往者，行人居此习定，期于圣果，以济幽涂，睹怪惊骇，丧弃身命，汝之辜也。其何辞乎？”对曰：“罪障既重，智慧斯浅。自今已来，屏居守分，亦愿尊者勿诵神咒。” 苾刍于是修定如初，安静无害。

［注释］

①蹑迹钦风：一踏上佛当年的足迹，就会想起佛的教化，钦佩之情油然而生。风，即风教，教育、感化的意思。

［译文］

在温泉西面有座卑钵罗石室，从前世尊曾长期住在这里。石室后壁上的洞穴就是阿素洛宫。修习禅定的比丘多居住在这个石室内，这里时常出现怪

异的龙、蛇、狮子的形状，使见到的人心神不安，甚至发狂。然而这是一个圣人居住过的胜地，很多人为了仰慕圣人遗迹，忘记了灾祸，接踵而来。不久前有一位比丘，戒行纯正高洁，喜爱幽静的环境，打算在这座石室中隐居禅定。有人便劝告他说："不要到那里去呀，那里时常发生怪异的事情，灾难也很多，已经有不少人在那里受害了。你到了那里以后恐怕不仅不能够入定，说不定连性命也难保呀。你应注意前车之鉴，不要做令自己后悔的事。"比丘说："不对。我刚立志证得佛家正果，摧败天魔，诸如这样的祸害，哪值得一提？"说完他便拿着锡杖去到石室中，并在那里设立坛场，念诵禁咒。十天之后，从洞中走出一位少女，少女对他说："尊者出家谨守戒条是为了让众生依附三宝，修智慧习禅定是为生灵作向导。可是您现在却住在这里，惊吓我们。如来的教化难道就是这样的吗？"比丘说："我遵循圣人的教诲，恪守戒规，为了远离喧嚣嘈杂而藏身于山谷中。现在我忽然受到责备，我到底错在哪里？"少女回答说："尊者念咒的声音发出后，火从外面进入，焚烧我们的居室，害苦了我的宗族。我恳求尊者发慈悲怜悯，不要再念咒了。"比丘说："我念咒只是想保护自己并不是想害异类。从前有修习之人在这里修习禅定，期望能证得圣果以解救堕入三恶道中人，可是他们都因看到怪物或异象而受到了惊吓，从而丧了性命，这都是你的罪过。你还有什么话说？"少女说："我的确罪孽深重，智慧浅薄。从今以后，我一定安守本分隐居起来，因此我也希望尊者不要再念神咒了。"于是比丘和之前一样修习禅定，而石室内也变得安宁寂静，比丘也一直未受伤害。

其他诸遗迹

[原文]

毗布罗山上有窣堵波，昔者如来说法之处。今有露形外道，多依此住，修习苦行，夙夜匪懈(xiè)，自旦至昏，旋转观察。

山城北门左南崖阴，东行二三里，至大石室，昔提婆达多于此入定。

石室东不远，磐石上有斑采①，状血染。傍建窣堵波，是习定苾(bì)刍自害证果之处。昔有苾刍，勤励心身，屏居修定，岁月逾远，不证圣果。退而自咎，窃复叹曰："无学之果，终不时证；有累之身②，徒生何益？"便就此石自刺其颈，是时即证阿罗汉果，上升虚空，示现神变，化火焚身，而入寂灭。美其雅操，

建以记功。

苾刍证果东石崖上，有石窣堵波，习定苾刍投崖证果之处。昔在佛世，有一苾刍，宴坐山林，修证果定，精勤已久，不得果证。昼夜继念，无忘静定。如来知其根机将发[3]也，遂往彼而成之。自竹林园[4]至山崖下，弹指而召，伫（zhù）立以待。时此苾刍遥睹圣众，身意勇悦，投崖而下。犹其净心，敬信佛语，未至于地，已获果证。世尊告曰：“宜知是时。”即升虚空，示现神变。用彰净信，故斯封记。

［注释］

①斑采：杂色花纹和斑点。

②有累之身：不能摆脱烦恼（妨害证果）的身躯。

③根机将发：（证果的）根机就要萌发了，也就是要证果的意思。根，梵文意译，佛家指能产生感觉、善恶观念的机体或精神力量，如眼、耳、鼻、舌、身、意为六根。

④竹林园：梵文意译，也称竹林精舍，即迦兰陀竹林园。相传释迦牟尼在王舍城宣说佛法时，皈依佛法的迦兰陀长者，献出竹园。摩揭陀国王频毗婆罗在竹园修建精舍，施与释迦，因此得名。“竹林园”和“逝多林给孤独园”并称为佛教最早的两大精舍。

［译文］

毗布罗山上有座佛塔，如来曾在那里讲说佛法。现在有许多露形外道依塔而住，他们每日每夜都在毫不懈怠地修习苦行，从清晨到黄昏，随着太阳旋转，仔细地观看日出日落。

从山城北门左方的南崖北面向东行走二三里，到达一座大石室，提婆达多曾在这个石室内修习禅定。

石室东边不远处有块磐石，上面有斑斓的色彩，就像血染的一样。磐石的旁边建有佛塔，建佛塔处就是修习禅定的比丘伤害自己而证得圣果的地方。从前有位比丘，独自一人居住在这里修习禅定，他非常勤勉地磨练自己的身心，然而过了很久，仍没能证得圣果。渐渐地，他的修持之心开始退转，为此他不断地责备自己，私下里还叹息说：“无学之果，终究不能证得；这个身子就像是个累赘，留着又有什么用呢？”说完他就在这块磐石上刺伤自己脖子，就在那时他证得了阿罗汉果，整个人飞升到空中，显现各种神通变化，接着化出火来焚烧身体，终于涅槃了。后人赞美他高尚的操行，于是建了一座佛塔来纪念他的功德。

在比丘证果处以东的石崖上有座石塔，这里则是修习禅定的比丘投崖证果的地方。在佛陀还未涅槃之时，有一位比丘静坐于山林之中修习禅定，希望能证得圣果，但他认真勤勉地修行了很久也没有得到圣果。他日夜都想证得圣果，但没有忘记打坐入定。如来知道他的根机将要发动，就到他打坐入定的地方去帮助他证得正果。如来从竹林园到了山崖下，弹指召唤比丘，然后便伫立在那里等他。比丘远远地看到各位圣人，身心欢悦，勇敢地从山崖跳下去。跳崖之后，他还保持着清静的心，对佛陀的教导依然保持着崇信。就这样，在他落地之前，他就已经获得了圣果。世尊对他说："你应该知道这正是你涅槃的时机。"比丘就升入空中，显示神通变化。后人为表彰他的心灵的清静与信念的坚定，就在崖旁建造了一座佛塔来纪念他。

迦兰陀竹园

[原文]

山城北门行一里余，至迦兰陀(tuó)竹园。今有精舍，石基砖室，东辟其户。如来在世，多居此中，说法开化，导凡拯俗。今作如来之像，量等如来之身。

初，此城中有大长者迦兰陀，时称豪贵，以大竹园施诸外道。及见如来，闻法净信，追惜竹园居彼异众，今天人师无以馆舍。时诸神鬼感其诚心，斥逐外道，而告之曰："长者迦兰陀当以竹园起佛精舍，汝宜速去，得免危厄。"外道愤恚(huì)，含怒而去。长者于此建立精舍。功成事毕，躬往请佛。如来是时遂受其施。

[译文]

沿着山城北门向外走一里多，迦兰陀竹园就到了。现在那里有精舍，台基是用石头堆砌而成的，而墙面则是用砖砌成的，大门朝东而开。如来在世时，大部分时间都住这里，他常在这里演说佛法，开导凡人，拯救世俗。现在精舍内供着如来的像，塑像大小等同于如来的真人。

当初这座城中有位大长者迦兰陀，他是当时著名的富豪贵人，把大竹园施舍给了外道。等到见到如来，听了佛法后，他开始虔诚地信仰佛教，并后悔将竹园送给那些外道居住，使得现在天人师没有住处。这时鬼神被他的诚心所感动，就去驱逐住在竹园的外道并且告诉他们说："长者迦兰陀想要用竹园建造佛陀的精舍，你们应该马上离开这里，免得遭受危难。”外道心中气愤，满怀愤怒离开了竹园。他们走后，迦兰陀在这里建了精舍。一切都安排妥当后，他便亲自去请佛祖到精舍居住。如来于是接受了他的布施。

佛舍利窣堵波

[原文]

迦兰陀竹园东有窣堵波，阿阇多设咄路王唐言未生怨，旧曰阿阇世，讹略也。**之所建也。如来涅槃之后，诸王共分舍利。未生怨王得以持归，式遵崇建，而修供养。无忧王之发信心也，开取舍利，建窣堵波，尚有遗余，时烛光景。**

[译文]

在迦兰陀竹园东面有座佛塔，该佛塔是阿阇多设咄路王（唐朝语言称未生怨，旧称阿阇世，是错误的）所建造的。如来涅槃之后，各个国王一起分取如来舍利。未生怨王分得舍利后将舍利带回，并建造了这座佛塔，把如来舍利恭敬地供养在塔内。无忧王开始信仰佛教后，打开佛塔，取走舍利，另外建了一座佛塔用以供养舍利。不过，至今未生怨王所建的佛塔内还有残余的舍利，时常放射光芒。

阿难半身窣堵波

[原文]

未生怨王窣堵波侧窣堵波，有尊者阿难半身舍利。昔尊者将寂灭也，去摩揭陀国，趣吠舍厘城，两国交争，欲兴兵甲。尊者伤愍，遂分其身。摩揭陀王奉归供养。即斯胜地，式修崇建。

其傍则有如来经行之处。次此不远有窣堵波，是舍利子及没特伽罗子等安居之所。

[译文]

在未生怨王佛塔旁的佛塔中供养着尊者阿难的半身舍利。尊者将要寂灭，在他准备离开摩揭陀国前往吠舍厘城之际，两国相争，眼看双方就要兵戎相见。尊者怜悯他们，就把自己分成两半。摩揭陀王带回了尊者半个身子的舍利供养。就在这个胜地，摩揭陀王恭敬地建造了佛塔，将尊者舍利供于塔内。

佛塔旁有如来曾经行的地方。再往不远处还有佛塔，舍利子和没特伽罗子等人安居时就居住在那离。

第一结集

[原文]

竹林园西南行五六里，南山之阴大竹林中有大石室，是尊者摩诃迦叶波于此与九百九十九大阿罗汉，以如来涅槃后结集三藏。前有故基，未生怨王为集法藏诸大罗汉建此堂宇。

初，大迦叶宴坐山林，忽烛光明，又睹地震，曰："是何祥变，若此之异？"以天眼观，见佛世尊于双树林间入般涅槃。寻命徒属趣[1]拘尸城，路逢梵志，手执天花。迦叶问曰："汝从何来？知我大师今在何处？"梵志对曰："我适从彼拘尸城来，见汝大师已入涅槃。天人大众咸兴供养，我所持花，自彼得也。"迦叶闻已，谓其徒曰："慧日沦照，世界暗冥，善导遐弃[2]，众生颠坠。"懈怠苾(bì)刍更相贺曰："如来寂灭，我曹安乐，若有所犯，谁能诃(hē)制？"迦叶闻已，深更感伤，思集法藏[3]，据教治犯。遂至双树，观佛礼敬。既而法王去世，人天无导。诸大罗汉亦取灭度，时大迦叶作是思惟："承顺佛教，宜集法藏。"于是登苏迷卢山，击大犍椎，唱如是言："今王舍城将有法事，诸证果人宜时速集！"犍椎声中传迦叶教，遍至三千大千世界，得神通者闻皆集会。是时迦叶告诸众曰："如来寂灭，世界空虚，当集法藏，用报佛恩。今将集法，务从简静，岂恃[4]群居，不成胜业？其有具三明，得六通，闻持不谬(miù)[5]，辩才无碍，如斯上人，可应结集。自余果学，各归其居。"于是得九百九十九人。除阿难在学地[6]，大迦叶召而谓曰："汝未尽漏，宜出圣众。"曰："随侍如来，多历年所，每有法议，曾未弃遗。今将结集，而见摈斥。法王寂灭，失所依怙。"迦叶告曰："勿怀忧恼。汝亲侍佛，诚复多闻，然爱惑未尽，习结未断。"阿难辞屈而出，至空

寂处，欲取无学，勤求不证。既已疲怠，便欲假寐，未及伏枕，遂证罗汉。往结集所，叩门白至。迦叶问曰：“汝结尽耶？宜运神通，非门而入。”阿难承命，从钥隙入，礼僧已毕，退而复坐。是时安居初十五日也。于是迦叶扬言曰：“念哉谛听！阿难闻持，如来称赞，集素呾缆旧曰修多罗，讹也。**藏。优波厘持律明究，众所知识，集毗奈耶**旧曰毗那耶，讹也。**藏。我迦叶波集阿毗达摩藏。”雨三月尽，集三藏讫。以大迦叶僧中上座，因而谓之上座部焉。**

大迦叶结集西北，有窣堵波，是阿难受僧诃责，不预结集，至此宴坐，证罗汉果。证果之后，方乃预焉。

阿难证果西行二十余里，有窣堵波，无忧王之所建也，大众部结集之处。诸学无学数百千人，不预大迦叶结集之众，而来至此，更相谓曰：“如来在世，同一师学，法王寂灭，简异我曹。欲报佛恩，当集法藏。”于是凡圣咸会，贤智毕萃，复集素呾缆藏、毗奈耶藏、阿毗达磨藏、杂集藏、禁咒藏，别为五藏。而此结集，凡、圣同会，因而谓之大众部。

［注释］

①趣：赴，前往。
②善导遐弃：优秀的导师已弃世远去。
③思集法藏：想编集佛家的全部典籍。
④岂恃：难道仅仅……吗？
⑤闻持不谬：闻法、持法无误。
⑥学地：即有学地，佛家修行的一种阶位，表示未证圣果，还需要再修学，低于无学位。

［译文］

从竹林园的西南方向前走五六里到达南山的北面，那里有片大竹林，竹林中有个大石室，如来涅槃后，尊者摩诃迦叶波和九百九十九位大阿罗汉一起在石室中编纂三藏。石室前有个旧的基址，未生怨王曾在此为编纂三藏的大罗汉们建造了一座厅堂。

当初，大迦叶在山林中静坐，忽然看到天上光芒闪耀，大地剧烈震动，他说：“这到底是吉祥的预示还是灾变的前兆，为何会有如此不寻常的天象出现？”说着，他就开了天眼，看到佛世尊在双树林中间入涅槃。他马上命令门徒一起前往拘尸城，路上他们碰到一位手中拿着天花的婆罗门信徒。迦叶问道：“你从哪里来？你知道我们的导师现在在哪里吗？”婆罗门信徒回答说：“我刚从那拘尸城来，我看到你们的导师已经涅槃了。天神大众都在供养他，我手里拿的花就是从那里得到的。”迦叶听完后，对自己的徒属说：“智慧的太阳已经坠落，世界将要变得黑暗了，良师离我们远去，众生将要堕落了。”懒散的比丘则互相庆贺说：“如来寂灭，我们就安乐了，即使我们违犯了戒律，也没有谁能呵斥禁止我们？”迦叶听到这些话后更加感伤，便考虑编集所有的佛典，根据它们惩治犯戒之人。于是他前往双树间，瞻仰佛陀，礼拜致敬。不久，法王去世，人和天神都失去了导师。继法王寂灭后，各位大罗汉也相继涅槃，这时大迦叶这样想：“为了继承和弘扬佛陀的教诲，我应该编集所有的佛典。”有了这样的想法后，大迦叶登上苏迷卢山，敲击大犍椎，并高喊：“王舍城内将会举行法事，所有证得圣果的人应赶快聚集到王舍城内。”迦叶的命令在犍椎声中传出，犍椎声传遍了三千大千世界，得到神通的人听到后都来聚会。等大家都到齐后，迦叶告诉众人说：“如今如来寂灭，世界变得空虚，我们应当编集佛典，用以报答佛的恩情。现在我们就开始编集了，大家一定要认真，安静地编集。我们大家不能仅仅是聚在一起，而不是去完成集结法藏的伟大事业。你们中凡是具有三明，得到六种神通，闻听佛陀教诲而谨记无误、说法无所滞碍的人都可以参加纂辑。其余果位的人，请各自回到住地。”结果留下了九百九十九人。当时阿难还在修学阶段，因此被排除在编集佛典的人外，大迦叶召他来对他说：“你还没有断除烦恼，所以你应该离开圣者的集会。”阿难说：“我一直跟在如来的身边照料他，这么多年来，他每次说法时，我都在他的身旁从没有遗漏。现在编集佛典，我却被排斥在外。法王寂灭了，我也就失去了依靠。”迦叶对他说：“不要心怀忧虑烦恼，你亲身侍候佛陀见闻的确多，不过你的爱欲、疑惑还没有消除干净，世俗烦恼依然存在。”阿难理屈词穷便退了出来，到了空旷寂静处，想要证得无学之果。他虽然很努力，不过依然无法证得圣果。因为感到疲倦，阿难便想合上眼睛休息一会儿，不过他的头还没碰到枕头就证得了罗汉果。证得罗汉果后，阿难立即前往编集佛典的地方，叩门通报自己的到来。迦叶问他说：“你断绝烦恼了吗？如果是，你就应该运用神通，不通过大门进来。”阿难接受命令，从钥匙缝里进入石室，礼拜僧人后，退到一旁重新坐下。这时是安居第一个月的第十五天。迦叶于是高声说：“敬请各位认真地听！阿难怀着佛陀的教诲不曾忘记，而他也受到过如来的称赞，现由他主编素呾缆（旧称修多罗，是错误的）藏。优波厘修持戒律，研究深透，这是大家所了解的，由他主编毗奈耶（旧称毗那耶，是错误的）藏。我迦叶波则主编阿毗达摩藏。”三个月的雨季安居日子结束时，三藏的编集也完成了。因为大迦叶是僧人中的上座，因而他们这一部派被人们称为上座部。

在大迦叶编集佛典处西北有一座佛塔，当时阿难受到僧人的呵斥责难，不

能参与编集佛典，便到这里静坐证得罗汉果。他在此证得罗汉果后，才加入到编集佛典的队伍中去。

从阿难证得罗汉果处向西行走二十多里，有一座由无忧王建造的佛塔，当初大众部就在此编集佛典。那些一直修习却没有证得果位的人有成百上千，他们因为被排斥在大迦叶主编的佛典纂辑工作之外，就聚集到这里，互相说：“如来在世时，大家向同一个导师学习，法王寂灭后，他们却轻视我们。为了报答如来的恩情，我们也要编集佛典。”于是凡人与得道高僧、贤人和智者全都前来相会，群英荟萃，他们又编了纂素呾缆藏、毗奈耶藏、阿毗达磨藏、杂集藏、禁咒藏，另外构成五藏经书。而这一次佛典的编集，凡僧与圣僧聚在一起参加，因而这支佛教信徒部众就称为大众部。

迦兰陀池及石柱

[原文]

竹林精舍北行二百余步，至迦兰陀池，如来在世多此说法。水既清澄，具八功德，佛涅槃后，枯涸无余。

迦兰陀池西北行二三里，有窣堵波。无忧王所建也，高六十余尺。傍有石柱，刻记立窣堵波事，高五十余尺，上作象形。

[译文]

从竹林精舍向北走两百多步就是如来多次说法的迦兰陀池。池水清澈，具有八种功德，佛陀涅槃后，它就干枯。

从迦兰陀池向西北方向行走二三里有一座佛塔。这座佛塔是由无忧王建造的，塔身高六十多尺。佛塔旁边立着一个石柱，高五十多尺，石柱顶部刻成大象的形状，柱面上刻记着建造佛塔的事情。

王舍城

[原文]

石柱东北不远，至曷罗阇姞(jí)利呬(xì)城。唐言王舍。**外郭已坏，无复遗堵，内城虽毁，基址犹峻。周二十余里，面有一门。**

初，频毗娑罗王都在上茆宫城也，编户之家频遭火害，一

家纵逸[1]，四邻罹灾。防火不暇，资产废业，众庶嗟怨，不安其居。王曰："我以无德，下民罹患，修何福德可以禳之？"群臣曰："大王德化邕穆[2]，政教明察，今兹细民不谨，致此火灾。宜制严科，以清后犯，若有火起，穷究先发，罚其首恶，迁之寒林。寒林者，弃尸之所，俗谓不祥之地，人绝游往之迹。令迁于彼，同夫弃尸，既耻陋居，当自谨护。"王曰："善，宜遍宣告居人。"顷之，王宫中先自失火。谓诸臣曰："我其迁矣。"乃命太子监摄留事，欲清国宪，故迁居焉。时吠舍厘王闻频毗娑罗王野处寒林，整集戎旅，欲袭不虞。边候[3]以闻，乃建城邑，以王先舍于此，故称王舍城也。官属士庶咸徙家焉。或云至未生怨王乃筑此城，未生怨太子既嗣王位，因遂都之。逮无忧王迁都波吒厘城，以王舍城施婆罗门。故今城中无复凡民，惟婆罗门减千家耳。

宫城西南隅有二小伽蓝，诸国客僧往来此止，是佛昔日说法之所。次此西北有窣堵波，殊底色迦唐言星历。旧曰树提伽，讹也。**长者本生故里。**

城南门外，道左有窣堵波，如来于此说法及度罗怙罗。

［注释］

①纵逸：这里的意思是疏忽不慎。本意为恣纵放荡。

②邕穆：和睦，美好。邕，同"雍"。

③边候：边防哨兵。

［译文］

在石柱东北方向不远的地方就是曷罗阇姞利呬城（唐朝语言称王舍）。王舍城的外城已经毁坏了，没有留下任何的墙垣，内城虽然也被毁坏了，不过基址还很高。该城方圆二十多里，城墙的四面都有门。

刚开始的时候，频毗娑罗王的都城在上茆宫城，城内编入户籍的普通人家常常遭受火灾，只要一户人家不小心着火，他的邻居们都会受到波及。当时国民们连防火都来不及，哪还顾得上生产，因此正常的生产都被耽误了，民生哀怨，大家都无法安心居住在上茆宫城。见此情景，频毗娑罗王说："因我的不仁德而使普通百姓遭受祸患，我该修什么福德来消除灾祸呢？"大臣们说："大王施行德治，政教清明，现在这些火灾的发生都是由那些平民不小心引起的，而不是因为您不够仁德。如果想要让火灾不再如此频繁地发生，就应该制定严厉的法规来处分今后引起火灾的人。如果发生火灾，法规就极力追究先发生火灾那户人家的责任，惩治制造火灾的罪魁祸首，把他迁往寒林。所谓寒林，就是抛弃尸体的地方，是世俗人认为不吉祥的地方，人们绝不到那里去。被迁到那里的人，如同被抛弃的尸体，既然他们羞于居住在偏远的地方，就一定会小心谨慎。”频毗娑罗王说：“好，应该将这件事情告诉所有的居民。”不久，王宫当中先发生了火灾。频毗娑罗王对大臣们说：“我就要迁徙了。”于是命令太子代管留守事务，为了维护法令，频毗娑罗王迁到了寒林居住。这时吠舍厘王听说频毗娑罗王住在郊外的寒林之中，就调集军队，想乘机偷袭。驻守边境的人立即向上报告了这件事，频毗娑罗王于是就在寒林筑起城邑。由于国王首先住在这里，所以人们称这里为王舍城。随后，原上茆宫城的官属和民众都迁到这里居住。不过，也有人说这座王舍城是到未生怨王时才建造起来的，未生怨太子继位后才在这里建都。到无忧王时，无忧王迁都于波吒厘城，把王舍城施舍给了婆罗门。所以现在王舍城中只有将近一千家婆罗门而已，不再有普通民众。

宫城西南角有两所小寺院，从前这里是佛陀说法的地方，如今这里成了各国僧人往来落脚的地方。寺院的西北方有一座佛塔，殊底色迦（唐朝语言称星历，旧称树提伽，是错误的）长者出生于此。

宫城南门外道路的左边有座佛塔，如来曾在这里讲说佛法，并且度化罗怙罗。

那烂陀僧伽蓝

[原文]

从此北行三十余里，至那烂陀唐言施无厌。**僧伽蓝。闻之耆旧曰：此伽蓝南庵没罗林中有池，其龙名那烂陀，傍建伽蓝，因取为称。从其实义，是如来在昔修菩萨行，为大国王，建都此地，悲愍众生，好乐周给，时美其德，号施无厌。由是伽蓝因以为称。其地本庵没罗园，五百商人以十亿金钱买以施佛。佛于地处三月说法，诸商人等亦证圣果。佛涅槃后未久，此国先王铄迦罗阿迭多**[1]唐言帝日。**敬重一乘**[2]，**遵崇三宝，式占福地，建此伽蓝。初兴功也，穿伤龙身**[3]。**时有善占尼乾外道**[4]，**见而**

记曰："斯胜地也，建立伽蓝，当必昌盛，为五印度之轨则，逾千载而弥隆。后进学人易以成业[5]，然多欧血，伤龙故也。"其子佛陀毱(jū)多王[6]唐言觉护。继体承统，聿遵胜业，次此之南又建伽蓝。呾他揭多毱多王唐言如来。笃修前绪，次此之东又建伽蓝。婆罗阿迭多唐言幼日。王之嗣(sì)位也，次此东北又建伽蓝。功成事毕，福会称庆，输诚幽显，延请凡圣。其会也，五印度僧万里云集，众坐已定，二僧后至，引上第三重阁。或有问曰："王将设会，先请凡圣，大德何方，最后而至？"曰："我至那国也，和上[7]婴疹，饭已方行，受王远请，故来赴会。"闻者惊骇，遽以白王。王心知圣也，躬往问焉。迟上重阁，莫知所去。王更深信，舍国出家。出家既已，位居僧末，心常怏怏，怀不自安："我昔为王，尊居最上；今者出家，卑在众末。"寻往白僧，自述情事。于是众僧和合[8]，令未受戒者以年齿为次，故此伽蓝独有斯制。其王之子伐阇罗唐言金刚。嗣位之后，信心贞固，复于此西建立伽蓝。其后中印度王于此北复建大伽蓝。于是周垣峻峙，同为一门。既历代君王继世兴建，穷诸剞劂(jī jué)，诚壮观也。帝日王本伽蓝者[9]，今置佛像，众中日差四十僧就此而食，以报施主之恩。

僧徒数千，并俊才高学也，德重当时，声驰异域者，数百余矣。戒行清白，律仪淳粹，僧有严制，众咸贞素[10]，印度诸国皆仰则焉。请益谈玄，竭日不足，夙(sù)夜警诫，少长相成。其有不谈三藏幽旨者，则形影自愧矣。故异域学人欲驰声问，咸来稽疑，方流雅誉。是以窃名而游，咸得礼重。殊方异域欲入谈议，门者诘难，多屈而还，学深今古，乃得入焉。于是客游后进，详论艺能，其退走者固十七八矣。二三博物，众中次诘[11]，莫不挫其锐，颓其名。若其高才博物，强识多能，明德哲人，联晖继轨[12]。至如护法、护月[13]，振芳尘于遗教[14]；德慧[15]、坚

慧[16]，流雅誉于当时。光友[17]之清论，胜友[18]之高谈，智月[19]则风鉴[20]明敏，戒贤乃至德幽邃。若此上人，众所知识，德隆先达，学贯旧章，述作论释各十数部，并盛流通，见珍当时。

伽蓝四周，圣迹百数，举其二三，可略言矣。

［注释］

①铄迦罗阿迭多：梵文音译，意译为“帝日王”。

②一乘：又名“佛乘”“一乘佛”“一乘教”“一乘法”等，意思是说这是引导和教化众生成佛的唯一方法或途径。

③龙身：中国旧时风水师以山势起伏为龙，绵延不断的山体脉络称为龙脉。这里所说的“龙身”就是类似的说法。

④尼乾外道：和佛教同时兴起，流传于南亚次大陆的一种宗教，它和佛教一样，都反对婆罗门教。

⑤易以成业：容易完成修行正果的大业。

⑥佛陀毱多王：梵文音译，意译为觉护，曾续建那烂陀寺。

⑦和上：即和尚，这里说的是文中提到的二僧的师父。在我国佛教典籍中，原用作对佛教师长的尊称，后来成为一般僧人的通称。

⑧和合：这里是协商一致的意思。本意是和睦同心。

⑨帝日王本伽蓝者：帝日王最初兴建的伽蓝。本，本原，这里引申为最初的意思。者，用在句末，表语气停顿以引起下文。

⑩贞素：坚定真诚，纯洁质朴。

⑪众中次诘：在众僧中受到依次问难。诘，问难，诘责，就是提出疑难问题分析、辩论。

⑫联晖继轨：（那些）才高德重的人或同时涌现，或接踵而至。联晖，比喻圣贤、英杰并世而出。

⑬护月：梵文意译，也有译为月护的。古印度大乘佛教瑜伽行派论师，曾在那烂陀寺讲学。

⑭振芳尘于遗教：在传播佛的教导中，留芳名于世间。振芳尘，即流芳名于世。芳尘，本意是“香屑”，这里借指芳名。

⑮德慧：梵文意译，古印度佛教瑜伽行派论师，曾在那烂陀寺传法，是所谓的唯识十大论师之一，约生活于440—520年，南印度人，精通三藏，又善禅学。

⑯坚慧：梵文意译，亦有译为安慧的。德慧的学生，古印度瑜伽行派论师，唯识十大论师之一，生活于476—555年，南印度人，曾在那烂陀寺讲学。

⑰光友：梵文意译，古印度佛教喻伽行派论师，曾在那烂陀寺讲学。

⑱胜友：梵文意译，亦译“胜亲”，护法的弟子，古印度佛教瑜伽行派论师，唯识十大论师之一，曾在那烂陀寺讲学。

⑲智月：梵文意译，护法的弟子，古印度瑜伽行派论师，唯识十大论师之一，曾在那烂陀寺讲学。

⑳风鉴：风度识见。

［译文］

从佛塔向北行走三十多里便到达那烂陀（唐朝语言称施无厌）寺。听老人们说：这所寺院南面的庵没罗林中有个水池，水中的龙叫那烂陀，而寺院建在水池旁，因此就以“那烂陀”为寺院的名字。但实际上是：从前如来修菩萨行，生为大国王，在这个地方建立都城，由于他悲悯众生，喜欢周济穷人，当时的人赞美他的德行，因此称其为施无厌，因此寺院便以“施无厌”为寺名。这块地方原来是座庵没罗园，五百个商人用十亿金钱买下这片地方后将其施舍给佛陀。佛陀便在这里讲说了三个月的佛法，各位商人也都证得了圣果。佛陀涅槃之后不久，这个国家的国王铄迦罗阿迭多（唐朝语言称帝日）敬重佛法，尊奉三宝，郑重地占卜福地，建造了这座佛寺。刚开始动工时，工人们不慎挖伤了龙脉。这时有位善于占卜的尼乾外道看见后，预言说：“这是一个好地方，在此建立寺院必然会兴盛，而且这座寺院将会成为五印度的榜样，经过千年以后，它将会更加兴盛。后来的学佛之人能够轻松完成学业，然而因为伤了龙脉，他们大多会吐血。”国王的儿子佛陀毱多王（唐朝语言称觉护）继承王位，继续美好的事业，在这座寺庙的南面又建造了寺院。呾他揭多毱多王（唐朝语言称如来）遵循前代轨迹，在它的东面又建造了佛寺。婆罗阿迭多（唐朝语言称幼日）王继位后，在这东北面再建造佛寺。大功告成后，举行福会庆贺，不管是无名之辈，还是著名人士，都受到了诚恳接待；无论是一般僧人，还是得道高僧，全都受到了邀请。集会时，五印度僧人从万里之外赶到这里集会，有两位僧人在众人落座之后才赶到，二人到达集会地后被领上第三层楼阁。有人问他们说：“国王准备举办法会之前，先就延请各地的凡、圣佛僧，二位高僧从什么地方来，为什么最后才到呢？”二人回答道：“我们来自至那国。和尚生病了，我们饭后才动身。我们接受国王的邀请，所以前来赴会。”询问者感到非常惊讶，连忙向幼日王禀报了这件事情。幼日王心中知道这两位僧人一定是圣人，于是亲自前去问候。等他上了楼，二人早已不知去向了。幼日王因此更加信奉佛教，于是舍弃王位出家。幼日出家后，处于僧人的末位，因为这件事情他心中常常闷闷不乐，无法静下心来，他想：“我从前做国王时，地位崇高，没人能超过我；现在我出家了，却卑贱得处于最末的地位。”接着，他便去告诉僧人们自己的想法。于是僧人们商议，让未受戒的人按照年龄大小确定品位高低，所以只有这所寺院有了这样独一无二的制度。这位国王的儿子伐阇罗（唐朝语言称金刚）继位后，坚定信仰佛法，因此又在这西面建造了寺院。在

他之后，中印度王又在这北面建立大寺院。寺院四周墙垣高筑，共用一个大门。这些寺院经过历代君王的相继兴修、能工巧匠的精雕细刻，显得十分壮观。帝日王最初修建的寺院中，如今摆放了佛像，寺院每天中午会在僧众中派遣四十人到这里吃饭，用以报答施主的恩情。

那烂陀寺中有几千僧徒，他们都是才能出众、学问渊博的人，德操为当时人所推重，名传国外之人也有几百人。这座寺院戒行清白，教规纯粹，寺院对僧人也有严格的规定，每个寺僧都要严格遵循，印度各国都仰慕它而视其为楷模。他们日复一日地互相请教，谈论玄妙的义理，从不停歇；他们日夜互相督促告诫，不管老少，相互促进，相互进步。他们在讨论佛理的时候，谁要是不谈论佛学的深奥义理就会自惭形秽。所以外国的学者，想要名声远扬，都要来向他们请教释疑，这样才能传出好名声。因此一些欺世盗名的人出游，都能受到礼遇和尊重。来自四面八方的人想进入寺院谈论，先要通过守门人的诘难才能进去，但大部分的人因回答不出守门人的问题而离开，只有学通古今的人才能够进去。这些外来的学者进入寺庙后，再与该寺的寺僧讨论学理，不过他们中十之七八的人都在辩理中失败退走。至于剩下的十分之二三的博学之士，在各位僧人的相继诘问后，锐气无不被挫，名声受损。不过，仍相继涌现出一些才华横溢、认识广博、记忆力强且多才多艺的德操高尚之人。护法和护月在传扬佛法中美名远扬；德慧与坚慧的高尚声誉流传于当时。光友有清晰的论辩，胜友有高雅的谈吐，智月拥有卓识明见，戒贤的德操极深。这样一些高人，都是人们所知道的，他们的德行超越了前人，学识渊博，贯通古今，他们撰写的论著、注释很多，每个人都有十几部，都被广泛流传着，现在人们还是很珍惜他们的这些著作。

寺院的四周的圣迹数以百计，举两三个例，大家就可大概地了解了。

伽蓝附近诸迹

［原文］

伽蓝西不远有精舍，在昔如来三月止此，为诸天人广说妙法。次南百余步小窣堵波，远方苾（bì）刍见佛处。昔有苾刍自远方来，至此遇见如来圣众，内发敬心，五体投地。便即发愿求轮王位。如来见已，告诸众曰：“彼苾刍者甚可愍（mǐn）惜。福德深远，信心坚固，若求佛果，不久当证。今其发愿求转轮王，于当来世，必受此报。身体投地下至金轮，其中所有微尘之数，一一尘是一轮王报也。既耽世乐，圣果斯远。”其南则有观自在菩萨立像。或见执香炉往佛精舍，周旋右绕。

观自在菩萨像南窣堵波中，有如来三月之间剃剪发、爪，有婴疾病，旋绕多愈。其西垣外池侧窣堵波，是外道执雀于此问佛死生之事。次东南垣内五十余步，有奇树，高八九尺，其干两枝。在昔如来嚼杨枝弃地，因植根柢，岁月虽久，初无增减。次东大精舍，高二百余尺，如来在昔于此四月说诸妙法。次北百余步精舍中，有观自在菩萨像，净信之徒兴供养者所见不同，莫定其所，或立门侧，或出檐前。诸国法俗咸来供养。

观自在菩萨精舍北有大精舍，高三百余尺，婆罗阿迭多王之所建也。庄严度量及中佛像，同菩提树下大精舍。其东北窣堵波，在昔如来于此七日演说妙法。西北则有过去四佛坐处。其南鍮(tōu)石精舍，戒日王之所建立，功虽未毕，然其图量一十丈而后成之。次东二百余步垣(yuán)外，有铜立佛像，高八十余尺，重阁六层，乃得弥覆，昔满胄王之所作也。

满胄王铜佛像北二三里，砖精舍中有多罗菩萨像。其量既高，其灵甚察。每岁元日，盛兴供养，邻境国王、大臣、豪族，赍(jī)妙香花，持宝幡盖。金石递奏，丝竹相和，七日之中，建斯法会。其垣南门内有大井。昔佛在世，有大商侣热渴逼迫，来至佛所，世尊指其地言可得水。商主乃以车轴筑地[①]，地既为陷，水遂泉涌。饮已闻法，皆悟圣果。

[注释]

①筑地：捣地。

[译文]

在寺院西面不远处有一所精舍，以前如来曾在这里逗留了三个月，为天神众生演说了很多精妙的佛法。从精舍往南走一百多步有个小佛塔，远方比丘就是在那里拜见佛陀的。从前有位比丘从远方来到这里，他在这里遇到了如来和其他圣贤们，并从心里对他们产生了崇敬之意。他对如来和圣贤们行了五体投地之礼，并立即立下誓愿请求获得转轮王的地位。如来见到后，对大家说："那位比丘，实在可惜。他福德深远，信仰坚定，如果他求佛果，他便能很快就证

子怜救母

唐代僧人子怜的父亲不信佛教，常对僧人大加斥骂、驱赶。而他的孩子子怜却从孩童时代起就非常敬仰僧人。开元初年，子怜遇见洛阳广爱寺的庆修，便请求随他一起出家。于是子怜瞒过了父亲，偷偷来到广爱寺。子怜出家一走就是十一年，他再次回家探望时，发现母亲早在三年前就已经过世了。子怜整天念诵《法华经》，夜间神灵出现告诉子怜他的母亲正在阴间受苦。子怜便来到阿育王寺舍利塔前磕头祷告，希望能超度母亲。当他叩拜到第四万次时，便看见他的母亲隐约出现在云端，告诉子怜因为他的祷告，自己可以脱离苦海了。说罢便消失不见了。

得正果。可是他现在却发愿请求为转轮王，他来世一定会受到这个果报。从他身体投地之处到金轮，其中有多少粒微尘他就得轮回多少次，一颗微尘就是一次轮王。他既然沉湎于世俗之乐，那么他离圣果就远了。”小佛塔的南面有观自在菩萨的站立像。曾经有人看见他手拿香炉绕过小佛塔的右边前往佛陀的精舍。

观自在菩萨像南面的佛塔中供奉着如来在三个月中剪下的头发和指甲，生病的人只要围绕着佛塔旋转，身体大多能够恢复健康。西边围墙外的水池旁有座佛塔，外道曾手执鸟雀在那里向佛陀询问有关生死的事情。从东南墙向里走五十多步有棵奇特的树，树高八九尺，树干分成两枝。从前如来嚼杨枝后扔在地上，杨枝于是扎下了根，虽然过去很多年，但是树身没有增减。再往东走有座高两百多尺的大精舍，如来曾在这里住过四个月，在这里讲说种种精妙的佛法。再往北走一百多步还有一个精舍，精舍中供奉着观自在菩萨像，虔诚地前来供养的信徒各人所见的菩萨的样子都不相同，见到菩萨像的位置也不能确定，他们见到的菩萨有时立在门边，有时出门到了屋檐前。各国的僧徒和凡人都纷纷前来此处供养观自在菩萨。

观自在菩萨精舍的北面有一座大精舍，精舍高三百多尺，由婆罗阿迭多王所建。精舍的装饰、尺度和室内佛像与菩提树下的大精舍没有差别。在这座精舍的东北边有一座佛塔，如来曾在这里演说了七天精妙的佛法。精舍的西北侧则是过去四佛打坐的地方。四佛打坐处南面是由戒日王建造的鍮石精舍，精舍的建造工程虽然没有完成，但预计它的高度应该是十丈，将来可以完成。再往东二百多步的围墙外，站立着铜质的佛像，佛像高八十多尺，六层楼阁高的房子才得以放置下它，这些都是满胄王建造的。

在满胄王铜佛像北面二三里的地方，有座砖砌成的精舍，精舍内供奉着多罗菩萨像。菩萨测断事情很准确，而且十分灵验。每年的元旦，前来供养的人非常多，就连邻国的国王、大臣、豪族们也带着美妙的香花，拿着宝幡宝盖来供奉。每到这时，乐器齐奏，互相应和，这里还会举行七天的法会。围墙的南门内有一口大井。佛陀在世的时候，有一批商人受炎热、干渴的逼迫到了佛陀住所，世尊以手指地，暗示那里有水。商人的首领于是用车轴捣地，地陷下去后，从中涌出一股清泉。商人们饮水后听讲佛法，最终都证得了圣果。

拘理迦邑及目连故里

[原文]

伽蓝西南行八九里，至拘理迦邑(yì)，中有窣堵波，无忧王之所建也，是尊者没特伽罗子本生故里。傍有窣堵波，尊者于此

入无余涅槃，其中则有遗身舍利。尊者，大婆罗门种，与舍利子少为亲友。舍利子以才明见贵，尊者以精鉴延誉。才智相比，动止必俱，结要终始[1]，契同去就。相与厌俗，共求舍家。遂师珊阇耶焉。舍利子遇马胜阿罗汉，闻法悟圣。还为尊者重述，闻而悟法，遂证初果。与其徒二百五十人俱到佛所，世尊遥见，指告众曰："彼来者，我弟子中神足第一。"既至佛所，请入法中。世尊告曰："善来，苾刍！净修梵行，得离苦际[2]。"闻是语时，须发落，俗裳变。戒品清净，威仪调顺[3]，经七日，结漏尽，证罗汉果，得神通力。

[注释]

①结要终始：誓同生死。要，这里是相约的意思。终始，本意是从开头到末了，这里引申为生死。

②苦际：痛苦的境界，也就是佛家说的在六趣中轮回，也称苦之最终，受生死之苦的最后之身。

③威仪调顺：端庄的举止、仪态，看起来从容、和顺。

[译文]

从寺院向西南行走八九里到达拘理迦邑，那里有座由无忧王建造的佛塔，佛塔的建造之处就是尊者没特伽罗子出生的地方。在这座佛塔的旁边还有座佛塔，尊者就是在这里入无余涅槃的，如今佛塔内供奉着他的遗身舍利。尊者出身大婆罗门家族，年轻时和舍利子成为朋友。舍利子以聪明才智受到人们的尊重，尊者则以洞察入微获得人们的赞誉。他们二人才智相当，经常在一起，还相约要做一辈子的朋友。后来，他们厌倦了世俗生活，于是商量一起出家。尊者于是拜在珊阇耶的门下。舍利子则遇到了马胜阿罗汉，在听完佛法后悟得圣果。舍利子回去后为尊者重述了马胜阿罗汉讲的佛法，尊者听讲后也领悟了佛法，证得了初果。后来尊者和他的两百五十位弟子一起到佛陀住所，世尊远远看见他们的到来，便用手指着他对众人说："那位前来的人就是我弟子中的神足第一。"尊者到了佛陀那里，请求加入佛教。世尊对他说："欢迎你，比丘！只要你虔诚地修习清静无欲之行，你就可以脱离苦海。"听了这段话后，尊者的须发马上就脱落了，世俗的衣裳也变了。他在戒行清静，仪表和顺中过了七天，七日之期一到，他便断除了所有的烦恼，证得了罗汉果，获得了神通威力。

频毗娑罗王迎佛遗迹

[原文]

没特伽罗子故里东行三四里，有窣堵波，频毗娑罗王迎见佛处。如来初证佛果，知摩揭陀国人心渴仰，受频毗娑罗王请。于朝晨时，著衣持钵，与千苾刍左右围绕，皆是耆(qí)旧螺结梵志，慕法染衣。前后翼从，入王舍城。时帝释天王变身为摩那婆[①]，首冠螺结，左手执金瓶，右手执宝杖，足蹈虚空，离地四指，在大众中前导佛路。时摩揭陀国频毗娑罗王与其国内诸婆罗门、长者、居士百千万众，前后导从，出王舍城奉迎圣众。

[注释]

①摩那婆：梵语，意为少年。

[译文]

从没特伽罗子故里向东行走三四里有一座佛塔，频毗娑罗王曾在那个地方迎接佛陀。如来刚证得佛果的时候，知道摩揭陀国人心中十分仰慕自己，于是接受了频毗娑罗王的邀请，前往摩揭陀国。一天早晨，如来身穿袈裟手拿食钵，带着一千比丘前往王舍城，这些比丘都是年岁高、盘着螺髻的婆罗门，他们因仰慕佛法而出家。他们围绕在如来的身边，前后拥簇着进入王舍城。这时帝释天王变成少年模样，头上盘成螺髻，左手拿着金瓶，右手拿着宝杖，双足腾空而行，与地面相隔四指，走在众人之前为佛陀引路。这时，摩揭陀国频毗娑罗王和国内的婆罗门、长者、居士成千上万人前呼后拥走到王舍城外恭迎圣贤们。

迦罗臂拏迦邑及舍利子故里

[原文]

频毗娑罗王迎佛东南行二十余里，至迦罗臂拏迦邑(yì)，中有窣堵波，无忧王之所建也，是尊者舍利子本生故里，井[①]今尚在。傍有窣堵波，尊者于此寂灭，其中则有遗身舍利。

尊者，大婆罗门种。其父高才博识，深鉴精微，凡诸曲籍莫不究习。其妻感梦，具告夫曰：“吾昨宵寐，梦感异人，身披

铠甲，手执金刚，摧破诸山，退立一山之下。”夫曰：“梦甚善。汝当生男，达学贯世，摧诸论师，破其宗致，唯不如一人，为作弟子。”果而有娠（shēn），母忽聪明，高谈剧论，言无屈滞。尊者年始八岁，名擅四方，其性淳质，其心慈悲，朽坏结缚[2]，成就智慧。与没特伽罗子少而相友，深厌尘俗，未有所归，于是与没特伽罗子于珊阇耶外道所而修习焉。乃相谓曰：“斯非究竟之理，未能穷[3]苦际也。各求明导，先尝甘露，必同其味。”时大阿罗汉马胜执持应器[4]，入城乞食。舍利子见其威仪闲雅，即而问曰：“汝师是谁？”曰：“释种太子厌世出家，成等正觉，是我师也。”舍利子曰：“所说何法，可得闻乎？”曰：“我初受教，未达深义。”舍利子曰：“愿说所闻。”马胜乃随宜演说，舍利子闻已，即证初果。遂与其徒二百五十人往诣佛所。世尊遥见，指告众曰：“我弟子中智慧第一。”至已顶礼，愿从佛法。世尊告曰：“善来，苾刍！”闻是语时，戒品具足。过半月后，闻佛为长爪梵志说法，闻余论而感悟，遂证罗汉之果。其后阿难承佛告寂灭期，展转相语，各怀悲感。舍利子深增恋仰，不忍见佛入般涅槃，遂请世尊，先入寂灭。世尊告曰：“宜知是时。”告谢门人，至本生里，侍者沙弥遍告城邑。未生怨王及其国人莫不风驰，皆悉云会。舍利子广为说法，闻已而去。于后夜分，正意系心[5]，入灭尽定，从定而起而寂灭焉。

迦罗臂拿迦邑东南四五里，有窣堵波，是尊者舍利子门人入涅槃处。或曰：迦叶波佛在世时，有三拘胝拘胝者，唐言亿。大阿罗汉同于此地无余寂灭。

［注释］

①井：相传古制八家为井。引申为人口聚居地、乡里、家宅。

②朽坏结缚：摧毁世间烦恼的束缚。

③穷：这里是彻底解决的意思。

④应器：僧人吃饭用的钵。

⑤正意系心：一心想着进入涅槃（没有一点别的杂念）。正意，这里指的是“涅槃”之意。

［译文］

沿着频毗娑罗王迎佛处的东南方向前行二十多里，便到达迦罗臂拿迦城，城内有一座由无忧王建造的佛塔，尊者舍利子就是出生于这个地方，舍利子的故居现在还存在。房子旁边有座佛塔，尊者在那里寂灭，塔内供奉着他的遗身舍利。

舍利子出生于大婆罗门家族。他的父亲才华横溢，学识渊博，对于各种典籍无不深究研习。有一次他的妻子做了一个梦，梦醒后她将梦境详细地说给丈夫听，她说：“昨天夜里我睡着后做了一个梦，梦中我遇见一个身上披着铠甲，手中拿着金刚的奇人，他摧毁所有的山，然后退下来站在一座山下。”丈夫说：“这个梦是个吉兆。你将会生下一个男孩，而且他将精通各门学问，成为当世名人，并能摧败各派的论师，驳倒各种观点，只是不如一个人，并成为那个人的弟子。”不久，妻子果然怀孕了，而且忽然变得聪明了，可以侃侃而谈，与人热烈辩论，言辞清晰流畅。舍利子刚八岁，就已经名扬四海了。他天性淳厚质朴，心地慈悲，断绝了世俗烦恼，智慧发达。舍利子与没特伽罗子从小就关系很好，深深厌恶凡俗生活，但还没有信奉宗教，他们于是在珊阇耶外道那里修习。后来他们互相讨论说：“这不是终极的真理，不能彻底解决脱离苦海的问题。我们还是各自去寻找英明的导师，谁先品尝了甘露，一定要带回让另外一个一同分享。”那时大阿罗汉马胜刚好拿着食钵，进城乞讨。舍利子见他仪态端庄高雅，就上去问他说：“您的老师是谁？”马胜说：“释迦太子厌倦世俗而出家，证成等正觉，他就是我的老师。”舍利子说：“他说的是什么法，你可以讲给我听听吗？”马胜说：“我刚接受教导，还没通晓精深的义理。”舍利子说：“希望您能对我谈一谈您所听说的。”马胜于是根据具体情况，演说佛法，舍利子听完后，立即证得了初果。舍利子于是带着二百五十个弟子前往佛陀那里。世尊远远地看见他们来了，就指着舍利子对众人说：“他就是我弟子中最具智慧的人。”舍利子见到佛陀后，对佛陀顶礼膜拜，希望依从佛法。世尊对他说：“欢迎！比丘！”听到这句话时，舍利子的戒品便具备了。过了半个月，佛陀为长爪梵志说法，舍利子旁听后就感悟了，于是证得罗汉果。后来阿难在听佛预告涅槃的日期后，告诉了大家，大家知道后都满怀悲伤。舍利子对佛陀怀着深深的眷恋与景仰之情，因而不忍心见到佛陀入涅槃，就请求世尊让自己先行寂灭。世尊对他说：“你应知道这正是时机。”于是，舍利子告别门人，回到出生地准备涅槃，他的侍者沙弥把这一消息告诉了整个城邑的人。未生怨王和国内的人全都如风一般迅速地赶来了，大家云集到了一起。舍利子为他们讲了很多的佛法，众人听完后就离去了。在后半夜里，舍利子集中心力，心中没有一丝杂念入灭尽定，出定之后就在那里涅槃了。

在迦罗臂拿迦邑东南四五里有一座佛塔，尊者舍利子的门人就是在那里入涅槃的。有人说：迦叶波佛在世时，有三拘胝（拘胝，唐朝语言称作亿）大阿罗汉曾在这个地方入无余涅槃。

帝释窟

［原文］

舍利子门人窣堵波东行三十余里，至因陀（tuó）罗势罗窭诃山。唐言帝释窟也。**其山岩谷杳冥，花林蓊（wěng）郁，岭有两峰，岌然特起。西峰南岩间有大石室，广而不高，昔如来尝于中止。时天帝释以四十二疑事画石请问，佛为演释，其迹犹在。今作此像，拟昔圣仪。入中礼敬者，莫不肃然敬惧。山岩上有过去四佛座及经行遗迹之所。东峰上有伽蓝，闻诸土俗曰：其中僧众，或于夜分，望见西峰石室佛像前每有灯炬，常为照烛。**

［译文］

从舍利子门人塔向东走三十多里，就到达因陀罗势罗窭诃山（唐朝语言称帝释窟）了。帝释窟山的岩谷幽深，花草繁茂，山岭上巍然挺立着两个高峰。西峰南面的山岩间有个大石室，石室宽大但不高，如来曾在这个石室内住过。当时天帝释在石头上刻画了四十二件疑难的事情，并向佛陀请教，佛陀为他演说讲解，如今石室内还留有这些遗迹。现在塑成的这尊像是模仿圣人当年的仪表塑成的。进入石室行礼的人，无不对圣人肃然起敬，并生畏惧之心。山岩上有过去四佛打坐及经行场所的遗迹。东峰上有所寺院，据当地人说：寺院的僧人有时可以在半夜里望见西峰石室的佛像前有灯光火炬，将那里照耀得一片光明。

鸽伽蓝

［原文］

因陀罗势罗窭诃山东北行百五六十里，至迦布德迦唐言鸽。**伽蓝。僧徒二百余人，学说一切有部。伽蓝东有窣堵波，无忧王之所建也。昔佛于此为诸大众一宿说法。佛说法时，有罗者于此林中网捕羽族，经日不获。遂作是言："我惟薄福，恒为弊事。"来至佛所，扬言唱曰："今日如来于此说法，令我网捕都**

无所得，妻孥(nú)饥饿，其计安出？”如来告曰：“汝应蕴火，当与汝食。”如来是时化作大鸽，投火而死。罗者持归，妻孥共食。其后重往佛所，如来方便摄化，罗者闻法，悔过自新，舍家修学，便证圣果。因名所建为鸽伽蓝。

［译文］

从因陀罗势罗窭诃山向东北方向行走一百五六十里，便到达迦布德迦（唐朝语言称作鸽）寺院。这所寺院有两百多位僧徒，研习说一切有部。寺院东面有座佛塔，佛塔的建造者是无忧王。佛陀曾在这个地方为大众讲说了一整晚的佛法。佛说法时有个捕鸟人用网在这个树林中捕鸟，不过他用了一整天的时间仍一无所获。于是，他便这样说：“我的福德太薄，总是做些劳而无功的事。”他来到佛陀说法之处，高声地说：“今天如来在这里说法，使我张网捕鸟一无所获，从而使得我的妻子儿女要挨饿，我该怎么办呢？”如来对他说：“你可以先生火，我一定会给你食物的。”捕鸟者生了火后，如来化作一只大鸽，投身火中而死。捕鸟者便将烧死的大鸽带回家去与妻子儿女一起食用。后来，他再到佛陀住所，如来因势教导、感化他。听佛法后，他终于悔过自新，舍弃家庭开始修行，最终证得了圣果。后人因此将建造在这里的寺院称为鸽寺。

孤山观自在像

［原文］

迦布德迦伽蓝南二三里，至孤山。其山崇峻，树林郁茂，名花清流，被崖注壑。上多精舍灵庙，颇极剞劂(jī jué)之工。正中精舍有观自在菩萨像，躯量虽小，威神感肃[1]，手执莲花，顶戴佛像。常有数人，断食要心[2]，求见菩萨。七日、二七日，乃至一月，其有感者，见观自在菩萨，妙相庄严，威光赫奕[3]，从像中出，慰谕其人。昔南海僧伽罗国王清旦以镜照面，不见其身，乃睹赡部洲摩揭陀国多罗林中小山上有此菩萨像。王深感庆，图以营求。既至此山，实唯肖似，因建精舍，兴诸供养。自后诸王尚想遗风，遂于其侧建立精舍灵庙，香花伎乐供养不绝。

[注释]

①感肃：（威严的神态）使人感到肃然起敬。

②断食要心：用绝食来约束自己，使自己更为诚心。

③威光赫奕：神采威严，非常显耀。赫奕，显赫，盛大的样子。

[译文]

从迦布德迦寺往南走二三里是一座孤山。这座山高大挺拔，树林茂密，山崖和沟壑间布满了名贵的花草和清流。山上建有很多精舍神庙，所有的建筑都经过了精雕细琢。正中间的精舍内供奉着观自在菩萨像，这尊手拿莲花，前额上佩着佛陀像的菩萨像，尺寸虽然不大，但很威严也很灵验。经常会有些人，在精舍内绝食，约束意念，希望这样能见到菩萨。这样持续七天、十四天，以至一个月，有感应的人就可以见到观自在菩萨相貌堂堂，神情威严，光彩照人地从像中间走出来，安慰、教诲他。从前，南海僧伽罗国王有一天早晨用镜子照脸，但他没看见自己，却看到赡部洲摩揭陀国多罗树林中的小山上有这个菩萨像。国王感到非常庆幸，便将镜中所见到的菩萨画了像前往树林中去寻找。到了这座山上后，国王发现这里的菩萨像与镜中所见的菩萨像实在太相似了，于是在那里建造精舍，置办各种供养。从此以后，各位国王仰慕此遗风，就在旁边建造精舍神庙，供献香花和音乐，从未断绝过。

其他佛说法遗迹

[原文]

孤山观自在菩萨像东南行四十余里，至一伽蓝，僧徒五十余人，并学小乘法教。伽蓝前有大窣堵波，多有灵异，佛昔于此为梵天王等七日说法。其侧则有过去三佛座及经行遗迹之所。

伽蓝东北行七十余里，殑（qíng）伽河南，至大聚落。人民殷（yīn）盛，有数天祠，并穷雕饰。东南不远有大窣堵波，佛昔于此一宿说法。

从此东入山林中，行百余里，至落般腻罗聚落。伽蓝前有大窣堵波，无忧王之所建，佛昔于此三月说法。此北二三里有大池，周三十余里，四色莲花四时开发。

从此东入大山林中，行二百余里，至伊烂拏钵伐多国[①]。中印度境。

[注释]

①伊烂拿钵伐多国：今印度比哈尔邦中部莣吉尔。

[译文]

从孤山观自在菩萨像往东南行走四十多里，有一所寺院，寺院内有僧徒五十多人，他们学习的都是小乘佛教。寺院前有座大佛塔，经常显灵，从前佛陀曾在这个地方为梵天王等演说了七天的佛法。大佛塔的旁边是过去三佛打坐及经行场所的遗迹。

从寺院往东北行走七十多里，渡过殑伽河后，一直往南走，就能见到一个大镇。这个镇的人口众多，还有几座天祠，每座天祠都建得非常漂亮，雕刻精细，装饰精美。天祠东南的不远处有座大佛塔，佛陀曾在这里讲了一个晚上的佛法。

从这里往东进入山林，继续行走一百多里，到达落般腻罗镇。落般腻罗镇内有寺院，寺院前有座大佛塔，是由无忧王建造的，佛陀曾在这里讲说过三个月的佛法。佛塔北面二三里远的地方有个大池塘，方圆三十多里，池塘内四种颜色的莲花四季开放。

从池塘向东行走，进入山林后再走二百多里就到伊烂拿钵伐多国（在中印度境内）了。

卷十

伊烂拿钵伐多国

[原文]

伊烂拿钵伐多国周三千余里，国大都城北临殑(qíng)伽河，周二十余里。稼穑(sè)滋植，花果具繁，气序和畅，风俗淳质。伽蓝十余所，僧徒四千余人，多学小乘正量部法。天祠二十余所，异道杂居。近有邻王废其国君，以大都城持施众僧，于此城中建二伽蓝，各减千僧，并学小乘教说一切有部。

[译文]

伊烂拿钵伐多国方圆三千多里，都城的北面靠近殑伽河，国都方圆二十多里。该国境内适宜耕种，物产丰饶，气候温和，风俗淳厚质朴。国内的十多所寺院中有僧徒四千多人，他们大多学习小乘佛教正量部法。这里还有二十多所天祠，各派外道混杂相居。不久前，有位邻国的国王废除了这个国家的君主，并把该国的都城施舍给了僧徒们，这些僧人在这座城建造了两所寺院，每所寺庙各有僧人近一千人，这两所寺庙中的僧人研习的都是小乘佛教说一切有部。

伊烂拿山

[原文]

大城侧临殑伽河，有伊烂拿山，含吐烟霞，蔽亏日月，古今仙圣继踵(zhǒng)栖神。今有天祠尚遵遗则。在昔如来亦尚居此，为诸天人广说妙法。

大城南有窣堵波，如来于此三月说法。其傍则有过去三佛座及经行遗迹之所。

[译文]

都城旁边靠近殑伽河的地方有座伊烂拿山，山上云雾环绕，常年难见日月，从古至今不少的仙人圣贤相继来此居住。现在有些天祠内依然遵循古代遗留下来的法规。如来也曾经住在这里，为天神众生演说诸多精妙的佛法。

都城南面有座佛塔，如来曾在那里讲说了三个月的佛法。旁边有过去三佛打坐及经行场所的遗迹。

小孤山佛遗迹

[原文]

国西界殑伽河南，至小孤山，重巘(yǎn)嶜(jīn)崟(yín)[①]，昔佛于此三月安居，降薄句罗[②]药叉。山东南岩下大石上，有佛坐迹，入石寸余，长五尺二寸，广二尺一寸。其上则建窣堵波焉。次南石上则有佛置君稚迦即澡瓶也。旧曰军持，讹略也。**迹，深寸余，作八出花文。佛坐迹东南不远，有薄句罗药叉脚迹，长尺五六寸，广七八寸，深近二寸。药叉迹后有石佛坐像，高六七尺。次西不远，有佛经行之处。其山顶有药叉故室。次北有佛足迹，长尺有八寸，广余六寸，深可半寸。其迹上有窣堵波。如来昔日降伏药叉，令不杀人食肉，敬受佛戒，后得生天。**

此西有温泉六七所，其水极热。国南界大山林中多诸野象，其形伟大。

从此顺殑伽河南岸东行三百余里，至瞻波国。中印度境。

[注释]

①嶜崟：谓山之极高而险峻的状貌。

②薄句罗：梵文音译，在此为药叉名。另有一同名罗汉，汉文意译作善容、传形、大肥盛等，音译作薄矩罗、薄俱罗等。

[译文]

从伊烂拏钵伐多国西界的殑伽河一路往南走就能到达重峦叠嶂、高大险峻的小孤山，佛陀曾在这里安居三月，降伏薄句罗药叉。小孤山东南的崖谷下有块大石头，佛陀曾在这块石头上坐过并留下了痕迹，深入石头一寸多，长五尺二寸，宽二尺一寸。如今，有人在石头上建造了一座佛塔。佛塔的南边还有一块石头，石头上有佛陀放置君稚迦（就是澡瓶，旧称军持，是错误省略）的痕迹，深一寸多，呈现八瓣的花纹。佛陀坐迹的东南不远处还有薄句罗药叉的

脚印，长一尺五六寸，宽七八寸，深近二寸。药叉脚印后有尊高六七尺的石佛坐像。再往西不远，就是佛陀经行的地方。山顶上有药叉住过的房子。再往北有佛陀的足迹，长一尺八寸，宽六寸多，深约半寸。足迹上建造了一座佛塔。从前，如来在这里降伏药叉，命令他不能杀人，不得吃肉，药叉恭敬地接受佛陀的劝解，后来得以生在天界。

在这西面有六七处温泉，泉水很热。伊烂拿钵伐多国南部边界的大山林中有很多形体庞大的野象。

从这片大山林顺着殑伽河南岸，向东行走三百多里，就到达瞻波国（在中印度境内）。

瞻波国

［原文］

瞻波国周四千余里，国大都城北背殑(qíng)伽河，周四十余里。土地垫湿[①]，稼穑(sè)滋盛，气序温暑，风俗淳质。伽蓝数十所，多有倾毁。僧徒二百余人，习小乘教。天祠二十余所，异道杂居。

都城垒砖，其高数丈，基址崇峻，却敌高险。在昔劫初，人物伊始，野居穴处，未知宫室。后有天女，降迹人中，游殑伽河，濯流自媚，感灵有娠(shēn)，生四子焉。分王赡部洲，各擅区宇，建都筑邑，封疆画界。此则一子之国都，赡部洲诸城之始也。

城东百四五十里，殑伽河南，水环孤屿。崖𪩘(yǎn)崇峻，上有天祠，神多灵感。凿崖为室，引流成沼，花林奇树。巨石危峰，仁智所居，观者忘返。

国南境山林中，野象猛兽群游千数。

自此东行四百余里，至羯朱嗢(wā)祇罗国[②]。彼俗或谓羯蝇揭罗国。中印度境。

［注释］

①垫湿：低下潮湿。

②羯朱嗢祇罗：梵文音译，其都城故址在今比哈尔邦东部的拉其马哈附近。

[译文]

瞻波国方圆四千多里，国家的都城北面紧挨着殑伽河，方圆四十多里。该国地势较低，土壤湿润，庄稼茂盛，气候温热，风俗淳厚质朴。国内有几十所寺院，不过它们中的大部分都已经倒塌了。如今，整个国家有僧徒二百多人，他们研习的都是小乘佛教。有二十多所天祠，其他的异道信徒混杂居住。

都城的城墙用砖垒成，高有几丈，城墙的基址宽广高大，抵御外敌的建筑则是又高又险。很早以前，也就是人类刚产生的劫初之时，人们不知道什么是宫室，大家都只能住在荒野的洞穴中。后来有位女神降临人间，在殑伽河中洗澡，她一边洗澡一边欣赏自己，感应神灵而怀孕，并生下四个儿子。她的四个儿子分割赡部洲，各自统治一块疆土，他们划分好国界，并在自己的领土内建筑城池。如今这个都城便是女神其中一个儿子的国都，这个都城也是赡部洲所有城市中最早出现的一座城。

都城东一百四五十里，殑伽河南边，有水环绕的一个孤岛。岛上山崖高大，山崖上建有天祠，天祠内供奉的神明很灵验。有人在山崖上开凿了石室，并引流水为池沼，使得花果成林。孤山上山峰险峻，岩石巨大，树木奇异，一些仁者智者居住在这里，观赏者常在此流连忘返。

瞻波国南面边境的山林中，数以千计的猛兽与野象成群游窜其间。

从山林向东行走四百多里便是羯朱嗢祇罗国（当地习惯上有人称为羯蝇揭罗国，在中印度境内）。

羯朱嗢祇罗国

[原文]

羯朱嗢祇罗国周二千余里。土地泉湿，稼穑(sè)丰盛，气序温，风俗顺。敦尚[1]高才，崇贵学艺。伽蓝六七所，僧徒三百余人。天祠十所，异道杂居。自数百年王族绝嗣(sì)，役属邻国，所以城郭丘墟，多居村邑。故戒日王游东印度，于此筑宫，理诸国务。至则葺茅为宇，去则纵火焚烧。国南境多野象。北境去殑伽河不远，有大高台，积垒砖石而以建焉。基址广峙，刻雕奇制，周台方面镂众圣像，佛及天形区别而作。

自此东渡殑伽河，行六百余里，至奔那伐弹那[2]国。中印度境。

［注释］

①敦尚：敦慕、崇尚。

②奔那伐弹那：亦作分那婆陀那，梵文音译，意译作正增长。该国领土包括今孟加拉国北部的大部分地区。其都城故址在今博格勒城以北约十二公里的摩诃斯坦。

［译文］

羯朱嗢祇罗国方圆两千多里。地势较低，土壤湿润，庄稼茂盛，气候温和，民风驯顺。羯朱嗢祇罗国非常重视有才能的人，国民崇尚学术技艺。这个国家有寺院六七所，僧徒三百多人。这里有十所天祠，外道信徒混杂居住。在这几百年中，羯朱嗢祇罗国原有的王族后嗣渐渐断绝，羯朱嗢祇罗国也因此沦为邻国的属国，受对方的奴役，所以这里原有的城郭都成了废墟，国民大多居住在村庄中。因此戒日王巡游东印度时，在这里建筑宫室，处理各种国家事务。他到来时就用茅草建房屋，离开之时就将其付诸一炬。该国南部边境有很多野象。北部边境离殑伽河不远处有一个砖石垒积建成的大高台。高台的台基宽大，雕刻奇巧，高台的每面都镂刻有各种圣贤像，佛像和天神像可以分得很清楚。

从羯朱嗢祇罗国北部边境向东，渡过殑伽河后再走六百多里就到达奔那伐弹那国（在中印度境内）。

奔那伐弹那国

［原文］

奔那伐弹那国周四千余里，国大都城周三十余里。居人殷盛，池馆花林往往相间。土地卑湿，稼穑(sè)滋茂。般橠(nuó)娑果既多且贵，其果大如冬瓜，熟则黄赤，剖之中有数十小果，大如鹤卵，又更破之，其汁黄赤，其味甘美。或在树枝，如众果之结实；或在树根，若伏苓[1]之在土。气序调畅，风俗好学。伽蓝二十余所，僧徒三千余人，大小二乘，兼功综习。天祠百所，异道杂居。露形、尼乾[2]，实繁其党。

［注释］

①伏苓：即茯苓，又称茯灵、茯兔、松腴等。一种菌类植物，寄生于

山林的松根，呈块球状，外皮黑而皱缩，内部白色或淡赤色，其包含松根者称茯神，供药用。

②露形、尼乾：均指耆那教徒。

［译文］

奔那伐弹那国方圆四千多里，国都方圆三十多里。国都内居民众多，到处是池塘馆舍，馆舍间花果林木错落有致。该地区低下潮湿，庄稼繁茂。这里盛产一种叫作般橠娑果的名贵水果，果实大如冬瓜，成熟后果皮成黄红色，剖开后里面有几十个大小如鹤蛋一般的小果实，再将小果实剖开，便流出黄红色的果汁，味道甜美。这种水果有的像其他的果实一样结在树枝上；有的就像茯苓生在泥土中一样长在树根上。这个地方气候温和，令人感觉舒畅，而风俗则是崇尚学习。在这里一共有二十多所寺院，三千多僧徒，这里的僧徒对大乘、小乘佛教都有研究学习。这里的天祠有一百所，异道信徒混杂居住。在这些异道信徒中，露形和尼乾派教徒是最多的。

跋始婆僧伽蓝

［原文］

城西二十余里有跋始婆僧伽蓝，庭宇显敞，台阁崇高。僧徒七百余人，并学大乘教法，东印度境硕学名僧多在于此。

其侧不远有窣堵波，无忧王之所建也。昔者如来三月在此为诸天人说法之处。或至斋日，时烛光明。其侧则有四佛坐及经行遗迹之所。去此不远复有精舍，中作观自在菩萨像，神鉴无隐，灵应有征，远近之人，绝粒祈请。

自此东行九百余里，渡大河，至迦摩缕波国。东印度境。

［译文］

在都城西边二十多里的地方有座跋始婆寺院，寺院的庭院开阔宽敞，楼台高耸。寺内有僧徒七百多人，学习的都是大乘佛教，这里聚集了东印度境内大多数有名的博学僧人。

寺院旁边不远处有一座由无忧王建造的佛塔，如来曾在这里为天神众生说法三个月。有时到了斋日，佛塔还会放射出光芒。佛塔旁边是四佛打坐及经行场所的遗迹。离此不远，又有一个精舍，精舍内供奉着观自在菩萨像，这尊菩萨明察秋毫，很灵验，附近的人常常来这里绝食祈求。

从寺院向东行走九百多里，渡过一条大河就到达迦摩缕波国（在东印度境内）。

迦摩缕波国

［原文］

迦摩缕波国周万余里，国大都城周三十余里。土地泉湿，稼穑(sè)时播。般橠(nuó)娑果、那罗鸡罗果，其树虽多，弥复珍贵。河流湖陂，交带城邑(yì)。气序和畅，风俗淳质。人形卑小，容貌黧黑，语言少异中印度。性甚犷暴，志存强学。宗事天神，不信佛法。故自佛兴以迄于今，尚未建立伽蓝，招集僧侣。其有净信之徒，但窃念而已。天祠数百，异道数万。

［译文］

迦摩缕波国方圆一万多里，国都方圆三十多里。土地低下潮湿，庄稼按季节播种。般橠娑果和那罗鸡罗果是该地区的特产，这两种果树虽然不少，但依然非常珍贵。城乡之间河流与湖泊交错。这里气候温和，令人感觉舒畅，民风淳厚质朴。迦摩缕波国人身材矮小，皮肤黝黑，他们的语言与中印度地区的语言相比，略有差异。国人的性格十分粗犷暴躁，不过却相当热爱学习。他们不相信佛法只崇敬天神，因此从佛教兴起一直到今天，还未建立任何寺院，也没有任何僧众。国内即使有信仰佛教的人，也只是私下里偷偷想着佛而已。这里有几百所天祠，里面住着几万人的外道信徒。

拘摩罗王招请

［原文］

今王本那罗延天①之祚胤，婆罗门之种也，字婆塞羯罗伐摩②，唐言日胄。**号拘摩罗。**唐言童子。**自据疆土，奕叶③君临，逮于今王，历千世矣。国王好学，众庶从化，远方高才，慕义客游。虽不淳信佛法，然敬多学沙门。初，闻有至那国沙门在摩揭陀那烂陀僧伽蓝，自远方来，学佛深法，殷勤往复者再三，未从来命。**

时尸罗跋陀罗论师曰：“欲报佛恩，当弘正法，子其行矣，勿惮远涉。拘摩罗王世宗外道，今请沙门，斯善事也。因兹改辙，福利弘远。子昔起大心，发弘誓，愿孤游异域，遗身求法，普济含灵④，岂徒乡国？宜忘得丧，勿拘荣辱，宣扬圣教，开导群迷，先物后身，忘名弘法。”于是辞不获免，遂与使偕行，而会见焉。拘摩罗王曰：“虽则不才，常慕高学，闻名雅尚，敢事延请。”曰：“寡能褊(biǎn)智，猥(wěi)蒙流听。”拘摩罗王曰：“善哉！慕法好学，顾身若浮，逾越重险，远游异域。斯则王化所由，国风尚学。今印度诸国多有歌颂摩诃至那国《秦王破阵乐》者，闻之久矣，岂大德之乡国耶？”曰：“然。此歌者，美我君之德也。”拘摩罗王曰：“不意大德是此国人，常慕风化，东望已久，山川道阻，无由自致。”曰：“我大君圣德远洽，仁化遐被，殊俗异域，拜阙称臣者众矣。”拘摩罗王曰：“覆载⑤若斯，心冀朝贡。今戒日王在羯朱嗢(wā)祇罗国，将设大施⑥，崇树福慧，五印度沙门、婆罗门有学业者，莫不召集。今遣使来请，愿与同行。”于是遂往焉。

[注释]

①那罗延天：梵天王之异名。
②婆塞羯罗伐摩：即拘摩罗王。
③奕叶：犹言奕世、累世。
④含灵：人类。
⑤覆载：人君以至诚之德，包容天下。
⑥大施：即大施会，就是无遮大会。

[译文]

迦摩缕波国当今的国王本来是婆罗门那罗延天的后裔，名叫婆塞羯罗伐摩（唐朝语言称日胄），号称拘摩罗（唐朝语言称作童子）。这个家族自从拥有这块土地，世世代代君临天下，传到当今国王，已历千世。国王非常热爱学习，子民受他的影响也很喜爱学习，远方有才华的人仰慕他的仁义也纷纷来到这个国家。国王虽然不十分信仰佛法，但对学问高的沙门却极为敬重。当初，他听说至那国的沙门为了学习深奥的佛法，从远方赶到摩揭陀国，并住在摩揭

不空护国

唐代僧人不空，北天竺人，他随叔父来到中国。天宝元年（742年），西蕃入侵，情势十分危急。皇帝请不空入宫，希望他能有退敌之法。不空请皇帝主持道场，自己设香案念诵《仁王密语》，立刻有五百神兵现于皇宫之上。不空和皇帝说，这是沙门王子派来拯救安西的兵将。天空中突然出现一路神兵，战鼓震天，蕃兵被吓得四处逃窜。有的士兵举起弓箭射击，但弓弦却全部崩断了，天空中又显现出天王叱目的影像。蕃邦兵将们看到这种异常的景象后吓得放弃进攻。此一战保全了安西，皇帝遂封不空为“开府仪同三司”“肃国公”，又令各地都塑天王像。

陀国的那烂陀寺，于是他便两三次派遣使者来邀请我到迦摩缕波。但是，我却没有接受他的邀请。这时尸罗跋陀罗论师就对我说：“想要报答佛的恩情，就应当弘扬佛法，不要害怕长途跋涉，你还是去吧。拘摩罗王世代崇奉外道，如今国王邀请沙门前往他的国都，这是好事情。如果他因此而改变信仰，那么这种改变带来的福利则是宏大而深远的。你从前树立远大的志向，立下宏伟的誓愿，愿意孤身到异国他乡游学，舍弃生命求取佛法，普度一切生灵，你做这些难道仅仅是为了本国的人？你应忘记得失，不要计较荣辱，宣传神圣的佛教，开导痴迷的人，先人而后己，忘记功名利禄，一心弘扬佛法。”这时我无话可说，就和使者一同上路，前去拜见拘摩罗王。拘摩罗王对我说：“我虽然没有才能，不过我却常常仰慕饱学之士，我听到您博学的大名，因此邀请您前来。”我说：“我的才能有限，智慧相当浅薄，对于那些传言我实在是受之有愧。”拘摩罗王说：“很好！您仰慕佛法而好学，看待自身却如同浮云一般，越过重重险阻，到国外远游，这一定是受国家王道的影响，我想你们国家的风俗一定非常崇尚学术吧。现在在印度各国中有很多地方都在歌唱摩诃至那国的《秦王破阵乐》，我听说这件事情很久了，难道歌曲中说的就是高僧的祖国吗？”我回答：“是的。这首歌是在赞美我国君主的德行。”拘摩罗王说：“真没有想到您是这个国家的人，我一直仰慕贵国的民风教化，已经向东翘望很久了，只因山川阻隔，没法亲自前去。”我说：“我国君主圣明的德行远播四方，仁义的教化传遍各地，很多的外国异族都到我们的朝廷叩拜，对我们的君王称臣。”拘摩罗王说：“贵国君主的盛德教化达到如此程度，我心中也希望能够前去朝贡。现在戒日王在羯朱嗢祇罗国，并将在那里设立大施之会，树立福德，五印度学有成就的沙门、婆罗门都被邀请前往参加大施之会。他已派使者来邀请我们，希望您和我一起前去参加大会。”于是我便前往赴会。

东境风土

[原文]

此国东山阜连接，无大国都，境接西南夷，故其人类蛮獠矣。详问土俗，可二月行，入蜀西南之境。然山川险阻，瘴(zhàng)气氛沴，毒蛇毒草，为害滋甚。国之东南野象群暴，故此国中象军特盛。

从此南行千二三百里，至三摩呾吒国。东印度境。

[译文]

该国的东部和中国的西南部地区相接，没有大城池，只有连绵不断的山岭，这里的人与中国西南部的人有些相似。仔细询问过当地人之后，我知道从这进入中国蜀地的西南地区只要走两个多月的时间就可以了。不过一路上山川险阻，山林中弥漫着瘴气和其他污秽有毒之气，毒蛇和毒草为害也十分严重。该国东南地区，野象成群，异常凶暴，所以这个国家的象军特别强盛。

从这里向南行走一千二三百里便是三摩呾吒国（在东印度境内）。

三摩呾吒国

[原文]

三摩呾吒[①]国周三千余里，滨近大海，地遂卑湿。国大都城周二十余里。稼穑(sè)滋植，花果繁茂，气序和，风俗顺。人性刚烈，形卑色黑。好学勤励，邪正兼信。伽蓝三十余所，僧徒二千余人，并皆遵习上座部学。天祠百所，异道杂居，露形尼乾[②]，其徒特盛。

去城不远有窣堵波，无忧王之所建也，昔者如来为诸天人于此七日说深妙法。傍有四佛座及经行遗迹之所。去此不远伽蓝中有青玉佛像，其高八尺，相好圆备，灵应时效。

[注释]

①三摩呾吒：梵文音译。印度东北部最重要的古国之一，其领域在恒河及梅格纳河三角洲上。该国都城故址，在今孟加拉国达卡西南的柯密拉之西约二十公里处。

②露形尼乾：指耆那教徒。

[译文]

三摩呾吒国方圆三千多里，靠近大海，地势低洼，土壤潮湿。国都方圆二十多里。庄稼繁盛，花果繁多，气候温和，风俗和顺。国人性格刚烈，身材矮小，皮肤黝黑。他们勤奋好学，信仰的不仅有佛教还有其他外道教派。这里有三十多所寺院，共有僧人两千多人，所有的这些僧徒都遵循研习上座部佛法的传统。这里还有一百所天祠，异道信徒混杂居住在一起，在这些异教徒中，露形尼乾派的信徒特别多。

离都城不远处有一座佛塔，佛塔是由无忧王建造的，如来曾在这里为天神众生演说了七天精深的佛法。佛塔旁边有四佛打坐及经行场所的遗迹。离这里不远的寺院中，有一尊高八尺、相貌庄严的青玉佛像，经常显现灵应。

传闻六国

［原文］

从此东北大海滨山谷中，有室利差呾罗国[1]。次东南大海隅有迦摩浪迦国。次东有堕罗钵底国。次东有伊赏那补罗国[2]。次东有摩诃瞻波国[3]，即此云林邑(yì)是也。次西南有阎摩那洲国。凡此六国，山川道阻，不入其境，然风俗壤(rǎng)界，声闻可知。

自三摩呾吒国西行九百余里，至耽摩栗底国。东印度境。

［注释］

①室利差呾罗国：梵文音译。在今下缅甸伊洛瓦底江畔骠蔑附近。

②伊赏那补罗国：梵文音译，即柬埔寨古名。

③摩诃瞻波国：梵文音译。由于恒河下游也有瞻波国，故在此国之前冠以“摩诃”一词。其地在今越南中部一带。

［译文］

在三摩呾吒国东北大海滨的山谷中，那里有个室利差呾罗国。从室利差呾罗国再往东南大海岸边有个迦摩浪迦国。继续向东，就是堕罗钵底国。从堕罗钵底国再往东就是伊赏那补罗国，再往东就是摩诃瞻波国，也就是中国所说的林邑。在林邑的西南方向还有个阎摩那洲国。因为山川隔阻，所以我没有进入这六个国家，不过这几个国家的风俗和疆界，可从传闻中了解一二。

从三摩呾吒国向西行走九百多里到达耽摩栗底国（在东印度境内）。

耽摩栗底国

［原文］

耽摩栗底国周千四五百里，国大都城周十余里。滨近海陲，土地卑湿。稼穑(sè)时播，花果茂盛。气序温暑，风俗躁烈。人性刚勇，邪正兼信。伽蓝十余所，僧众千余人。天祠五十余所，

异道杂居。国滨海隅，水陆交会，奇珍异宝，多聚此国，故其国人大抵殷富。

城侧窣堵波，无忧王所建也，其傍则有过去四佛座及经行遗迹之所。

自此西北行七百余里，至羯罗拿苏伐剌那国。东印度境。

［译文］

耽摩栗底国方圆一千四五百里，国都方圆十多里。这里靠近海岸，地势低洼，土壤潮湿。庄稼按季节播种，花果繁茂。气候温热，民风急躁暴烈。这里的人性格刚强勇敢，他们不仅信仰佛教，而且也信仰外道。这里有十多所寺院，一千多僧徒。五十多所的天祠，外道信徒混杂居住。耽摩栗底国靠近大海，水路和陆路都在这里交会，各种奇珍异宝大多数都汇聚在这里，所以这个国家的国民大多生活殷实富有。

在都城旁有座由无忧王建造的佛塔，佛塔旁边有过去四佛打坐及经行场所的遗迹。

从这个地方向西北行走七百多里便到达羯罗拿苏伐剌那国（在东印度境内）。

羯罗拿苏伐剌那国

［原文］

羯罗拿苏伐剌那国周四千四五百里，国大都城周二十余里。居人殷盛，家室富饶。土地卑湿，稼穑(sè)时播，众花滋茂，珍果繁植。气序调畅，风俗淳和。好尚学艺，邪正兼信。伽蓝十余所，僧徒二千余人，习学小乘正量部法。天祠五十余所，异道实多。别有三伽蓝，不食乳酪，遵提婆达多[1]遗训也。

［注释］

①提婆达多：释迦的堂弟，始终仇视释迦。

［译文］

羯罗拿苏伐剌那国方圆四千四五百里，国都方圆二十多里。居民众多，生活富裕。该地区地势低洼，土地潮湿，庄稼按时令播种，各种奇花异果大量生长繁殖。这里的气候温和，民风淳朴，人民生活安定。该国国民崇尚学术、技艺，有的人信仰佛教，有的信仰外道。国内有寺院十多所，僧徒两千多人，研习的都是小乘佛教正量部法。城内有天祠五十多所，异道信徒很多。另外，城内还有三所寺院遵奉提婆达多的遗训不吃乳酪。

赤泥僧伽蓝

[原文]

大城侧有络多末知僧伽蓝，唐言赤泥。**庭宇显敞，台阁崇峻。国中高才达学、聪明有闻者，咸集其中，警诫相成，琢磨道德。**

初，此国未信佛法时，南印度有一外道，腹锢铜鍱（yè），首戴明炬，杖策高步，来入此城。振击论鼓，求欲论议。或人问曰："首腹何异？"曰："吾学艺多能，恐腹拆裂；悲诸愚暗，所以持照。"时经旬日，人无问者，询访髦（máo）彦，莫有其人。王曰："合境之内，岂无明哲？客难不酬，为国深耻。宜更营求，访诸幽隐。"或曰："大林中有异人，其自称曰沙门，强学是务，今屏居幽寂，久矣于兹。非夫体法合德，何能若此者乎？"王闻之，躬往请焉。沙门对曰："我南印度人也，客游止此，学业庸浅，恐黜（chù）所闻。敢承来旨，不复固辞。论议无负，请建伽蓝，招集僧徒，光赞佛法。"王曰："敬闻，不敢忘德。"沙门受请，往赴论场。外道于是诵其宗致，三万余言，其义远，其文博，包含名相，网罗视听。沙门一闻究览，词义无谬，以数百言辩而释之，因问宗致。外道辞穷理屈，杜口不酬。既折其名，负耻而退。王深敬德，建此伽蓝，自时厥后，方弘法教。

伽蓝侧不远有窣堵波，无忧王所建也，在昔如来于此七日说法开导。其侧精舍，过去四佛坐及经行遗迹之所。有数窣堵波，并是如来说经法之处，无忧王之所建也。

从此西南行七百余里，至乌荼国。东印度境。

[译文]

都城旁边有所叫作络多末知的寺院（唐称作赤泥），寺院的庭院宽敞明亮，亭台楼阁高大挺拔。这里集中了羯罗拿苏伐剌那国国内才能卓越、学问渊博、聪颖敏慧、见识广博的人，他们在这里互相告诫，相互督促，一起探讨佛学真谛。

当初，这个国家还未信仰佛教的时候，有一位南印度外道信徒，头上顶着火炬，肚子上捆着铜带，拄着手杖，昂首阔步地走进这座城。进入都城后，这位外道信徒敲击论鼓，找人辩论。有人问他："你的头和肚子为什么和别人的不一样呢？"他说："我学习的东西太多了，担心会挤破肚子，因此用铜带捆着肚子；因为可怜众人愚昧无知，所以头上顶着火炬照明。"他在都城敲击论鼓已有十几天的时间了，仍没有人前来向他提出问题。国王下令寻访国内杰出人士出来应战，不过一直没有找到这样的人。国王说："整个国家之内，难道就找不到一个明智睿哲的人？有外来学者前来挑战，而我们却不能应答，这是国家的大耻辱。我们应该继续寻访，去找那些避世隐居的人。"此时，有人报告国王说："大森林中有位奇人，他自称为沙门，只知道勤奋学习，避世隐居在森林中已经很久了。如果他实行的不是合于道德的正法，又怎么能够做到这一步呢？"国王听说后，亲自前往森林邀请他出山。沙门回答说："我是南印度人，游学到了这里，并在此定居，我的学业肤浅，恐怕并不像传闻中说的那样优秀。承蒙您的旨意，我便不再推辞。但是，如果我没有输掉辩论的话，请求您能建造寺院，招集僧徒，光大弘扬佛法。"国王说："我已经知道你的意思了，不敢忘记您的大德。"沙门于是接受邀请，赶赴辩论场所。外道信徒于是讲了他所信仰的宗旨，共三万多字——这些含义深远、文辞简约的词句包含了佛教概念，网罗了所有的见闻。沙门一听便了解了其中的含义，对文辞义理也完全理解了，他用几百字加以辩论解说，随之诘问对方的宗旨。外道信徒理屈词穷，闭口不答。被挫败后，他带着耻辱离开了。国王因深深地敬重沙门，并且铭记他的恩德，于是便建立了这所寺院，从此以后，佛教才在该国得到弘扬。

寺院旁边不远有座由无忧王建造的佛塔，如来曾在佛塔建塔处说法七天，开导众生。塔旁有精舍和过去四佛坐禅及经行场所的遗迹。附近还有几座佛塔，都是如来说法的地方，它们也都是由无忧王建造的。

从这里往西南方向行走七百多里就是乌荼国（在东印度境内）了。

乌荼国

[原文]

乌荼国周七千余里，国大都城周二十余里。土地膏腴（yú），谷

稼茂盛。凡诸果实，颇大诸国，异草名花，难以称述。气序温暑，风俗犷烈。人貌魁梧，容色黧黮，言辞风调，异中印度。好学不倦，多信佛法。伽蓝百余所，僧徒万余人，并皆习学大乘法教。天祠五十所，异道杂居。诸窣堵波凡十余所，并是如来说法之处，无忧王之所建也。

[译文]

乌荼国方圆七千多里，国都方圆二十多里。土壤肥沃，庄稼茂盛。该地区出产的各种果品都略大于其他国家，各种奇花异草，更是数不胜数，无法列举。这里气候温热，风俗粗犷暴烈。乌荼国的人身材魁梧，肤色黝黑，言语声调和中印度不同。这里的人热爱学习，从不懈怠，他们大多数人信仰的都是佛法。这里有寺院一百多所，僧徒一万多人，研习的都是大乘佛教。天祠有五十所，异道信徒混杂居住。各种佛塔共有十多座，建造之处都是如来说法的地方，所有的佛塔都是由无忧王建造的。

补涩波祇厘僧伽蓝

[原文]

国西南境大山中，有补涩波祇厘僧伽蓝①。其石窣诸波极多灵异，或至斋日，时烛光明。故诸净信，远近咸会，持妙花盖，竞修供养。承露盘下，覆钵势上，以花盖笴，置之便住，若磁石之吸针也。此西北山伽蓝中有窣堵波，所异同前。此二窣堵波者，神鬼所建，灵奇若斯。

[注释]

①补涩波祇厘僧伽蓝：梵文音译，意译为花山寺。

[译文]

乌荼国西南部的大山中有座补涩波祇厘寺。寺内的石塔经常显灵，时常在斋戒日放出光芒。因此，不管远近的虔诚的信徒都聚集到这里，竞相拿着美妙的花盖前来供奉。花盖柄只要一放在承露盘下或是覆钵状的塔顶上，就能固定下来，就像是铁针被磁石吸住一样。在这西北方山上的寺院里也有类似的佛塔，这些佛塔和补涩波祇厘寺院内的佛塔一样，都能显灵，而且显灵的方式一样。这两座佛塔都是鬼神所建造，因此才能如此的灵验奇特。

折利呾罗城

[原文]

国东南境临大海滨，有折利呾罗城，唐言发行。**周二十余里，入海商人、远方旅客，往来中止之路也。其城坚峻，多诸奇宝。城外鳞(lín)次有五伽蓝，台阁崇高，尊像工丽。南去僧伽罗国二万余里，静夜遥望，见彼国佛牙窣堵波上宝珠，光明离然，如明炬之悬烛也。**

自此西南大林中行千二百余里，至恭御陀国。东印度境。

[译文]

乌荼国的东南边境靠近大海边的地方有个叫作折利呾罗（唐朝语言称发行）的城市。发行方圆二十多里，是入海的商人、远方的游客往来的必经之路。城池坚固险峻，城中有大量的奇珍异宝。城外依次排列着五所寺院，寺内亭台楼阁高大，佛像雕琢得精巧壮丽。这些寺院南边二万多里的地方就是僧伽罗国，夜深人静时远远望去，可以看到那个国家佛牙塔上的宝珠发出的光芒，那光芒灿烂得如同明亮的火炬高悬空中，照耀远方。

从这里向西南的大树林方向行走一千二百多里，便到达恭御陀国（在东印度境内）。

恭御陀国

[原文]

恭御陀国周千余里，国大都城周二十余里，滨近海隅，山阜隐嶙，土地垫湿，稼穑(sè)时播。气序温暑，风俗勇烈。其形伟，其貌黑，粗有礼义，不甚欺诈。至于文字，同中印度，语言风调，颇有异焉。崇敬外道，不信佛法。天祠百余所，异道万余人。国境之内，数十小城，接山岭，据海交，城既坚峻，兵又敢勇，威雄邻境，遂无强敌。国临海滨，多有奇宝，螺贝珠玑，斯为货用。出大青象，超乘①致远。

从此西南入大荒野，深林巨木，干霄蔽日。行千四五百里，至羯𩜁伽国。南印度境。

［注释］

①超乘：原指跃而上车。超，跳。此处指一般的乘坐。

［译文］

恭御陀国方圆一千多里，国都方圆二十多里，靠近海边，山峦起伏，地势低洼，土壤潮湿，庄稼按季节播种。气候温热，民风勇猛暴烈。恭御陀国人身材高大，皮肤黝黑，略微懂得一些礼义，他们都很诚实很少欺骗人。至于文字，恭御陀国的文字与中印度是一样的，但这里语言声调与中印度相比则有较大的差异。恭御陀国人崇敬外道，不信仰佛法。这里的天祠有一百多所，异道信徒有一万多人。国境内有几十座小城，这些小城或与山岭连接，或与海口相交，城池坚固，军队的将士又个个勇敢，恭御陀国因此威慑邻国，没有强大的对手。恭御陀国地处海边，国内的奇珍异宝非常多，而国家的货币则是螺贝和珠玑。该国出产大青象，能够乘坐远行。

从这里向西南方向进入一个广阔的荒野，那里有一片深密的树林，林中的参天巨木遮住了太阳光。到了树林后，继续向前行走一千四五百里，到达的地方便是羯𩜁伽国（在南印度境内）。

羯𩜁伽国

［原文］

羯𩜁伽国①周五千余里，国大都城周二十余里。稼穑(sè)时播，花果具繁，林薮联绵，动数百里。出青野象，邻国所奇。气序暑热，风俗躁暴，情多狷犷②，志存信义。言语轻捷，音调质正，词旨风则，颇与中印度异焉。少信正法，多遵外道。伽蓝十余所，僧徒五百余人，习学大乘上座部法。天祠百余所，异道甚众，多是尼乾之徒也。

羯𩜁伽国在昔之时，氓俗殷盛，肩摩毂(gū)击③，举袂成帷。有五通仙④栖岩养素，人或凌触，退失神通，以恶咒术残害国人，少长无遗，贤愚俱丧。人烟断绝，多历年所。颇渐迁居，犹未

充实，故今此国人户尚少。

城南不远有窣堵波，高百余尺，无忧王之所建也。傍有过去四佛座及经行遗迹之所。

国境北垂，大山岭上有石窣堵波，高百余尺，是劫初时人寿无量岁，有独觉[5]于此入寂灭焉。

自此西北山林中行千八百余里，至憍萨罗[6]国。中印度境。

［注释］

①羯𩜁伽国：梵文音译。其国故地相当于今甘占海岸以南哥达瓦里河下游一带。

②狷犷：狷急、犷悍。

③肩摩毂击：肩与肩相接，众车之毂相互击撞，形容市况繁盛，热闹拥挤。

④五通仙：谓获得五神通之仙人。

⑤独觉：即辟支佛。

⑥憍萨罗：梵文音译。《慈恩传》称之为南憍萨罗，以区别于北方以室罗伐悉底城为首都的北憍萨罗国。在今哥达瓦里河上游的东北部一带。

［译文］

羯𩜁伽国方圆五千多里，国都方圆二十多里。花果繁茂，人们按季节耕种，这里的树林连绵不断，随便一片树林都有上百里。该国出产的青色野象，被邻国看成稀有动物。羯𩜁伽国的气候温热，人们的脾气急躁暴烈，性情大多狷急、蛮横，讲究信义。这里的言辞和语法与中印度有差异，不过他们的言语轻巧，音调质朴纯正。羯𩜁伽国人大多遵循外道，很少人信仰佛法。国内有十多所寺院，五百多僧人，研习大乘佛教上座部法。有一百多所天祠，异道信徒众多，大多数是露形派。

从前，羯𩜁伽国的民众很多，大街上人们摩肩接踵，车水马龙，人们只要举起袖子就可连成帐幕。那时，有一位五通仙人栖息在该国的山岩之中，怡养真性，后来有人触犯他，使他失去了神通，他就用恶毒的咒术残害该国的人民，不管是老人还是小孩都不放过，不管是有贤能的人还是愚钝的人都没法保住性命。经历了若干年后，这里的人烟逐渐断绝。后来有人逐渐迁居到这里，但仍不够充实，所以现在这个国家的人口还是很少。

在都城南面不远处有座由无忧王所建造的佛塔，塔高一百多尺，旁边是过去四佛打坐和经行场所的遗迹。

羯𩜁伽国北部边境大山岭上有座石佛塔，高一百多尺，在劫初人寿无量岁

的时候，有位辟支佛在这里涅槃。

从这座佛塔处向西北山林中行走一千八百多里便到达憍萨罗国（在中印度境内）。

憍萨罗国

[原文]

憍萨罗国周六千余里，山岭周境，林薮连接，国大都城周四十余里。土壤膏腴(yú)，地利滋盛，邑(yì)里相望，人户殷实。其形伟，其色黑。风俗刚猛，人性勇烈，邪正兼信，学艺高明。王，刹帝利也，崇敬佛教，仁慈深远。伽蓝百余所，僧徒减万人，并皆习学大乘法教。天祠七十余所，异道杂居。

[译文]

憍萨罗国方圆六千多里，国内森林连着森林，国境都在山岭的围绕当中，国都方圆四十多里。这里土壤肥沃，物产富饶，城乡连接，人口众多，人民生活富裕。国人体形魁梧，肤色较黑。这里的民风刚强猛悍，人们的性格勇敢暴烈，这个国家的人有的信仰外道，有的信仰佛教，大多数人的学术技艺都很高明。国王是刹帝利种姓族的，他非常仁慈，十分崇敬佛法。该国共有寺院一百多所，僧徒差不多有一万人，研习的都是大乘佛教。天祠有七十多所，外道信徒混杂居住。

跋逻末罗耆厘山

[原文]

国西南三百余里至跋逻末罗耆厘山，唐言黑蜂。**岌然特起，峰岩峭险，既无崖谷，宛如全石。引正王为龙猛菩萨凿此山中，建立伽蓝。去山十数里，凿开孔道，当其山下，仰凿疏石。其中则长廊步檐(yán)，崇台重阁。阁有五层，层有四院，并建精舍，各铸金像，量等佛身，妙穷工思。自余庄严，唯饰金宝。从山高峰临注飞泉，周流重阁，交带廊庑，疏寮外穴，明烛中宇。**

［译文］

从憍萨罗国国都的西南方向向前行走三百多里，就到跋逻末罗耆厘山（唐称黑峰）了，黑峰山峰巍然耸立，峰岩陡峭险峻，山上没有山谷、没有悬崖，整个山峰就像是一块完整的巨石。引正王时期，国王为龙猛菩萨开凿这座山，建立寺院。国王命人在离山十多里的地方开始开凿通道，到了山脚下后，向山上凿开石头，直通寺院。寺院内有长廊步檐和高台楼阁。楼阁有五层，每层有四个院落建有精舍，每个精舍内都铸有真人大小的佛像，这些佛像汇集了能工巧匠的构思，工艺精湛。寺院内其余的装饰，都只用黄金珠宝。泉水从山的顶峰飞流直下，环绕在楼阁周围，交错在廊庑之间，在外壁凿开小窗，光线可以照到里面。

案达罗国

［原文］

案达罗国周三千余里，国大都城周二十余里，号瓶耆罗。土地良沃，稼穑(sè)丰盛，气序温暑，风俗猛暴。语言辞调异中印度，至于文字，轨则大同。伽蓝二十余所，僧徒三千余人，天祠三十余所，异道实多。

［译文］

案达罗国方圆三千多里，国都方圆有二十多里，名叫瓶耆罗。土地肥沃，庄稼生长茂盛，气候温热，风俗刚猛暴烈。这里的语言和音调与中印度地区相比，两者间有差异，至于文字，两地的用法大致相同。这个国家有二十多所寺院，三千多僧徒，三十多所天祠，异道信徒很多。

陈那与因明论

［原文］

所行罗汉伽蓝西南行二十余里，至孤山。山岭有石窣堵波，陈那唐言童授。**菩萨于此作《因明论》。陈那菩萨者，佛去世后，承风染衣。智愿广大，慧力深固，愍(mǐn)世无依，思弘圣教。以为因明之论，言深理广，学者虚功，难以成业。乃匿迹幽岩，栖**

神寂定，观述作之利害，审文义之繁约。是时崖谷震响，烟云变采，山神捧菩萨高数百尺，唱如是言：“昔佛世尊善权[1]导物，以慈悲心，说《因明论》，综括妙理，深究微言。如来寂灭，大义泯绝。今者，陈那菩萨福智悠远，深达圣旨，因明之论，重弘兹日。”菩萨乃放大光明，照烛幽昧(mèi)。时此国王深生尊敬，见此光明相，疑入金刚定，因请菩萨证无生果[2]。陈那曰：“吾入定观察，欲释深经，心期正觉，非愿无生果也。”王曰：“无生之果，众圣欣仰，断三界[3]欲，洞三明智，斯盛事也，愿疾证之。”陈那是时心悦王请，方欲证受无学圣果。时妙吉祥菩萨[4]知而惜焉，欲相警诫，乃弹指悟之，而告曰：“惜哉！如何舍广大心，为狭劣志，从独善之怀，弃兼济之愿？欲为善利，当广传说慈氏菩萨所制《瑜伽(yú jiā)师地论》，导诱后学，为利甚大。”陈那菩萨敬受指诲，奉以周旋。于是覃思沉研，广因明论。犹恐学者惧其文微辞约也，乃举其大义，综其微言，作《因明论》，以导后进。自兹已后，宣畅瑜伽盛业，门人有知当世。

从此林野中南行千余里，至驮那羯磔迦[5]国。亦谓大安达逻国，南印度境。

[注释]

①善权：多方巧说导人觉悟。

②无生果：阿罗汉果中的最高智，即声闻果十智中的第一智。阿罗汉至此已断三界之烦恼，证知我生更不受生于三界。

③三界：指欲界、色界、无色界。

④妙吉祥菩萨：即文殊菩萨。

⑤驮那羯磔迦：梵文音译。即今印度安德拉邦中部克里希纳河下游的两岸地区。

[译文]

沿着所行罗汉寺院的西南方向一路向前走二十多里，就到了一座孤山，孤山的山岭上有座石塔，陈那（唐称童授）菩萨曾在这里创作《因明论》。佛陀涅槃后，陈那菩萨继承佛风，出家为僧。他志愿宏大，慧根坚固而且深厚，因悲悯世人无依无靠，所以想要弘扬佛法。他认为因明之论的言辞过于深奥，里面论述的道理过于远大，学者就算花费再多的时间也无法领会其中的要旨。陈那菩萨于是隐居在深山幽谷，宁神入定，观察思考以往著述的得失利弊，详究细察文义的繁杂简约。这时山谷中突然发出巨响，云雾变色，山神将菩萨托高几百尺，并大声地说："从前佛陀善于变通，为了引导世人，大发慈悲之心，讲说了《因明论》，他综合概括了玄妙的佛理，深入研究精微的言辞。如来涅槃后，大义灭绝。如今，陈那菩萨福德、智慧深远，而且深刻了解佛的旨意，因此因明论将重新得到光大。"于是，菩萨放出很大的光芒照亮了昏暗的地方。当时这个国家的国王因菩萨的作为对菩萨产生了深深的敬意，当见到这个光明的景象时，他怀疑菩萨已入金刚定，于是他便请求菩萨证成无生果。陈那说："我入禅定观察，不是想要证得无生果，而是想要解释深奥的经文，并期望获得无上正觉。"国王说："无生之果是众多圣贤所欣幸仰慕的，证得圣果后就能断绝三界的欲望，还能洞察三明智慧，这是大好事，希望你马上证成！"陈那这时对国王的请求很高兴，于是就想要证得无生圣果。当时文殊菩萨知道了这件事情，为陈那菩萨感到惋惜，于是想要给对方一些警示告诫，便弹指提醒陈那说："可惜啊！你为什么要放弃宏大的心愿而去追求狭小志向，为了独善己身而放弃普度众生？如果你想要做善事的话，你就应该推广、传扬慈氏菩萨所作的《瑜伽师地论》，引导后辈学习佛法，这样才能收获丰厚。"陈那菩萨听完后，恭敬地接受了文殊菩萨的教诲，照着他的意思去做。从此以后，陈那菩萨深入思考，潜心研究，推广因明论。但是，因为他仍然担心学者畏惧因明论的文义精微，言辞简约，于是他便列举因明论的主旨，综括其中精微的言语写出《因明论》来引导后辈学人。从此以后，宣讲《瑜伽师地论》成为盛举，这一盛举和他的门人都著称于世。

从这里的山林野地向南行走一千多里，便到达驮那羯磔迦国（亦称大安达逻国，在南印度境内）了。

驮那羯磔迦国

［原文］

驮那羯磔迦国周六千余里，国大都城周四十余里。土地膏腴，稼穑（sè）殷盛，荒野多，邑（yì）居少。气序温暑，人貌黧黑。性猛烈，好学艺。伽蓝鳞次，荒芜已甚，存者二十余所，僧徒千余人，并多习学大乘部法。天祠百余所，异道实多。

[译文]

驮那羯磔迦国方圆六千多里，国都方圆四十多里。土壤肥沃，庄稼茂盛，到处都是荒野，只有少数地方才是有人居住的市镇。这里气候温热，人们的皮肤比较黑，而且他们的性格刚烈暴躁，崇尚学术技艺。这里虽然寺院相连，但很多都已经荒废了，至今被保存下来的有二十多所，共有僧徒一千多人，这些僧徒大都是研习大乘佛法的。不过这个国家的异道信徒很多，天祠有一百多所。

清辩故事

[原文]

城南不远有大山岩，婆毗吠伽[①]唐言清辩。**论师住阿素洛宫待见慈氏菩萨成佛之处。论师雅量弘远，至德深邃，外示僧佉(qū)之服，内弘龙猛之学。闻摩揭陀国护法菩萨宣扬法教，学徒数千，有怀谈议，杖锡而往。至波吒厘城，知护法菩萨在菩提树，论师乃命门人曰："汝行诣菩提树护法菩萨所，如我辞曰：'菩萨宣扬遗教，导诱迷徒，仰德虚心，为日已久，然以宿愿未果，遂乖礼谒。菩提树者，誓不空见，见当有证，称天人师。'"护法菩萨谓其使曰："人世如幻，身命若浮**[②]**，渴日**[③]**勤诚，未遑谈议。"人信往复，竟不会见。论师既还本土，静而思曰："非慈氏成佛，谁决我疑？"于观自在菩萨像前诵《随心陀罗尼》**[④]**，绝粒饮水，时历三岁。观自在菩萨乃现妙色身**[⑤]**，谓论师曰："何所志乎？"对曰："愿留此身，待见慈氏。"观自在菩萨曰："人命危脆**[⑥]**，世间浮幻，宜修胜善，愿生睹史多天**[⑦]**，于斯礼觐(jìn)，尚速待见。"论师曰："志不可夺，心不可贰。"菩萨曰："若然者，宜往驮那羯磔迦国城南山岩执金刚神所，至诚诵持《执金刚陀罗尼》者，当遂此愿。"论师于是往而诵焉。三岁之后，神乃谓曰："伊何所愿，若斯勤励？"论师曰："愿留此身，待见慈氏。观自在菩萨指遣来请，成我愿者，其在神乎？"神乃授秘方，而谓之曰："此岩石内有阿素洛宫，如法行请，石**

壁当开，开即入中，可以待见。”论师曰：“幽居无睹，讵知佛兴？”执金刚曰：“慈氏出世，我当相报。”论师受命，专精诵持，复历三岁，初无异想，咒芥子以击石，岩壁豁而洞开。是时百千万众观睹忘返，论师跨其户而告众曰：“吾久祈请，待见慈氏，圣灵警祐，大愿斯遂。宜可入此，同见佛兴。”闻者怖骇，莫敢履(lǚ)户，谓是毒蛇之窟，恐丧身命。再三告语，惟有六人从入。论师顾谢时众，从容而入。入之既已，石壁还合，众皆嗟怨，恨前言之过也。

自此西南行千余里，至珠利耶国。南印度境。

［注释］

①婆毗吠伽：梵文音译，意译作清辩、明辩。6世纪时南印度秣剌耶山人，属刹帝利种姓，著有《大乘掌珍论》。

②身命若浮：犹言人生无常，幻若浮云，一切是空。

③渴日：即愒日，意谓日复一日地从事某项活动而不厌烦。

④《随心陀罗尼》：梵文书名。汉文全名为《千手千眼观世音菩萨广大圆满无碍大悲心陀罗尼经》，略称《大悲总持经》《千手观音大悲心陀罗尼经》《千手陀罗尼》《大悲心陀罗尼》《大悲陀罗尼》《大悲咒》等。

⑤妙色身：美妙之色身。

⑥危脆：谓人的生命易尽。

⑦睹史多天：即兜率天。

［译文］

都城南面不远处有块大山岩，这块大山岩就是婆毗吠伽（唐称清辩）论师住的阿素洛宫，他曾在这里等待瞻仰慈氏菩萨成佛。论师气度宽大，志趣远大，道德高尚，学识渊博，他虽是僧佉学派的教徒，但他内心想的却是如何光大龙猛的学说。当他听说护法菩萨在摩揭陀国招收了几千位学徒，在那里宣扬佛法的时候，便产生了与护法菩萨讨论的想法，于是他便手执锡杖前往摩揭陀国找护法菩萨。论师到了波吒厘城，听说护法菩萨正在菩提树下，于是他便对门人说：“你到菩提树护法菩萨那里，照着我的话对菩萨说：‘菩萨宣扬如来遗留下来的教诲，引导迷失正道的徒属，我仰慕菩萨的德行已经很长时间了，并一心想要向您请教，但因为以前的誓愿没有实现，所以我没有去拜见菩萨。我曾立下誓言，发誓绝不没有成绩地去见菩提树，除非我已经证得圣果，被称为天人师后我才能见此树。’”护法菩萨回论师的使者说：“人生就像是一场梦，性命好比浮云，时间不多，我要勤奋努力学习，没有空闲辩论。”使者来往于他们之间，他们两人竟然没有见面。论师回到本土，静下心来思索：“除非慈氏菩萨成佛，否则没有人能够解除我的疑惑。”于是，他就不吃饭只喝水在观自在菩萨像前诵读《随心陀罗尼》经，就这样过了三年。观自在菩萨庄严现身，菩萨问论师说：“你有什么愿望？”论师回答：“我希望能留下这个身体，用以等待谒见慈氏菩萨。”菩萨说：“人的生命脆弱，世事如同浮云梦幻，你应该修习善行，立志转生睹史多天，在那里等待相见比在这里等待还要快些。”论师说：“一个人立下志愿就不可以改变，下定决心就不该动摇。”菩萨说：“如果是这样的话，那你应该前往驮那羯磔迦国都城南面山岩执金刚神那里，在那里虔诚地诵读《执金刚陀罗尼》，你的愿望便可以实现了。”论师于是前往山岩诵读经文。三年之后，执金刚神才问他说：“你有什么愿望，竟如此勤勉？”论师说：“我希望可以留下这个身体，用来等待谒见慈氏菩萨。观自在菩萨指点我来祈请，成全我愿望的，大概就是您了吧？”执金刚神于是传授秘方给他说：“这个岩石内有个阿素洛宫，你照着我教你的方法前去请求，石壁就会打开，石壁打开之后你就进去，你可以在等待觐见慈氏菩萨。”论师说：“我在黑暗之中什么都看不见，怎么知道慈氏菩萨成佛呢？”执金刚神说：“慈氏脱离人世束缚时，我一定会告诉你的。”论师于是接受了执金刚神的告诫，专心致志地诵读经文，就这样又过了三年。论师心中没有一点杂念，口念咒语，用芥子敲击岩石厚壁，石壁豁然裂开现出一个石洞。当时，千百万的人见到了这一景象，观望得忘了回去，论师站在洞口对众人说：“我长久以来一直祈求觐见慈氏菩萨，神灵保佑，我的大愿现在就要实现了。各位可以进来，和我一起观看慈氏菩萨出世。”人们听到他的这些话后都因为恐惧害怕不敢跨洞门，他们把这当成是毒蛇的洞窟，担心进去后会丧失性命。论师再三劝告众人，最后只有六个人跟着他进入石洞。几个人进了洞窟后，论师回头向观看的人们告别，然后便从容地走进去。他们进去之后，石壁又合上了。众人都嗟叹不已，后悔之前说了不对的话。

从这个地方向西南方向行走一千多里，便是达珠利耶国（在南印度境内）了。

珠利耶国

[原文]

珠利耶国周二千四五百里，国大都城周十余里。土野空旷，薮（sǒu）泽荒芜，居户寡少，群盗公行。气序温暑，风俗奸宄（guǐ），人性犷烈，崇信外道。伽蓝颓毁，粗有僧徒。天祠数十所，

多露形外道也。

城东南不远有窣堵波，无忧王之所建也。如来在昔尝于此处现大神通，说深妙法，摧伏外道，度诸天、人。

［译文］

珠利耶国方圆二千四五百里，国都方圆十多里。田野空旷，沼泽湖泊杂草丛生，人口稀少，盗贼公然横行。这里气候温热，奸诈之徒到处都是，珠利耶国的人性格粗犷暴躁，崇奉信仰外道。该国的寺院均有毁坏，僧人不多。天祠有几十所，外道信徒大多数是露形外道。

都城东南不远处有座无忧王建造的佛塔，如来曾在建塔处大显神通，演说精妙的佛法，降伏外道，度化天神大众。

提婆遗事

［原文］

城西不远有故伽蓝，提婆菩萨与罗汉论议之处。初，提婆菩萨闻此伽蓝有嗢(wā)呾罗[①]唐言上。阿罗汉，得六神通，具八解脱，遂来远寻，观其风范。既至伽蓝，投罗汉宿。罗汉少欲知足，唯置一床[②]。提婆既至，无以为席，乃聚落叶，指令就坐。罗汉入定，夜分方出。提婆于是陈疑请决，罗汉随难为释，提婆寻声重质。第七转已，杜口不酬(chóu)，窃运神通力，往睹史多天请问慈氏。慈氏为释，因而告曰："彼提婆者，旷劫[③]修行，贤劫[④]之中，当绍佛位。非尔所知，宜深礼敬。"如弹指顷，还复本座，乃复抑扬妙义，剖析微言。提婆谓曰："此慈氏菩萨圣智之释也，岂仁者[⑤]所能详究哉？"罗汉曰："然，诚如来旨。"于是避席礼谢，深加敬叹。

从此南入林野中，行千五六百里，至达罗毗荼[⑥]国。南印度境。

［注释］

①嗢呾罗：梵文音译，意译为上、胜。罗汉名，与释迦在过去世的前

身郁多罗并非一人。

②床：指绳床，是修禅者常用的折叠式座椅。

③旷劫：久远之劫，过去的极长时间。

④贤劫：指有释迦佛等千佛出世的现在劫。与过去庄严劫、未来星宿劫并称为三大劫，为佛教宏观的时间观念之一。

⑤仁者：佛门对于对方的敬称。

⑥达罗毗荼：梵文音译。在今印度安得拉邦最南部及泰米尔纳德邦最北部一带。

[译文]

都城西面不远处有所旧寺院，提婆菩萨和罗汉曾在这个地方论辩。当初，提婆菩萨听说这所寺院里有位嗢呾罗（唐朝语言称作上）阿罗汉，获得六神通，具备八解脱，于是从很远的地方寻访而来，准备一睹上阿罗汉的风范。提婆到了寺院后，向罗汉投宿。罗汉对于物质毫无贪欲，很容易满足，寺内只安放一张绳床。提婆到后，寺内没有可以用来坐的席子，罗汉于是就聚集落叶为坐垫，让提婆坐下。接下来罗汉打坐入定，直到半夜才出定。提婆于是在那个时候向罗汉提出疑难请求对方给予解答，罗汉随即根据问题做出回答，罗汉答完后提婆随声重新质问。到了第七个回合的时候，罗汉闭口不答，而是暗自运起神通力，前往睹史多天向慈氏菩萨求教。慈氏菩萨为他解说，并告诉他说："那位提婆修行的时间非常久了，他将在贤劫之时继承佛位。这不是你所知道的事，你应该深深地尊敬他。"不过弹指一挥间，罗汉回到本来的座位上，接着宣讲精妙的义理，剖析含蓄而精微的言辞。提婆对他说："这是慈氏菩萨智慧的解说，哪是您所能详细探究的呢？"罗汉说："是的，事情的确和您说的一样。"罗汉于是离开座位给提婆行礼，还对提婆的修为表示深深的敬佩赞叹。

从这里向南走，进入森林荒野，行走一千五六百里后就到达达罗毗荼国（在南印度境内）。

达罗毗荼国

[原文]

达罗毗荼国周六千余里，国大都城号建志补罗①，周三十余里。土地沃润，稼穑(sè)丰盛，多花果，出宝物。气序温暑，风俗勇烈。深笃(dǔ)信义，高尚博识，而语言文字，少异中印度。伽蓝百余所，僧徒万余人，并皆遵学上座部法。天祠八十余所，多露形外道也。如来在世，数游此国，说法度人。故无忧王于诸

圣迹皆建窣堵波。

［注释］

①建志补罗：梵文音译。在今马德拉斯西南的康契普腊姆。

［译文］

达罗毗荼国方圆六千多里，建志补罗是它的国都，方圆三十多里。土壤肥沃湿润，庄稼生长繁茂，花果繁多，还有各种奇珍异宝出产。这里气候温热，民风勇敢刚烈。国人十分讲究信义，崇尚学识渊博的人，语言和文字与中印度地区稍有区别。该国有寺院一百多所，僧徒一万多人，这些僧人遵循和学习的都是上座部佛法。有八十多所天祠，外道信徒大多是露形外道。如来在世时，曾多次来到这个国家，演说佛法，度化世人。后来，无忧王在每个佛陀留下遗迹的地方都建造了佛塔。

秣罗矩吒国

［原文］

秣罗矩吒国周五千余里，国大都城周四十余里。土田舄(xì)卤[1]，地利不滋。海渚诸珍，多聚此国。气序炎热，人多黧黑，志性刚烈，邪正兼崇，不尚游艺，惟善逐利。伽蓝故基，实多余址，存者既少，僧徒亦寡。天祠数百，外道甚众，多露形之徒也。

城东不远有故伽蓝，庭宇荒芜，基址尚在，无忧王弟大帝之所建也。其东有窣堵波，崇基已陷，覆钵犹存，无忧王之所建立。在昔如来于此说法，现大神通，度无量众。用彰圣迹，故此标建。岁久弥神，祈愿或遂。

［注释］

①舄卤：指蓄水能力差且含有盐性的瘠薄之地。

［译文］

秣罗矩吒国方圆五千多里，国都方圆四十多里。该国的土地大多都是蓄水能力差的盐碱地，因此庄稼都不能生长。不过这里却汇集了海中的各种珍宝。这里气候炎热，人的皮肤黝黑，性格刚强暴烈。国人信仰佛教及其他外道，不喜欢从事娱乐活动，只喜欢追逐财利。这里寺院的旧基遗址不少，但完整保存下来的寺院却很少，僧徒也不多。不过，该国的外道信徒，特别是露形外道十分众多，天祠有几百所。

都城东面不远的地方有所旧寺院，寺院已经荒废，不过遗迹依然存在，这所寺院是无忧王的弟弟大帝建造的。寺院的东面有座佛塔，佛塔高大的台基已经下陷了，不过塔顶部分还保存着，佛塔是无忧王所建造的。如来曾在建塔处演说佛法，大显神通，度化无数世人。无忧王为了昭示圣人的事迹，所以在这里建塔。虽然从建塔到现在岁月已经很久远了，不过这里依然有佛显灵，人们祈祷请愿，大多能够实现。

地藏奇遇

唐代僧人地藏原是新罗国王子，他剃发出家后渡海来到中国在九华山山中的一处平地住下。一日，地藏在修行中被毒蛇咬伤，过了一会儿，一个女子给他送药，并说："我的孩子冒昧，伤害了您，我愿意供奉山泉以弥补他的过失。"说罢便消失不见了，地藏所在的地方果然冒出汩汩清泉。山中的百姓看地藏生活清苦，就为他送来粮食。地方长官为他修盖了寺庙。许多新罗国的人纷纷慕名投靠。山上的僧人、信徒越来越多，但粮食却没有增加。地藏挖开山上的岩石，取出一种白色的土。这种土颜色雪白如面粉，可以当作粮食食用。自此人们更加敬仰地藏。

卷十一

僧伽罗国

[原文]

僧伽罗国周七千余里，国大都城周四十余里。土地沃壤，气序温暑，稼穑（sè）时播，花果具繁。人户殷盛，家产富饶。其形卑黑，其性犷烈，好学尚德，崇善勤福。

[译文]

僧伽罗国方圆七千多里，国都方圆四十多里。土壤肥沃，气候温热，庄稼按季节播种，花果繁茂。僧伽罗国的人口众多，人民生活富裕。国人身材矮小，皮肤黝黑，性格粗犷刚烈，热爱学习，崇尚德行，乐于行善，经常积福。

执师子传说

[原文]

此国本宝渚也，多有珍宝，栖止鬼神。其后南印度有一国王，女娉（pīng）邻国，吉日送归，路逢师子，侍卫之徒弃女逃难。女在舆中，心甘丧命，时师子王负女而去，入深山，处幽谷，捕鹿采果，以时资给。既积岁月，遂孕男女，形貌同人，性种畜也。男渐长大，力格猛兽。年方弱冠，人智斯发，请其母曰：“我何谓乎？父则野兽，母乃是人。既非族类，如何配偶？”母乃述昔事以告其子。子曰：“人畜殊途，宜速逃逝。”母曰：“我先已逃，不能自济。”其子于后逐师子父，登山逾岭，察其游止，可以逃难。伺父去已，遂担负母妹，下趋人里。母曰：“宜各慎密，勿说事源，人或知闻，轻鄙我等。”于是至父本国，国非家族，宗祀已灭。投寄邑（yì）人，人谓之曰：“尔曹何国人也？”曰：“我本此国，流离异域，子母相携，来归故里。”人

皆哀愍，更共资给。其师子王还无所见，追恋男女，愤恚既发，便出山谷，往来村邑，咆哮震吼，暴害人物，残毒生类。邑人辄出，遂取而杀。击鼓吹贝，负弩持矛，群从成旅，然后免害。其王惧仁化之不洽也，乃纵猎者，期于擒获。王躬率四兵，众以万计，掩薄林薮(sǒu)，弥跨山谷。师子震吼，人畜辟易。既不擒获，寻复招募，其有擒执师子除国患者，当酬重赏，式旌茂绩。其子闻王之令，乃谓母曰："饥寒已甚，宜可应募，或有所得，以相抚育。"母曰："言不可若是！彼虽畜也，犹谓父焉。岂以艰辛，而兴逆害？"子曰："人畜异类，礼义安在？既以违阻，此心何冀？"乃袖小刀，出应招募。是时千众万骑，云屯雾合。师子踞在林中，人莫敢近。子即其前，父遂驯伏，于是乎亲爱忘怒，乃剚(zì)刃于腹中。尚怀慈爱，犹无忿毒，乃至刳(kū)腹，含苦而死。王曰："斯何人哉，若此之异也？"诱之以福利，震之以威祸，然后具陈始末，备述情事。王曰："逆哉！父而尚害，况非亲乎？畜种难驯，凶情易动。除民之害，其功大矣；断父之命，其心逆矣。重赏以酬其功，远放以诛其逆，则国典不亏，王言不贰。"于是装二大船，多储粮糗。母留在国，周给赏功，子女各从一舟，随波飘荡。其男船泛海至此宝渚，见丰珍玉，便于中止。其后商人采宝，复至渚中，乃杀其商主，留其子女。如是繁息，子孙众多，遂立君臣，以位上下，建都筑邑，据有疆域。以其先祖擒执师子，因举元功，而为国号。其女船者，泛至波剌斯西，神鬼所魅，产育群女，故今西大女国是也。故师子国人形貌卑黑，方颐大颡(sǎng)，情性犷烈，安忍鸩毒，斯亦猛兽遗种，故其人多勇健。斯一说也。

[译文]

这个国家原本是个岛屿，岛上有很多珍宝，而且还居住着鬼神。后来南印度的一个国王把女儿许配给邻国，并在选定的好日子送她出嫁，途中送亲的队伍遇到了一头狮子，侍卫抛下公主各自逃命去了。就在公主坐在车中甘心等死的时候，狮子王背起了她，把她带进深山当中，将她安置在幽深的谷地里，并按时捕杀野鹿或采集野果来供养她。几年后，公主便生了一男一女两个孩子，这两个孩子有人的外貌，而性情却和野兽无异。男孩长大后力大无穷，可以搏杀猛兽。当他长到二十岁的时候，他开始具有人的智慧，于是他问母亲说："我是什么呢？我的父亲是兽类，我的母亲却是人。既然不是同类，你们怎么能够婚配呢？"公主于是将以前的事情告诉了儿子。儿子说："人和野兽不是同类，您应马上逃走。"公主说："我之前已经逃过了，没能成功。"儿子于是跟在狮子父亲的后面，翻山越岭，观察父亲的活动，寻找逃走的机会。有一次，等到父亲走远了，他就带着母亲和妹妹下山到人居住的村子。公主说："对于我们的事情，我们每个人都应该谨慎保密，不要说出事情的由来。人们如果知道事情的根源就会轻视我们的。"然后，公主带着儿女到了她父亲所统治的国家，不过当时国家已不是由公主的家族统治了，她的宗族也已灭绝。于是他们只好投奔乡间居民，当别人问他们说："你们是哪个国家的人？"公主便说："我本来是这个国家的人，后来流落到了外国，如今我们母子相依，回到故乡。"人们都可怜他们，还资助他们。狮子王回到家后见到妻子儿女都不在了，便大怒，因思念儿女，于是他便出了山谷，往来于村镇之间，怒吼咆哮，伤害人群，残杀生灵。人们一出门，它就扑过去将对方杀死。人们只有击鼓吹贝，拿着弓弩、长矛成群结队地出门才能免遭伤害。国王担心仁善的教化会被破坏，于是便派猎人前去猎杀狮子，期望他们能够擒获狮子。国王亲自率领着数以万计的四种兵种的兵卒，偷偷地靠近森林水泽，跨越山谷围捕狮子。狮子大声吼叫，人畜都避开了。因为无法擒获狮子，国王重新招募勇士，并答应对擒住狮子为国家除去患难的勇士给予重赏，还会表彰他的功绩。狮子的儿子听说了国王发布的命令后，就对公主说："我们已经饥寒交迫到了极点，我应该响应国王的招募，如果我能得到赏赐，我可以赡养您了。"公主说："话可不能这样说，它虽是野兽，可它还是你的父亲。你怎么可以因为生活艰辛，就做大逆不道的事呢？"儿子说："人和野兽不是同类，哪有什么礼义可说？如今，我们已经分离了，哪还有感情可言？"于是暗藏小刀，出门响应招募。这时千万兵马就像云雾一样聚集在一起将狮子包围了。狮子踞在树林中，没有人敢靠近它。它的儿子当即走上前去，狮子看到儿子马上就驯服了，它只顾着亲近儿子而忘记了发怒，儿子于是趁机将刀刺向它腹中。就算在这个时候，它依然怀着慈爱之心，没有愤恨伤害儿子的想法，以至于被剖腹，最终痛苦地死去了。国王说："这是什么人，竟如此神奇？"在国王的威逼利诱之下，狮子的儿子将事情的始末一五一十地说了出来，还说了全部的情节。国王说："大逆不道啊！他连父亲都伤害，何况不是亲属的人呢？畜生是难以驯服的，它们性情凶恶，而且容易冲动。他为民除害功绩巨大；但他却杀了父亲，心中没有伦常。我要给他厚赏

用以表彰他的功绩，但我也要将他流放得远远的，用以惩罚他的大逆不道。这样做既不损伤国法，也能兑现我的诺言。”于是国王给他准备了两条大船，船上装满了干粮。国王将公主留在国中，给了她很多的赏赐，让她的儿子和女儿每人各乘一条船，随波逐流而去。儿子的船在海上漂流，最后漂到了这个岛上，他见到岛内有很多的珍珠宝玉，于是就留在了该岛。后来有商人为了采集珍宝也来到岛上，狮子的儿子便杀了商人，留下他们的子女。后来，经过世代的繁衍，子孙众多，于是设立君臣，有了上下尊卑的分别，他们还建都筑城，占有疆土。因他们的先祖曾擒获过狮子，所以他们便用这个开国之功作为国号。狮子的女儿所乘的船飘到了波剌斯的西面，被鬼神所迷惑生下了一群女儿，现在的西大女国就是她们的后代。狮子国的人之所以身材矮小，皮肤黝黑，方面大额，性情粗犷暴烈，为人残忍毒辣，就因为他们是猛兽后代，也因此这里的人大多勇敢、健壮。这是这个国家建立的一种说法。

僧伽罗传说

[原文]

佛法所记，则曰：昔此宝洲大铁城中，五百罗刹女[1]之所居也。城楼之上竖二高幢[2]，表吉凶之相：有吉事吉幢动，有凶事凶幢动。恒伺商人至宝洲者，便变为美女，持香花，奏音乐，出迎慰问，诱入铁城。乐宴欢会已，而置铁牢中，渐取食之。时赡(shàn)部洲有大商主僧伽者，其子字僧伽罗。父既年老，代知家务，与五百商人入海采宝，风波飘荡，遇至宝洲。时罗刹女望吉幢动，便赍香花，鼓奏音乐，相携迎候，诱入铁城。商主于是对罗刹女王欢娱乐会，自余商侣，各相配合，弥历岁时，皆生一子。诸罗刹女情疏故人，欲幽之铁牢，更伺商侣。时僧伽罗夜感恶梦，知非吉祥，窃求归路，遇至铁牢，乃闻悲号之声。遂升高树，问曰：“谁相拘絷，而此怨伤？”曰：“尔不知耶？城中诸女，并是罗刹，昔诱我曹入城娱乐。君既将至，幽牢我曹，渐充所食，今已太半，君等不久亦遭此祸。”僧伽罗曰：“当图何计，可免危难？”对曰：“我闻海滨有一天马，至诚祈请，必相济渡。”僧伽罗闻已，窃告商侣，共往海滨，专精求救。是

时天马来告人曰：“尔辈各执我毛鬣，不回顾者，我济汝曹，越海免难，至赡部洲，吉达乡国。”诸商人奉指告，专一无贰，执其髦鬣。天马乃腾骧云路，越济海岸。诸罗刹女忽觉夫逃，遂相告语，异其所去，各携稚子凌虚往来。知诸商人将出海滨，遂相召命，飞行远访。尝未逾时，遇诸商侣。悲喜俱至，涕泪交流，各掩泣而言曰：“我惟感遇，幸会良人，室家有庆，恩爱已久，而今远弃，妻子孤遗。悠悠此心，谁其能忍？幸愿留顾，相与还城。”商人之心未肯回虑，诸罗刹女策说无功，遂纵妖媚，备行娇惑。商侣爱恋，情难堪忍，心疑去留，身皆退堕。罗刹诸女更相拜贺，与彼商人携持而去。僧伽罗者，智慧深固，心无滞累，得越大海，免斯危难。时罗刹女王空还铁城，诸女谓曰：“汝无智略，为夫所弃，既寡艺能，宜勿居此。”时罗刹女王持所生子，飞至僧伽罗前，纵极媚惑，诱请令还。僧伽罗口诵神咒，手挥利剑，叱而告曰：“汝是罗刹，我乃是人。人鬼异路，非其匹合。若苦相逼，当断汝命。”罗刹女知诱惑之不遂也，凌虚而去，至僧伽罗家，谓其父僧伽曰：“我是某国王女，僧伽娶我为妻，生一子矣。赍持宝货，来还乡国，泛海遭风，舟楫漂没，惟我子母及僧伽罗，仅而获济。山川道阻，冻馁艰辛。一言忤意，遂见弃遗，詈言不逊，骂为罗刹。归则家国辽远，止则孤遗羁旅。进退无依，敢陈情事。”僧伽曰：“诚如所言，宜时即入室。”居未久，僧伽罗至。父谓之曰：“何重财宝，而轻妻子？”僧伽罗曰：“此罗刹女也。”则以先事具白父母，而亲宗戚属咸事驱逐。时罗刹女遂以诉王，王欲罪僧伽罗。僧伽罗曰：“罗刹之女，情多妖惑。”王以为不诚也，而情悦其淑美，谓僧伽罗曰：“必弃此女，今留后宫。”僧伽罗曰：“恐为灾祸。斯既罗刹，食唯血肉。”王不听僧伽罗之言，遂纳为妻。其后夜分，飞还宝渚，召余五百罗刹鬼女，共至王宫，以毒咒术

残害宫中，凡诸人畜，食肉饮血，持其余尸，还归宝渚。旦日，群臣朝集，王门闭而不开，候听久之，不闻人语。于是排其户，辟其门，相从趋进。遂至宫庭，阒(qù)③其无人，惟有骸骨。群官僚佐相顾失图，悲号恸哭，莫测祸源。僧伽罗具告始末，臣庶信然，祸自招矣。于是国辅、老臣、群官、宿将，历问明德，推据崇高，咸仰僧伽罗之福智也。乃相议曰："夫君人者，岂苟且哉？先资福智，次体明哲。非福智无以享宝位，非明哲何以理机务？僧伽罗者，斯其人矣。梦察祸机，感应天马，忠以谏主，智足谋身。历运在兹，惟新成咏。"众庶乐推，尊立为王。僧伽罗辞不获免，允执其中，恭揖群官，遂即王位。于是沿革前弊，表式贤良。乃下令曰："吾先商侣在罗刹国，死生莫测，善恶不分。今将救难，宜整兵甲，拯危恤患，国之福也；收珍藏宝，国之利也。"于是治兵，浮海而往。时铁城上凶幢遂动，诸罗刹女睹而惶怖，便纵妖媚，出迎诱诳。王素知其诈，令诸兵士口诵神咒，身奋武威。诸罗刹女蹎(diān)坠退败，或逃隐孤岛，或沉溺洪流。于是毁铁城，破铁牢，救得商人，多获珍宝。招募黎庶，迁居宝洲，建都筑邑，遂有国焉。因以王名而为国号。僧伽罗者，即释迦如来本生之事也。

[注释]

①罗刹女：即吃人的鬼女。罗刹为恶鬼的总名，男性称罗刹娑、罗叉娑，女性称罗刹私。罗刹原为印度古民族的称号，但是自从雅利安人入主印度以后，这个词语遂成畏恶的名称。传说罗刹男的身子是黑色的，头发是红色的，眼睛是绿色的；罗刹女则为绝美的妇人。

②幢：一种旌旗，垂筒形，饰有羽毛、锦绣。古代常在军事指挥、仪仗行列、舞蹈表演中使用。

③阒：静寂，空而无人。

[译文]

佛教典籍的记载中，则是这样的：从前有五百个罗刹女住在这个岛屿的大铁城中。铁城的城楼上竖着两面大旌旗，用来预示吉凶：有吉事出现，表示吉利的旌旗就会飘动；如果即将出现的是凶事，表示凶灾的旌旗就会飘动。罗刹女总是在商人来到宝岛时，就变身为美女，拿着香花，奏着音乐出城迎接慰问商人，并引诱他们进入铁城。欢乐宴饮之后，罗刹女便把商人们关进铁牢中，然后将他们一个一个地取来吃掉。当时赡部洲有个叫作僧伽的大商队的首领，他有个儿子，名叫僧伽罗。僧伽年老之后，僧伽罗便代父亲管家中事务。一次僧伽罗和五百个商人入海采集珍宝时遇到风浪，漂泊到了这个岛上。这时罗刹女望见表示吉利的旌旗飘动，就拿着鲜花，吹奏音乐一起出来迎接，引诱商人进入铁城。商队的首领于是和罗刹女王一起寻欢作乐，其余的商人也各自和罗刹女婚配，一年后，每个罗刹女都生下一个儿子。这时罗刹女们对旧情人感情逐渐淡了，于是想把他们囚禁到铁牢中，再等待下批商人的到来。就在那个夜晚，僧伽罗做了一个噩梦，知道会发生不幸的事情，暗自寻找回去的路，恰好到了铁牢旁，听到被关在铁牢中的商人们悲痛的大哭声。他便爬到高大的树木上，问道："你们被谁囚禁了，为何如此怨恨悲伤？"对方回答说："你不知道吗？城中的女子都是罗刹，之前她们引诱我们进入城中欢愉作乐。在你们快要到来时，她们就把我们囚禁起来，不断地用我们充当食品，到现在她们已吃了一大半人了，你们不久也会遭受这种祸患。"僧伽罗说："如今有什么办法可以使我们避免这种危难？"对方回答说："我听说海边有一匹天马，你可以真诚地向它祈求，它一定会帮助你们渡过难关的。"僧伽罗听说后，将这些事情偷偷地告诉给商人们，于是他们便一同前往海滨，诚心地向天马求救。这时天马便来告诉商人说："你们每个人各自抓住我的鬃毛，不再留恋过去，我才可以救你们，帮你们越过海洋，避免祸难，到达赡部洲，平安回到家乡。"商人们听从天马的吩咐，专心致志地抓住天马的鬃毛。天马于是腾飞到高空中，朝着海岸方向飞去。罗刹女们忽然发觉自己的丈夫逃跑了，就相互转告这个消息，还对他们的离去感到惊异不已。于是，这些罗刹女便各自携带着幼小的孩子，凌空追赶上来。当她们得知商人就要离开海滨时，就互相呼唤，飞奔寻找商人们。没过多久，她们就追到了商人。此时，她们悲喜交加，涕泪交垂，各自掩面哭泣说："我因机缘巧合幸运地遇到了夫君，从此家庭生活幸福，夫妻间一直非常恩爱，现在你却弃我远去，丢下我和儿子孤苦无依。内心如此悲愁，谁能忍受得了？希望你可以留下来，和我一起回到城中。"然而，商人们不肯回心转意。罗刹女们见劝说无效，于是便施展媚术，使尽浑身解数诱惑商人。在她们的诱惑之下，商人们心里产生爱意情欲，无法控制自己的感情，对去留犹豫不决，于是便从天马身上坠落下来。罗刹女们便互相祝贺，带着商人们回到城里去了。只有僧伽罗，智慧深固，心中了无牵挂，得以越过大海，免除了这场危难。罗刹女王没带回僧伽罗，空手回到铁城，其他的罗刹女们对她说："你没有智谋，所以被丈夫抛弃了，你既然没有手段，就不该再留在这里。"罗刹女王于是带着儿子飞到僧伽罗面前，用尽媚术诱惑僧伽罗，想引诱使他回到铁城中去。而僧伽罗则挥动利剑，口中诵起神咒呵斥她说：“我是人，你是罗刹。人鬼殊途，我们是不能匹配结合的。如果你再苦苦相逼，我将杀了你。”罗刹女知道诱惑没有用，就飞到空中离开了，接着去到僧伽罗的家中，欺骗僧伽罗的父亲僧伽说：“我是某国国王的女儿，嫁给僧伽罗为妻，已经生下一个儿子了。我们带着宝货回故乡，渡海时遭到风暴的袭击，船只沉没了，只剩下我们一家三口勉强得以生还。一路上，我们翻山越岭，饥寒交迫，历尽了艰辛。他却因我说了一句不称他心意的话，就遗弃了我，还出言不逊骂我是罗刹。我想回我自己的国家，可是路途遥远，想留在这里，却又孤苦无依，因为进退无路，所以特别来向您禀报！”僧伽说：“如果真的像你说的那样，那你就应该马上住进来。”罗刹女王在僧伽罗家住下不久，僧伽罗就到家了。僧伽罗到家后，他的父亲问他说：“你为什么看重财宝而轻视妻子儿女？”僧伽罗说：“她是个罗刹女。”接着就把之前的事一五一十地对父母说了，于是他的族人亲戚都一起来驱逐罗刹女离开。这时罗刹女便跑到国王那里控告僧伽罗，国王于是想治僧伽罗的罪。僧伽罗对国王说：“罗刹女子，擅长于使用媚术迷惑人。”国王认为僧伽罗说的话不是真的，同时也喜爱罗刹女的美貌，于是他便对僧伽罗说：“如果你一定要抛弃这个女子的话，那么我现在就把她留在后宫当中。”僧伽罗说：“我担心她将成为灾祸。她既是罗刹，就一定只喝血吃肉。”国王不听僧伽罗的劝告，于是便娶罗刹女为妻。后来一个夜里，罗刹女飞回海岛上，召集岛上的五百罗刹女一起到王宫中，用毒咒残害宫中的生灵，不管是人还是牲畜，都被吃肉饮血，剩下的尸体则被带回到海岛上。第二天早晨，大臣们上朝时，发现王宫的大门是关着的，他们在宫门外等待、倾听了很久，也没听到有人说话的声音。于是击破门户，一起走了进去。他们来到内宫庭院时，发现宫内空无一人，只有骨骸。大臣们你看我，我看你，不知该怎么办才好，他们悲痛地哭泣着，不知道祸患的根源是什么。事发后，僧伽罗将事情的始末详细地报告给了大臣们听，因此，大臣和百姓都相信，国王的祸患是他自己招致的。这时国家的辅国大臣、其他的官员、将领，到处寻访贤明有德之人，主要是为了推举品德高尚的人成为王位的继承者。当时大家都敬仰僧伽罗的福德、智慧。于是纷纷议论说：“选举统治民众的人，怎么能够随随便便？这个人首先要有福德、智慧，其次要明智、通达事理。他如果没有福德、智慧便不配享有王位，如果不通达事理又怎么处理国家大事呢？僧伽罗就是王位的合适人选。他梦中察觉到祸患征兆，并且感动天马显灵，能够劝解国君体现他有忠诚，能够保全自身说明他有智谋。国运从此将得到振兴，新的基业将有所成就。”朝中官员和百姓都乐意推举、尊立僧伽罗为王。僧伽罗无法推辞，只好答应尽力而为。向朝中大臣施礼后，僧伽罗登上王位。僧伽罗称王后，革除前朝的弊政，表彰贤良之人，接着下令说：“我先前的商人同伴们还在罗刹国中，不知死生，善恶也分不清楚。现在我准备救他们脱离危难，所以我们应该整顿军队，拯救受难的同胞是国家的福祉；收集珍宝是国家的收获。”于是训练军队，航海前往海岛。这时岛上铁城上表示凶灾的旌旗飘动了起来，罗刹女们看到后惶恐不安，便施展媚术出城迎接，想引诱诳骗兵士。国王早就知道她们的诡计，就下令兵士口念神咒，奋勇冲击。罗刹女们节节败退，她们有的逃到孤岛当中躲了起来，有的则淹死在汪洋大海之中。僧伽罗于是摧毁铁城，打破铁牢，救出商人，同时也得到很多的珠宝。后来僧伽罗招募百姓，迁到海岛上居住，并在那里建都筑城，从此建立起一个国家。这个国家又以僧伽罗的名字来作为国家的名字。这里所说的僧伽罗的事就是释迦如来的本生故事。

駿迦山与那罗稽罗洲

［原文］

国东南隅有駿迦[①]山，岩谷幽峻，神鬼游舍，在昔如来于此说《駿迦经》[②]。旧曰楞伽经，讹也。

国南浮海数千里，至那罗稽罗[③]洲。洲人卑小，长余三尺，人身鸟喙。既无谷稼，唯食椰子。

那罗稽罗洲西浮海数千里，孤岛东崖有石佛像，高百余尺，东面坐，以月爱珠为肉髻。月将回照，水即悬流，滂霈(pèi)崖岭，临注溪壑。时有商侣，遭风飘浪，随波泛滥，遂至孤岛。海咸不可以饮，渴乏者久之。是时月十五日也，像顶流水，众皆获济。以为至诚所感，灵圣拯之，于即留停，遂经数日。每月隐高岩，其水不流。时商主曰：“未必为济我曹而流水也。尝闻月爱珠，月光照即水流注耳。将非佛像顶上有此宝耶？”遂登崖而视之，乃以月爱珠为像肉髻。当见其人，说其始末。

国西浮海数千里，至大宝洲，无人居止，唯神栖宅。静夜遥望，光烛山川。商人往之者多矣，咸无所得。

［注释］

①駿迦：梵文音译。有人认为駿迦即斯里兰卡南部的亚当峰，至今仍是印度教徒、佛教徒，以及伊斯兰教徒的圣地。

②《駿迦经》：今通常作《楞迦经》，全称《楞伽阿跋多罗宝经》。

③那罗稽罗：梵文音译，意译作椰子。该地具体方位不详，应该是印度洋上的某个岛屿。

[译文]

僧伽罗国的东南部地区有座駿迦山，山上山谷幽深，山势险峻，是鬼神游玩居住之地，如来曾在这座山上讲说过《駿迦经》（旧称《楞伽经》，是错误的）。

从僧伽国南边的大海向前航行几千里便到达那罗稽罗岛了。这个岛上的人身材矮小，只有三尺多高，他们长着人的身子，鸟一样的嘴。岛上没有庄稼，人们以椰子为食。

从那罗稽罗岛向西航海几千里有一座孤岛，孤岛东面的山崖上有尊一百多尺高的石佛像，佛像向东而坐，他的肉髻是用月爱珠做的。当月光反射到肉髻上的时候，就会有水从佛像的头顶奔流而下，竖直而下的水流猛烈地冲刷着山岭，注入旁边的溪谷之中。有一次，有一群商人在海上遭遇到风浪，被海浪送到了这座孤岛之上。他们渴了很久，但是海水太咸不能饮用。刚好那是某月的十五日，佛像头顶流出水来，众人都得救了。他们认为这是他们的诚心祈求感动了神灵，神灵才会拯救他们，于是他们就留在岛上又住了几天。他们发现每当月亮隐入高岩之后，水就不流了。这时商队的首领说："恐怕那些水不是为了拯救我们而流出来的。我曾听说过有一种叫作月爱珠的宝物，在月光的照耀下它就能流出泉水。佛像顶上该不会是有这种珠宝吧？"于是登上山崖观看，结果发现佛像的肉髻果然是以月爱珠做的。我曾见到这个商队的首领，听他说了事情的经过。

从僧伽罗国西面的海域航海几千里便到达大宝岛，岛上没有居民，只有神灵栖息。深夜远远望去，岛上光芒照耀着山川。有不少的商人都到过那里，不过都一无所获。

恭建那补罗国

[原文]

恭建那补罗国周五千余里，国大都城周三十余里。土地膏腴(yú)，稼穑(sè)滋盛。气序温暑，风俗躁烈。形貌黧(lí)黑，情性犷暴，好学业，尚德艺。伽蓝百余所，僧徒万余人，大小二乘兼功综习。天祠数百，异道杂居。

[译文]

恭建那补罗国方圆五千多里，国都方圆三十多里。土地肥沃，庄稼生长旺盛。这里气候温热，民风急躁暴烈。国人皮肤黝黑，性情粗犷，热爱学习，崇尚有德行和才能的人。恭建那补罗国有一百多所寺院，共有僧徒一万多人，综合研习大小二乘佛教。天祠有几百所，外道信徒混杂居住。

摩诃剌侘国

［原文］

摩诃剌侘(chà)国周六千余里，国大都城西临大河，周三十余里。土地沃壤，稼穑(sè)殷盛，气序温暑，风俗淳质。其形伟大，其性傲逸，有恩必报，有怨必复。人或凌辱，殉命以仇，窘急投分，忘身以济。将复怨也，必先告之，各披坚甲，然后争锋。临阵逐北，不杀已降。兵将失利，无所刑罚，赐之女服，感激自死。国养勇士，有数百人，每将决战，饮酒酣醉，一人摧锋，万夫挫锐。遇人肆害，国刑不加，每出游行，击鼓前导。复饲暴象，凡数百头，将欲阵战，亦先饮酒，群驰蹈践，前无坚敌。其王恃此人象，轻陵邻国。王，刹帝利种也，名补罗稽舍，谋猷(yóu)弘远，仁慈广被，臣下事之，尽其忠矣。今戒日大王东征西伐，远宾迩肃，惟此国人独不臣伏。屡率五印度甲兵，及募召诸国烈将，躬往讨伐，犹未克胜。其兵也如此，其俗也如彼。人知好学，邪正兼崇。伽蓝百余所，僧徒五千余人，大小二乘兼功综习。天祠百所，异道甚多。

［译文］

摩诃剌侘国方圆六千多里，都城的西面靠近大河，国都方圆三十多里。这里土壤肥沃，庄稼生长茂盛，气候温热，风俗质朴淳厚。国人身形魁梧，性格高傲放纵，有恩报恩，有仇报仇。一个人如果遭遇到他人凌辱，他可以舍弃性命来报仇，如果至亲好友陷入困境而来投奔他，他也可以忘却生死来救助对方。摩诃剌侘国人准备复仇时，一定会事先告诉对方，双方各自披上坚固的甲胄后才可以开始争斗。打仗追赶敌人时，对于已经投降的敌人摩诃剌侘国人不会加以杀害。兵将作战失利时，国王不会对他们加以刑罚，只是赐给他们女人服装，让他们羞愧自杀而死。摩诃剌侘国国中豢养了几百名勇士，每次在和敌人对决作战之前他们都要喝酒，而且喝得酩酊大醉，只要他们中的一人摧败敌方锋芒，对方的锐气就会被挫伤。这些勇士即使伤害了国人，也不会受到国法的惩罚，而他们每次外出时，都有人在他们前面击鼓充当先导。国内还饲养了几百头凶暴的象，将要交战时，也先给它们酒喝，作战时群象奔驰践踏，前面无人可敌。摩诃剌侘国国王仗着这些勇士和凶象便轻视、欺凌邻国。国王是刹帝利种族的，名叫补罗稽舍，他有远大的谋略，待人仁慈，臣属都对他极其忠诚。当今的戒日大王东征西讨时，远近的王国都恭恭敬敬地归附于他，只有这个国家的人不肯向他臣伏。戒日王于是数次亲自率领五印度的兵马及招募来的各国勇将前往征讨摩诃剌侘国，还是无法取胜。这个国家的军队就是这样的，而这个国家的风俗却是另一个样子，人们懂得热爱学习，信仰佛教及其他外道。国内共有寺院一百多所，僧徒五千多人，综合研习大小二乘佛法。这里的异道信徒特别多，天祠有一百所。

阿折罗伽蓝及石窟

[原文]

国东境有大山，叠岭连嶂(zhàng)，重峦绝巘(yǎn)。爰有伽蓝，基于幽谷，高堂邃宇，疏崖枕峰，重阁层台，背岩面壑，阿折罗[1]唐言所行。**阿罗汉所建。罗汉，西印度人也，其母既终，观生何趣[2]，见于此国，受女人身。罗汉遂来至此，将欲导化，随机摄受[3]。入里乞食，至母生家，女子持食来施，乳便流汁，亲属既见，以为不祥。罗汉说本因缘，女子便证圣果。罗汉感生育之恩，怀业缘[4]之致，将酬厚德，建此伽蓝。**

伽蓝大精舍高百余尺，中有石佛像，高七十余尺。上有石盖七重，虚悬无缀，盖间相去各三尺余。闻之耆旧曰：斯乃罗汉愿力之所持也，或曰神通之力，或曰药术之功。考厥实录，未详其致。精舍四周雕镂石壁，作如来在昔修菩萨行诸因地[5]事。证圣果之祯祥，入寂灭之灵运，巨细无遗，备尽镌镂。伽蓝门外南北左右，各一石象。闻之土俗曰：此象时大声吼，地为震动。昔陈那[6]菩萨多止此伽蓝。

自此西行千余里，渡耐秣陀河，至跋禄羯呫婆国。南印度境。

[注释]

①阿折罗：罗汉名。梵文音译，意译为所行。

②趣：也作道，梵文音译，指众生轮回的去处，在佛教中，有五趣、六趣的说法。

③摄受：指佛以慈悲心收取和护持众生。

④业缘：指苦乐皆为业力（不可抗拒的善恶报应之力）而起，故称为“业缘”。

⑤因地：即修行佛道之位。成佛之位为果地，修菩萨行之位则为因地。

⑥陈那：梵文音译，意译作童授、授童、域龙等。古印度大乘佛教瑜伽行派论师，新因明学的创始人。生卒年份约为440—520年。南印度香至国人，属婆罗门种姓。出家后初为小乘教犊子部信徒，后改学大乘，成为世亲的弟子。能言善辩，曾在那烂陀寺演讲《俱舍论》和唯识、因明学说。

[译文]

摩诃剌侘国东部地区有座大山，重峦叠嶂，山势险峻。山上幽深的山谷里建有一所寺院，高大的殿堂和深广的屋宇开凿在山崖上，紧靠着山峰，层层的楼阁台榭背靠着岩石面对着峡谷。这所寺院是阿折罗（唐朝语言称所行）阿罗汉建造的。阿折罗阿罗汉是西印度人，他在母亲去世后观察她转生去了哪里，结果发现她转生成女人在摩诃剌侘国出生。于是他便来到摩诃剌侘国，准备引导度化母亲，等待时机收取和护持她。时机成熟后，罗汉进村乞讨，到她母亲所出生的家中时，由他母亲转生的女子拿出食物来施舍给他，而且她的乳房突然流出了乳汁，她的家人见到后，认为这是不吉祥的预兆。罗汉便向大家讲说女子的前世因缘，女子便证得了圣果。罗汉感激母亲生产、养育的恩情，怀念因缘造成的母子关系，为了报答这种深厚的恩情，他便建造了这所寺院。

寺院的大精舍高一百多尺，精舍内供奉着一尊七十多尺高的石佛像。佛像上面有七层石盖，每层石盖都悬浮在空中，石盖之间没有连接，盖与盖之间相隔三尺多。听老人说：石盖是由罗汉的愿力支撑着的，又有人说石盖之所以能够悬浮在空中是因为神通的威力，也有人说着是药物、法术的功效。考究文字记载，还是无法知道其中的真正原因。精舍四周的石壁都雕刻有图画，画面是如来当初修菩萨行时，为了证得因地之位而做的种种善行。如来证得圣果时出现的吉祥征兆，如来即将涅槃时出现的种种灵验预言，所有的大事小事没有遗漏，都详尽地被刻在上面。寺院的大门外，南北左右各个方向都有一头石象。据当地人介绍：这些石象有时会发出巨大的吼叫，大地也为之震动。陈那菩萨以前经常在这个寺院落脚。

从这里沿着正西的方向一直向前走，行走一千多里后渡过耐秣陀河，就到达跋禄羯呫婆国（在南印度境内）了。

跋禄羯呫婆国

［原文］

跋禄羯呫婆国周二千四五百里，国大都城周二十余里。土地咸卤，草木稀疏。煮海为盐，利海为业。气序暑热，回风飙(biāo)起。土俗浇薄，人性诡诈，不知学艺，邪正兼信。伽蓝十余所，僧徒三百余人，习学大乘上座部法。天祠十余所，异道杂居。

从此西北行二千余里，至摩腊婆[①]国。即南罗罗国，南印度境。

［注释］

①摩腊婆：梵文音译。该国疆域颇大，约相当于今印度孟买邦卡奇湾以东到中央邦马尔瓦一带地区。

［译文］

跋禄羯呫婆国方圆二千四五百里，国都方圆二十多里。土地大多是盐碱地，植被稀少。跋禄羯呫婆国人靠海洋维生，把海水煮制成盐。这里气候十分炎热，常常突然就刮起回旋风。跋禄羯呫婆国的民风一点都不淳朴，民众大多性情狡猾奸诈，不知道学习技能，佛教和其他外道都信仰。这里有寺院十多所，僧徒三百多人，研习的佛法是大乘上座部佛法。该国有天祠十几所，异道信徒混杂居住。

从这里沿着西北方向行走两千多里到达摩腊婆国（就是南罗罗国，在南印度境内）。

摩腊婆国

［原文］

摩腊婆国周六千余里，国大都城周三十余里，据莫诃河东南。土地膏腴(yú)，稼穑(sè)殷盛，草木荣茂，花果繁实，特宜宿麦，多食饼麨。人性善顺，大抵聪敏，言辞雅亮，学艺优深。五印度境，两国重学，西南摩腊婆国，东北摩揭陀国，贵德尚仁，明敏强学。而此国也，邪正杂信。伽蓝数百所，僧徒二万余人，习学小乘正量部法。天祠数百，异道实众，多是涂灰之侣也。

[译文]

摩腊婆国方圆六千多里，国都方圆三十多里，在莫诃河的东南。境内土地肥沃，庄稼生长茂盛，草木繁荣，花果繁茂，这个国家生产冬麦，人民以面饼为主食。摩腊婆国人心地善良，性情温顺，聪颖敏捷，谈吐高雅，学识丰富，技能精深。五印度境内有两个国家最崇尚学术，一个是西南地区的摩腊婆国，另一个就是东北部地区的摩揭陀国，这两个国家尊重道德，崇尚仁义，人民聪明机敏且热爱学习。摩腊婆国人既信仰佛教也信仰外道。其国内有寺院几百所，僧徒两万多人，这些僧人研习的佛法是小乘正量部佛法。有天祠几百所，异道信徒众多，大多是涂灰派教徒。

阿吒厘国

[原文]

阿吒厘国周六千余里，国大都城周二十余里。居人殷盛，珍宝盈积。稼穑虽备，兴贩为业。土地沙卤，花果稀少。出胡椒树，树叶若蜀椒也。出薰陆香①树，树叶若棠梨也。气序热，多风埃。人性浇薄②，贵财贱德。文字语言，仪形法则，大同摩腊婆国。多不信福，纵有信者，宗事天神。祠馆十余所，异道杂居。

从摩腊婆国西北行三百里，至契吒①国。南印度境。

[注释]

①薰陆香：梵文音译，这是一种十分珍贵的香料。

②浇薄：指社会风气浮薄。

③契吒：梵文音译。其国故地应该在今卡奇湾北岸的卡奇地区。但是如今的卡奇地区是一块辽阔的大荒地，分布着许多盆地沼泽和湖泊，好像和玄奘的描述有很大的出入。

[译文]

阿吒厘国方圆六千多里，国都方圆二十多里。人口众多，人民生活富裕，国家珍宝很多。国人虽然也种植庄稼，但却是以贩卖为主业。土地多为沙地和盐碱地，花果稀少。但这里出产胡椒树和薰陆香树，胡椒树的树叶和我国蜀地的胡椒极为相似。而薰陆香树的树叶则和棠梨树的树叶十分相像。该国气候炎热，风暴灰尘较多。人们性情浮薄，把财富看得很重，却不注意修养品德。

阿吒厘国的文字、语言、服饰等和摩腊婆国大致一样。大部分的阿吒厘国人不相信福报之说，即使有相信的人，他们信奉的也是天神。这个国家共有天祠十多所，异道信徒杂居在一起。

从摩腊婆国的西北方向一直向前行走三天，到达的地方便是契吒国（在南印度境内）。

契吒国

［原文］

契吒国周三千余里，国大都城周二十余里。人户殷盛，家室富饶。无大君长，役属摩腊婆国，风土物产，遂同其俗。伽蓝十余所，僧徒千余人，大小二乘，兼功习学。天祠数十，外道众多。

从此北行千余里，至伐腊毗[①]国。即北罗罗国，南印度境。

［注释］

①伐腊毗：梵文音译。其国故地在今卡提阿瓦半岛，都城故址则在今包纳加尔西北约三十公里的伐腊。

［译文］

契吒国方圆三千多里，国都方圆二十多里。人口众多，人们生活富足。契吒国是一个没有君王的国家，隶属于摩腊婆国，因此，该国的风土人情和物产也与摩腊婆国相同。国内有十多所寺院，一千多僧徒，同时研习大小二乘佛教。有天祠几十所，外道信徒人数众多。

从这里向正北方向行走一千多里，就到达伐腊毗国（就是北罗罗国，在南印度境内）。

伐腊毗国

［原文］

伐腊毗国周六千余里，国大都城周三十余里。土地所产，气序所宜，风俗人性，同摩腊婆国。居人殷盛，家室富饶，积财百亿者乃有百余室矣。远方奇货，多聚其国。伽蓝百余所，

僧徒六千余人，多学小乘正量部法。天祠数百，异道实多。

[译文]

伐腊毗国方圆六千多里，国都方圆三十多里。该国的庄稼作物、气候情况、风俗习惯、居民秉性等都和摩腊婆国相同。人口众多，每户人家都很富裕，有一百多户人家财产积累到百亿。远方各国的珍奇货物大多汇聚到这里。伐腊毗国有寺院一百多所，僧徒六千多人，学习的大多是小乘正量部佛法。异道信徒人数众多，有天祠好几百所。

附近遗迹

[原文]

如来在世，屡游此国，故无忧王于佛所止，皆树旌[jīng]表，建窣堵波。过去三佛坐及经行说法之处，遗迹相间。

[译文]

如来在世的时候，到这个国家来游历了好几次，因此无忧王在如来佛停留过的地方都树了标牌，并建起了佛塔。过去三佛的打坐与经行、说法场所的遗迹间隔分布。

阿折罗伽蓝

[原文]

去城不远，有大伽蓝，阿折罗阿罗汉之所建立，德慧、坚慧菩萨之所游止，于中制论，并盛流布。

自此西北行七百余里，至阿难陀补罗国。西印度境。

[译文]

在都城附近有所大寺院，该寺院是由阿折罗阿罗汉建造的，德慧菩萨和坚慧菩萨游历时曾在这里留宿过，并在寺内撰写论著，而这些论著均广为流传。

从这里沿着西北方向行走七百多里，便到达阿难陀补罗国（在西印度境内）了。

阿难陀补罗国

[原文]

阿难陀（tuó）补罗[①]国周二千余里，国大都城周二十余里。人户殷盛，家室富饶。无大君长，役属摩腊婆国。土宜气序，文字法则，遂亦同焉。伽蓝十余所，僧徒减千人，习学小乘正量部法。天祠数十，异道杂居。

从伐腊毗国西行五百余里，至苏刺侘（chà）[②]国。西印度境。

[注释]

①阿难陀补罗：梵文音译。其国故地在今卡提阿瓦半岛东北，沙巴马提河上游以西的瓦特纳加尔及其附近一带。也有人认为如今的巴那斯河西岸阿布山西麓之阿那得拉地方可能是其都城故址。

②苏刺侘：梵文音译。其国故地在今卡提阿瓦南部的卡奇湾上，有可能是以当今港口城市苏拉特为中心的一块地区。

[译文]

阿难陀补罗国方圆两千多里，国都方圆二十多里。人口众多，家庭富足。阿难陀补罗国是摩腊婆国的属国，没有君王。因此，这里的农作物的种类、气候条件、文字和语言规则也和摩腊婆国一样。阿难陀补罗国有寺院十多所，僧徒近千人，僧徒研习的是小乘正量部佛法。天祠有几十所，异道信徒混居在一起。

沿着伐腊毗国的正西方向行走五百多里，就到达苏刺侘国（在西印度境内）了。

苏刺侘国

[原文]

苏刺侘国周四千余里，国大都城周三十余里，西据莫醯（xī）河。居人殷盛，家产富饶。役属伐腊毗国。土地咸卤，花果稀少。寒暑虽均，风飘不静。土俗浇薄，人性轻躁，不好学艺，邪正兼信。伽蓝五十余所，僧徒三千余人，多学大乘上座部法。天祠百余所，异道杂居。国当西海之路，人皆资海之利，兴贩为

业，贸迁有无。

去城不远，有郁善多山。顶有伽蓝，房宇廊庑(láng wǔ)，多疏崖岭。林树郁茂，泉流交境，圣贤之所游止，灵仙之所集往。

从伐腊毗国北行千八百余里，至瞿折罗[①]国。西印度境。

［注释］

①瞿折罗：梵文音译。其国故地在今印度西部拉贾斯坦邦一带，其国境和民族语言延伸至今拉兹普塔那和马尔瓦的南部。

［译文］

苏剌侘国方圆四千多里，国都方圆三十多里，都城西边紧邻莫醯河。居民人口众多，生活富足。该国隶属于伐腊毗国。该国的土地大多是盐碱地，花果稀少。这里的气候虽然冷热比较均匀，但风暴比较多，没有停止的时候。苏剌侘国的社会风气浮薄，人们性格轻浮急躁，不喜欢学术技艺，信仰佛教及其他外道。国内有五十多所寺院，三千多僧徒，大部分的僧人学习的都是大乘上座部佛法。有一百多所天祠，异道信徒混杂居住。苏剌侘国是通往西海的交通要道，人民得海之利，以贩卖各种货物为业。

离都城不远的地方有座被称为郁善多的山。山顶上有所寺院，房屋走廊大多开凿在山岭悬崖上。山上树林茂密，泉水交相连接，是圣贤游玩憩息，神仙聚集往来的地方。

从伐腊毗国向北行走一千八百多里，便到达瞿折罗国（在西印度境内）。

瞿折罗国

［原文］

瞿折罗国周五千余里，国大都城号毗罗摩罗[①]，周三十余里。土宜风俗，同苏剌侘国。居人殷(yīn)盛，家产富饶。多事外道，少信佛法。伽蓝一所，僧百余人，习学小乘法教说一切有部[②]。天祠数十，异道杂居。王，刹帝利种也，年在弱冠，智勇高远，深信佛法，高尚异能。

从此东南行二千八百余里，至邬阇衍那国。南印度境。

［注释］

①毗罗摩罗：梵文音译。该城故址在今巴尔梅尔。

圆观再生

唐代僧人圆观与隐士李源是好朋友，两人自荆州逆流上峨眉山。游船经过南浦时，看到一个女子在河边汲水，圆观忽然大哭起来，道："这个女子已经怀孕三年而未产子，今日相见，我必将成为她的孩子。你去这家看新生的婴儿，他会对你一笑。我们再次相见是在十二年后的钱塘天竺寺外。"当晚，圆观便圆寂了。李源去寻访那婴儿，果然见沐浴的婴儿冲他一笑。十二年后，李源来到天竺寺外，只见一个牧童手执牛角正在唱意蕴深远的歌，牧童看见李源，又说道："李公子真是讲信义，但你我已是殊途，若想相见只能不断修行了。"说罢，牧童便隐身不见了。

②说一切有部：为小乘二十部派之一，简称“有部”，一作“说因部”，主旨是“说一切有”，包括甲，“法”一切有，和乙，“时”一切有两部分。表现的是“法体恒有”和“时间皆有实体”的观念。

［译文］

瞿折罗国方圆五千多里，国都是毗罗摩罗，方圆三十多里。这里的土地特产和风俗习惯和苏剌侘国一样。人口众多，人们家产丰厚。国人大多信奉外道，很少人相信佛法。举国上下只有一所寺院，共有僧徒一百多人，研习的是小乘佛教说一切有部。天祠有几十所，异道信徒混杂居住。瞿折罗国国王是刹帝利种姓，年纪在二十岁左右，极为机智勇敢，深信佛法，推崇有特殊才能的人。

从这里向东南方向行走二千八百多里，便到邬阇衍那国（在南印度境内）。

邬阇衍那国

［原文］

邬阇衍那[1]国周六千余里，国大都城周三十余里。土宜风俗，同苏剌侘（chà）国。居人殷盛，家室富饶。伽蓝十余所，多以圮坏，存者三五，僧徒三百余人，大小二乘，兼功习学。天祠（cí）数十，异道杂居。王，婆罗门种也，博览邪书，不信正法。

去城不远有窣堵波，无忧王作地狱之处。

从此东北行千余里，至掷枳陀国。南印度境。

［注释］

①邬阇衍那：又称为优禅尼、乌然尼、乌舍尼等，它的国都故地在今印度中央邦的西部。

［译文］

邬阇衍那国方圆六千多里，国都方圆三十多里。这里的土地特产和风土人情与苏剌侘国没有差别。人口众多，人们家产丰厚。该国有寺所几十所，但其中的大部分都已经被毁坏了，如今只剩下三五所，共有僧徒三百多人，综合学习大小二乘佛教。天祠有几十所，异道信徒混杂居住。国王是婆罗门种姓族的，广泛阅读外道的各种书籍，不相信佛法。

离都城不远的地方有座佛塔，无忧王曾在这里建造地狱。

从这里向东北方向行走一千多里，便到达掷枳陀国（在南印度境内）。

掷枳陀国

[原文]

掷枳陀(tuó)①国周四千余里，国大都城周十五六里。土称沃壤，稼穑(sè)滋植，宜菽麦，多花果。气序调畅，人性善顺。多信外道，少敬佛法。伽蓝数十，少有僧徒。天祠十余所，外道千余人。王，婆罗门种也，笃信三宝，尊重有德，诸方博达之士，多集此国。

从此北行九百余里，至摩醯(xī)湿伐罗补罗②国。中印度境。

[注释]

①掷枳陀：梵文音译。该国故地相当于今印度中央邦北部的彭德尔甘德地区，其都城故址在今卡朱拉霍，位于卡瑙季东南方。

②摩醯湿伐罗补罗：梵文音译，义为大自在城。该国故地相当于今印度拉贾斯坦邦东部的瓜廖尔一带，而其都城也可能就在今瓜廖尔，地处恒河平原至温德亚山区的天然走廊中。

[译文]

掷枳陀国方圆四千多里，国都方圆十五六里。土壤肥沃，庄稼生长茂盛，特别是豆子和麦子生长旺盛，花果繁茂。气候温和，令人感觉舒畅。人民善良温顺，大多信仰外道，很少人敬仰佛法。掷枳陀国有几十所寺院，僧徒不多。天祠有十几所，外道信徒有一千多人。国王是婆罗门种姓族的，深深地信仰着佛法，尊重有德行的人，因此该国集中了各地博学通达之士。

从这里向北行走九百多里，便是摩醯湿伐罗补罗国（在中印度境内）。

摩醯湿伐罗补罗国

[原文]

摩醯(xī)湿伐罗补罗国周三千余里，国大都城周三十余里。土宜风俗，同邬阇衍那国。宗敬外道，不信佛法。天祠数十，多是涂灰之侣①。王，婆罗门种也，不甚敬信佛法。

从此还至瞿折罗国，复北行荒野险碛(qì)，经千九百余里，渡

信度大河，至信度②国。西印度境。

［注释］

①涂灰之侣：即指印度教湿婆派的信徒。

②信度：梵文音译，在今巴基斯坦旁遮普省的西南部一带。

［译文］

摩醯湿伐罗补罗国方圆三千多里，国都方圆三十多里。土地物产和风土人情都和邬阇衍那国一样。国人崇敬信奉外道，不信佛法。国内有几十所天祠，而外道信徒大部分是涂灰派的。国王是婆罗门种姓族的，不怎么崇敬、相信佛法。

从摩醯湿伐罗补罗国回到瞿折罗国再向北行走，越过荒芜的田野和艰险的沙漠地带，行走一千九百多里后渡过信度大河，便到达信度国（在西印度境内）。

信度国

［原文］

信度国周七千余里，国大都城号毗苫婆补罗①，周三十余里。宜谷稼，丰粟麦，出金、银、鍮[tōu]石，宜牛、羊、橐驼[tuó]、骡畜之属。橐驼卑小，唯有一峰。多出赤盐，色如赤石，白盐、黑盐及白石盐等，异域远方以之为药。人性刚烈而质直，数斗诤，多诽讟[dú]。学不好博，深信佛法。伽蓝数百所，僧徒万余人，并学小乘正量部法，大抵懈[xiè]怠，性行弊秽。其有精勤贤善之徒，独处闲寂，远迹山林，夙夜匪懈，多证圣果。天祠三十余所，异道杂居。王，戍陀罗种也，性淳质，敬佛法。如来在昔颇游此国，故无忧王于圣迹处建窣堵波数十所。乌波毱[jū]多大阿罗汉屡游此国，演法开导。所止之处，皆旌遗迹，或建僧伽蓝，或树窣堵波，往往间起，可略而言。

［注释］

①毗苫婆补罗：可能是梵文音译。此城的故址可能位于苏库尔地区的阿洛尔，即今阿洛尔以东约八公里处的古城乌奇，据说此城是亚历山大大

帝所建。

[译文]

信度国方圆七千多里，毗苦婆补罗是它的国都，方圆三十多里。信度国的土地十分适合种植谷物庄稼，粟子、小麦的产量很高，该国还有金、银、鍮石出产，养殖牛、羊、骆驼、骡子之类的动物在这个国家也是非常适合的。骆驼身形很小，而且仅有一个驼峰。这个国家还盛产红色的盐，这些盐的颜色和红石头的颜色一样，另外当地也出产白盐、黑盐和白石盐等，在与该国相隔遥远的其他国家的人们把这些盐当成是药物。信度国人性格不仅刚烈而且很正直朴实，人们常常发生争斗，诽谤的事情也经常发生。他们热爱学习但不追求学识渊博，深信佛法。信度国有几百所寺院，一万多僧徒，学习的都是小乘正量部佛法，不过他们大部分人修行时松懈懒散，而且品行不端。僧人中不乏有一些勤苦、贤良的人，这些人独自居住在幽静、无人打扰的地方，远至山林，不管白天还是黑夜都不懈怠地修行，他们大多能证得圣果。天祠有三十多所，异道信徒混居在一起。国王是戍陀罗种姓的，禀性淳厚质朴，敬仰佛法。如来曾经多次来这个国家游历，无忧王在有佛陀留下遗迹的地方都建造了佛塔，这里有几十座他建造的佛塔。乌波毱多大阿罗汉也曾经多次在这个国家游历过，他还演讲佛法，开导众生。为了旌表遗迹，他居住过的地方有的建有寺院，有的建了佛塔，它们之间相隔不是很远，可以知道大概的情形。

法服俗行户

[原文]

信度河侧千余里陂泽间，有数百千户，于此宅居，其性刚烈，唯杀是务。牧牛自活，无所系命。若男若女，无贵无贱，剃须发，服袈裟，像类苾(bì)刍而行俗事。专执小见，非斥大乘。闻诸耆旧曰：昔此地民庶安忍，但事凶残。时有罗汉愍其颠(diān)坠，为化彼故，乘虚而来，现大神通，示稀有事，令众信受，渐导言教。诸人敬悦，愿奉指诲。罗汉知众心顺，为授三归[①]，息其凶暴，悉断杀生，剃发染衣，恭行法教。年代浸远，世易时移，守善既亏，余风不殄(tiǎn)。虽服法衣，尝无戒善。子孙奕世，习以成俗。

从此东行九百余里，渡信度河东岸，至茂罗三部卢国。西印度境。

［注释］

①三归：又称为“三皈依”“三皈戒”，梵文音译。指的是佛教徒在入教前在师前接受“三皈依”，即对佛、法、僧的归顺依附。内容是皈依佛宝以为师；皈依法宝以为药；皈依僧宝以为友。

［译文］

信度河旁边的湖泽方圆一千多里，成百上千户人家在此筑屋而居，他们的性格刚强猛烈，从事屠宰的职业。他们除了用牧牛来养活自己，再没有其他谋生的手段。这里的人不分男女，无论贵贱，全部将须发剃去，身披袈裟，外形好似比丘，做的却是凡俗之事。该地的人固守小乘佛教的见解，而对大乘佛教大加非难和排斥。听当地人讲：先前，此地的民众性情残暴，专干伤天害理之事。当时，有个罗汉哀悯他们的堕落，为了度化他们，凌空而来，展示广大神通，揭示稀有之事，令民众信服接受，罗汉还逐步开导他们信奉佛教。众人欢喜敬慕，愿意听从佛法的教诲。罗汉知晓众人都已诚心皈依，便为他们举行三归礼仪，使他们停止凶暴的行为，并且全都断了杀生的念头，这些人还剃光头发，穿上僧衣，恭敬地遵守佛教的法规。然而，那时距今年代已十分久远，世事不断改变，这里的人信奉善业之心不再虔诚，过去凶残的风气还遗留到现在。虽然他们身穿僧衣，却没有做到行善守戒。子孙世代相传，不断沿习而成风俗。

从此处向东走九百多里，再渡过信度河，抵达东岸，就到了茂罗三部卢国（在西印度境内）。

茂罗三部卢国

［原文］

茂罗三部卢国周四千余里，国大都城周三十余里。居人殷盛，家室富饶。役属磔迦国。土田良沃，气序调顺。风俗质直，好学尚德。多事天神，少信佛法。伽蓝十余所，多已圮坏，少有僧徒，学无专习。天祠八所，异道杂居。

［译文］

茂罗三部卢国方圆四千多里，国都方圆三十多里。居民人口众多，每户家庭都很富裕。该国是磔迦国的附属国。境内土壤肥沃，气候温暖和顺。民风质朴直率，爱好学习，尊崇道德。人们大多信奉天神，信仰佛法的人很少。境内有十多座寺院，但多数已被破坏，僧徒也很少，没有专门学习某个部派。有八所天祠，外道信徒混合居住。

钵伐多国

[原文]

钵(bō)伐多国周五千余里，国大都城周二十余里。居人殷盛，役属磔迦国。多旱稻，宜菽麦。气序调适，风俗质直。人性躁急，言含鄙辞，学艺深博，邪正杂信。伽蓝十余所，僧徒千余人，大小二乘，兼功习学。四窣堵波，无忧王之所建也。天祠二十，异道杂居。

[译文]

钵伐多国方圆五千多里，国都方圆二十多里。居民人口众多，隶属于磔迦国。该国广泛种植旱稻，适宜豆子和小麦生长。气候温暖适合，风俗质朴直率。人们性情急躁，言语粗俗，学术渊博，技艺精深，同时信奉佛教和外道。境内有十多座寺院，共有僧徒一千多人，综合学习大小二乘佛法。另有四座佛塔，建造者是无忧王。该国还有二十所天祠，异道信徒混杂居住。

阿点婆翅罗国

[原文]

阿点婆翅罗国周五千余里，国大都城号朅鲚湿伐罗①，周三十余里。僻在西境，临信度河，邻大海滨。屋宇庄严，多有珍宝。近无君长，统属信度国。地下湿，土斥卤。秽草荒茂，畴垄少垦。谷稼虽备，菽麦特丰。气序微寒，风飙(biāo)劲烈。宜牛、羊、橐(tuó)驼、骡畜之类。人性暴急，不好习学，语言微异中印度。其俗淳质，敬崇三宝。伽蓝八十余所，僧徒五千余人，多学小乘正量部法。天祠十所，多是涂灰外道之所居止。

[注释]

①朅鲚湿伐罗：梵文音译。大多认为即今巴基斯坦的卡拉奇，此城在印度河三角洲的西南，南临阿拉伯海。

[译文]

阿点婆翅罗国方圆五千多里，国都是朅𩑻湿伐罗，方圆三十多里。都城地处国家偏西部，与信度河相临，接近大海边缘。房屋装饰华丽，有很多珍宝。近代该国没有设立君王，隶属于信度国。地势低洼，土地潮湿，大多为盐碱地。被开垦的农田较少，到处杂草丛生。谷物种类齐全，豆子和小麦尤为高产。气候略微寒冷，风力刚劲猛烈。此国适合养殖牛、羊、骆驼和骡子等。人们性格急躁暴烈，厌恶学习，语言与中印度相比，稍有不同。民风质朴淳厚，崇尚佛教。境内有八十多座寺院，其中有僧徒五千多人，修习的是小乘佛教的正量部。有十所天祠，大多居住着外道涂灰派信徒。

狼揭罗国

[原文]

狼揭罗国东西南北各数千里，国大都城周三十余里，号窣菟(tù)黎湿伐罗[①]。土地沃润，稼穑(sè)滋盛。气序风俗，同阿点婆翅罗国。居人殷盛，多诸珍宝。临大海滨，入西女国之路也。无大君长，据川自立，不相承命，役属波剌(lá)斯[②]国。文字大同印度，语言少异。邪正兼信。伽蓝百余所，僧徒六千余人，大小二乘兼功习学。天祠数百所，涂灰外道，其徒极众。城中有大自在天祠，庄严壮丽，涂灰外道之所宗事。

自此西北至波剌斯国。虽非印度之国，路次附见。旧曰波斯，略也。

[注释]

①窣菟黎湿伐罗：梵文音译。是今胡兹达尔与基拉特之间的拉柯利安地区的大故城废墟。

②波剌斯：也叫波斯，大约相当于今西亚的伊朗。

[译文]

狼揭罗国疆域的东西南北各长达几千里，国都窣菟黎湿伐罗方圆三十多里。土地肥沃润泽，庄稼生长茂密。气候条件和风土人情和阿点婆翅罗国一样。该国居民人口众多，家中藏有各种珍宝。该国与大海相邻，是连接西女国的交通要道。国内没有设立君主，各地豪杰倚仗山川天险，自立为王，互相之间没有统属关系，但都是波剌斯国的附属国。文字大体同于印度，只是在语言上稍有差别。国人同时信奉佛教和外道。境内有一百多座寺院，其中有僧徒六千多人，综合修习大小二乘佛教。另有几百座天祠，其中的涂灰派外道众多。都城中有一所大自在天祠，装饰得十分华丽肃穆，都由涂灰派外道所尊崇侍奉。

从这里朝西北方向前进，便抵达波剌斯国（虽然不属于印度境内的国家，因路途关系附记于此。旧称波斯，是略称）。

波剌斯国

[原文]

波剌斯国周数万里，国大都城号苏剌萨傥那，周四十余里。川土既广，气序亦异，大抵温也。引水为田，人户富饶。出金、银、鍮(tōu)石、颇胝(zhī)、水精、奇珍异宝；工织大锦、细褐、氍毹(qú shū)之类；多善马、橐驼；货用大银钱。人性躁暴，俗无礼义。文字、语言异于诸国，无学艺，多工伎，凡诸造作，邻境所重。婚姻杂乱，死多弃尸。其形伟大，齐发露头，衣皮褐，服锦氎(dié)。户课赋税，人四银钱。天祠甚多，提那跋①外道之徒为所宗也。伽蓝二三，僧徒数百，并学小乘教说一切有部法。释伽佛钵，在此王宫。

国东境有鹤秣②城，内城不广，外郭周六十余里。居人众，家产富。

西北接拂懔③国，境壤风俗，同波剌斯。形貌语言，稍有乖异。多珍宝，亦富饶也。

拂懔国西南海岛有西女国④，皆是女人，略无男子。多诸珍货，附拂懔国。故拂懔王岁遣丈夫配焉，其俗产男皆不举也。

自阿点婆翅罗国北行七百余里，至臂多势罗⑤国。西印度境。

[注释]

①提那跋：梵文音译，太阳的意思。通常认为这是古代流行于伊朗和中亚一带的拜火教，因为该教认为火是神圣之物。这一宗教大约在南北朝时期的516—519年传入我国，到了隋末唐初特别兴盛。

②鹤秣：即今霍尔木兹，是伊朗的重要港口。

③拂懔：中古波斯语及粟特语的音译。拂懔是隋唐时期中国对东罗马帝国及其所属亚洲领土的称呼。

④西女国：指西方的女儿国。

⑤臂多势罗：梵文音译。在当今巴基斯坦信德省的南部，都城故址则当在今海德拉巴德。

[译文]

波剌斯国方圆几万里，国都苏剌萨傥那，方圆四十多里。该国土地广阔，水源充足，气候大体上比较温暖，但各地略有不同。人们引水来浇灌农田，家室富裕。该地出产金、银、 鍮石、颇胝、水精，以及其他各种奇珍异宝；精细纺织大锦、细褐和毛毯等；盛产良马和骆驼；交易时使用大银钱。波剌斯人性情暴躁，崇尚没有礼义的风俗。文字和语言不同于其他各国，没有饱学之人，但有能工巧匠，他们所制的各种物品，都被邻国视为珍品。婚姻关系十分混乱，人死后大多把尸体抛弃。居民身材高大魁梧，剪短头发，使头顶露出，身穿毛皮麻布和织锦棉布制成的衣服。每户按人口交税，人均四个银钱。境内有很多所天祠，其敬奉者是提那跋外道信徒。另有两三座寺院，其中的僧徒有几百人，修习的是小乘佛教的说一切有部。该国的王宫中还供奉着释迦佛的食钵。

位于波剌斯国疆域的东部有一座鹤秣城，内城不够宽广，但外城方圆却达六十多里。城内有众多居民，家产富足。

波剌斯国西北部与拂懔国相邻，拂懔国的物产和风俗和波剌斯国一样。但人民的身材、相貌和语言方面，两者却略有不同。该国盛产珍宝，人民生活富裕。

拂懔国西南部的海岛上有个西女国，该国国内仅有女子，并无男人。该国盛产奇珍异宝，是拂懔国的附属国。因此每年拂懔王都会派遣男子到西女国进行婚配，根据当地风俗，如果生下的孩子是男孩，就不会得到抚育。

从阿点婆翅罗国向北走七百多里后，就抵达臂多势罗国（在西印度境内）。

臂多势罗国

[原文]

臂多势罗国周三千余里，国大都城周二十余里。居人殷盛，无大君长，役属信度国。土地沙卤(lǔ)，寒风凄劲。多菽麦，少花果。而风俗犷暴，语异中印度，不好艺学，然知淳信。伽蓝五十余所，僧徒三千余人，并学小乘正量部法。天祠二十余所，

并涂灰外道也。

[译文]

臂多势罗国方圆三千多里，国都方圆二十多里。该国居民人口众多，没有设立君主，是信度国的附属国。该国的土地多为沙地或盐碱地，寒风凄厉强劲。此地豆子和小麦很多，花果较少。民风粗犷暴躁，语言不同于中印度，国民不爱好学问和技艺，但知道崇信佛法。境内有五十多座寺院，其中有僧徒三千多人，都修习小乘佛教的正量部。另有二十多所天祠，其中的信仰者都是涂灰派外道。

阿夆荼国

[原文]

阿夆(fàn)荼国周二千四五百里，国大都城周二十余里。无大君长，役属信度国。土宜稼穑(sè)，菽麦特丰，花果少，草木疏。气序风寒，人性犷烈。言辞朴质，不尚学业，然于三宝，守心淳信。伽蓝二十余所，僧徒二千余人，多学小乘正量部法。天祠五所，并涂灰外道也。

[译文]

阿夆荼国方圆二千四五百里，国都方圆二十多里。该国是信度国的附属国，没有设立君主。土地适合种植庄稼，盛产豆子和小麦，花果较少，草木稀有。气候严寒多风，居民性格粗犷暴躁。言语朴实无华，国民不尊崇学业，不过诚心信奉佛法。境内有二十多座寺院，其中有僧徒两千多人，多数修习小乘佛教的正量部。另有五所天祠，其中的信徒都是涂灰派外道。

伐剌拏国

[原文]

伐剌拏国周四千余里，国大都城周二十余里。居人殷盛，役属迦毕试国。地多山林，稼穑(sè)时播。气序微寒，风俗犷烈。性忍暴，志鄙弊，语言少同中印度。邪正兼崇，不好学艺。伽

蓝数十，荒圮(pǐ)已多，僧徒三百余人，并学大乘法教。天祠五所，多涂灰外道也。

城南不远有故伽蓝，如来在昔于此说法，示教[①]利喜，开悟含生。其侧有过去四佛座及经行遗迹之处。

闻诸土俗曰：从此国西接稽疆那[②]国，居大山川间，别立主，无大君长。多羊、马，有善马者，其形殊大，诸国希种，邻境所宝。

复此西北，逾大山，涉广川，历小城邑，行二千余里，出印度境，至漕矩吒国。亦谓漕利国。

［注释］

①示教：显示出来，使人们有所领悟。

②稽疆那：该国只是传说之国，难以断定故地。

［译文］

伐剌拿国方圆四千多里，国都方圆二十多里。该国是迦毕试国的附属国，境内居民人口众多。多山丘、树林，庄稼按时令播种。气候有些寒冷，民风粗犷暴烈。人们性情残忍暴躁，志趣低俗，语言与中印度地区大致一样。国人同时信奉佛教和外道，对学术并不爱好。境内有几十所寺院，大多已经荒废倒塌，三百多位僧徒研习的都是大乘佛教。另有五所天祠，侍奉者多数为涂灰派外道。

距离都城南部不远处有一座旧寺院，如来曾在此讲经说法，训示修行之道，使众生受益，萌发对佛法的欢喜之心，以至觉悟。旁边有过去四佛打坐和经行场所的遗迹。

听当地人说：该国西部和稽疆那国相连，稽疆那国地处大山之间，没有设立君主，而是各地首领自立为王。该国盛产羊、马，其中的一种良马，高大健壮，不同于其他各国的种类，被邻国人所珍视。

再从伐剌拿国朝西北方向前进，翻山渡河后，穿过小城镇，走两千多里，便离开印度国境，抵达漕矩吒国（也称为漕利国）了。

卷十二

漕矩吒国

［原文］

漕矩吒国周七千余里。国大都城号鹤悉那[1]，周三十余里，或都鹤萨罗城，周三十余里，并坚峻险固也。山川隐嶙，畴垄塽垲(shuǎng kǎi)。谷稼时播，宿麦滋丰。草木扶疏，花果茂盛，宜郁金香。出兴瞿(qú)[2]草，草生罗摩印度[3]川。鹤萨罗城中涌泉流派，国人利之，以溉田也。气序寒烈，霜雪繁多。人性轻躁，情多诡诈。好学艺，多伎术，聪而不明，日诵数万言。文字言辞，异于诸国。多饰虚谈，少成事实。虽祀百神，敬崇三宝。伽蓝数百所，僧徒万余人，并皆习学大乘法教。今王淳信，累叶承统，务兴胜福，敏而好学。无忧王所建窣堵波十余所。

［注释］

①鹤悉那：音译。该城故址即在今阿富汗东部的加兹尼。
②兴瞿：梵文音译。属于辛、蒜之类的植物，可供食用。
③罗摩印度：梵文音译。可能是指今赫尔曼德河。

［译文］

漕矩吒国方圆七千多里。国都鹤悉那，方圆三十多里，有时也以鹤萨罗城为都城，方圆三十多里，两城都十分坚固险要。境内山地河流地势较高，农田的土质也比较干爽。庄稼按时令播种，冬麦产量特别高。草木枝叶茂盛，疏密有致；花果种类繁多，盛产郁金香。该国还出产兴瞿草，此草的原产地是罗摩印度川。鹤萨罗城中有泉水喷涌而出，人们利用来浇灌农田。气候十分寒冷，多降霜雪。居民性情轻浮暴躁，大多使用欺诈手段。他们崇尚学术，技艺高超，耳目反应灵活，心智却不高，每天读诵几万字的经文。文字语言方面，不同于其他各国。喜欢夸夸其谈，干成实事的却很少。虽然供奉众多神灵，但也信仰佛教。境内有几百座寺院，其中有僧徒一万多人，研习的是大乘佛教的佛法。当今国王敦厚诚实，累世继承帝位，大力发展慈善事业，天资聪明而又好学。该国有十多座无忧王建造的佛塔。

崇奉稻那天

[原文]

天祠数十，异道杂居。计多外道，其徒极盛，宗事稻那天。其天神昔自迦毕试国阿路猱山徙居此国南界稻那呬(xì)罗山中，作威作福，为暴作恶。信求者遂愿，轻蔑者遭殃，故远近宗仰，上下祗(zhī)惧。邻国异俗君臣僚庶，每岁佳辰不期而会，或赍金银奇宝，或以羊马驯畜，竟兴贡奉，俱申诚素。所以金银布地，羊马满谷，无敢觊(jì)觎(yú)，唯修施奉。宗事外道，克心苦行，天神授其咒术，外道遵行多效，治疗疾病，颇蒙痊愈。

从此北行五百余里，至弗栗恃萨傥那国。

[译文]

漕矩吒国有几十所天祠，外道信徒混杂居住。外道派别很多，信徒非常多，崇拜信奉稻那天。先前，这位天神曾经从迦毕试国的阿路猱山移居到该国南部的稻那呬罗山中，滥施淫威，逞凶作恶。信奉并祈求他的人，就会心想事成，而蔑视他的人，就会招致祸患，因此远近之人对他无不景仰，君臣庶民全都对他既恭敬又畏惧。邻国君臣僚属，尽管风俗不同，但每年佳节到来之时，都自动聚会于此，有的满载金银珠宝，有的供奉羊马牲畜，竞相供奉天神，来表达自己的虔诚。所以在这里，金银遍布大地，羊马聚满山谷，没有人心生贪念，只是奉行布施。对于尊崇外道、刻苦修行的信徒，天神会将咒术教授于他，外道依照其法施行，往往很有效果，用于治疗疾病，多数能够康复。

从漕矩吒国向北走五百多里后，便抵达弗栗恃萨傥那国。

弗栗恃萨傥那国

[原文]

弗栗恃萨傥那国东西二千余里，南北千余里。国大都城号护苾那①，周二十余里。土宜风俗，同漕矩吒国，语言有异。气序劲寒，人性犷烈。王，突阙种也，深信三宝，尚学遵德。

［注释］

①护苾那：可能在今阿富汗喀布尔以北约五十公里处的胡皮安。

［译文］

弗栗恃萨傥那国东西长两千多里，南北宽一千多里。国都护苾那城方圆二十多里。土地特产和风土人情与漕矩吒国没有差别，只在语言上有所差别。该国的气候颇为寒冷，人们性情粗犷暴躁。国王属于突厥种族，虔诚信奉佛法，重视学术，坚守道德。

安呾罗缚国

［原文］

安呾罗缚(fù)①国，睹货逻国故地也，周三千余里。国大都城周十四五里。无大君长，役属突厥。山阜连属，川田隘狭。气序寒烈，风雪凄劲。丰稼穑(sè)，宜花果。人性犷暴，俗无纲纪，不知罪福，不尚习学，唯修神祠，少信佛法。伽蓝三所，僧徒数十，然皆遵习大众部法。有一窣堵波，无忧王建也。

从此西北，入谷逾岭，度诸小城，行四百余里，至阔悉多②国。

［注释］

①安呾罗缚：这是伊朗语的音译，国都故城在今卡瓦克山口以西的印达拉布。

②阔悉多：梵文音译。其故都遗址在今塔里汗与印达拉布之间查勒霍斯特地。

［译文］

安呾罗缚国方圆三千多里，它曾经是睹货逻国的领地，国都方圆十四五里。该国是突厥的附属国，国内没有君王。境内山岭丘陵绵延相连，平原田地面积狭小。气候极其寒冷，风雪凄厉强劲。庄稼丰盛繁茂，花果树木生长良好。安呾罗缚国人性情粗犷暴躁，风俗中缺少纲常法纪，对罪孽与福德不甚了解，不爱好学习，只懂得尊奉神祠，信仰佛法的人很少。境内有三座寺院，其中有僧徒几十人，都遵奉并修习大众部佛法。有一座佛塔，该佛塔是由无忧王建造的。

从这里朝西北方向前行，进入山谷之中，再翻越山岭，穿过一些小城镇，走四百多里，就抵达阔悉多国了。

阔悉多国

［原文］

阔悉多国，睹货逻国故地也，周减千里，国大都城周十余里。无大君长，役属突厥。山多川狭，风而且寒。谷稼丰，花果盛。人性犷暴，俗无法度。伽蓝三所，僧徒鲜少。

从此西北，逾山越谷，度诸城邑，行三百余里，至活国。

［译文］

阔悉多国，是睹货逻国昔日的领地，方圆不足一千里，国都方圆十多里。该国隶属于突厥，因此没有设立君主。境内山地较多，平原狭窄，气候寒冷多风。谷物产量很高，花果繁盛。人们性情粗犷暴躁，风俗中缺少纲常法纪。境内有三座寺院，僧徒人数稀少。

从阔悉多国朝西北方向前行，翻山越谷之后，再穿过一些城镇，走三百多里，就抵达活国了。

活　国

［原文］

活国，睹货逻国故地也，周二千余里。国大都城周二十余里。无别君长，役属突厥。土地平坦，谷稼时播，草木荣茂，花果异繁。气序和畅，风俗淳质。人性躁烈，衣服毡褐。多信三宝，少事诸神。伽蓝十余所，僧徒数百人，大小二乘兼功综习。其王突厥也，管铁门已南诸小国，迁徙鸟居，不常其邑。

［译文］

活国方圆两千多里，它原本是睹货逻国的属地，国都方圆二十多里。该国没有另设君主，隶属于突厥。境内土地平坦，庄稼按季节播种，草木茂盛，花果繁多。气候温暖舒适，民风质朴淳厚。人们性情暴躁，衣服多用毛料制成。尊奉佛教的人很多，只有少数人信仰外道神灵。境内有十多座寺院，其中有僧徒几百人，综合修习大小二乘佛教。国王属于突厥种族，管理铁门以南地区内的所有小国，如候鸟般随着季节迁徙，而不长期居住在一个地区。

葱岭

[原文]

从此东入葱岭。葱岭者，据赡(shàn)部洲中，南接大雪山，北至热海、千泉，西至活国，东至乌铩国，东西南北各数千里。崖岭数百重，幽谷险峻，恒积冰雪，寒风劲烈。地多出葱，故谓葱岭，又以山崖葱翠，遂以名焉。

东行百余里，至瞢(méng)健国。

[译文]

从活国向东前行，然后进入葱岭。葱岭位于赡部洲的中央，南与大雪山相连，北与热海、千泉为邻，西面又紧挨活国，东面则延伸至乌铩国，东西南北各长几千里。高崖峻岭有好几百重，谷地幽深，山峰险要，冰雪长年不融，寒风强劲猛烈。由于此岭盛产葱类作物，因此被称为葱岭，还因为山崖上树木生长葱郁，所以得名。

从葱岭向东走一百多里，就抵达瞢健国。

瞢健国

[原文]

瞢(méng)健国，睹货逻国故地也，周四百余里。国大都城周十五六里。土宜风俗，大同活国。无大君长，役属突厥。

北至阿利尼[①]国。

[注释]

①阿利尼：梵文音译。可能在今哈兹拉特·伊茫的附近，这是玄奘听说的国家，他并未亲至。

[译文]

瞢健国，是睹货逻国昔日的领地，方圆四百多里。国都方圆十五六里。土地特产和风俗状况基本上和活国一样。该国没有设立君主，隶属于突厥。

从瞢健国一直向北走就可以到达阿利尼国了。

阿利尼国

［原文］

阿利尼国，睹货逻国故地也，带缚(fù)刍河两岸，周三百余里。国大都城周十四五里。土宜风俗，大同活国。

东至曷逻胡[①]国。

［注释］

①曷逻胡：其约在今阿富汗东北部阿姆河与科克查河之间，这也是传闻中的国家，玄奘并未亲至。

［译文］

阿利尼国，原来是睹货逻国的属地，地跨缚刍河两岸，方圆三百多里。国都方圆十四五里。该国的土地所产以及风土人情基本上也和活国一样。

从阿利尼国一直向东前行，便可到达曷逻胡国境内。

曷逻胡国

［原文］

曷逻胡国，睹货逻国故地也，北临缚刍河，周二百余里。国大都城周十四五里。土宜风俗，大同活国。

从瞢(méng)健国东逾峻岭，越洞谷，历数川城，行三百余里，至讫栗瑟摩[①]国。

［注释］

①讫栗瑟摩：可能在今阿富汗东北部的基希姆的周边地区，据说玄奘并未经过此国，而是直接由瞢健国前往了呬摩呾罗国。

［译文］

曷逻胡国，是睹货逻国昔日的领地，该国北面与缚刍河相临，方圆二百多里。国都方圆十四五里。这里的土地特产和风土人情基本上与活国无异。

从瞢健国向东翻过连绵高山，越过深谷沟壑，再穿过一些平原和城镇，走三百多里，就进入讫栗瑟摩国境内。

讫栗瑟摩国

［原文］

讫栗瑟摩国，睹货逻国故地也，东西千余里，南北三百余里。国大都城周十五六里。土宜风俗，大同瞢(méng)健国，但其人性暴恶有异。

东北至钵利曷①国。

［注释］

①钵利曷：在今基希姆以北的科克查河畔。

［译文］

讫栗瑟摩国，是睹货逻国昔日的属地，东西长一千多里，南北宽三百多里。国都方圆十五六里。土地特产及风土人情基本上与瞢健国一样，但讫栗瑟摩国人性情暴躁凶恶，与瞢健国存在着一些差异。

从讫栗瑟摩国向东北前行，便到达钵利曷国了。

钵利曷国

［原文］

钵利曷国，睹货逻国故地也，东西百余里，南北三百余里。国大都城周二十余里。土宜风俗，大同讫栗瑟摩国。

从讫栗瑟摩国东逾山越川，行三百余里，至呬(xì)摩呾罗①国。

［注释］

①呬摩呾罗：梵文音译，意思是“雪山下”。说故址在今基希姆以东达莱姆。

［译文］

钵利曷国是睹货逻国昔日的属地，东西宽一百多里，南北长三百多里。国都方圆二十多里。该国的土地所产以及风土人情基本上与讫栗瑟摩国一样。

从讫栗瑟摩国东边出发，翻过高山，渡越大河，再走完三百多里的路程，就抵达呬摩呾罗国了。

呬摩呾罗国

［原文］

呬摩呾罗国，睹货逻国故地也，周三千余里。山川逦迤（lǐ yǐ）①，土地沃壤，宜谷稼，多宿麦，百卉滋茂，众果具繁。气序寒烈，人性暴急，不识罪福，形貌鄙陋。举措威仪，衣毡皮褐，颇同突厥。其妇人首冠木角，高三尺余，前有两岐，表夫父母。上岐表父，下岐表母。随先丧亡，除去一岐，舅姑俱殁（mò），角冠全弃。其先强国，王，释种也，葱岭之西，多见臣伏。境邻突厥，遂染其俗，又为侵掠，自守其境，故此国人流离异域。数十坚城，各别立主。穹庐毳帐②，迁徙往来。西接讫栗瑟摩国。

东谷行二百余里，至钵铎创那③国。

［注释］

①逦迤：即迤逦，旁行连绵延接之意。

②穹庐毳帐：各种毡帐。

③钵铎创那：音译。是今阿富汗东北角的省份巴达赫尚地区。也有人认为此国的都城就在今巴达赫尚首府法扎巴德附近。

［译文］

呬摩呾罗国，是睹货逻国昔日的属地，方圆三千多里。该国山地曲折连绵，土壤优质肥沃，适合种植谷物，冬麦的产量很高，繁花似锦，果木茂密。这里的气候极为寒冷，人们性情暴躁，对罪孽和福德不怎么了解，外形粗鄙，相貌丑陋。他们的举止仪态以及身上所穿的皮衣、粗布与突厥人的很相似。本国妇女头上戴着高为三尺多的木角，前面分出两叉，代表丈夫的父母，也就是上叉代表父亲，下叉代表母亲。丈夫父母中的一个先离世，就去掉代表此人的叉，二者都离世后，就去掉木角。先前该国非常强大，国王属于释迦种族，葱岭以西的各个国家，大多是它的臣属。该国的疆域与突厥邻近，因此国民染上了突厥的风俗，他们也遭受到突厥的侵犯和掠夺，凭借自身力量保家卫国，所以此国之人常常在异国颠沛流离。该国坚固的城池有数十个，各城自立酋长。人们在毡帐中居住，在各地往来迁徙。该国的西部边境与讫栗瑟摩国相邻。

从呬摩呾罗国向东前行，在山谷中穿行二百多里后，便可进入钵铎创那国境内。

钵铎创那国

[原文]

钵铎创那国，睹货逻国故地也，周二千余里。国大都城据山崖上，周六七里。山川逦(lǐ)迤(yǐ)，沙石弥漫。土宜菽麦，多蒲萄、胡桃、梨、柰(nài)等果。气序寒烈，人性刚猛，俗无礼法，不知学艺。其貌鄙陋，多衣毡褐。伽蓝三四所，僧徒寡少。王性淳质，深信三宝。

从此东南，山谷中行二百余里，至淫薄健①国。

[注释]

①淫薄健：在今科克查河中段的谷地，都城故址可能就是现在的哲尔姆。

[译文]

钵铎创那国，是睹货逻国昔日的属地，方圆两千多里。国都坐落在山崖之上，方圆六七里。山地曲折连绵，到处风沙弥漫。该国的土地适合豆类和麦子的生长，盛产葡萄、胡桃、梨和柰等水果。气候极为寒冷，人们性情刚毅勇猛，向来不知道礼仪制度，对学术不甚了解。钵铎创那国人的相貌粗鄙丑陋，身上大多穿着毛料粗布制成的衣服。境内有三四座寺院，僧徒人数不多。国王生性质朴淳厚，虔诚信仰佛教。

从这里朝东南方向行走，在山谷中穿行二百多里后，就进入淫薄健国境内。

淫薄健国

[原文]

淫薄健国，睹货逻国故地也，周千余里。国大都城周十余里。山岭连属，川田隘狭。土地所产、气序所宜、人性之差，同钵铎创那，但言语少异。王性苛暴，不明善恶。

从此东南，逾岭越谷，峡路危险，行三百余里，至屈浪拿①国。

[注释]

①屈浪拿：音译。其地应该在今科克查河最上游的一段河谷地区。

[译文]

淫薄健国，是睹货逻国昔日的领地，方圆一千多里。国都方圆十多里。山岭连绵相接，平原和田地狭小。土地所产、气候条件、人民的性情都与钵铎创那国一样，但在语言方面稍有差异。淫薄健国的国王生性苛刻残暴，对于是非善恶不能加以区分。

从这里沿着东南方向一路向前走，翻过高山，穿越幽谷，走过危险异常的山间小路，大概行走三百多里后，便可到达屈浪拿国。

屈浪拿国

[原文]

屈浪拿国，睹货逻国故地也，周二千余里。土地山川，气序时候，同淫薄健国。俗无法则，人性鄙暴，多不营福，少信佛法。其貌丑弊，多服毡褐。有山岩，中多出金精，琢析其石，然后得之。伽蓝既少，僧徒亦寡。其王淳质，敬崇三宝。

从此东北，登山入谷，途路艰险，行五百余里，至达摩悉铁帝国。亦名镬侃，又谓护蜜。

[译文]

屈浪拿国是睹货逻国昔日的属地，方圆两千多里。土地山川，气候条件，都与淫薄健国没有差别。风俗中缺失纲常法纪，人们性格贪婪暴烈，大多不祈求福德，信仰佛法的人很少。屈浪拿国人相貌丑陋，身上大多穿着毛料和粗布制成的衣服。该国有一处山岩，此处盛产金精，人们只需将山石敲碎、剖开，就能够获得它。境内的寺院较少，其中居住的僧徒也不多。国王生性淳厚质朴，尊敬信奉佛法。

从这里朝东北方向前行，越过高山，穿越峡谷，沿途道路险要难行，走五百多里，就进入达摩悉铁帝国（也称为镬侃，又称为护蜜）境内。

达摩悉铁帝国

[原文]

达摩悉铁帝国在两山间，睹货逻国故地也，东西千五六百里，

观音显化

唐元和十二年（817 年），观世音菩萨化身为一个绝色美女显世，人们纷纷向她求婚。美女说：“想和我成婚，求婚者须能一夜之间背诵出《普门品》。”结果有二十余人背出。美女笑道：“你们中谁能够一夜间背出《金刚经》我才能嫁给他。”清晨，还有十余人能背出。美女又道：“谁能三天内背出《法华经》七卷，我便嫁给他。”三天后，只剩下一个书生能背诵。成婚当天，人们在内室发现她已经过世了。后来有个老和尚得知后，挖开了美女的棺材，发现里面什么也没有。老和尚说：“这是观世音菩萨化身来引渡你们。”从此，这里的人们都开始信奉观世音菩萨。

南北广四五里，狭则不逾一里。临缚刍河，盘纡曲折，堆阜高下，沙石流漫，寒风凄烈。唯植麦豆，少树林，乏花果。多出善马，马形虽小，而耐驰涉。俗无礼义，人性犷暴。形貌鄙陋，衣服毡褐。眼多碧绿，异于诸国。伽蓝十余所，僧徒寡少。

[译文]

达摩悉铁帝国地处两山之间，是睹货逻国昔日的领地，东西长一千五六百里，南北宽四五里，最窄之处不足一里。该国紧靠缚刍河，迂回曲折，山丘高低不平，沙石遍布，寒风凛冽。境内只种植麦子和豆类，树木较少，花果匮乏。该国盛产良马，虽然马的形体较小，但却擅于长途跋涉。该国的民众向来不讲礼义，人们性情粗犷暴躁，形体粗鄙，相貌丑陋，多穿毛料和粗布制成的衣服。此国大多数人的眼睛呈碧绿色，不同于其他各国。境内有十多座寺院，其中只有少数僧徒。

尸弃尼国

[原文]

尸弃尼国周二千余里，国大都城周五六里。山川连属，沙石遍野。多菽麦，少谷稼，林树稀疏，花果寡少。气序寒烈，风俗犷勇。忍于杀戮，务于盗窃，不知礼义，不识善恶，迷未来祸福，惧现世灾殃。形貌鄙陋，皮褐为服。文字同睹货逻国，语言有异。

越达摩悉铁帝国大山之南，至商弥[①]国。

[注释]

①商弥：在今巴基斯坦北部的奇特拉尔和马斯图吉之间。

[译文]

尸弃尼国方圆两千多里，国都方圆五六里。山岭连绵相接，漫山遍野都弥漫着沙石。该国盛产豆子和小麦，很少种植谷类作物，树木稀疏，花果不多。该国的气候极为寒冷，民风犷悍勇猛。国民生性残忍，嗜好杀戮，把抢劫偷盗当作专门职业，对礼义不甚了解，对善恶难以分辨，惧怕今生的灾难，对来世祸福则迷惑不清。人们形体粗鄙，相貌丑陋，身穿毛皮、粗布制成的衣服。该国的文字和睹货逻国的文字一样，在语言方面有所差异。

翻越达摩悉铁帝国的大山，向南一路前行，便可到达商弥国。

商弥国

［原文］

商弥国周二千五六百里。山川相间，堆阜(fù)高下。谷稼备植，菽(shū)麦弥丰，多蒲萄。出雌黄①，凿崖析石，然后得之。山神暴恶，屡为灾害，祀祭后人，平吉往来。若不祈祷，风雹奋发。气序寒，风俗急。人性淳质，俗无礼义，智谋寡狭，伎能浅薄。文字同睹货逻国，语言别异。多衣毡褐。其王释种也，崇重佛法，国人从化，莫不淳信。伽蓝二所，僧徒寡少。

［注释］

①雌黄：矿物，可以入药。

［译文］

商弥国方圆二千五六百里。境内高山、平原相间，丘陵起伏不平。庄稼品种齐全，盛产葡萄、豆类与麦子。该国出产雌黄，人们只要凿开山崖，破开石头，便能获得它。山神凶恶残暴，多次引发灾难，人们只有祭祀完山神后再进山，才可以安全出入。如果不向山神祈祷平安便进入山林，山中就狂风骤降，冰雹散落。该国气候寒冷，民风急躁。人们性格淳厚质朴，向来不知道礼义，缺少智慧谋略，技能低下。该国的文字和睹货逻国的一样，但在语言方面有很大的差异。居民大多身穿毛料及粗布制成的衣服。国王属于释迦种族，敬重佛法，人民服从他的教化，也都虔诚地信奉着佛法。境内有两座寺院，不过僧徒很少。

朅盘陀国

［原文］

朅盘陀(tuó)国周二千余里，国大都城基大石岭，背徙多河，周二十余里。山岭连属，川原隘狭。谷稼俭少，菽(shū)麦丰多。林树稀，花果少。原隰丘墟，城邑(yì)空旷。俗无礼义，人寡学艺，性既犷暴，力亦骁勇。容貌丑弊，衣服毡褐。文字语言，大同佉(qū)沙国。然知淳信，敬崇佛法。伽蓝十余所，僧徒五百余人，习

学小乘教说一切有部。

[译文]

朅盘陀国方圆两千多里，国都方圆二十多里，建于大石岭上，紧靠着徙多河。国内山岭连绵，平原地带狭窄。谷物庄稼种类很少，种植了大量的豆类和麦子。这里树林稀疏，花果也很少。高地与低洼地都很荒芜，城镇人户不多。当地人们的习俗中不注重礼节仁义，人们缺乏学问和技艺，性情暴烈粗犷，体格刚健。朅盘陀国人容貌丑陋，用毛料粗布制作衣服。该国的文字和语言与佉沙国大体相同。国民信仰坚定，敬仰崇拜佛法。有十多所寺院，五百多名僧徒，研习小乘佛教说一切有部。

建国传说

[原文]

今王淳质，敬重三宝，仪容闲雅，笃志好学。建国以来，多历年所。其自称云是至那提婆瞿呾罗。唐言汉日天种。**此国之先，葱岭中荒川也。昔波利斯国王娶妇汉土，迎归至此。时属兵乱，东西路绝，遂以王女置于孤峰。峰极危峻，梯崖而上，下设周卫，警昼巡夜。时经三月，寇贼方静，欲趋归路，女已有娠(shēn)。使臣惶惧，谓徒属曰："王命迎妇，属斯寇乱，野次荒川，朝不谋夕。吾王德感，妖气已静。今将归国，王妇有娠。顾此为忧，不知死地。宜推首恶，或以后诛。"讯问喧哗，莫究其实。时彼待儿谓使臣曰："勿相尤也，乃神会耳。每日正中，有一丈夫从日轮中乘马会此。"使臣曰："若然者，何以雪罪？归必见诛，留亦来讨，进退若是，何所宜行？"佥曰："斯事不细，谁就深诛？待罪境外，且推旦夕。"于是即石峰上筑宫起馆，周三百余步。环宫筑城，立女为主，建官垂宪。至期产男，容貌妍丽(yán lì)。母摄政事，子称尊号。飞行虚空，控驭风云，威德遐被，声教远洽，邻域异国，莫不称臣。其王寿终，葬在此城东南百余里大山岩石室中。其尸干腊，今犹不坏，状羸(léi)瘠人，俨然如睡。时易衣服，恒置香花。子孙奕世，以迄于今。以其先祖之出，母则汉土**

之人，父乃日天之种，故其自称汉日天种。然其王族，貌同中国，首饰方冠，身衣胡服。后嗣(sì)陵夷，见迫强国。

［译文］

当今在位的国王淳厚朴实，尊敬重视佛法，仪态高雅，专心研习学问。自从建国以来，经历了许多年代。他自称是至那提婆瞿呾罗（唐朝语言称汉日天种）。该国的祖先曾住在葱岭的荒川之中。当初波利斯国王从汉地娶得妻子，迎接新娘归国时路过这里。当时正逢战乱，隔断了东西之间的道路，于是把国王的未婚妻安置到孤峰顶上。孤峰极其险峻，需要攀着悬崖才能上去，峰下四周设置了警卫，日夜巡逻。三个月后，寇乱才被平定，正当人们要带着新娘重新踏上回国之路时，却发现王女已经怀孕了。使臣非常惶恐，对下属说：“国王命令我们迎娶新娘，我们却碰上了这场寇乱，只好露宿于荒郊野外，朝不保夕。仰仗国王的威德感召，现在妖贼总算已经被扫清。如今就要回国了，但国王的未婚妻却怀孕了。这件事件实在令人担忧，真不知道我们会葬身何处。现在应该查出罪魁祸首，或许这样我们还可以延缓死期。”于是展开追查，掀起轩然大波，却并没能查出究竟。这时，国王未婚妻的侍童对使臣说：“你们不必互相埋怨了，这是神灵交合的结果。每天正午时分，会有一个魁梧的男子从太阳中骑马到这里来与王女相会。”使臣说：“如果确实如此，怎么才能洗清我们的冤屈罪责呢？我们回去后一定会被诛杀的。但是留下来的话，也会遭到国王派兵征讨，如今进退两难，我们该怎么办呢？”众人都说：“这事非同小可，谁能去顶嘴呢？不如暂时留在境外，暂且能拖延几天。”于是他们在石峰上建筑一个方圆三百多步的宫室。围着宫室筑起了城墙，拥立这个女子为君主，设置官职，并制定法律。女君主到生产日期时，生下了一个容貌英俊的男孩。母亲代行政事，儿子则称王号。他能飞行于空中，可以驾驭风云，威德广布远方，教化远至他乡，邻国之王也无不向他称臣。这位国王寿终正寝后，被安葬在这座城东南方向一百多里处的大山岩的石室中。他的尸体已经风干了，不过至今还没有腐烂，看上去就像是瘦弱的病人睡着了似的。居民们经常为他更换衣服，不时供奉敬献香花给他。子孙代代相传，一直延续到当今。因为从他的祖先的渊源来看，这位国王的母亲属于汉土人，父亲则是日天神，所以他们自称为“汉日天种”。该王族的人，容貌和中国人大体相同，头上戴方冠，身上却穿着胡服。后代由于受到强国的逼迫而逐渐衰微。

奔攘舍罗

［原文］

大崖东北，逾岭履险，行二百余里，至奔攘舍罗。唐言福舍。**葱岭东冈，四山之中，地方百余顷，正中垫下。冬夏积雪，风寒飘劲。畴垅舄(xì)卤，稼穑不滋，既无林树，唯有细草。时虽暑热，而多风雪，人徒才入，云雾已兴。商旅往来，苦斯艰险。闻诸耆旧曰：昔有贾客，其徒万余，橐(tuó)驼数千，赍货逐利，遭风遇雪，人畜俱丧。时朅盘陀国有大罗汉，遥观见之，愍其危厄，欲运神通，拯斯沦溺。适来至此，商人已丧。于是收诸珍宝，集其所有，构立馆舍，储积资财，买地邻国，鬻(yù)户边城，以赈往来。故今行人商旅，咸蒙周给。**

从此东下葱岭东冈，登危岭，越洞谷，溪径险阻，风雪相继，行八百余里，出葱岭，至乌铩国。

［译文］

从大石崖向东北方向行走，翻山越岭，历经险阻，行走了二百多里后，便到达奔攘舍罗（唐朝语言称福舍）了。奔攘舍罗在葱岭东坡的四山环抱中，方圆一百多顷，中央部位地势低洼。在冬季和夏季都有积雪，这里大风寒冷而且强劲。土地多盐碱，不能生长庄稼，没有树林唯有细草。即使是在炎热的夏天，也有很多狂风暴雪，行人刚一踏入山林，这里立马就升起云雾。来往的商人常为这段艰险的路感到头疼。听老年人说：从前有个商人，他率领一万多名属下，几千头驮着货物的骆驼，来经商营利，却遭遇到了大风雪，人和骆驼全都死了。当时朅盘陀国有位大罗汉，远远地看见了这一情景，他怜悯这些遭遇了厄运的人，便想运用神通力，把他们拯救出苦难。但在他赶到这里的时候，商人们都已经死去了。于是他收起了他们遗下的各种珍宝，汇聚了所有财物，建造了一个储积物资钱财的馆舍，在邻国购买土地，在边境城市养育住户，用以赈济往来的行人。所以如今的旅客商人，都会受到福舍的周济供给。

从这里往东方走下葱岭的东坡，登上陡峭的山岭再越过峡谷，沿途山路崎岖、风雪交加，这样行走八百多里后，走出葱岭，便到达了乌铩国。

乌铩国

［原文］

乌铩国周千余里，国大都城周十余里，南临徙多河。地土沃壤，稼穑(sè)殷盛，林树郁茂，花果具繁。多出杂玉，则有白玉、

黳玉①、青玉。气序和，风雨顺。俗寡礼义，人性刚犷，多诡诈，少廉耻。文字、语言少同佉沙国。容貌丑弊，衣服皮褐。然能崇信，敬奉佛法。伽蓝十余所，僧徒减千人，习学小乘教说一切有部。自数百年王族绝嗣，无别君长，役属朅盘陀国。

[注释]

①黳玉：即黑玉。

[译文]

乌铩国方圆一千多里，该国的都城方圆十多里，南境紧挨着徙多河。土质肥沃，庄稼茂盛，树林浓密，花果繁多。这里盛产各种玉石，其中有白玉、黑玉和青玉。这里气候温和，风调雨顺。当地习俗中缺少礼节仁义，人们性情刚烈粗犷，常常玩弄诡计，没有廉耻心。文字和语言大体与佉沙国类似。乌铩国人相貌丑陋，用毛皮粗布做衣服。但是信仰坚定，崇信敬奉佛法。境内有十多所寺院，将近一千名僧徒，修习的是小乘佛教说一切有部。几百年以来，该国的王族后嗣逐渐断绝，如今国家没有另设君主而是隶属于朅盘陀国。

佉沙国

[原文]

佉沙国周五千余里，多沙碛，少壤土。稼穑殷盛，花果繁茂。出细毡褐，工织细毡、氍毹。气候和畅，风雨顺序。人性犷暴，俗多诡诈，礼义轻薄，学艺肤浅。其俗生子，押头匾匾①，容貌粗鄙，文身绿睛。而其文字，取则印度，虽有删讹，颇存体势。语言辞调，异于诸国。淳信佛法，勤营福利。伽蓝数百所，僧徒万余人，习学小乘教说一切有部。不究其理，多讽其文，故诵通三藏及《毗婆沙》者多矣。

从此东南行五百余里，济徙多河，逾大沙岭，至斫句迦②国。

旧曰沮渠。

[注释]

①匾匾：薄或不圆的样子。

②斫句迦：斫句迦即汉代的子合国，其都城故址在今新疆叶城县西南的奇盘庄。

［译文］

佉沙国方圆五千多里，多沙石，可耕种的土地很少。这里庄稼茂盛，花果繁多。出产精细毛毡，居民擅长编织细毡和毛毯。这里气候温和舒畅，风调雨顺。人们性情暴烈犷悍，常常玩弄诡计，很少看重礼义，学问、技艺也非常浅陋。当地有这样的风俗，生下男孩后，便把他的头夹扁，以至于他容貌粗俗丑陋，并且人们还有文身的习惯，他们的眼睛是绿色的。他们的文字以印度文为范本，虽然有删改和变动，但大体上仍沿袭了原有文字的特色。这里语言的词汇声调和各国略有不同。百姓虔诚信仰佛法，勤于追求积善求福。境内有几百所寺院，一万多名僧徒，全都研习小乘佛教说一切有部。他们对佛法并不推究其中的重要含义，而只是多念经文，所以很多人通读过三藏和《毗婆沙》。

从这里向东南方向行走五百多里，再渡过徙多河，翻过大沙岭，便到达了斫句迦国（旧称沮渠）。

斫句迦国

［原文］

斫句迦国周千余里。国大都城周十余里，坚峻险固，编户殷盛。山阜连属，砾石弥漫。临带两河，颇以耕植，蒲萄、梨、柰(nài)其果实繁。时风寒，人躁暴。俗惟诡诈，公行劫盗。文字同瞿萨旦那国，言语有异。礼义轻薄，学艺浅近。淳信三宝，好乐福利。伽蓝数十，毁坏已多，僧徒百余人，习学大乘教。

国南境有大山，崖岭嵯峨，峰峦重叠，草木凌寒，春秋一贯。溪(xī)涧浚濑[①]，飞流四注，崖龛石室，棋布岩林。印度果人[②]，多运神通，轻举远游，栖止于此。诸阿罗汉寂灭者众，以故多有窣堵波也。今犹现有三阿罗汉居岩穴中，入灭心定，形若羸人，须发恒长，故诸沙门时往为剃。而此国中大乘经典部数尤多，佛法至处，莫斯为盛也。十万颂为部者，凡有十数。自兹(zī)已降，其流实广。

从此而东，逾岭越谷，行八百余里，至瞿萨旦那[3]国。唐言地乳，即其俗之雅言也。俗语谓之涣那国，匈奴谓之于遁，诸胡谓之豁旦，印度谓之屈丹。旧曰于阗，讹也。

［注释］

①浚濑：指水流深而湍急。其中“浚”的意思是深，“濑”的意思表示湍急。

②果人：即裸人。“果”与“裸”通，裸人，在此即所说的“露行外道”，所以本文“印度果人”指的应该是印度的露形外道信徒，而不是证得圣果之人。

③瞿萨旦那：该国故地相当于今新疆和田地区及其周近，包括和阗、于阗、济浦、策勒、墨玉、皮山、民丰等县。都城故址在今新疆和田县城东南约二十四公里处的什斯比尔，也称下库马提。

［译文］

斫句迦国方圆一千多里，国都方圆十多里，城墙坚固险峻，居民人数众多。境内山岭连绵，沙石弥布。在两条河流的旁边有不少的耕地，葡萄、梨、柰这类水果繁多。这里多风且气候寒冷，人们的性情暴烈急躁，习惯于欺诈，有时会公然进行抢劫。这里的文字与瞿萨旦那国相同，语言略有差别。斫句迦国人不重视礼节仁义，学术浅陋。但居民大多虔诚地信仰佛教，喜好积德求福。境内有几十所寺院，大多已经毁坏，有一百多位僧徒，都在研习大乘佛教。

该国南部疆域有座峻岭高耸、峰峦重叠的大山，那里的草木十分耐寒，因此不管是春天还是秋天，那里都是绿色的。山间溪流幽深湍急，瀑布飞泻，泉水四溅，山崖上星罗棋布着许多开凿好的石室。许多印度露形外道信徒，会运起神通力，飞行到空中遨游远方，在这个山上栖居。由于有许多阿罗汉在这里涅槃，所以留下了数目不少的佛塔。至今还有三位身居岩穴中入灭心定的罗汉，样子都很枯瘦，由于须发不断在生长，所以其他僧人经常去为他们剃剪须发。该国有很多部大乘佛教经典，在佛法所能传播到的地方，这里是最为兴盛的。仅是以十万颂为一部的经典，就共有十几部。至于不到十万颂的经典，流传就更加广泛了。

从这里向东方行走，翻山越岭，行走八百多里后，便到达了瞿萨旦那国（唐朝语言称作地乳，这是当地的雅称。俗语称作涣那国，匈奴称作于遁，胡人称涣豁旦，印度称作屈丹。旧称于阗，是错误的）。

瞿萨旦那国

［原文］

瞿萨旦那国周四千余里，沙碛(qì)太半，壤土隘狭。宜谷稼，多众果。出氍毹(qú shū)细毡，工纺绩絁䌷，又产白玉、黳(yī)玉。气序和畅，飘风飞埃。俗知礼义，人性温恭，好学典艺，博达技能。众庶富乐，编户安业。国尚乐音，人好歌舞。少服毛褐毡裘，多衣絁䌷白氎(dié)。仪形有礼，风则有纪。文字宪章，聿遵印度，微改体势，粗有沿革。语异诸国，崇尚佛法。伽蓝百有余所，僧徒五千余人，并多习学大乘法教。

［译文］

瞿萨旦那国方圆四千多里，国内一大半的土地是沙漠，因而可以耕种的土地非常少。这里的土质适宜种植谷物，水果的种类很多。出产毛毯细毡，人们擅长纺织粗绸，又出产白玉、黑玉。气候温和宜人，但刮风时往往尘土飞扬。人们注重礼义，性情温和谦恭，喜爱佛学经典，通晓多种技能。百姓富足快乐，安居乐业。这个国家崇尚音乐，人人喜好歌舞。人们较少穿着皮毛毡裘，更多的是穿着粗绸棉布。仪态举止得体，行为作风符合纲纪。他们的文字及其法则大体上沿袭印度，只是略微改变了文字体势。语言与各国不同，居民崇敬佛法。境内有一百多所寺院，五千多名僧徒，都研习大乘佛教。

建国传说

［原文］

王甚骁武，敬重佛法，自云毗沙门天之祚胤(zuò yìn)也。昔者，此国虚旷无人，毗沙门天于此栖止。无忧王太子在呾叉始罗国被抉目，已无忧王怒遣辅佐，迁其豪族，出雪山北，居荒谷间。迁人逐物，至此西界，推举酋豪，尊立为王。当是时也，东土帝子蒙谴流徙，居此东界，群下劝进，又自称王。岁月已积，风教不通。各因田猎，遇会荒泽，便问宗绪，因而争长。忿形辞语，便欲交兵。或有谏曰："今可遽乎？因猎决战，未尽兵

锋。宜归治兵，期而后集。”

于是回驾而返，各归其国，校习戎马，督励士卒。至期兵会，旗鼓相望。旦日合战，西主不利，因而逐北，遂斩其首，东主乘胜，抚集亡国。迁都中地，方建城郭，忧其无土，恐难成功，宣告远近，谁识地理。时有涂炭外道，负大瓠(hù)，盛满水自而进曰：“我知地理。”遂以其水屈曲遗流，周而复始，因即疾驱，忽而不见。依彼水迹，峙其基堵，遂得兴工，即斯国治，今王所都于此城也。城非崇峻，攻击难克，自古已来，未能有胜。

其王迁都作邑，建国安人，功绩已成，齿耋(dié)云暮，未有胤嗣，恐绝宗绪。乃往毗沙门天神所，祈祷请嗣。神像额上，剖出婴孩，捧以回驾，国人称庆。既不饮乳，恐其不寿，寻诣神祠，重请育养。神前之地忽然隆起，其状如乳，神童饮吮，遂至成立。智勇光前，风教遐被，遂营神祠，宗先祖也。自兹已降，奕世相承，传国君临，不失其绪。故今神庙多诸珍宝，拜祠享祭，无替于时。地乳所育，因为国号。

[译文]

这个国家的国王非常骁勇，敬重佛法，自称为毗沙门天的后裔。早先，这片土地十分空旷，荒无人烟，毗沙门天曾经居住在这里。当无忧王太子在呾叉始罗国被挖去眼睛后，无忧王十分愤怒，他遣散流放了太子的辅佐官员，并把当地的许多豪门大族迁徙到雪山以北地区，让他们住在荒谷之中。那些被迫迁徙的人逐水草而走，来到了瞿萨旦那国的西部地区，推举出首领，拥立他为国王。正在这个时候，因罪而被贬斥流徙的东方皇帝的儿子居住在这个国家的东部地区，经过下属们的劝谏，他也自称为王。虽然经过许多岁月，但两国的风俗政教依然不相通。有一次，两国国王因打猎相逢在荒野中，便互相追问了世系辈分，因此争执谁更应称为尊长。二人愤怒地恶语相加，眼看就要动手打起来了。有人规劝说：“现在何必冲动动手呢？因为打猎而决战，并没有把所有兵力都动用起来，应该回去整顿军队，定下日期而后再来决战。”

于是两位国王各自上马，返回本国，立即操练军马，督促勉励士卒。到了交战期限后，双方兵马会合，旗鼓相望。第二天交战时，西方君主失利，东方君主乘胜追击，斩下了因溃败而奔逃的西方君主的首级，并安抚被灭的西方国家的百姓。他打算把都城迁到中部地区，计划建造城邑，但担心那里没有黏土而难以成功，便通告远近各地，征召通晓地理的人。这时有个背着一只装满清水的葫芦的涂灰外道向国王自荐说："我懂得地理。"于是把葫芦中的水弯弯曲曲地倒出来浇在地上，绕完一圈后又重新开始，随后忽然就急速跑起来，骤然间消失了。于是人们依照他浇下的水迹，在上面建起墙基并动工修筑，便成了现在的这个都城，当今的国王就以它为都城。城池虽然并不高大险峻，但是很难攻克，自从古代以来，无人可以攻下它。

那位国王在完成了建城迁都，安抚民众，功业建成之后，年纪已到垂暮，但没有子嗣，他担心宗系断绝。于是前往毗沙门天神庙，祈求赐予子嗣。神像前额突然裂开，生出一个婴儿来，国王抱着他回宫，全国人民因此庆贺。但随后婴儿不吃人奶，国王担心他寿命不长，旋即再次前往神祠，请求天神哺育。神像前面的土地忽然隆起，其形状犹如乳房，神童吮吸地乳直至长大成人。他有超过前人的智慧和威武，声威教化远播，于是建造神祠，将天神奉为祖先。自从那时起，王位世代相承，总有国君统治国土，世系从未中断。所以现在神庙中有很多珍宝，跪拜祭祀，从未间断误过。由于先王是由地乳哺育成人的，所以把"地乳"作为国号。

鼠壤坟传说

[原文]

王城西百五六十里，大沙碛正路中，有堆阜，并鼠壤坟也。闻之土俗曰：此沙碛（qì）中，鼠大如猬，其毛则金银异色，为其群之首长。每出穴游止，则群鼠为从。昔者，匈奴率数十万众，寇掠边城，至鼠坟侧屯军。时瞿萨旦那王率数万兵，恐力不敌，素知碛中鼠奇，而未神也。洎乎寇至，无所求救，君臣震恐，莫知图计，苟复设祭，焚香请鼠，冀其有灵，少加军力。其夜瞿萨旦那王梦见大鼠曰："敬欲相助，愿早治兵。旦日合战，必当克胜。"瞿萨旦那王知有灵祐，遂整戎马，申令将士，未明而行，长驱掩袭。匈奴之闻也，莫不惧焉，方欲驾乘被铠，而诸马鞍、人服、弓弦、甲縺，凡厥带系，鼠皆啮（niè）断。兵寇既临，面缚（fù）受戮。于是杀其将，虏其兵，匈奴震慑，以为神灵所祐也。

瞿萨旦那王感鼠厚恩，建祠设祭，奕世遵敬，特深珍异。故上自君王，下至黎庶，咸修礼祭，以求福祐。行次其穴，下乘而趋，拜以致敬，祭以祈福。或衣服弓矢，或香花肴膳，亦既输诚，多蒙福利。若无享祭，则逢灾变。

[译文]

在都城西方的一百五六十里处的大沙漠的正路上有一些土丘，都是由老鼠挖洞后堆出的土壤形成的。据当地人介绍：在这片沙漠中的老鼠大如刺猬，其中毛色金银相间的老鼠是鼠群的首领。每当它出洞游走时，都有鼠群相随。当初，率领几十万兵马的匈奴抄掠边境，到了鼠坟旁后驻扎下来。这时前来抗敌的瞿萨旦那王仅率领几万军队，担心兵力不够难以抵抗，因素来听说沙漠中的老鼠奇特，但是还未把它们当作神物。等到敌寇到来的时候，因为无处求救，感到震惊害怕的君臣不知如何是好，就姑且设立祭坛焚香祈请老鼠，盼望它们能够有灵，而给瞿萨旦那国稍稍增加兵力。当天晚上，瞿萨旦那王梦见大老鼠说："我们很愿意相助你们，希望你能尽早整顿兵马。明日一早就出兵交战，一定能够取胜。"瞿萨旦那王知道神灵会暗中佐助，于是便整顿兵马，命令将士在天未亮时就出发，长途奔袭，攻入敌营。匈奴人发现大军到来后，无不畏惧，刚要驾驶兵车、披挂铠甲，但是那些马鞍、衣服、弓弦、甲链等凡是有带系物的东西，都被老鼠咬断了。于是匈奴人只能在兵马到来时束手就擒，任其杀戮。于是瞿萨旦那王下令杀死了匈奴的将领，俘虏了匈奴兵士，震惊害怕的匈奴认为这是神灵在庇佑对方。瞿萨旦那王感激老鼠的深厚恩情，于是为它们建立祠堂设立祭祀，世世代代敬奉鼠神，并对它们特别地珍视守护。所以上自君王，下至百姓，全都修祠礼拜祭奉老鼠，以便求得福德佑助。在行路时每当经过鼠洞时，都要下马步行，向其叩拜致敬，祭祀以祈祷赐福。有时还会施以衣服和弓箭，有时则供上香花和佳肴，在诚心祭祀后，都能获得好处。但如果没有祭祀，则会遭到殃患。

跋文

[原文]

推表山川，考采境壤，详国俗之刚柔，系水土之风气[1]。动静[2]无常，取舍不同，事难穷验，非可仰说。随所游至，略书梗概，举其闻见，记诸慕化。斯固日入以来，咸沐惠泽，风行所及，皆仰至德。混同天下，一之宇内，岂徒单车出使[3]，通驿万里者哉！

[注释]

①风气：指风土气候。

②动静：指各地的自然环境、居民性格等方面。

③单车出使：指单独一人出使域外。

[译文]

本书编写的目的在于描述山川的形势，考察各地的环境；详细介绍诸国风俗的刚柔，系统地列举不同地区的水土气候。不同地区的自然环境、居民性格互有差异，道德规范、行为举止各不相同；虽然一一验证不可能，但我也并非胡乱猜测。随着游迹的所到之处大略记下了当地的情况，列举我的所见所闻，以表达我对大唐的仰慕之情。从太阳沉没之处一直到这里，人们都沐浴在陛下的恩泽之下；大唐教化所布及的一切地方，人们都敬仰陛下的圣德。天下能够大同，陛下统一宇内，哪里只是靠我单独一人出使域外，旅行万里之遥而能成功呢！

图书在版编目(CIP)数据

图解大唐西域记 / 玄奘著,崇贤书院释译. —合肥:黄山书社,2015.11

(经典传家系列丛书)

ISBN 978-7-5461-5340-7

Ⅰ.①图… Ⅱ.①玄… ②崇… Ⅲ.①西域-历史地理-唐代 ②《大唐西域记》-通俗读物 Ⅳ.①K928.6②K935.06

中国版本图书馆 CIP 数据核字(2015)第 286503 号

出 品 人　任耕耘
总 策 划　任耕耘　李　克
选题策划　汤吟菲　白剑峰
项目统筹　刘　春
责任编辑　程　景
装帧设计　未　氓
责任印制　戚　帅
出版发行　时代出版传媒股份有限公司(http://www.press-mart.com)
　　　　　黄山书社(http://www.hspress.cn)
地址邮编　合肥市政务文化新区翡翠路 1118 号出版传媒广场 7 层　230071
印　　刷　安徽新华印刷股份有限公司
版　　次　2016 年 3 月第 1 版
印　　次　2016 年 3 月第 1 次印刷
开　　本　700mm×1000mm　1/16
字　　数　390 千
印　　张　25
书　　号　ISBN 978-7-5461-5340-7
定　　价　29.80 元

服务热线　0551-63533706

销售热线　0551-63533761

官方直营书店(http://hsssbook.taobao.com)